ENSAYO · HISTORIA

Natalio R. Botana (1937) es Profesor Plenario en la Universidad Torcuato Di Tella y miembro de número de la Academia Nacional de Ciencias Morales y Políticas y de la Academia Nacional de la Historia. Es colaborador exclusivo del diario *La Nación*. En Editorial Sudamericana ha publicado: *El orden conservador. La política argentina entre 1880 y 1916* (1977, nueva edición en 1994), *La tradición republicana. Alberdi, Sarmiento y las ideas políticas de su tiempo* (1984, nueva edición en 1997), *La libertad política y su historia* (1991), *Diálogos con la historia y la política*, en colaboración con Félix Luna (1995), *El siglo de la libertad y el miedo* (1998, nueva edición en 2001) y *El horizonte del nuevo siglo. Reflexiones para la justicia y la paz en el mundo*, en colaboración con Jean-Yves Calvez (2004). Obtuvo la Beca Guggenheim en 1979, el Primer Premio Nacional de Historia correspondiente a la producción 1982-1985, y en 1995 el Premio Consagración Nacional en Historia y Ciencias Sociales.

Natalio R. Botana

El orden conservador

La política argentina entre 1880 y 1916

Nueva edición con un estudio preliminar

DEBOLS!LLO

Diseño de tapa: Isabel Rodrigué
Fotos: Julio Argentino Roca y Roque Sáenz Peña

Botano, Natalio
El orden conservador - 1ª ed. - Buenos Aires : Debolsillo, 2005.
352 p. ; 19x13 cm. (Ensayo. Historia)

ISBN 987-566-060-4

1. Ensayo Argentino I. Título
CDD A864.

Primera edición: julio de 1977
Séptima edición y primera bajo este sello: mayo de 2005

IMPRESO EN LA ARGENTINA

Queda hecho el depósito que previene la ley 11.723

Humberto I 555, Buenos Aires.

ISBN 987-566-060-4

www.edsudamericana.com.ar

Publicado por Editorial Sudamericana S.A.® bajo el sello Debolsillo.

A Pablo, María Victoria y Diego

ESTUDIO PRELIMINAR

Han pasado más de tres lustros desde que se conoció la primera edición de este libro. Tentado a modificar el texto e incorporar nuevas notas y bibliografía, he resuelto sin embargo mantener intacta la versión original, salvo unas pocas correcciones de detalle, y presentar en este prólogo un balance de los trabajos, algunos publicados y otros aún inéditos, cuyos argumentos han tenido en mira problemas históricos semejantes (se me excusará el carácter fragmentario de esta averiguación).

Quizás haya que subrayar, para entrar en materia, las dificultades inherentes a la delimitación del período que transcurre entre 1880 y 1916. Estas páginas, ubicadas en la frontera en disputa que separa a la historia de la teoría política, pretendieron combinar el género narrativo con el método que tipifica regímenes políticos y diseña los rasgos básicos de un principio de legitimidad.

A partir de este supuesto puede entenderse la importancia que para esta trama tiene el período seleccionado, tanto para acotar lo que Huizinga llamó mediante una frase feliz "la inflación de conceptos", como para circunscribir estrictamente el alcance de las hipótesis en juego. "Cuando digo Renacimiento —decía el autor de *El otoño de la Edad Media*— deseo ver cuánto hay entre Donatello y Ticiano, pero no más"[1].

¿Soslaya la periodización adoptada esos obstáculos o, acaso, un conjunto de antecedentes, a los cuales no se les prestó debida atención, introducen en el análisis otras dimensiones no menos significativas? *El orden conservador* abarca los treinta y seis años de política argentina que se suceden entre la federalización de Buenos Aires y la reforma política de 1912-1916[2]. La palabra orden, en su sentido más fuerte, evoca el monopolio de la violencia legítima dentro de los límites impuestos por una constitución escrita; el adjetivo conservador, por su parte, califica la configuración concreta de un régimen de hegemonía gubernamental en el que la intención de los actores para controlar la sucesión choca con oposiciones, conflictos y efectos inesperados.[3]

El repertorio historiográfico de estos últimos años no ha sido ajeno a estas preocupaciones. Vastas recopilaciones, como la que figura en el libro *Del ochenta al Centenario*[4], y estudios consagrados al desenvolvimiento del Estado argentino, a las ideas que giraron en torno a este fenómeno histórico de duración más larga, al impacto de la inmigración sobre el sistema político y, sobre todo, a la producción del sufragio antes y durante el período tratado, han abierto el panorama confirmando algunas hipótesis y refutando otras.

Orden y reforma

Los nuevos hallazgos revelan con más precisión la excepcional magnitud del cambio en la Argentina cuando llegaba a su término, según la expresión de Roberto Cortés Conde, el "movimiento final de la frontera" entre 1870 y 1880[5]. Estas transformaciones corrieron parejas con una trayectoria reformista mucho más acentuada que la que podría sugerir un retrato excesivamente rígido del orden conservador[6].

Como hemos dicho más arriba, dos circunstancias, en las cuales prevaleció la voluntad política sobre la evolución espontánea de los acontecimientos, enmarcan el relato. A primera vista, más allá del aspecto que acabamos de apuntar, la federalización de Buenos Aires y la reforma del Centenario no tienen muchos puntos en común: en un caso, la fuerza y el ejército nacional que la encarnó resolvieron un viejo conflicto, mientras que, en el segundo, la apertura del régimen hacia el horizonte democrático estuvo guiada por la deliberación legislativa y la busca consciente del consenso.

A juicio del bando victorioso, los sangrientos enfrentamientos del año 80 y la inauguración del período presidencial de Julio A. Roca en la ciudad de Buenos Aires convertida en Capital Federal de la República[7], afincaron la plataforma para lanzar una ambiciosa estrategia capaz de modificar la obsoleta herencia de épocas anteriores. "Todo es preciso hacerlo de nuevo", declaró Benjamín Victorica, según recuerda Beatriz Bosch, en la primera *Memoria* que elevó al Congreso en sus nuevas funciones de ministro de Guerra y Marina[8].

Despegue vertical, entonces, de un orden político cuyo sustento descansaba en un aumento importante de los recursos correspondientes al Gobierno Nacional[9]. El inicial impulso reformista se tradujo, como es sabido, en una batería de leyes y, al cabo, en la instauración de un conjunto de bienes públicos en el campo de la legislación civil y educativa. Así arrancó una de las versiones del reformismo del ochenta: la política concebida en tanto empresa de creación programática y unificadora que luego, orientada por el designio legislativo, desciende benéficamente hacia la sociedad civil. Para esta perspectiva, la modernización no es causa y motor de la política. La modernización es, a la inversa, su efecto y culminación.

Ésta no fue, obviamente, la imagen compartida por algunos sectores de la oposición que dedujeron de estos hechos graves consecuencias institucionales. De este modo, una suerte de genio bifronte emerge de las interpretaciones contradictorias y de la encendida retórica que envuelve a la federalización de Buenos Aires. La federalización, en efecto, clausura el ciclo que estructura el Estado argentino, al menos en el aspecto más elemental y hobbesiano del término, y abre, al mismo tiempo, una larga querella acerca de la legitimidad del régimen en ciernes. Es paradigmática, al respecto, la impugnación de Leandro N. Alem a la ley que federaliza la ciudad de Buenos Aires, verdadero preámbulo, para el rebelde autonomista, de una centralizante y opresiva monarquización de la república federal[10].

Estos y otros exámenes críticos de la nueva situación, abonados por la prédica de los últimos años de Sarmiento, hirieron desde el vamos la consistencia del proyecto enunciado por Alberdi y José Hernández[11]. Como ha escrito Halperín

Donghi: "Hoy tendemos a ver en el roquismo la suprema encarnación de la alberdiana república posible; sus críticos advertían mejor que nosotros que —precisamente porque era eso— había colocado en el orden del día los problemas de la república verdadera. Advertían que se acercaba la hora en que los dilemas que Tocqueville había planteado medio siglo antes (y en los que entonces sus lectores rioplatenses no habían reconocido los de su propia comarca) se anunciarían en el horizonte argentino. Esos exámenes sin complacencia de la república posible llevan así inexorablemente a formular la pregunta central de la etapa siguiente: si es de veras posible la república verdadera, la que debe ser capaz de armonizar libertad e igualdad, y poner a ambas en la base de una fórmula política eficaz y duradera"[12].

Las corrientes opositoras crecieron al influjo de referentes polémicos que no se aplacaron durante los años menos conflictivos del período, entre 1880 y 1890 (el debate a propósito de la ley 1420 que estableció la enseñanza gratuita, laica y obligatoria en la Capital Federal y Territorios Nacionales, representa el punto más álgido de este enfático torneo oratorio, tributario, en gran medida, de las discusiones que estallaron en la Francia de Jules Ferry).

Esta combativa expresión de las diferencias, adosada al sinuoso derrotero de las facciones, introdujo en la cultura política un temperamento regeneracionista, vindicativo y enérgico, que habrá de prolongarse hasta bien entrado el nuevo siglo. La idea regeneracionista, de clara filiación ibérica, abarcó una gama amplia de familias ideológicas[13]. Se podría aducir, en trance de esquematizar la realidad, que mientras el reformista está inspirado en una concepción del cambio que tensa su mirada hacia el porvenir, el regeneracionista se empeña en poner de nuevo en buena condición una cosa deteriorada.

El tejido institucional, gastado por los vicios electorales, por la centralización del mando ejecutivo, o por la indecencia de los dirigentes, no era otro que el de la Constitución Nacional. De esta manera, el contrato fundador, que luego del período de formación entre 1853 y 1860 había presidido los destinos del país sin cuestionamiento teórico alguno, se convirtió, él también, en un doble cartabón: la Constitución

Nacional justificó una concepción del orden republicano defendida a rajatabla por la alianza del Partido Autonomista Nacional, y fue también el emblema revolucionario que la oposición enarboló en las jornadas de 1890, 1893 y 1905 (actitud semejante, dicho sea de paso, se manifestó en 1874 y 1880). El orden conservador y las revoluciones, las dos cosas, se hacían en nombre de la Constitución.

Merced a esta perspectiva, el ciclo revolucionario abierto en 1890 puede ser analizado como una serie de conflictos que sacuden las bases del orden impuesto sin, al cabo, afectarlo seriamente, o bien como un fenómeno de propósitos e intenciones variadas que, obedientes a esos impulsos regeneracionistas, cuestionaban la estructura del poder vigente. La visión del orden se proyecta pues sobre un mismo escenario junto con otra visión que destaca la presencia de un persistente movimiento reformista.

La tesis aún inédita de Eduardo Zimmermann sobre el liberalismo reformista y la cuestión social entre 1890 y 1916[14], describe los proyectos reformistas que se engarzaron durante el cuarto de siglo que arranca a partir de los hechos del 90. Zimmermann nos pinta un abigarrado conjunto de propuestas y medidas legislativas, nacidas de una aceleración de demandas y expectativas de cambio, que no alcanzan, sin embargo, a canalizarse a través de partidos políticos diferenciados por sus propósitos y organización.

Las tres clases de reforma que, según el autor, se persiguen —la reforma moral, la reforma política y la reforma social— arraigan en vertientes ideológicas distintas, desde los anarquistas y cristianos sociales hasta los liberales-conservadores y socialistas. No obstante ninguna de ellas, antes de 1912, pudo cuajar sus exigencias en un sistema competitivo donde el partido del orden pudiese ser desafiado siempre, en condiciones de normalidad, por los partidos que representarían al movimiento[15].

La fusión de liberalismo y conservadorismo en una misma coalición de gobierno determinó esta peculiar manera de practicar la política. Mientras, a principios de siglo, se respondía a la amenaza anarquista con leyes represivas, Joaquín V. González ponía en marcha un ambicioso y frustrado programa de reformas laborales[16]. La paradoja se acentúa —y por ende las contradicciones que el texto de *El orden conservador* insinuaba— si además observamos, de la mano del propio Zimmermann y de Carlos Altamirano y Beatriz Sarlo, el desarrollo de un "campo intelectual" más autónomo que, con nuevos lenguajes, avizora el horizonte renovador del Centenario[17].

Liberalismo programático y liberalismo espontáneo

El tema de la fusión de principios pone una vez más sobre el tapete el uso de la palabra liberalismo. Queda a cuidado de la historia de las ideas dilucidar el significado teórico de una voz inventada tiempo después de que a los autores bautizados como liberales se les ocurriese utilizarla. Hoy suele reducirse a esquemas rudimentarios la historia intelectual de una tradición que abarca familias de pensamiento tan numerosas como abundantes en progenie.

Dejemos por ahora de lado estos problemas tratados en otra parte[18] y vayamos al punto crucial del significado que en la práctica histórica del ochocientos tuvo el liberalismo. Hay dos temas en el argumento liberal que emergieron en la Argentina del orden conservador y en la etapa previa de las presidencias fundadoras: el liberal, en efecto, puede actuar como un fundador de instituciones que desbroza el terreno plagado de privilegios del antiguo régimen e instaura una constitución concebida como el marco jurídico indispensable para garantizar la espontánea expresión de la libertad humana, o, de lo contrario, guiado por designio legislativo, el liberal puede embarcarse en una empresa que tiene por objeto crear bienes públicos que, desde la educación hasta la salud y la asistencia al más débil, sean capaces de dar contenido concreto a una idea de progreso.

Aunque las dos aproximaciones al argumento liberal suelen confundirse en una configuración histórica determinada, las concepciones en torno a la libertad que ambas representan responden a cuestiones de fondo que van más allá de las diferencias de matiz. En el primer caso, bien ejemplificado por los artículos de *El Federalista* que escribió Madison, estaremos frente a un liberalismo de contorno (insisto en que aquellos republicanos no empleaban la tan remanida palabra); en el segundo, tendremos que lidiar con las aventuras, éxitos y fracasos de un liberalismo de contenido que no sólo se contenta, como el primero, con roturar los medios institucionales para que la libertad haga su obra, sino que, además, le impone a una constitución realizar ciertos fines explícitos.

Esa constitución de fines puede adoptar una actitud decididamente abolicionista del pasado, como la que por ejemplo encarnaron en Francia, en 1789, Sièyes y Le Chapelier, o abrazar un proyecto público que mira hacia el futuro en campos delimitados por la propia ley fundamental. El aspecto prescriptivo de la fórmula alberdiana[19] combina ambas versiones del liberalismo: en la perspectiva de un liberalismo de contorno, Alberdi apostó sin duda en favor de lo que él, con lenguaje francés, llamaba libertades civiles en contraste con la libertad política; pero ese tono, acaso "madisoniano" o "smithiano" según se lo encuentre en diversos textos, forma parte de una partitura proveniente de la escuela del liberalismo de fines o de contenido.

Estamos aquí en presencia de una línea divisoria de las aguas que permite perfilar la trayectoria de un liberalismo argentino e iberoamericano cercano al influjo de la cultura latina en España, Francia o Italia. Vistas las cosas de este modo, la fórmula prescriptiva no se presenta en el texto como utensilio explicativo, tributario de una teoría ingenua que postula que las ideas vienen primero y los hechos después. No hay tal causalidad: en tanto hipótesis descriptiva de valoraciones políticas y sociales, la fórmula es concomitante con otros procesos y actúa en el mismo sentido que otros actores o coopera al mismo efecto por ellos perseguido.

Antes de que el Congreso Constituyente de 1853 redactase la llamada fórmula del progreso, que Buenos Aires aceptó textualmente en la Convención Reformadora de 1860, Alberdi escribió los lineamientos generales de esta norma en su proyecto de constitución de julio de 1852 (art. 67, inc. 3º): "/Corresponde al Congreso/ proveer lo conducente a la prosperidad, defensa y seguridad del país, al adelanto y bienestar de todas las provincias, estimulando el progreso de la instrucción y de la industria, de la inmigración, de la construcción de ferrocarriles y canales navegables, de la colonización de las tierras desiertas y habitadas por indígenas, de la plantificación de nuevas industrias, de la importación de capitales extranjeros, de la exploración de los ríos navegables, por leyes protectoras de esos fines y por concesiones temporales de privilegios y recompensas de estímulo".

Los estudios históricos de estos últimos años han puesto de relieve estas diferencias. Por un lado, la efectiva garantía de que gozaba el ejercicio de las libertades civiles produjo efectos y nuevos lazos sociales formados por acción espontánea y no por directo designio público; por otro, la centralización del poder, el unitarismo velado por el régimen federal y el aumento del potencial fiscal y de crédito en el gobierno nacional fueron los instrumentos de que dispuso el liberalismo de fines para dar cima a su programa (los trabajos que hemos repasado acerca del liberalismo reformista se recuestan mayormente sobre esta segunda vertiente).

La primera vertiente, propia del liberalismo de contorno, ha ofrecido campo propicio al libro de Ezequiel Gallo, *La pampa gringa*[20], que se ocupa de "la formación de una sociedad cosmopolita" en el sur de la provincia de Santa Fe entre 1870 y 1895. Es otro cuarto de siglo que retrotrae nuestro período diez años atrás, en el cual la vida de los inmigrantes que llegaron a labrar aquella pampa salvaje santafesina —una de las más incultas y bárbaras en tiempos de la Organización Nacional— transcurre en los intersticios de la sociedad civil.

En el relato de Gallo hay colonos y agricultores, tierras públicas que se abren al cultivo del trigo o del ganado lanar y una economía cerealera cuyo vigoroso crecimiento dio origen a nuevas formas de sociabilidad entre criollos y gringos. Como querían Ferguson y Hume, la historia de Gallo consiste, ante todo, en la exposición de unas maneras de ser de los individuos que derivan de la cooperación espontánea[21]. De allí, de ese trajín incesante frente al clima y a los obstáculos naturales, nacen mercados incipientes, nuevos medios de transporte y las cosas que el trabajo va depositando en una geografía en transformación.

Esto no significa que la política se aparte de la trama y ejecute el papel de un coro lejano. El impacto de los conflictos ya detectado por el autor en *Farmers in Revolt,* adopta un curso complementario en *La pampa gringa* que ubica ese florecimiento de las libertades cotidianas en una estructura administrativa preexistente, con sus cabezas de gobierno político, militar y eclesiástico.

Esa herencia institucional que viene del antiguo régimen y el duro esfuerzo que a los recién llegados aparejaba obtener mayor autonomía política, dieron cauce a formas distintas para gobernar e incorporar las tierras nuevas de las que prevalecieron en los Estados Unidos, Canadá y Australia. "En rigor —concluye Gallo— y desde una perspectiva político-institucional, la Argentina careció de los típicos espacios abiertos de esas otras naciones."[22]

La imagen más precisa de los itinerarios sociales recorridos por los inmigrantes ha modificado el magnífico retrato de la Argentina urbana que nos dejó Sarmiento en sus últimos años. Ya no resulta tan clara la tajante división entre una ciudadanía criolla, con su jefatura patricia y sus acólitos rurales, y una población civil de inmigrantes industriosos escindida de la política y acantonada en el rol, que tanto aborrecía Rousseau, de un habitante indiferente a la cosa pública.

Por lo pronto, un exceso de simplificación, al cual *El orden conservador* no es ajeno, ha pretendido ilustrar esta hipótesis con la escasa inserción de los inmigrantes en las elecciones nacionales. En realidad, esta óptica es insuficiente pues no abarca el análisis de los procesos electorales en provincias y municipios. Disponemos ahora de algunos estudios que revelan un compromiso mucho mayor de las colectividades extranjeras en los comicios locales no exento, por cierto, de cálculo estratégico.

Ema Cibotti ha narrado cómo los dirigentes italianos participaron en las elecciones de 1883 para integrar el Concejo de la ciudad de Buenos Aires. Recién organizado el municipio tras el temporal roquista que barrió la política porteña, el sistema censitario dispuesto no impidió la participación electoral de los extranjeros, pero tampoco favoreció el desarrollo de una política competitiva[23].

De este modo, los extranjeros participaron en ese comicio municipal según la lógica que imponía el régimen de los gobiernos electores. Como escribió Basilio Cittadini, decano del periodismo italiano y uno de los protagonistas que Ema Cibotti coloca en el escenario porteño: "Puesta la elección municipal sobre el terreno político, no es difícil adivinar de qué partido será el triunfo. En este país quien gobierna vence —no importa si quien gobierna es Sarmiento o Avellaneda, Tejedor o Rocha...".[24]

El municipio circunscribe pues un ámbito más receptivo para el interés individual y corporativo de los inmigrantes (en territorio, dicho sea de paso, donde Alberdi había instalado la participación política del extranjero). No negaré que aquí se presenta una incitante oportunidad para explorar dimensiones políticas todavía ocultas.

Los itinerarios políticos de los inmigrantes españoles en el municipio de la ciudad de Córdoba entre 1870 y 1914, expuestos por Ofelia Pianetto y Mabel Galliari, ponen de manifiesto, por ejemplo, una propensión a establecer asociaciones voluntarias teñidas por connotaciones religiosas de cuño conservador. Desde muy temprano, esa red de relaciones sociales tuvo en Córdoba una expresión política que concluyó abarcando también el contexto más amplio del gobierno provincial[25].

Las refutaciones que se desprenden de estas páginas (dirigidas, por caso, a Gino Germani) aclaran las interpretaciones generales del régimen político argentino. Estos exámenes localizan el comportamiento público de los inmigrantes en unidades de participación social y política de menor tamaño, tanto en lo que se refiere a las organizaciones de colectividades extranjeras con sus diversos particularismos internos, cuanto a las instituciones del gobierno municipal y provincial. Los trabajos de Fernando J. Devoto, Ricardo Falcón, Hugo E. Biagini, Alejandro E. Fernández y Marta Bonaudo, Silvia Cragnolino y Elida Sonzogni abren, al respecto, un fecundo abanico de hipótesis[26].

Transformación e incorporación: esos cambios desplegaron muy pronto, en aquellos escenarios urbanos, el horizonte de la modernidad. Al Buenos Aires de 1895, Francis Korn lo llamó "una ciudad moderna". Fue moderna Buenos Aires debido a grandes y pequeños desenvolvimientos que convergieron, como revela una cautivante metáfora puesta en las primeras páginas del relato, en el trazado de un boulevard. La avenida abierta a través de las manzanas que se interponían entre la vieja Plaza de Mayo y el terreno del palacio del Congreso Nacional será, entonces, lugar de encuentro de las libertades cotidianas[27].

Sin embargo, quizá esa imagen no convoque solamente a las voces y estilos privados de la vida cotidiana, porque la Avenida de Mayo también se convierte de inmediato en vehículo de la vida ciudadana, de procesiones escolares y desfiles militares, de ceremonias de integración y de asambleas populares que anuncian impugnación y conflicto. Lo cotidiano emerge así envuelto por la faz pública de la acción humana y por esos edificios, símbolos callados de dos poderes republicanos, situados en los puntos extremos del boulevard.

Opinión pública y vida electoral

He aquí un puente para ligar lo privado con lo público. Parece redundante declarar que los vínculos entre lo privado y lo público conforman en el régimen de la república moderna un cruce de caminos de importancia equivalente al que se entabla entre el ciudadano y sus representantes. En la circunstancia histórica que *El orden conservador* explora, estas dos relaciones, estructuradas en torno a cuatro términos, se hicieron explícitas mediante un lenguaje que, de manera tajante, distinguía la libertad civil de la libertad política.

La libertad civil, en tanto actividad humana acantonada, en la estricta esfera de lo privado, es un concepto típico de la teoría política del siglo XIX de tradición francesa. Mientras el pensamiento de los siglos XVII y XVIII reconstruyó la idea de libertad mediante una noción amplia que abarcaba las dimensiones pública y privada (recuérdese, por ejemplo, la visión integradora que Locke tenía de la libertad civil y Montesquieu de la libertad política), ese nuevo lenguaje del ochocientos separó el rol del habitante, en uso universal de las libertades civiles, del papel encomendado a unos pocos ciudadanos que, en ejercicio de la libertad política, eran actores privilegiados de una república restrictiva[28].

Esta separación entre dos clases de libertad circunscribía a la libertad política dentro de las normas y prácticas electorales derivadas del régimen representativo, al paso que subsumía dentro del campo de la libertad civil a los principios generales de la seguridad jurídica de donde provienen las libertades de prensa, de enseñar y aprender, religiosa, económica, sindical y cultural. Muchas ideas y acciones cuestionaron en aquella época este dualismo que no tomaba en cuenta a esas libertades mediante las cuales cobraba cuerpo la expresión pública del ciudadano antes y después del acto electoral. Ubicados en esta línea de reflexión, debemos a los trabajos de Hilda Sabato una fascinante puesta en escena del clima republicano que, en forma de palabras, testimonios públicos y asociaciones, rodeaba a nuestros comicios[29].

El período del que se ocupan estos estudios corresponde a la política de la provincia de Buenos Aires en las décadas que siguen a la caída de Rosas, particularmente durante las presidencias de Mitre, Sarmiento y Avellaneda. Aunque estas hipótesis se detienen en el momento de la federalización de Buenos Aires, se me ocurre que ellas pueden extenderse, como apunta un reciente trabajo sobre la provincia de Santa Fe[30], hacia décadas posteriores.

Por cierto que aquel Buenos Aires de Mitre y Alsina, inflamado por una retórica republicana, cuyo imaginario traducido en símbolos y monumentos ya es posible rastrear en la etapa separatista entre 1852 y la batalla de Pavón[31], no guarda mayor semejanza con el régimen de oligarquías familiares afincado en muchas provincias. Pero la descripción de aquella política, organizada según las reglas implícitas de un combate faccioso, permite vislumbrar el contorno de un espacio público concebido como "ámbito de mediación entre la sociedad civil y el poder político"[32].

La mediación política adquiere, de este modo, un significado más amplio. Mientras las facciones disponían de sus respectivas tropas electorales para disputar una limitada guerra aristocrática que tenía por objeto la conquista de los atrios y lugares de voto, el espacio público se legitimaba por una suerte de participación sin votos, protagonizada por la prensa escrita y una liturgia movilizadora de criollos y extranjeros dispuestos a manifestar, no sin entusiasmo, con bandas de música y pabellones alusivos y a vivar arengas en plazas y locales.

Montada sobre estos procesos que acaso también rozaban a los pueblos de la campaña, la política porteña, según Hilda Sabato, muestra el dinamismo de una *libertas* paradojalmente trascendente a los actos electorales. El primer conjunto de acciones —las voces dichas en público, manifestaciones, clubes y periódicos que las transmitían— era compartido, en efecto, por un número de habitantes mucho mayor que las cohortes de caudillos y clientelas en trance de dirimir el combate electoral.

Naturalmente, el escenario no había sufrido el impacto proveniente de la unificación del régimen político nacional bajo la férula de un presidente fuerte (Sarmiento, Avellaneda y aun el mismo Mitre fueron presidentes débiles frente a lo que dio en llamarse el poder de Buenos Aires). No obstante ello, la perspectiva adoptada permite avanzar hacia adelante y seguir el rastro que abría una densa red comunicacional de diarios y periódicos, escritos en lengua vernácula y extranjera. El estudio de Tim Duncan sobre el órgano roquista *Sud-América* y los trabajos de Ema Cibotti acerca de la prensa en los años ochenta dan cuenta de aquel abigarrado universo que despertó la curiosidad de Ernesto Quesada y de los hermanos Mulhall[33].

Fenómeno derivado de la garantía que la Constitución Nacional confería a la libertad de prensa, el diario escrito recogía información cotidiana y entraba de lleno en el juego político. Los diarios se confundían con las facciones, convocaban a los seguidores y enhebraban con ellos la trama asociativa de aquellos embrionarios partidos. En franco contraste con el sueño alberdiano de dar a luz una sociedad entregada pacíficamente al cuidado de sus intereses particulares y ajena a un "diarismo" propio de una corrupta república antigua, la prensa escrita representó un papel mediador de indudable importancia.

Expuesto de esta manera, el espacio público resulta del influjo que ejercen —en términos de comunicación y argumentos volcados al debate— ese conjunto de libertades que, a fuer de redundantes y a falta de otro vocablo más estricto, llamaremos libertades públicas. Ahora bien: esas libertades no coinciden enteramente con el significado estricto de la libertad política. Esta última no sólo califica una mayor o menor participación del pueblo en el gobierno. Más que eso, la libertad política es el derecho de ese mismo pueblo, cualquiera sea su tamaño, a intervenir en una competencia leal y abierta para elegir a sus gobernantes de acuerdo, se entiende, con los preceptos que instaura una constitución.

Hay pues dos aspectos a dilucidar: el primero, cuyo contenido depende de las comunicaciones y argumentos emitidos por los agentes de las libertades públicas (*v.g.* la prensa escrita o las asociaciones voluntarias), puede englobarse dentro del concepto amplio de participación política en el sentido elemental de tomar parte en un asunto público; el segundo, en cambio, está indisolublemente unido al principio de la representación política, origen y resorte, desde que Madison y Sièyes lo pusieron en circulación a fines del siglo XVIII, de la legitimidad en la república moderna.

La asincronía o falta de correspondencia entre estos aspectos tiene efectos análogos a los derivados de la escisión entre el régimen del Estado federal, objeto del control de los gobiernos electores, y el progreso acelerado en la sociedad civil. Mientras en un caso, como advirtió Joaquín V. González, las fuerzas sociales formadas al calor de la inmigración y del desarrollo educativo acosan a una dirigencia que se percibe a sí misma ocupando una ciudadela sitiada, en el otro la expresión de las libertades públicas choca con un ejercicio de la libertad política que, mediante una vuelta de campana, invierte el sentido de la representación.

Doble escisión por consiguiente: escisión en el marco de la sociedad global entre república amplia y república restrictiva o entre habitantes y ciudadanos; escisión dentro del espacio público de una ciudadanía participante que, sin embargo, no tiene correlato ni debida incorporación en el sistema representativo[34].

Salvados el contexto y una contradicción expuesta con más énfasis, la hipótesis de una vuelta de campana de la representación política, en pugna con libertades públicas que denuncian y condenan ese estado de cosas, tiene aire de familia con este texto de Tocqueville perteneciente a *El antiguo régimen y la revolución*: "Así como en Inglaterra se confundían los que escribían sobre el gobierno y los que gobernaban —los unos introduciendo ideas nuevas para ser puestas en práctica y los otros ajustando y circunscribiendo las teorías a los hechos—, en Francia el mundo político quedó como dividido en dos provincias separadas y sin trato entre sí. En la primera se administraba y en la segunda se establecían los principios abstractos sobre los cuales debía fundarse toda administración"[35].

Esta brecha profunda en vísperas de la revolución que, según Tocqueville, separaba a los hombre de letras de los administradores del Estado, no se ajusta, por cierto, al ambiente republicano de la Argentina finisecular, donde gobernantes y opositores se entregaban con parejo fervor a la faena de justificar sus respectivas acciones en los periódicos, pero pone en evidencia, al menos, la crisis sobreviniente cuando la prensa revela el perfil de una ciudadanía que circula entre la hegemonía gubernamental y la resistencia violenta. Volvemos, pues, al tema central de este libro: la hegemonía que los gobiernos electores montaban merced a la inversión del sistema representativo.

Hegemonía y gobiernos electores

A vuelo de pájaro, esta definición del régimen político contenida en varios capítulos del texto encierra el riesgo de imaginarlo como una invención original, propia del sistema de representación invertida que se puso en marcha a partir de 1880[36]. Cae de madura la debilidad de esta visión sincrónica de la historia política según la cual los tipos de regímenes se yuxtaponen en un continuo como si fueran estructuras independientes.

En realidad, los estudios en marcha acerca de la historia del sufragio en el siglo XIX están desbrozando el terreno para entender los orígenes del fenómeno de los gobiernos electores y la tradición que se fue formando durante los primeros años de la Independencia. La investigación de José Carlos Chiaramonte (con la colaboración de Marcela Ternavasio y Fabián Herrero) sobre los procesos electorales en Buenos Aires entre 1810 y 1820 describe con maestría las vicisitudes de las élites criollas en cuyo repertorio de creencias, trastornado entonces por la caída del Imperio Español, el viejo principio de la representación estamental chocaba con el criterio emergente de la representación republicana, que descansaba sobre el trípode de la ciudadanía, el sufragio individual y la soberanía del pueblo[37].

Mientras estos itinerarios se vaciaron en los Estados Unidos en el molde republicano y en muchas monarquías constitucionales en un régimen donde la representación estamental convivía con los primeros arrestos de la representación popular, en el continente hispanoamericano los ensayos constitucionales no consiguieron enderezar el rumbo hacia una u otra meta. La soberanía del pueblo, invocada en la clave francesa de la soberanía de la nación, no desplazó del todo a la representación que se condensaba en los cuerpos orgánicos de "los pueblos", del vecindario adscripto a Cabildos y Ayuntamientos, de la Iglesia y de las instancias judiciales, ni tampoco esta legitimidad tradicional pudo mantener vigente por mucho tiempo aquel viejo lenguaje que, desde Caracas a Buenos Aires, justificó en derecho a las primeras Juntas de gobierno.

No hubo pues desplazamiento de soberanía ni pacto entre dos legitimidades. Frente a esta doble carencia, la sucesión de estatutos y proyectos constitucionales, que estipularon diversas clases de sufragio (corporativo, por mandato imperativo, mixto e indirecto, coexistentes, todos ellos, con frecuentes convocatorias a Cabildos Abiertos), ofreció un confuso encuadre, durante la década de la Independencia, a las primeras manifestaciones del control electoral.

Para el punto de vista que guía a estas reflexiones, lo importante a destacar en el relato de Chiaramonte son los métodos prácticos de que se valió un embrionario régimen de gobiernos electores para producir y controlar el sufragio mediante un conjunto de cargos institucionales previstos en la nueva legislación: alcaldes de barrio, alcaldes de hermandad, curas de parroquia, etc. Estos agentes habrán de prolongar su cometido luego del colapso del año 20.

Cerrado este capítulo inicial, el trabajo de Marcela Ternavasio sobre las elecciones en el Estado de Buenos Aires entre 1820 y 1840 revela una doble transformación[38]. La primera, que apoyada en un audaz reconocimiento del sufragio universal pretendió arrasar con la antigua representación estamental, y la segunda, posterior a 1830, que, haciendo uso de aquella expansión electoral, construyó por vez primera en Buenos Aires un régimen de representación invertida.

Entre 1820 y 1830, la pugna entre representación estamental y representación republicana se inclinó en favor de esta última. Por cierto que esta novedosa manera de hacer la ciudadanía bonaerense en la década del 20 contó, desde el vamos, con una institución mejor ajustada a los criterios de una república representativa. El Cabildo, en efecto, fue reemplazado por una Sala de Representantes cuyos miembros fueron designados según métodos que combinaban el sufragio plurinominal con el sistema de voto acumulado. Se construyó así un nuevo escenario que, en el imaginario republicano, despertó admiración y críticas (los comentarios contrapuestos de Mitre y Alberdi son, en relación a ello, arquetípicos). Competencia en escorzo entre notables, mediada por periódicos que hacían de voceros de facciones inestables, aquel ensayo, en lugar de abrir el camino de una evolución gradual, se clausuró con el régimen impuesto por Juan Manuel de Rosas.

En este punto, la originalidad del enfoque propuesto por Marcela Ternavasio estriba en reconocer en el rosismo una decidida capacidad innovadora tan distante de un sistema competitivo moderno como de la representación estamental del antiguo régimen. Rosas no negó el sufragio universal. Al contrario: lo expandió hacia la campaña e incorporó un electorado creciente en plebiscitos y comicios; pero realizó esta operación montando una jerarquía de agentes electorales formada por jueces de paz (sucesores de los alcaldes de barrio y alcaldes de hermandad), policías, milicianos, organizaciones adictas, cuadros del ejército regular que manejaban a la soldadesca de los fortines, curas y escrutadores.

El propio Gobernador, como recuerda la autora, midió tributo a la sinceridad cuando diligentemente expuso, en su Mensaje a la Sala de Representantes de 1837, las virtudes contenidas en ese original procedimiento: "Mucho se ha escrito y hablado entre nosotros acerca del sistema constitucional; pero en materia de elecciones, como en otras, la práctica ha estado bien distante de las doctrinas más ponderadas. A todos los gobiernos anteriores se ha reprochado como un crimen, y a sus amigos como un signo de servilidad, mezclarse en las elecciones de representantes dentro de los términos de la ley. Esto ha dado lugar a mil refugios y a la misma corrupción. El Gobernador actual, deseando alejar de entre nosotros esas teorías engañosas que ha inventado la hipocresía, y dejar establecida una garantía legal permanente para la autoridad, ha dirigido, por toda la extensión de la provincia, a muchos vecinos y magistrados respetables, listas que contenían los nombres de los ciudadanos, que en su concepto merecían representar los derechos de su Patria, con el objeto de que propendiesen a su elección, si tal era su voluntad"[39].

Inversión del régimen representativo, inversión del sufragio: como se advierte, luego de esta breve excursión por terreno bonaerense, las raíces del régimen del 80 ya comenzaban a calar hondo medio siglo antes de que concluyera el proceso de unificación del Estado nacional. Se fue alimentando de este modo una de las corrientes de la política argentina en el siglo pasado que tuvo la peculiaridad, acaso compartida por la experiencia de otras naciones hispanoamericanas, de generar, ella misma, su propia impugnación.

Quizás haya que explorar la razón histórica de esta legitimidad a medio hacer en el significado de la representación invertida. Convengamos, para fijar los términos, que este concepto engloba a la acción política tendiente a cambiar la posición de los actores en el régimen representativo y, por consiguiente, a trocar los papeles respectivamente asignados por la teoría de la representación política al ciudadano y al gobierno. De acuerdo con la lógica de la representación invertida, quien elige no es el ciudadano sino el gobernante, de tal suerte que la autonomía individual, raíz última de la soberanía del pueblo en el registro de la república moderna, se convierte en voluntad corporativa del gobierno.

Planteado el problema de este modo, el espectador puede constatar que aquellas acciones recogieron viejas tradiciones incrustadas en el pasado, que respondieron al vacío abierto por la guerra en los primeros años de la Independencia, armando una estructura capaz de retener el poder; y que asumieron sin vueltas el lenguaje de la legitimidad republicana, con su radical invocación a la autonomía del ciudadano y, por ende, a la sinceridad y transparencia de los procedimientos electorales. Las contradicciones emergentes de estas relaciones entre el poder y su justificación están a la vista: subrayan, en efecto, la persistencia de un fenómeno de dominación que, paradójicamente, no pudo encontrar en el lenguaje y en los principios de referencia la fuente de una duradera legitimación.

La desnuda coherencia con los datos de la realidad, que rezuma el discurso sobre el poder de Juan Manuel de Rosas, dio paso, en la época abierta por la Organización Nacional, a situaciones en las cuales los conflictos políticos tuvieron en mira el horizonte valorativo de los ideales republicanos. Organización del poder limitado del Estado; utopía de un ciudadano hacedor de su propia circunstancia política: sobre esta tensión cabalga el argumento republicano.

La representación invertida ofreció respuesta al primer término de esta ecuación ocultándose tras el principio de legitimidad de la república representativa. Para Roca, según puede leerse en las páginas finales de este libro, fue un enmascaramiento impuesto por la necesidad; para otros, la representación invertida fue causa de alzamientos armados o de cuestionamientos menos violentos. En todo caso, esa hegemonía, que reducía los márgenes de la competencia y al mismo tiempo enervaba a las oposiciones, era percibida por tirios y troyanos como desfiguración o caricatura de una imagen valiosa.

Al cabo, la representación invertida fue partera de un orden ambivalente, duradero sin por ello dejar de ser inseguro para quienes ejercían control sobre la oposición, y expuesto a cambios abruptos de situación pese a la resistencia contra los díscolos de que dieron testimonio los gobiernos posteriores al 90. El orden prevaleció cuando soportó a pie firme aquella avalancha de movilizaciones cívicas y conspiraciones militares que se prolongó hasta entrado el nuevo siglo, pero jamás consiguió reunir en torno suyo, otra justificación que no fuese la de pagar tributo a la necesidad o al atraso de unas costumbres todavía ineptas para dar curso a una competencia leal entre ciudadanos libres.

Claro está que la discrepancia apuntada entre hechos y valores no tuvo pareja intensidad si ampliamos la lente hasta cubrir el vasto territorio de Estado federal. Es imposible concebir el orden conservador, en tanto régimen nacional que unifica las decisiones políticas, si no se toma en cuenta la importancia relativa de las provincias chicas y medianas. Aun cuando la competencia del gobierno nacional se ejerciese directamente sobre la extensa jurisdicción de los Territorios Nacionales, el carácter federal del régimen[40] impone orientar el análisis, habitualmente concentrado en las regiones centrales y en ciudades imbuidas de temperamento cívico, hacia la realidad más opaca de lo que aquí se llama gobiernos de familia y otros autores denominan nepotismo.

Hoy disponemos de nuevos datos e investigaciones que nos permiten definir con más rigor al concepto de nepotismo. Para Félix Luna, "no es casualidad que las provincias donde creció y se afirmó el nepotismo hayan sido las más aisladas, las más cerradas".[41] Según Pablo Lacoste, entre 1880 y 1905, en Mendoza, "veinte familias conformaron con sus miembros el 91,66% de los gobernadores, el 51% de los ministros, el 44,4% de los senadores provinciales, 51,7% de los diputados nacionales, el 61,5% de los convencionales constituyentes, 27,9% de los legisladores provinciales y 38,4% de los intendentes".[42] Eduardo Saguier, por su parte, en un estudio que toma como referencia a las provincias de Catamarca, Salta, San Luis y Mendoza, ha precisado el alcance del concepto al afirmar que "la portación de un mismo apellido por dos gobernadores, senadores o diputados, no garantizaba la existencia de nepotismo u oligarquía, el cual para que causara efectos políticos, y poder ser así caracterizados como tales, debía estar al menos dentro del cuarto grado de consanguinidad, o dentro del segundo grado de afinidad. En ese sentido, era más próximo el parentesco entre cuñados, concuñados, consuegros y entre suegros y yernos, que como es obvio no portaban el mismo apellido, que entre aquellos que sí lo llevaban".[43]

Esta percepción de una lucha facciosa distinta acaso de la que acaecía en la política porteña, nos asiste para poner de relieve la índole de una fórmula mixta basada en la confusión de poderes. El orden de los gobiernos electores —así he procurado mostrarlo en varios capítulos— se condensó en una fórmula mixta, pero realizó esta operación mediante un arreglo que no aseguró la separación de poderes en la forma en que Montesquieu y Tocqueville observaron aquella "disposición de las cosas" en Inglaterra y en los Estados Unidos. Si para el autor de *Del espíritu de las leyes* las formas de gobierno aristocrático y popular se engarzaban en una monarquía con la estricta separación de poderes que regía entre la Cámara de los Lores, los Comunes y la justicia, para el Tocqueville del primer volumen de *La democracia en América* la supuesta calidad del Senado, en cuyo recinto apartado de los tumultos electorales la ilustración se combinaba con la riqueza, moderaba en aquella república al ímpetu democrático que provenía de la presidencia y de la Cámara de Representantes.[44]

Distintos poderes institucionales que agregaban en su seno a diferentes poderes sociales. En el régimen del orden conservador, en cambio, la incorporación del poder social privativo de los linajes tradicionales en una rama legislativa diferente de la que representaba al poder del pueblo fue mucho menos nítida. En realidad, si nos atenemos al origen de la autoridad, las tres ramas clásicas que sustentan la teoría del poder limitado no estaban separadas más que por la que la propia Constitución Nacional exigía.

La división jurídica de los poderes Ejecutivo, Legislativo y Judicial se instalaba pues sobre un suelo sociológico donde primaba el control electoral, la cooptación de las oposiciones o el dominio prolongado de los clanes familiares. Hoy conocemos un poco más en cuanto al origen electoral de los poderes Ejecutivo y Legislativo y al modo como éstos se subordinaron a aquéllos, pero ignoramos todavía cómo el control electoral y los gobiernos de familia se reflejaron en la conformación del Poder Judicial.

Lo dicho acaso valga para intentar una crítica de la autoridad según su origen en la Argentina republicana que, naturalmente, debe complementarse con otro punto de vista. Los análisis que adoptan como concepto exclusivo de explicación al comportamiento electoral o al uso pragmático de instituciones como la intervención federal, no suelen prestar atención debida a los frenos impuestos por la propia Constitución Nacional frente al manejo arbitrario del poder.

Es necesario advertir a tiempo el riesgo de estos deslizamientos conceptuales (de hecho están presentes en el texto) que hacen caso omiso del contorno jurídico en tanto factor limitante del ejercicio de la autoridad. Aun en el plano de una vigencia puramente formal, la Constitución Nacional armó con tal dureza el marco de la vida política que no hubo entonces acción alguna capaz de doblegar ciertos límites. Parece redundante recordar —tanta importancia tuvo a través de debates decisivos— el rol institucional que le tocó desempeñar al Congreso, fuente histórica imprescindible y expresión de una voz pública que, cuando se oponía a las influencias del Poder Ejecutivo, adquiría volumen propio.

Benjamin Constant escribió que "la legitimidad del poder depende tanto de su objeto como de su fuente".[45] El fraude en las urnas, la falsificación de padrones, la compra de votos, rodearon con una membrana viciosa al segundo aspecto de la legitimidad del poder evocado por Constant, pero el objeto delineado en nuestro caso por la Constitución Nacional, que en términos weberianos tuvo en mira la atribución de legitimidad, restringió aquella actividad por propia gravitación institucional.

En determinadas cosas, la Constitución exigía marcar el paso. Muchos investigadores, que se asoman a esta época desde la maltrecha experiencia de unas instituciones sometidas en este siglo al más crudo escarnio, no dejan de asombrarse al comprobar el ritmo ininterrumpido de comicios escalonados cada dos años (o menos, si en el intervalo se introducía alguna elección parcial). Ninguna asonada o levantamiento cívico interrumpió esta regular secuencia en el orden nacional.

Una elección particular, un conjunto de comicios ubicados en períodos menos extensos. es pues ocasión propicia para medir el grado de resistencia o de paulatina erosión del régimen de los gobiernos electores. Si la representación invertida puede quizá destacarse en un panorama histórico proclive a la generalización, los hallazgos que nos depara el análisis circunscripto a una o varias elecciones se convierten en una variable de control imprescindible. Ya hemos visto algunos de los trabajos consagrados a comicios en la década del 80, el artículo ya citado de Paula Alonso confirma la hipótesis de una apertura competitiva del régimen en la Capital Federal en los años posteriores al 90 (postulando así una suerte de gradualismo implícito en el desarrollo electoral), y la tesis en curso de Dolores Cullen permitirá conocer con más detalle la urdimbre de los comicios a la vuelta del siglo.[46]

Hombres, regímenes y transición democrática

Hubo entonces, y sería injusto olvidarlo, limitaciones en el juego político entre las cuales sobresalió el principio fielmente acatado de la no reelección inmediata del Presidente. El asunto es relevante si contemplamos esta restricción desde el pasado anterior a 1853 o si, *a contrario sensu,* volvemos la mirada sobre aquellos años en que rigió la Constitución desde nuestra circunstancia contemporánea. Entre estos puntos extremos se desenvolvió el largo intervalo en que se pretendió exorcizar de los males del caudillismo a criollos e inmigrantes. Como ha escrito Luis Alberto Romero, en las páginas iniciales de su historia contemporánea de la Argentina, "los controles institucionales del Congreso, y sobre todo la exclusión de la posibilidad de reelección aseguraban que ese poder /presidencial/ no derivara en tiranía".[47]

Si la hipótesis del control de la sucesión presidencial que aquí se defiende puede alumbrar la acción de los gobiernos electores, bueno es recordar que aquella aventura de éxitos y fracasos fue factible porque cada seis años un nuevo Presidente ocupaba el cargo cubierto por su antecesor. La distinción entre los cargos institucionales y sus ocupantes transitorios vacunó al sistema político contra los riesgos del personalismo y abrió la puerta para que, aceptados esos límites normativos, circularan diversos mecanismos de control entre el gobierno nacional y los gobiernos provinciales.

Como hemos visto, la Argentina del orden conservador se alineó tras el designio ecléctico que impulsaban perspectivas ideológicas tan dispares como las viejas propuestas del liberalismo doctrinario o las más nuevas e incitantes del positivismo.[48] Desde luego, los dirigentes persiguieron el objetivo pragmático de fusionar en una fórmula eficaz la autoridad y el orden con la libertad y el progreso, pero no renunciaron enteramente a ciertos principios del republicanismo liberal.

Gracias a estos principios es posible observar a unas instituciones que no se confunden con la trayectoria de un gobernante exitoso. En este sentido, de la mano de una comparación para nada innecesaria, cabría especular si el orden conservador fraguó un "Porfiriato" semejante al régimen reeleccionista y modernizante que en México encarnó Porfirio Díaz entre 1884 y 1911.[49] Huelga comprobar que la cuestión de la hegemonía personalista en Hispanoamérica era entonces (lo es sin duda todavía) una cuestión no resuelta. La pregunta es pues pertinente: ¿alcanzó nuestro orden conservador a distinguir, al modo en que lo hizo el régimen norteamericano después del *Farewell Address* de Washington, a las personas de las instituciones? ¿Qué importa, al cabo, el régimen o los hombres?

No hay por qué abundar en mayores detalles para percatarse de lo difícil que resulta desgajar a la personalidad de Julio A. Roca de las reglas explícitas e implícitas del régimen inaugurado en 1880.[50] A los dos períodos completos que Roca desempeñó en la presidencia (1880-1886 y 1898-1904) se sumó la preponderante actuación que le cupo en el interregno que va del 86 al 98 durante el cual asumió un estratégico rol de reserva como ministro del Interior de Pellegrini y Presidente Provisional del Senado (excuso señalar la importancia de este cargo en ausencia del Vicepresidente frente a una crisis de sucesión). Sin violentar los hechos, alguien podría declarar que el rol protagónico de Roca acaparó para sí más de veinte años de aquel tramo histórico.

No es banal el punto dado que representa una encrucijada de métodos y de aproximaciones al saber histórico. Por un lado, es cierto, la ciencia política generaliza en torno al diseño de formas políticas (regímenes, en la terminología de este libro) mediante diversas operaciones de conjetura y refutación. Cuando el conocimiento político no se ocupa de formas específicas como la autocracia o el despotismo, ancladas en una dominación personal que actúa sin los frenos derivados de la ley o de la costumbre, el método suele poner de relieve a las estructuras institucionales —a su consistencia y a sus deformaciones— más que a esa prominente acción de los hombres.

Por otro lado, la narración histórica, y en particular el género biográfico, transitan con frecuencia el camino inverso donde se destaca la silueta de una personalidad dominante. En gran medida, este recorrido ha concitado en estos últimos años renovado interés. Debemos en primer lugar al talento narrativo de Félix Luna en *Soy Roca* que, de un golpe, la figura del militar convertido en político y ejecutor de una vasta y duradera coalición haya cobrado rotunda contemporaneidad. Una acción singular, en reemplazo de la trama que van tejiendo las acciones humanas conjugadas en plural, levanta de este modo el argumento de una época.[51]

Munido de documentación original y de un estilo que arraiga en el uso de fuentes tradicionales, el estudio menos divulgado de Fernando Madero sobre Roca entre 1874 y 1880 coincide con el mismo tipo de aproximación al pasado. La correspondencia de Roca, sobre todo aquella que circuló en vísperas de la batalla por la federalización de Buenos Aires, revela la intensa comunicación que sostenía e impulsaba a ese nuevo liderazgo.[52] La capacidad de coacción y el sometimiento a una fórmula republicana afincada en cuatro presidencias fundadoras y en una sucesión normalizada a partir de 1862 describen, por cierto, los rasgos más firmes de esa personalidad ascendente pero la colocan, igual que en el relato de Luna, en diálogo permanente con unos notables[53] ubicados en diversos puntos del país sin los cuales ese liderazgo no hubiese alcanzado sus objetivos.

Admitida la validez del género, admirablemente ilustrado, casi como un prólogo indispensable al 80, por el *José Hernández y sus mundos* de Tulio Halperín Donghi (que, a su manera, prosigue el itinerario abierto por Horacio Zorraquín Becú en *Tiempo y vida de José Hernández*),[54] queda todavía pendiente una tarea indispensable. Porque, en efecto, la biografía de los grandes personajes reclama con avidez el concurso de biografías acaso menos extensas, reducidas a esos dirigentes de raigambre provincial que conformaron la coalición del Partido Autonomista Nacional, como las que, por ejemplo, Dardo Pérez Guilhou y Pablo Lacoste consagraron a Emilio Civit,

Luis R. Frías a Manuel D. Pizarro, José T. Goyret a Luis María Campos y Pedro J. Frías a Felipe Yofre.[55]

¿Dónde encontrar, entonces, las fronteras entre los regímenes y los hombres? ¿Tuvimos un régimen de gobiernos electores o un "Porfiriato" encubierto bajo la égida de Roca? Aunque desde ya la respuesta en favor de la consistencia de un régimen institucional se defiende en el texto, quizá puedan aclararse algo más las cosas con una última reflexión acerca de nuestra primera transición a la democracia.

Paradojalmente, pese a que el proyecto no pudo implementarse como su autor quería, fue el propio Roca, por la voz y el propósito de su ministro del Interior Joaquín V. González, quien puso en marcha en 1902 una transición de casi quince años que culminó en 1916.[56] Desde ese momento se cruzaron en sucesivas instancias dos clases de política. Una política de apertura, que osciló entre diversas concepciones y debates en torno al sufragio universal, y una política de prevención que, antes que nada, atendió a los resguardos y contrapesos diseñados por la misma Constitución: el régimen federal, la renovación parcial de ambas cámaras del Congreso, y las Juntas de Electores entendidas como hipotético recinto de negociaciones para designar al Presidente.

No hubo pues derrumbe de un régimen sino gradualismo dentro de un marco constitucional acatado por amigos y adversarios. En esa atmósfera se armó una estrategia de cambio deliberado que estuvo condicionada por los efectos no queridos de las decisiones reformistas[57] y, también, por la tenaz persistencia de un modo de hacer política y de ejercer control sobre la oposición. Las orientaciones normativas, que en clave regeneracionista buscaban reconciliar a la ley con las costumbres, tropezaban constantemente con acciones de cuño tradicional que reproducían el viejo sistema de los gobiernos electores.

Si dividimos esta transición en períodos más cortos, el cuadro cobra manifiesta intensidad, como ha mostrado Flavio Fiorani,[58] durante los años 1907-1909, cuando el Presidente Figueroa Alcorta desmontó el aparato roquista mediante intervenciones federales con el objetivo último de encauzar al país por el carril de la reforma electoral. Resultado de ello, segunda paradoja a tomar en cuenta, ese orden conservador, que no había podido mantener en caja a la sucesión presidencial de 1904, concluyó su ciclo celebrando la elección canónica de Roque Sáenz Peña de acuerdo con los más crudos criterios del control impuesto por el Poder Ejecutivo.

La transformación que aparejó el gobierno de Sáenz Peña, quien con la aquiescencia de Yrigoyen y la eficaz colaboración de Indalecio Gómez reformó el régimen electoral en línea con antecedentes legislativos de España y Portugal,[59] no debe ocultar la continuidad de tradiciones y estilos antes aludida. En este sentido, el clima competitivo que envuelve a la *civitas* del Centenario entre 1912 y 1916, junto con la participación sin cortapisas de los nuevos partidos, puede abonar una imagen acaso distorsionada que, sin prestar atención a desarrollos ulteriores, se cierra abruptamente.

De hecho, más allá de la seguridad en la victoria compartida por casi todos los protagonistas, reformistas o no, y que el texto registra, se podían detectar desde el vamos inquietantes advertencias. No resisto la tentación de comentar una carta de Paul Groussac dirigida a Roque Sáenz Peña el 21 de febrero de 1911, pocos días después de que el Presidente diese a conocer su plan reformista,[60] en la cual el afecto de Groussac hacia su "viejo amigo", aprecio destilado mediante el estilo literario de quien se consideraba miembro de una élite superior e ilustrada, transmitía una temerosa inquietud frente a "la mayoría ingobernable de estas repúblicas latinas". A la confianza en el nuevo rumbo electoral, Groussac respondía especulando en torno a los efectos perversos de la reforma que engendraría un régimen dominado por "políticos profesionales", en notable contraste, por cierto, con quienes, como Sáenz Peña, consideraban al "libre ejercicio del sufragio, aún por sufragantes indignos o inconscientes, como un bien absoluto".

Esta carta de "carácter privado" echó las bases de una atractiva ideología para los que no se resignaban a abandonar el poder. En ausencia de "un cuerpo electoral suficientemente ilustrado e independiente", proseguía el argumento, los esfuerzos de los reformadores tornaban "ilusoria nuestra farmacopea electoral". La estratégica invocación a un pueblo imaginario, cuyas virtudes debían forjarse antes de abrir las compuertas al sufragio, condujo a Groussac a postular que "la democracia no es condición primordial del gobierno libre". Éstas y otras justificaciones semejantes tendrían luego una exitosa trayectoria.

Pero no avancemos más de lo necesario pues toda historia, trazada con criterio limitado y provisorio, debe cerrar el relato con un punto final. Las exigencias de la periodización que el propio autor se ha impuesto ubican el último acto de este argumento en 1916. Por consiguiente, esta regla temporal impide avizorar, en el tiempo que se estira hasta 1930, la conflictiva combinación del componente innovador de aquella primera democracia con los usos políticos heredados de un pasado en el cual la hegemonía de los gobiernos electores se alimentaba de la fragilidad de partidos y facciones.

¿Qué fue lo que caducó y qué fue lo que sobrevivió de esta vieja política a partir de 1916? ¿Conservó el Poder Ejecutivo el talante hegemónico de otras épocas con aquellos instrumentos tantas veces probados como, por ejemplo, induce a pensar la política intervencionista del Presidente Yrigoyen en las provincias? ¿Tuvieron los nuevos partidos la aptitud suficiente para quebrar aquella debilidad organizativa, unida a su escasa diferenciación, que caracterizó al juego faccioso previo al sufragio universal? Dejo en suspenso las tres preguntas y me remito, para la historia del radicalismo y en general de los nuevos partidos, a las contribuciones de David Rock, Ana María Mustapic, Karen L. Remmer, Waldo Ansaldi y Richard J. Walter.[61]

A punto de llegar a este umbral, viendo las cosas hacia atrás y hacia adelante, no me parece del todo desacertado imaginar a este ensayo de explicación de algunos sucesos del pasado como parte de una historia más vasta que, con mayor o menor premura, según diversos contornos nacionales, pretende albergar a la libertad y a la igualdad en el seno de una constitución legítima. A la postre, aunque suene a repetición, el lente estrecho que aquí se ha seleccionado retrata al tríptico compuesto por la libertad, el poder y la igualdad en actitud de interpelar a un destino calificado por muchos testigos como necesariamente republicano.

La ambiciosa profecía contenida en este aserto, típica de tantas tendencias historiográficas hoy quizás olvidadas, colocaba sin embargo a esa tensa relación entre libertad e igualdad dentro del cerco delineado por el principio de la representación política. El núcleo del conflicto por la legitimidad del poder tenía pues como referente a esa mediación primordial y al sufragio que le daba contenido, sin cuyo soporte la república devenía una forma de gobierno mutilada, huérfana de libertad política y de ciudadanía.

Así, desde el comienzo mismo de nuestro período republicano, del cual estos años estudiados son apenas un fragmento, los ideales condensados en la gran cuestión del sufragio universal fueron un constante acicate, generador él mismo de conciencia culpable, que hostigó a "las máquinas caciquiles que componían la tramoya partidaria del país", según la feliz expresión, correspondiente a otra experiencia de parentesco cercano, de José Varela Ortega.[62] El sufragio, digo bien, entendido como un derecho con vocación universal arraigado en la autonomía del individuo, que va venciendo las vallas impuestas por el sexo, la discriminación étnica, la riqueza y la falta de educación.

La Argentina dio un primer paso en esta dirección ligando al sufragio universal con el voto obligatorio y el padrón militar. Nacida de una visión compartida por Sáenz Peña, Indalecio Gómez e Hipólito Yrigoyen, aquella contingente traducción legislativa ofreció una solución, se creía, al problema central de nuestra vida política.

En el fondo con esperanzas y contradicciones, no éramos ajenos al clima de una época. "La cuestión del sufragio universal —ha escrito Rosanvallon— es /.../ el gran asunto del siglo XIX. Alrededor de ella se polarizaron los fantasmas sociales, las perplejidades intelectuales y los sueños políticos. Ella ha unido en conjunto todos los interrogantes sobre el sentido y las formas de la democracia moderna: relación de los derechos civiles y de los derechos políticos, de la legitimidad y del poder, de la libertad y de la participación, de la igualdad y de la capacidad."[63] Con este bagaje, nuestra vieja república entró en el siglo XX.

Buenos Aires, mayo de 1994

NOTAS

1. Johan Huizinga, *Sobre el estado actual de la ciencia histórica* /1934/ (traducción de María de Meyere), Tucumán, Ed. Cervantes, S/F, p. 59. Véase también del mismo autor, "The Problem of the Renaissance", en Johan Huizinga, *Men and Ideas. History, The Middle Ages, The Renaissance* (traducido por J. S. Holmes y H. Van Marle), Princeton, Princeton University Press, 1984.

2. Sobre el período en general y la bibliografía reciente sobre el mismo puede consultarse, a título introductorio, Ezequiel Gallo, "Argentina: Society and Politics, 1880-1916", en Leslie Bethell, ed., *The Cambridge History of Latin America*, vol. V, c. 1870 to 1930, Cambridge, Cambridge University Press, 1986. Tulio Halperín Donghi, "Un cuarto de siglo de historiografía argentina (1960-1985)", en *Desarrollo Económico*, Vol. 25, N° 100, enero-marzo 1986. Eduardo Zimmermann, "El liberalismo y la declinación argentina en la historiografía reciente. Una nota bibliográfica", en *Libertas*, Año VII, N° 12, mayo 1990.

3. Sobre el uso del adjetivo "conservador" véanse, entre otros, los juicios de José Luis de Imaz en *Desarrollo Económico* (Crítica de Libros), Vol. 17, N° 67, octubre-diciembre 1977, pp. 526 y s.; de Marcelo Sánchez Sorondo en *La Argentina por dentro*, Buenos Aires, Sudamericana, 1987, p. 169 y Cap. XX; de Dardo Pérez Guilhou, "Entrevista", en Marcelo Montserrat, comp., *La experiencia conservadora*, Buenos Aires, Sudamericana-Fundación Argentina, 1992, p. 113; y de Félix Luna en *Breve historia de los argentinos*, Buenos Aires, Planeta, 1993, p. 135.

4. Gustavo Ferrari y Ezequiel Gallo, comp., *La Argentina del ochenta al Centenario*, Buenos Aires, 1980.

5. Roberto Cortés Conde, *El progreso argentino, 1880-1914*, Buenos Aires, Sudamericana, 1979, p. 57.

6. Véase, por ejemplo, la nota crítica de Luis Alberto Romero en *Todo es Historia*, noviembre 1977, pp. 68 y s. Por otra parte, esta imagen del orden, que muchos críticos vinculan con la sociología histórica, contrasta con el uso de otros términos como "generación" o "empresa política". Confrontar sobre esto, Silvia Niccolini, "La política del ochenta", en *Punto de Vista. Revista de Cultura*, N° 1, marzo 1978, con Mario justo López, "La constitución de 1853 y el sistema político de la generación de 1880", en *Vivir para la república*, Buenos Aires, Círculo Carpetas, 1986 y Pedro J. Frías, *Cincuenta años de lecturas jurídico-políticas. Caligrafía en la arena*, Separata de *Anales*, Tomo XXX, Vol. 2, Academia Nacional de Derecho y Ciencias Sociales de Córdoba, 1992, pp. 131 y ss.

7. Cons·ıltar al respecto, Isidoro J. Ruiz Moreno, *La federalización de Buenos Aires. Los debates y las leyes*, Buenos Aires, Instituto Histórico de la Organización Nacional, Documentos N° 2, 1980.

8. Beatriz Bosch, *Benjamín Victorica. Doctor y general, 1831-1913*, Buenos Aires, Emecé, 1994, p. 150.

9. Conf. Roberto Cortés Conde, *Dinero, deuda y crisis. Evolución fiscal y monetaria en la Argentina*, Buenos Aires, Sudamericana, 1989, p. 151.

10. El tema lo he tratado en Natalio R. Botana, "1880: la federalización de Buenos Aires", en *La Argentina del ochenta al Centenario, op cit.*

11. Véase Félix Weinberg, "Sarmiento y los orígenes del radicalismo", en *Plenario*, Año I, N° 1, diciembre 1993.

12. Tulio Halperín Donghi, "Un nuevo clima de ideas", en *La Argentina del ochenta al Centenario, op.cit.*, p. 23. Con el mismo argumento concluye Halperín Donghi su "Prólogo: una nación para el desierto argentino" a *Proyecto y construcción de una nación* (Argentina 1846-1880), Caracas, Biblioteca Ayacucho, 1980, p. CI.

13. Acerca de las ideas que inspiraron a las actitudes regeneracionistas, consultar Hugo E. Biagini, comp., *Orígenes de la democracia argentina. El trasfondo Krausista*, Fundación Friedrich Ebert-Legasa, 1989, y Jorge Dotti, *La letra gótica. Recepción de Kant en la Argentina, desde el romanticismo hasta el treinta*, Buenos Aires, Facultad de Filosofía y Letras, U.B.A., 1992, Cap. III.

14. La tesis escrita en Oxford por Eduardo A. Zimmermann, *El liberalismo reformista y la cuestión social Argentina, 1890-1916*, cuya versión castellana citamos (Buenos Aires, 1993), lamentablemente permanece inédita. No debe demorarse la publicación de investigaciones de esta envergadura.

15. Hay por cierto excepciones, especialmente durante la década del noventa en algunos distritos, que ya fueron tratadas en el texto. Véase Paula Alonso, "Politics and Elections in Buenos Aires 1890-1898: The Performance of the Radical Party", en *Journal of Latin American Studies*, Cambridge, 1993, N° 25. Volveremos más adelante sobre el tema.

16. Véase Darío Roldán, *Joaquín V. González, a propósito del pensamiento político liberal (1880-1920)*, Buenos Aires, Centro Editor de América Latina, 1993.

17. Carlos Altamirano y Beatriz Sarlo, "La Argentina del Centenario: campo intelectual, vida literaria y temas ideológicos", en *Ensayos argentinos, De Sarmiento a la vanguardia*, Buenos Aires, Centro Editor de América Latina, 1983.

18. Conf. Natalio R. Botana, *La tradición republicana. Alberdi, Sarmiento y las ideas políticas de su tiempo*, Buenos Aires, Sudamericana, 1984, y *La libertad política y su historia*, Buenos Aires, Sudamericana, 1991.

19. Los trabajos que se han publicado sobre Alberdi en estos años son abundantes. Dejo de lado un repaso general de los mismos y señalo los siguientes referidos a la interpretación que aquí se expone: Dardo Pérez Guilhou, *El pensamiento conservador de Alberdi y la Constitución de 1853*, Buenos Aires, Depalma, 1984. Héctor Ciapusio, *El pensamiento filosófico-político de Alberdi*,

Buenos Aires, Ediciones Culturales Argentinas, 1985. Jorge F. Sábato, *La clase dominante en la Argentina moderna. Formación y características*, Buenos Aires, Cisea-Grupo Editor Latinoamericano, 1988, pp. 163 y ss. Elías Palti, *El pensamiento de Alberdi*, Tesis de Licenciatura, Facultad de Filosofía y Letras, U.B.A., 1989.

20. Ezequiel Gallo, *La pampa gringa. La colonización agrícola en Santa Fe (1870-1895)*, Buenos Aires, Sudamericana, 1983.

21. Conf. Ezequiel Gallo, "La tradición del orden social espontáneo: Adam Ferguson, David Hume y Adam Smith", en *Libertas*, Año IV, N° 6, mayo 1987.

22. Ezequiel Gallo, *La pampa gringa...*, *op.cit.*, p. 349.

23. Ema Cibotti, "Sufragio y opinión pública en Buenos Aires. Las elecciones municipales de 1883 en la prensa porteña". Trabajo presentado a las *Terceras Jornadas sobre procesos electorales y construcción del espacio político en Argentina, Brasil y México en el siglo XIX* (en adelante *Terceras jornadas sobre procesos electorales...*), organizadas conjuntamente por el Centro Interuniversitario di Storia del'America Latina, Dipartamento di Studi Politici, Universitá degli Studi di Torino y el Instituto de Historia Argentina y Americana "Dr. Emilio Ravignani", Facultad de Filosofía y Letras, U.B.A., Buenos Aires, 30 de noviembre-3 de diciembre de 1993.

24. Ema Cibotti, *op.cit.*, p. 21.

25. Ofelia Pianetto y Mabel Galliari, "Inserción social de los inmigrantes españoles en la ciudad de Córdoba, 1870-1914", en Hebe Clementi, coord., *Inmigración española en la Argentina (Seminario 1990)*, Buenos Aires, Oficina Cultural de la Embajada de España, 1991.

26. Cito los siguientes trabajos: Fernando J. Devoto, "Elementi per un analisi delle ideologie e dei conflitti nella communitá italiana d'Argentina (1860-1910)", en *Storia Contemporanea*, Vol. XVII, N° 2, abril 1986; "Participación y conflictos en las sociedades italianas de socorros mutuos en Buenos Aires", en F. J. Devoto y G. Rosoli, *La inmigración italiana en la Argentina*, Buenos Aires, Biblos, 1985; (con Alejandro Fernández) "Asociacionismo, liderazgo y participación en dos grupos étnicos en áreas urbanas de la Argentina finisecular. Un enfoque comparado", en F. J. Devoto y G. Rosoli, *L'Italia nella societá argentina. Contributi sull emigrazione italiana in Argentina*, Roma, Centro Studi Emigrazione, 1988; "Mutualismo étnico, liderazgo y participación política. Algunas hipótesis de trabajo", en D. Armus, comp., *Mundo urbano y cultura popular*, Buenos, Aires, Sudamericana, 1990. Ricardo Falcón, "Izquierdas, régimen político, cuestión étnica y cuestión social en Argentina (1890-1912)", *Anuario,* Escuela de Historia de la Universidad Nacional de Rosario, Segunda Época, N° 12, 1986-87. Hugo E. Biagini y colaboradores, *Redescubriendo un continente. La inteligencia española en el París americano en las postrimerías del siglo XIX*, Sevilla, Diputación Provincial de Sevilla, V Cente-

nario del Descubrimiento de América, 1993. Alejandro Enrique Fernández, "Los españoles de Buenos Aires y sus asociaciones en la época de la inmigración masiva", en H. Clementi, coord., *Inmigración española en la Argentina...*, *op.cit.* Marta Bonaudo, Silvia Cragnolino y Elida Sonzogni, "Discusión en torno a la participación política de los colonos santafesinos, Esperanza y San Carlos (1856-1884)", en *Estudios Migratorios Latinoamericanos*, N° 9, agosto 1988; "La cuestión de la identidad política de los colonos santafesinos 1880-1898. Estudio de algunas experiencias", en *Anuario 14*, Segunda Época, Rosario, U.N.R., 1989-1990. Vale la pena comparar las formas de integración política de españoles e italianos con las que proponen otro tipo de colectividades proclives a un mayor aislamiento y a desarrollar mecanismos de integración interna. Véase, por ejemplo, Juan Carlos Korol e Hilda Sabato, *Cómo fue la inmigración irlandesa en Argentina*, Buenos Aires, Plus Ultra, 1981 (pp. 123-147). Olga Weyne, *El último Puerto. Del Rhin al Volga y del Volga al Plata*, Buenos Aires, Ed. Tesis-Instituto Di Tella, 1987 (pp. 182 y ss). Haim Avni, *Argentina y la historia de la inmigración judía (1810-1950)*, Universidad Hebrea de Jerusalén, Amia Comunidad de Buenos Aires, 1983 (pp. 187-208).

27. Francis Korn, *Buenos Aires 1895. Una ciudad moderna*, Buenos Aires, Editorial del Instituto, 1981. Véase también Francis Korn y Lidia de la Torre, "La vivienda en Buenos Aires, 1887-1914", en *Desarrollo Económico*, Vol. 25, N° 98, 1985.

28. Para una discusión más extensa me remito a mis libros *La tradición republicana...*, *op.cit.*, cap. II, III y IV, *La libertad política...*, *op.cit.*, Prólogo, y a Alberto Benegas Lynch (h) y Ezequiel Gallo, "Libertad política y libertad económica", en *Libertas*, Año I, N° 1, octubre 1984.

29. Véase Hilda Sabato, "Participación política y espacio público en Buenos Aires, 1860-1880: algunas hipótesis", en *El reformismo en contrapunto. Los procesos de modernización en el Río de la Plata (1890-1930)*, Montevideo, Centro Latinoamericano de Economía Humana-Ed. Banda Oriental, 1989; "¿Quién votaba en Buenos Aires? Práctica y teoría del sufragio, 1850-1880", en *Desarrollo Económico*, Vol. 30, N° 119, octubre-diciembre 1990 (en colaboración con Elías Palti); "Citizenship, Political Participation and the Formation of the Public Sphere in Buenos Aires, 1850s-1880s", en *Past and Present*, N° 136, agosto 1992; "Sufragio, prácticas electorales y vida política en Buenos Aires, 1860-1880" (Versión preliminar), trabajo presentado a las *Terceras jornadas sobre procesos electorales...*, *op.cit.*

30. Véase Marta Ronaudo, *Los actores frente a la política: de la movilización social a la participación ciudadana: Santa Fe 1890-1909* (inédito).

31. Véase Pilar González Bernaldo, "L'urbanisation de la mémoire. Politique urbaine de l'État de Buenos Aires pendant les dix années de sécession (1852-1862)", en *Colloque International de la l'Association Française des Sciences Sociales sur l'Amérique Latine*, Paris, 1-3 diciembre, 1992. El recorrido de los

símbolos y alegorías republicanas llega, por lo menos, hasta el Centenario. Véase Taller de Historia de las Mentalidades (coord. por Cristina Godoy y Eduardo Hourcade), "La Argentina de 1910. Sensibilidad, alegorías, argumentos en torno de un centenario", en *Estudios Sociales*, N° 4, 1er. semestre, 1993.

32. Hilda Sabato, "¿Quién votaba en Buenos Aires?...", *op.cit.*, p. 397.

33. Véase Tim Duncan, "La prensa política: Sud-América, 1884-1892", en *La Argentina del ochenta al centenario, op.cit.*; Ema Cibotti, "Periodismo político y política periodística; la construcción pública de una opinión italiana en el Buenos Aires finisecular", *Cuartas Jornadas sobre Colectividades en Argentina*; "El Mosquito de Enrique Stein, un ejemplo de periodismo faccioso en la década del ochenta", *Cuartas Jornadas Interescuelas de Historia.* Ricardo Sidicaro, *La política mirada desde arriba. Las ideas del diario "La Nación", 1909-1989*, Buenos Aires, Sudamericana, 1993, Cap. I. Aunque no corresponda a este período, conviene tener presente a Néstor Tomás Auza, *El periodismo de la Confederación*, Buenos Aires, Eudeba, 1978.

34. La palabra escisión remite al notable tratamiento que, en una dimensión mucho más abarcadora, le dispensa a este concepto José Luis Romero en *Latinoamérica: las ciudades y las ideas*, Buenos Aires, Siglo XXI, 1976, especialmente en los capítulos 6 y 7. He utilizado el término, describiendo una escisión entre política y sociedad, en Natalio R. Botana, "La tradición política en la Argentina moderna", en Virgilio Beltrán, comp., *Futuro político de la Argentina*, Buenos Aires, Editorial del Instituto, 1978, y en Natalio R. Botana, "¿Habitantes o ciudadanos? La Argentina del ochenta y el problema de la identidad política", en Peter Waldmann y Ernesto Garzón Valdés, comp., *El poder militar en la Argentina*, Buenos Aires, Galerna, 1983.

35. Alexis de Tocqueville, El *antiguo régimen y la revolución* (Traducción de Dolores Sánchez de Aleu), Madrid, Alianza Editorial, 1982, Vol. I, Libro III, Cap. 1, p. 161.

36. Me he ocupado previamente del concepto de la representación invertida en *La libertad política y su historia..., op.cit.*, Cap. VI y en "Las vicisitudes del credo constitucional", en *Del Imperio a las naciones* (en prensa).

37. José Carlos Chiaramonte (con la colaboración de Marcela Ternavasio y Fabián Herrero), "Vieja y nueva representación: los procesos electorales en Buenos Aires, 1810-1820", trabajo presentado en las *Terceras Jornadas sobre procesos electorales..., op.cit.* Véase también el trabajo presentado a las mismas *Jornadas* de Antonio Annino, "Soberanías en lucha" y Richard M. Morse, "La cultura política iberoamericana. De Sarmiento a Mariátegui", en *De historia e historiadores*, Homenaje a José Luis Romero, México, Siglo XXI, 1982.

38. Marcela Ternavasio, "Las elecciones en el Estado de Buenos Aires y expansión de la frontera política (1820-1840)", trabajo presentado a las *Terceras Jornadas sobre procesos electorales..., op.cit.*

39. *Ibid.* p. 20.

40. He analizado el federalismo, entendido como proceso unificador del estado nacional y del régimen político, en Natalio R. Botana, "El federalismo liberal en Argentina: 1852-1930", en Marcello Carmagnani, coord., *Federalismos latinoamericanos: México/Brasil/Argentina*, México, El Colegio de México, Fideicomiso Historia de las Américas, Fondo de Cultura Económica, 1993. Véase también, en el mismo volumen, Marcello Carmagnani, "Conclusión: el federalismo, historia de una forma de gobierno", que ubica la cuestión planteada en perspectiva comparada.

41. Félix Luna, "Algunas sugerencias sobre el tema", en *Todo es Historia*, Nº 291, setiembre 1991, p. 22. Véase también en el mismo número, para completar el enfoque general, Gregorio A. Caro Figueroa, "Gobiernos de familia".

42. Pablo Lacoste, *Hegemonía y poder en el Oeste argentino*, Buenos Aires, Centro Editor de América Latina, 1990, Vol. I, p. 84. En un trabajo posterior, el autor amplía la muestra hasta conformar un cuadro de 35 familias. Conf. Pablo Lacoste, *Los "gansos" de Mendoza. Aportes para el estudio de los partidos provincianos y del modelo conservador, Argentina (1880-1943)*, Buenos Aires, Centro Editor de América Latina, 1991, Cap. IV, "La oligarquía de familia". Sobre la política mendocina consultar también Donald M. Peck, *Argentinian Politics and the Province of Mendoza*, D. Phil, Oxford University, 1977.

43. Eduardo Saguier, "Nepotismos provinciales", en *Todo es Historia*, Nº 291, setiembre 1991, p. 19 (nota 4). También, del mismo autor, para explorar los orígenes del problema, "Esplendor y crisis de las elites patricias. La endogamia en el Cabildo de Córdoba: los Allende (1760-1790)", en *Genealogía. Revista del Instituto Argentino de Ciencias Genealógicas*, Nº 25, 1992. Véase además, sobre Santa Fe, Marta Bonaudo y Elida Sonzogni, "Redes parentales y facciones en la política santafesina, 1850-1900", en *Revista de Historia*, Segunda Época, Nº 11, enero-junio 1992, Instituto Mora, Universidad Autónoma de Nueva León, México D.F., y sobre Tucumán, José María Posse, *Los Posse. El espíritu de un clan* (presentación de Carlos Páez de la Torre), Universidad Nacional de Tucumán, Ediciones Estrella Federal, Cooperadora de la Secretaría de Post-Grado, 1993.

44. El desarrollo de este argumento, no referido a la Argentina, puede encontrarse en *La tradición republicana..., op.cit.*, capítulos I y IV.

45. Benjamin Constant, *Cours de politique constitutionelle* (ed. de E. Laboulaye), Paris, Guillaumin, 1872, Vol. I, pp. 279-280, cit. por Stephen Holmes, *Benjamin Constant and the Making of Modern Liberalism*, New Haven, Yale University Press, 1984, p. 98, y José Guilherme Merquior, *Liberalismo viejo y nuevo*, México, Fondo de Cultura Económica, 1993, p. 27 y ss.

46. Dolores Cullen, *Argentina: Electoral Practices, 1898-1906* (tesis en curso en la Universidad de Oxford).

47. Luis Alberto Romero, *Breve historia contemporánea de Argentina*, Buenos Aires, Fondo de Cultura Económica, 1994, p. 18.

48. Sobre el eclecticismo y el liberalismo doctrinario, que es una de sus expresiones, me remito a *La tradición republicana..., op.cit.*, Cap. III. Sobre el positivismo retengo estas contribuciones: Hugo E. Biagini, *Cómo fue la Generación del ochenta*, Buenos Aires, Plus Ultra, 1980. Oscar Terán, *América Latina: positivismo y nación*, México, Ed. Katún, 1983. Jorge E. Dotti, "Las hermanas enemigas. Ciencia y ética en el positivismo del Centenario", en *Las vetas del texto*, Buenos Aires, Puntosur, 1990. Marcelo Montserrat, *Ciencia, historia y sociedad en la Argentina del siglo XIX*, Buenos Aires, Centro Editor de América Latina, 1993.

49. La bibliografía sobre este tema es muy vasta. Una buena introducción es Friedrich Katz, "México: Restored Republic and Porfiriato, 1867-1910", en Leslie Bethell, ed., *The Cambridge History of Latin America, op.cit.* Para un análisis de las relaciones entre el poder central y las provincias, característica principalísima de este tipo de regímenes latinoamericanos de estructura federal, véase Marcello Carmagnani, "El federalismo liberal mexicano", en *Federalismos latinoamericanos..., op.cit.*

50. El punto fue advertido por Mariano Grondona en una nota crítica: "El orden conservador, ¿fue un sistema impersonal o la irradiación de una persona? ¿Fue Roca el principal representante del sistema o, simplemente, el sistema?", *Carta Política*, octubre 1977, p. 15.

51. Félix Luna, *Soy Roca*, Buenos Aires, Sudamericana, 1989.

52. Fernando M. Madero, "Roca y las candidaturas del ochenta", en Fernando M. Madero, *Entre la genealogía y la historia*, Buenos Aires, Ediciones del Círculo, 1989 (pp. 295-405).

53. Con respecto al uso de la palabra notable, Floria y García Belsunce califican al orden conservador como una "alianza de notables". Conf. Carlos A. Floria y César A. García Belsunce, *Historia política de la Argentina contemporánea*, Madrid, Alianza Editorial, pp. 64-65.

54. Tulio Halperín Donghi, *José Hernández y sus mundos*, Buenos Aires, Sudamericana-Instituto Di Tella, 1985. Horacio Zorraquín Becú, *Tiempo y vida de José Hernández, 1834-1886*, Buenos Aires, Emecé, 1972.

55. Salvo la biografía debida a Pablo Lacoste que puede consultarse en *Los "gansos" de Mendoza..., op.cit.*, capítulos I y II, el resto de las biografías figuran en *La Argentina del ochenta al Centenario, op.cit.*

56. Véase Eduardo Cárdenas y Carlos M. Paya, *En camino a la democracia política*, Buenos Aires, La Bastilla, 1980.

57. Efectos no queridos, como se relata en la última parte del texto, que se cristalizaron en una derrota poco comprensible e inesperada aun para los propios reformadores pertenecientes a los viejos agrupamientos. La historia de los demócratas progresistas y de los restantes grupos políticos ligados al

viejo régimen en los años que transcurren entre el 12 y el 16 es, por ende, crucial. He podido consultar, al respecto, dos trabajos todavía inéditos de Carlos Malamud: *Los partidos políticos en la Argentina* (1890-1914): *programas y plataformas políticas. El caso de la Liga del Sur* y *El Partido Demócrata Progresista (PDP): un intento fallido de construir un partido nacional liberal-conservador.*

58. Conf. Flavio Fiorani, *La fine del caudillismo. Politica e istituzioni liberali in Argentina (1880-1916)*, Roma, Edizioni Associate, 1990, pp. 69-130.

59. Véase Hugo Leguizamón, *La abdicación conservadora*, Buenos Aires, Libros de Hispanoamérica, 1987, p. 97 y ss., donde se describe el papel que le cupo a Julio Navarro Monzó, director de un diario católico de tendencia liberal durante la República de Portugal, colaborador de Indalecio Gómez en el Ministerio del Interior y redactor del proyecto de ley de la reforma electoral.

60. A. G. N., Archivo Paul Groussac, Legajo 1: Correspondencia (1881-1929).

61. Véase, David Rock, *El radicalismo argentino, 1890-1930*, Buenos Aires, Amorrortu, 1977. Ana María Mustapic, "Conflictos institucionales durante el primer gobierno radical", en *Desarrollo Económico*, Vol. 24, N° 93, abril-junio 1984; *El partido conservador de la Provincia de Buenos Aires ante la intervención federal y la competencia democrática 1917-1928*, Instituto Di Tella, Centro de Investigaciones Sociales, 1987 (Documento de Trabajo N° 95). Karen L. Remmer, *Party Competition in Argentina and Chile. Political Recruitment and Public Policy, 1890-1930*, Lincoln y Londres, University of Nebraska Press, 1984. Waldo Ansaldi, "Partidos, Estado y sociedad en la Argentina radical (1916-1930)", en *Los partidos políticos en el Río de la Plata, Cuadernos del Claeh, Revista Uruguaya de Ciencias Sociales*, N° 50. Richard J. Walter, *The Socialist Party of Argentina, 1890-1930*, Austin, Texas University Press, 1977; *The Province of Buenos Aires and Argentine Politics, 1912-1943*, Cambridge, Cambridge University Press, 1985. Véase también, en el número citado de *Cuadernos del Claeh* y para un análisis comparativo, María Grossi, "Sistema político y sistema partidario en Argentina y Uruguay. Algunas hipótesis comparativas", y Gerardo Caetano y José Rilla, "La partidocracia uruguaya en busca de un espejo. Estado y sociedad en el Río de la Plata (1890-1930)". También puede verse Gardenia Vidal, "El fracaso de un programa político definido: el radicalismo rojo de Córdoba (1916-1922)", en *El reformismo en contrapunto..., op.cit.*, y Natalio R. Botana, "Conservadores, radicales y socialistas", en José Luis Romero y Luis Alberto Romero, dir., *Buenos Aires, historia de cuatro siglos*, Buenos Aires, Ed. Abril, 1983, Vol. II. Señalo, por último, los trabajos sobre política institucional y electoral en la provincia de Buenos Aires en las décadas del 10 y del 20, realizados por el Grupo de Investigación "Movimientos sociales y sistema político en la Argentina moderna" del Departamento de Historia (Facultad de Humanidades) de la Universidad Nacional de Mar del Plata, que serán publicados próximamente.

62. José Varela Ortega, *Los amigos políticos. Partidos, elecciones y caciquismo en la Restauración (1875-1900)*, Madrid, Alianza Editorial, 1977, p. 13. Obra fundamental para comparar a nuestro régimen con el español de la Restauración y para el estudio del caciquismo. Subraya Varela Ortega en sus conclusiones que el régimen español de entonces fue "una forma de organizar un sistema político en libertad estable a cambio de sacrificar influencia administrativa y democracia política" (p. 463).

63. Pierre Rosanvallon, *Le sacre du citoyen. Histoire du suffrage universal en France*, Paris, Gallimard, 1992, p. 12. Véase, sobre todo, "Deuxième partie: Le répertoire des expériences".

INTRODUCCIÓN

Hacia 1880, tres batallas sangrientas conmovieron a Buenos Aires. Escritores desencantados evocaron la tragedia y, con sombría prosa, proclamaron la muerte de la ciudad.[1] En aquellos días se resolvió un viejo conflicto: Buenos Aires, federalizada, fue Capital de la República. Poco tiempo después, Julio A. Roca ascendía a la presidencia.

Treinta años más tarde, Roque Sáenz Peña, también electo Presidente, ponía en marcha una reforma política que culminaría en 1916. Buenos Aires, pese a los augurios pesimistas de tres décadas atrás, festejaba el Centenario entre saludables signos de confianza.

Este libro abarca una parte de la historia que transcurrió durante ese tiempo. No es una historia general ni pretende serlo. El propósito de estas páginas, que entrelazan un largo diálogo[2], es menos ambicioso pues pretende interpretar rasgos significativos, para los actores de aquel entonces, de la *práctica política e institucional.*

La selección de este centro de interés requiere algunas precisiones que justifiquen, asimismo, el método adoptado.

Los acontecimientos que retiene el conocimiento histórico —subraya Raymond Aron— son aquellos que se refieren a los *valores*: valores afirmados por los actores o por los espectadores de la historia cuya ponderación hace que cada sociedad tenga su historia y la reescriba a medida que cambia. De este problema, que muchos encubren o, por lo menos, no explicitan, deriva una pregunta recurrente: ¿debe el historiador pensar una sociedad tal como se la entendía o juzgaba en el pasado, o bien, debe referir esa sociedad a los valores del presente y del futuro?[3]

Las respuestas que se ensayaron frente a este crucial problema exigirían escribir un largo inventario crítico. En todo caso, menester es recordar la fuerte carga ideológica que ronda en torno de estos interrogantes. Cuando el enmascaramiento de la verdad o, simplemente, la pasiva asimilación de un conjunto de ideas que ya nadie piensa, alcanzan la altura propia del combate ideológico, el uso instrumental del pasado se exacerba y se transforma en arma justificatoria de situaciones, ambiciones o desilusiones presentes. Sobre este asunto, nuestra cultura histórica presenta recientes testimonios que revelan una persistente inmadurez.[4]

Espectador del pasado, he procurado reconstruir una unidad histórica, bajo el concepto de lo que más adelante se denomina régimen político del 80, cuyos límites quedan trazados entre 1880 y 1916. Tal limitación encierra, sin lugar a dudas, una dosis de arbitrariedad no desdeñable. Una fecha, como la de 1880, puede hacer las veces de frontera que inicia una nueva era para el historiador atento en demasía a las discontinuidades o a los cambios bruscos. Otros, en cambio, observarán cómo la discontinuidad en las relaciones de poder puede desplegarse sobre una continuidad más profunda que expresa creencias e intereses sociales.[5]

Esta amalgama en el tiempo de la discontinuidad en algunos campos del acontecer humano con la continuidad en otros, alberga una clave interpretativa. La hipótesis que se defiende, en efecto, presenta la formación definitiva del Estado Nacional y del régimen político que lo hizo manifiesto, como un fenómeno tardío que sucedió a la guerra civil de la década del cincuenta y a las presidencias fundadoras de Bartolomé Mitre, Domingo F. Sarmiento y Nicolás Avellaneda. Fenómeno tardío que tuvo, entre otros, dos rasgos distintivos: la constitución de un orden nacional, en primer lugar, al cual quedaron subordinados los arrestos de autonomía que, sobre todo, sobrevivían en la provincia de Buenos Aires, y la fórmula política, en segundo término, que otorgó sentido a la relación de mando y obediencia privilegiando algunos valores en detrimento de otros.

El diseño de esta fórmula política proviene de una meditación crítica acerca de una parte de la obra de Juan B. Alberdi, con lo cual se afirma, desde ya, su innegable y decisiva importancia (lamento contradecir, en esta circunstancia, al implacable juicio de Groussac).[6] Como luego se advertirá, la "fórmula alberdiana" tradujo en 1880 una concepción del orden político, que latía en germen desde los albores de la organización nacional, a la cual no era ajena, junto con los valores liberales de progreso, la exitosa experiencia de la "república portaliana" en Chile y, en general, los argumentos que recomendaban un cuidadoso examen, para no incurrir en el desgobierno, de la resistencia que ante la innovación ofrecía el poder tradicional en las sociedades criollas.[7]

No fue tan sólo una abstracta concepción del orden. El régimen del 80 asumió esta dimensión que apuntaba hacia lo deseable, pero se encarnó a través de hechos y práctica activa; una acción pública, en suma, que definió, mediante cambiantes estrategias, la relación de amigo y de enemigo y arrinconó a los fundadores en el papel del crítico o el testigo dispuesto a remediar la corrupción incitando la evolución hacia formas de convivencia congruentes con la libertad política.[8] Sobre este trasfondo, no parece del todo desacertado ajustar una perspectiva de interpretación, más acorde con el mundo que se gestaba, gracias a la visión del autor de las *Bases* acerca de la capacidad política del hombre común para ejercer el gobierno.

Sin embargo, quien procura establecer un vínculo significativo entre una teoría del régimen deseable y la práctica política, ambas presentes en un período histórico, debe tomar distancia frente a ciertos riesgos, fuente de inconsistencias o de unilaterales interpretaciones. Por ejemplo, la ingenua actitud del historiador de las ideas, o del politólogo deslumbrado por el impacto de una teoría política, que simula la relación de causalidad entre ideas y acción, como si los protagonistas (no hablemos de los que no lo son) hubieran abrevado, cual dóciles discípulos, en la teoría que se pretende ponderar.

La cuestión es más ardua. Exige, por lo menos para desbrozar camino, un modo de comprensión que incorpore al campo de la historia las experiencias vividas o las significaciones suscitadas por esas experiencias que trascienden las conciencias individuales.[9] Esa experiencia incompleta y fragmentaria, sólo recuperable, en este caso, merced a la lectura de un período de nuestro pasado, me ha sugerido una asociación significativa de la fórmula que prescribió y describió Alberdi con la acción política que transcurre entre 1880 y 1910.

Un modo de aproximación semejante parece adecuado al *entendimiento político* del régimen del 80 y no pretende penetrar en otros territorios librados al análisis de la historia económica o social. La modestia implícita en este intento (para muchos pasado de moda) no enmascara la ambición, que otros a derecha e izquierda acarician morbosamente, de subsumir el estudio de la economía y la sociedad bajo la jerarquía de la política. Lejos de ello, esta selección de objetos y centros de interés no proyecta explicar la economía por la política, ni ésta por aquella. Muchas veces se confunde la búsqueda de causas explicativas en la historia con la comprensión de los propósitos que guiaron a los actores, las consideraciones racionales o las pasiones que determinaron su acción. Queda librado al juicio del lector criticar las conexiones explicativas que aquí se esbozan, las cuales, para ser fecundas, exigirían de mi parte enhebrar el trazado de muchas historias que dispusieran en amplio cuadro la economía, la sociedad, la cultura y la política de una época. No ha llegado aún el momento de afrontar esta tarea, so pena de incurrir en groseras simplificaciones. Bastará, por ahora, el ensayo de comprensión de la manera como los actores implantaron un principio de legitimidad, pusieron en marcha un sistema de dominación, lo conservaron, lo defendieron y hasta lo reformaron.

La aclaración viene a cuento para acentuar un fenómeno de sobra conocido. Durante el período que ocupará nuestro análisis, un cambio de características espectaculares en la economía, la población y la cultura conmovió a la sociedad argentina. Los grupos dirigentes, escépticos y conservadores en el campo político, fueron liberales y progresistas ante la sociedad que se ponía en movimiento. Como señala Romero, "el liberalismo fue para ellos un sistema de convivencia deseable, pero pareció compatible aquí con una actitud resueltamente conservadora ... Había que transformar el país pero desde arriba, sin tolerar que el alud inmigratorio arrancara de las manos patricias el poder ... Su propósito fue desde entonces deslindar lo político de lo económico, acentuando en este último campo el espíritu renovador en tanto se contenía, en el primero, todo intento de evolución".[10]

La combinación de conservadorismo y liberalismo generó actitudes muchas veces contradictorias. La élite transformadora no aprobó la existencia de un orden social sancionado por una religión establecida, pero estaba convencida, pese a todo, de la imperfecta naturaleza del hombre y de la desigualdad que imperaba en la sociedad; no se dejó deslumbrar, hasta le fue indiferente, por la arquitectura jerárquica y corporativa del antiguo régimen, pero defendió con métodos criollos el control del poder político en manos de una clase social que se confundía con el patriciado y la aristocracia gobernante; creyó en la propiedad; jamás dudó del progreso y de su virtud para erradicar la sociedad tradicional; y con la convicción arraigada en un robusto voluntarismo, confió siempre en la educación pública, común y gratuita, para ganar la carrera que le proponía la civilización ascendente.

Quizá sea éste un pálido reflejo de las creencias públicas que legitimaron, con valores diferentes, el orden político y el orden social. En todo caso, cuando la necesidad combinada con el optimismo de quienes asumieron un credo aceleró la marcha hacia el progreso, la política se separó de más en más de la sociedad, poniendo en evidencia, años después, una contradicción entre el estado y esa sociedad que atormentó a los reformadores del Centenario.

Antes que aquel contraste pusiera en jaque las viejas convicciones, los conflictos políticos atravesaron momentos de sobresalto, violencia y negociación que no afectaron, pese a la intensidad y extensión de muchas oposiciones, la perdurabilidad, durante tres décadas, de ciertos rasgos institucionales propios de un régimen hecho de comportamientos recurrentes. Esta imagen del régimen político semeja un *tipo ideal* capaz de imponer coherencia conceptual, generalizando, a un conjunto de acciones singulares.[11] Como tal puede pecar por exceso si no se tiene en cuenta el riesgo que supone embretar el pasado en un esquema de análisis que acentúa, en demasía, aquellas acciones a las cuales el observador le asigna más significado. Se verá entonces, salvadas las dificultades inherentes al método, la importancia otorgada al control de la sucesión política que, en mayor o menor medida, impusieron los cargos ejecutivos más altos —presidentes, gobernadores y senadores— sobre el resto de la clase política que emprendía una actividad opositora. Este fenómeno de control circuló por los vericuetos del sistema federal, se concentró, sobre todo, en la producción del sufragio mediante el fraude y resistió a pie firme la impugnación revolucionaria de la década del 90.

¿Cómo sobrevivió y cómo se erosionó la disciplina que imponía ese régimen? Cuando promediaba la segunda década de este siglo decía un publicista de los conservadores: "Somos los hombres del antiguo régimen, vale decir, los réprobos / ... / Somos el pasado, lo conocido, lo gastado. Hemos desvirtuado la Carta, conculcado el sufragio, e interrumpido la revolución de Mayo. Nos hemos interpuesto criminalmente entre la generación patriótica que dio la Constitución, y la obra redentora iniciada hace veinticinco años, que todavía no ha logrado consumar la *reparación nacional*".[12]

La requisitoria, expuesta adrede para iniciar una defensa, retrataba con justeza el clima moral imperante: una curiosa conjunción del optimismo alborozado, que deparaba la confianza sin límites en el país, con la mala conciencia que nacía de compartir una tradición de falsedad política. Acaso fueran éstas, también, las convicciones de los reformadores del Centenario. Eran creencias públicas, arraigadas en una época abierta a lo universal, conmovidas por la irrupción de cambios sociales que se volvían contra aquellos que los habían alentado, cuestionando la ciudadela del poder tradicional.

El desgaste del régimen obedeció a la acción de fuerzas sociales y movimientos ideológicos que se localizaron en diferentes puntos del espacio político. La oposición intransigente, que no aceptó incorporarse al juego normal de los cambiantes acuerdos y coaliciones, constituía una amenaza frente a la cual no reaccionaba una clase política unificada. Las facciones que actuaban dentro de las fronteras del régimen se dividieron y enfrentaron en sucesivas querellas.[13] Estos conflictos acunaron el desarrollo de la oposición interior, convergencia de políticos y publicistas que, al amparo de una vigorosa libertad de opinión, plantaron en medio de las disputas la palabra síntesis del mal que aquejaba la política argentina. El régimen fue, desde entonces, oligárquico.[14]

Había pasado el momento alberdiano cristalizado en la autoridad de Julio A. Roca. Ahora ocupaban el primer plano de la escena los reformadores: Roque Sáenz Peña, Indalecio Gómez, Joaquín V. González y el mismo Pellegrini que ausente señalaba, testimonio de sus últimos días, aquello que, inexorablemente, debía hacerse para reconciliar la moral con la política.

La reforma que se perseguía tenía límites: el más importante, sin duda, lo imponía la necesidad de conservar el poder. Por eso, los que llevaron adelante esta empresa anticiparon resultados posibles, tomaron precauciones para evitar daños irreparables y pronosticaron consecuencias mediante un juicio volcado hacia el futuro.

La historia, entendida como conocimiento del pasado *humano*[15] permite comprobar la medida de éxito o de fracaso que se traza entre la predicción de lo que se quiere y las consecuencias derivadas de ese pronóstico. La intención y el resultado albergan, en tanto puntos extremos de un continuo, la dosis de incertidumbre implícita en una decisión política.

Los reformadores condensaron sus expectativas de cambio en una decisión legislativa, en una ley electoral. En los debates públicos, previos a la sanción de la ley, las predicciones optimistas obraron el milagro de la unanimidad. Nadie sucumbió ante la robusta confianza de los vaticinios. Calcularon, apostaron, predijeron y ... cometieron errores que, para algunos, fueron signo de un incomprensible fracaso. Esta historia relata, en el tramo final, las peripecias que condujeron a ese final no previsto. Si en aquella circunstancia agonizaba, quizá, la esperanza de controlar un cambio pacífico bajo el amparo del poder y la ilustración de los reformadores, triunfaban, en cambio, los valores últimos que ellos compartían. En poco más de medio siglo, si se toman en cuenta las presidencias fundadoras, la Argentina transitó aceleradamente sobre las fases de la ciudadanía civil, política y social.[16] La ley Sáenz Peña fue la última respuesta a esa pasión tenaz por el progreso.

Se ha dicho que la historia es una ciencia que se ocupa de lo singular; de lo individual e intransferible referido a un pasado humano cuyo acontecer no se repetirá jamás. En la otra orilla se instalan quienes todavía injertan en la sociología o en la ciencia política la ambición de ser ciencias de lo general, si no de lo universal. Cuando la ingenuidad del investigador estira esta distinción hasta los extremos, los resultados suelen ser abrumadores.

Sociólogos y estudiosos de la política empeñados, con meritorio esfuerzo, en diseñar modelos de investigación sobre el pasado y el presente, o sobre ambos a la vez, toman prestado de la historia los datos que servirán para verificar hipótesis o ilustrar conceptos. Mientras tanto, permanece arrinconado en la penumbra el matiz, el hecho no registrado capaz de complicar el funcionamiento del modelo o la estabilidad de una maqueta pretendidamente teórica. No en vano el historiador de oficio, aferrado a una obsesiva curiosidad por el pasado, contempla con desconcierto y hasta con sorna ese esfuerzo y ese producto.

No obstante, mal que les pese a muchos, el conocimiento del pasado o del presente humano no puede hacer caso omiso del método y de la teoría, a riesgo de incurrir en el exceso opuesto donde campea la inconsistencia conceptual, el lenguaje errático, los hechos expuestos en montón. ¿Sería mucho pretender hacer nuestra la intencionalidad de una obra reciente, que procura combinar la descripción histórica con el análisis sistemático?[17]

Si bien aquí se narra una historia, los acontecimientos no siempre se exponen por el orden en que han ido ocurriendo. Por dura, la cronología de los hechos puede sufrir los efectos, no del todo gratificantes, de un argumento que avanza y retrocede para ver las cosas con diferente lente.[18] Es éste un escollo inevitable porque la crónica de los sucesos singulares no olvida el trasfondo institucional, los rasgos típicos de un régimen representados mediante acciones políticas habituales y recurrentes. Por un lado, podrá advertirse el deseo de fijar, en cuadros estáticos, la disposición para realizar o repetir determinados comportamientos; por el otro, la pretensión de comprender el movimiento de los actores individuales que llevan a cabo una acción, para ellos, inédita.

Queda trazado, de este modo, un diálogo entre lo singular y lo general, la acción y las estructuras, cuyo horizonte se abre al universo, quizás inasible en su totalidad, de lo político. Ya se dijo que no campea en estas páginas el afán de reducir el entendimiento de la sociedad a la medida que proporciona el uso exclusivo del conocimiento político. Pero esta exigencia no debe dejar de lado otra preocupación, pues el juicio de importancia que aquí se hará, a propósito de la selección de los acontecimientos,[19] también atiende un presupuesto que asigna a lo político su debida autonomía: la consistencia de un saber teórico y de un obrar práctico que, con medios específicos, compromete el destino de una colectividad humana y deja en la historia el rastro de la acción que busca fundar la legitimidad del poder.

NOTAS

1. La obra más representativa es *La muerte de Buenos Aires* por E. Gutiérrez. Consultar la edición perteneciente a la Colección "Dimensión del Pasado Argentino", Buenos Aires, Hachette, 1959.

2. Este libro es el fruto de largos diálogos y discusiones en el Centro de Investigaciones Filosóficas y en el Centro de Investigaciones Sociales del Instituto Di Tella. Una parte de lo que aquí se expone fue presentada en un Documento de Trabajo que elaboré para el Seminario sobre "Problemas del Federalismo en Argentina", organizado en abril de 1973 por el Consejo Federal de Inversiones, bajo la dirección de Eduardo Zalduendo. Leyeron el manuscrito, antes de entregarlo a la casa editorial, Ezequiel Gallo, principal interlocutor y crítico, Tulio Halperín Donghi, Marcelo Montserrat, Fernando M. Madero y Ana María Mustapic quien, junto con María Videla de Benson, colaboró también recopilando datos cuando despuntaba la investigación. A todos, personas e instituciones, mi agradecimiento.

3. R. Aron, *Dimensions de la conscience historique*, Paris, Plon, 1964, pp. 11 y ss. Este libro se entiende mejor a la luz de la lectura de dos obras previas del mismo autor. *Essai sur la théorie de l'histoire dans l'Allemagne contemporaine. La philosophie critique de l'histoire*, Paris, Vrin, 1938. *Introduction á la philosophie de l'histoire*, Paris, Gallimard, 1938. Hay ediciones posteriores de ambos libros y sobre el último una traducción castellana por Editorial Losada.

4. Ver al respecto un reciente trabajo escrito en colaboración. N. R.

Botana y E. Gallo, "La inmadurez histórica de los argentinos", en *Pensar la República*, Buenos Aires, 1977 y, sobre todo, el ensayo de M. Oakeshott, "The Activity of being an Historian" en *Rationalism in Politics and other Essays*, London, Methuen and Co., 1974.

5. Conf. A. Grosser, *L'explication politique*, Paris, A. Colin, 1972, p. 62.

6. Como muestra, valga el siguiente párrafo: "Juan B. Alberdi, recién vuelto del voluntario destierro para dar a su triste vida un tristísimo epílogo redactando, por encargo —y descargo— de los diputados Mitre, Elizalde y otros viejos 'amigos' suyos, el manifiesto apologético de la rebelión. Y esto, sin perjuicio, consumada la derrota rebelde, de poner la misma herrumbrada pluma al servicio del vencedor, celebrando poco después, en una rapsodia llena de errores y contradicciones, ¡el triunfo reciente de la nación sobre la provincia, que ayer demostrara funesto y racionalmente imposible!" P. Groussac, *Los que pasaban* (Edición corregida de acuerdo con las notas póstumas del autor), Buenos Aires, Huemul, 1972, p. 173. La rapsodia en cuestión es la obra titulada *La República Argentina consolidada en 1880 con la ciudad de Buenos Aires por capital*, Buenos Aires, 1881. Se verá más adelante que de ella se desprende una de las hipótesis centrales de este libro. Confieso, pese al vigor del argumento contrario, mi porfiada comprensión ante las tribulaciones de un intelectual —Alberdi— arrojado al vendaval de la política.

7. El lector podrá encontrar el punto de partida de la reflexión que aquí se propone acerca de Alberdi en el siguiente texto de T. Halperín Donghi: "En sus *Bases* ha expuesto Alberdi los fundamentos teóricos de /su/ punto de vista: lo que la Argentina necesita para superar, en una suerte de salto cualitativo, el círculo infernal de miseria y guerras civiles, es la introducción acelerada de capitales extranjeros e inmigrantes también extranjeros. Facilitar esa introducción es toda la tarea del futuro gobierno argentino; para facilitarla debe asegurar, aun a precio muy elevado, el orden y también la libertad civil y comercial; no la política, que puede provocar turbulencias dañinas. El régimen político que bajo la máscara republicana organice una dictadura heredera de los instrumentos de compulsión creados por el rosismo, orientados ahora por un plan de progreso económico acelerado, es lo que Alberdi llama la república posible. La república posible es, para Alberdi, el único camino que queda abierto a un régimen de libertad en la Argentina, sólo concebible en un remoto futuro en el cual toda la realidad nacional se habrá transformado sustancialmente: entonces, y sólo entonces, a la república posible remplazará la república verdadera. He aquí el punto de partida de la involución que bajo el doble estímulo del fracaso de las tentativas de liberar a la Argentina y de la frustración de la experiencia revolucionaria francesa de 1848 sufrió el ideario de la generación de 1837 (T. Halperín Donghi "Prólogo" a D. F. Sarmiento, *Campaña en el Ejército Grande Aliado de Sud América*, Edición, prólogo y notas de T. Halperín Donghi, México-Buenos Aires, Fondo de Cultura Económica, 1958, p. XXVII y ss.). La república verdadera se situaba, pues, en un

futuro que habría de dar cabida al ciudadano formado en plenitud, virtuoso y responsable, para participar y ejercer el gobierno de la sociedad. Es sugerente, en este sentido, una de las pocas reflexiones que dejó escritas el chileno Diego Portales: "...un gobierno fuerte, centralizador, cuyos hombres sean verdaderos modelos de virtud y patriotismo, y así enderezar a los ciudadanos por el camino del orden y las virtudes. Cuando se hayan moralizado, venga el gobierno completamente liberal, libre y lleno de ideales, donde tengan parte todos los ciudadanos". D. Portales, *Epistolario*, Imprenta Ministerio de Justicia, Santiago de Chile, 1937, Tomo 1, p. 47.

8. Testigos de ello: los años finales de Domingo Faustino Sarmiento y el último cuarto de siglo que le tocó vivir a Bartolomé Mitre.

9. Conf. R. Aron, *Dimensions de la conscience historique*, p. 81.

10. J. L. Romero, *Las ideas políticas en Argentina*, México-Buenos Aires, Fondo de Cultura Económica, 1969, pp. 182 y 186.

11. De acuerdo con el sentido que a dicho concepto le asignó su autor, Max Weber. Consultar a tal objeto, M. Weber *The Methodology of the Social Sciences*, New York, The Free Press, 1949, sobre todo Chap. II; R. Aron, *La sociologie allemande contemporaine*, Paris, P.U.F., 1950, p. 104 y ss. R. Bendix, "Max Weber et la sociologie allemande contemporaine", *Revue Internationale de Sciences Sociales*, Vol. XVII, nº 1, 1965.

12. Octavio R. Amadeo, *Política*, Buenos Aires, Librería Mendesky, 1916, p. 199.

13. Tal como lo demuestra O. Cornblit en "La opción conservadora en la política argentina", *Desarrollo Económico*, nº 56, Vol. 14, enero-marzo, 1975.

14. Testimonio de esta actitud es la exégesis de Rivarola del sentido asignado a la palabra oligarquía hacia principios de siglo, emparentándola con la "Minuta de Declaración de la Comisión de Negocios Constitucionales del Congreso Constituyente de Santa. Fe" (18 de abril de 1853) que juzgaba la Federación en ciernes como intolerable si "se la redujese a un pacto de conservación entre Capitanejos". "Es curioso observar —advertía Rivarola— que una parte de la prensa, y en particular *La Prensa*, ha adoptado para la propaganda política un lenguaje que parece inspirado en el documento histórico que examino. Oligarquía regularizada se llama de ordinario al conjunto de gobernadores que responden a una determinada política, frecuentemente personal, en la que poco aparecen las grandes inspiraciones del bien público". "La 'oligarquía' según los constituyentes del 53" en *Revista de Derecho de Historia y Letras*, Año X, Tomo XXIX, marzo 1908, p. 504.

15. La expresión pertenece a H. I. Marrou, *De la connaissance historique*, Paris, Seuil, 1966.

16. Los tres conceptos de ciudadanía fueron expuestos por T. H. Marshall en *Class, Citizenship and Social Development*, New York, Anchor Books, 1965.

17. Propósito expuesto por K. D. Bracher en el Prefacio a su *The German Dictatorship. The Origins, Structure and Effects of National Socialism*, New York,

Praeger, 1971, p. XI. Ver también, en este mismo sentido, C. A. Floria y C. A. García Belsunce, *Historia de los argentinos*, Bs. As., Kapelusz, 1971, Vol. 1, Nota Preliminar.

18. Éste es el motivo que justifica el cuadro expuesto en el Apéndice, "Esquema de los Grupos Políticos: 1854-1910" que, confío, pueda servir de ayuda y guía cronológica.

19. El concepto de "juicio de importancia", en tanto opción del historiador que preside la selección de los acontecimientos, es de P. Ricoeur, *Histoire et verité*, Paris, Seuil, 1955, p. 28.

Primera parte

LA FÓRMULA ALBERDIANA

I

LOS ORÍGENES DEL RÉGIMEN DEL 80

"... ¿Cuál será el desenlace de este drama? Creo firmemente que la guerra. Caiga la responsabilidad y la condenación de la historia sobre quienes la tengan; sobre los que pretenden arrebatar por la fuerza, los derechos políticos de sus hermanos ... Ya que lo quieren así, sellaremos con sangre y fundiremos con el sable, de una vez para siempre, esta nacionalidad argentina, que tiene que formarse, como las pirámides de Egipto y el poder de los imperios, a costa de la sangre y sudor de muchas generaciones." (De una carta de Julio A. Roca, dirigida a Dardo Rocha el 3 de abril de 1880.)

El drama en el que Roca representará un papel protagónico no era historia reciente para el conjunto de pueblos dispersos que apenas llevaban siete décadas de vida independiente. Tampoco la guerra era un medio desconocido por los bandos en pugna que dirimían sus querellas a través de un espacio territorial extenso en superficie y escaso en población. Siete décadas no habían bastado para constituir una unidad política, ni mucho menos para legitimar un centro de poder que hiciera efectiva su capacidad de control a lo ancho y a lo largo del territorio nacional. Esto es lo que en definitiva se planteaba en 1880. La solución de tal problema habrá de alcanzarse por medio de la fuerza, siguiendo una ley interna que presidió los cambios políticos más significativos en la Argentina de la segunda mitad del siglo XIX.

Tras estos hechos de sangre se escondía un enfrentamiento

entre dos regiones que reivindicaban intereses contrapuestos: Buenos Aires y el interior. El primer término del conflicto tenía una clara determinación espacial. Se trataba de una ciudad-puerto abierta al exterior, asiento histórico del virreinato, con un *hinterland* que crecía a medida que se ganaba la tierra salvaje. El interior, en cambio, cubría una realidad geográfica mucho más extensa, en la cual se erguían sistemas de poder embrionarios, constituidos sobre la autoridad tradicional de caudillos que se desplazaban, según la coyuntura particular de cada época, desde el Litoral hasta los llanos de La Rioja.

La constitución de una unidad política

El significado último del conflicto entre Buenos Aires y el interior residía, aunque ello parezca paradojal, en su falta de solución, pues ambas partes se enfrentaban sin que ninguna lograra imponerse sobre la otra. De este modo, un empate inestable gobernaba las relaciones de los pueblos en armas mientras no se lograra hacer del monopolio de la violencia una realidad efectiva y tangible.

El monopolio de la violencia, el hecho por el cual un centro de poder localizado en un espacio reivindica con éxito su pretensión legítima para reclamar obediencia a la totalidad de la población afincada en dicho territorio, es la característica más significativa de una *unidad política*.[1] En trabajos anteriores he procurado analizar, desde el punto de vista teórico, el proceso que da origen a una unidad política y lo he denominado, siguiendo a R. Braun, *reducción a la unidad*.[2] De un modo u otro, por la vía de la *coacción* o por el camino del *acuerdo*, un determinado sector de poder, de los múltiples que actúan en un hipotético espacio territorial, adquiere control imperativo sobre el resto y lo *reduce* a ser parte de una unidad más amplia. Este sector es, por definición, supremo; no reconoce, en términos formales, una instancia superior; constituye el centro con respecto al cual se subordina el resto de los sectores y recibe el nombre de *poder político* (o como se leerá más adelante, *poder central*).

¿Qué medios posibilitarían llevar a cabo el así llamado proceso de reducción a la unidad? Una breve referencia a las teorías clásicas que hacen hincapié en el acuerdo o en la coacción puede aclarar esta cuestión. Para la perspectiva de análisis típica de las teorías contractualistas, la unidad política resulta de un diálogo, o de una discusión, a cuyo término se alcanzará un consenso por el cual todos los participantes se obligan voluntariamente a *transferir* parte de su capacidad de decisión a una autoridad común que, de allí en más, será obedecida.[3] Para otro punto de vista, en cambio, la constitución de una unidad política es empresa de conquista y de coacción. La obediencia, en este caso, no se obtiene por la persuasión, sino por la violencia; no hay, en rigor, consenso voluntario sino acto de asentimiento ante el peso actual o la amenaza inminente de la fuerza.[4] Unos sostienen que la acción de transferir parte de la capacidad de decisión es obra de una delegación que, de abajo hacia arriba, circula desde el gobernado hasta el futuro gobernante; otros responderán que la formación del poder político deriva de una transferencia involuntaria y coercitiva, casi diríamos "arrancada" al gobernado por obra de la fuerza del gobernante.

Llevadas a sus últimas consecuencias, ambas teorías constituyen racionalizaciones utópicas del proceso de reducción a la unidad. Es a todas luces excepcional observar una acción política donde los factores coercitivos o consensuales se presenten excluyéndose mutuamente. Por el contrario: ambos medios de transferencia de poder se manifiestan combinados con grados de intensidad variables cuando el observador emprende un análisis de la realidad histórica.[5]

Retornemos a la Argentina del siglo XIX. Cuando Justo José de Urquiza derrotó a Juan Manuel de Rosas en la batalla de Caseros, vio su fin una forma de gobierno caracterizada por una *descentralización autonomista* según la cual las provincias, de lo que en aquel entonces se llamaba Confederación Argentina, se reservaban el máximo de capacidad de decisión.[6] El sistema benefició a las provincias más fuertes y no contempló, en los hechos, la posibilidad de transferir mayor capacidad de decisión a un poder político que fuera centro de una unidad política más amplia. Tal era el objetivo que perseguía Urquiza; para ello propuso combinar la efectividad de la fuerza —la victoria conquistada en el campo de batalla— con la eficacia de un acuerdo pactado por los mismos gobernadores que, mientras apoyaron a Rosas, fueron los protagonistas naturales del régimen de la confederación.[7]

Los gobernadores se reunieron en la capilla de San Nicolás de los Arroyos y celebraron un *pacto* que los comprometía a celebrar un Congreso Constituyente para organizar políticamente a las catorce provincias. El camino elegido era el del acuerdo: los gobernadores elaboraron un consenso por el que cedían, de modo voluntario, una parte del poder de decisión que de antaño se reservaban. Con tal objeto establecieron un ámbito de comunicación, el Congreso Constituyente, cuyas deliberaciones culminarían con el acto fundante de una unidad política que definiera las relaciones de subordinación de las provincias con respecto al poder central.

El consenso se quebró el 11 de septiembre de 1852: Buenos Aires no aceptó transferir el poder que se reservaba, sobre todo en lo concerniente a la igualdad de representación en el Congreso (dos diputados por provincia) y a la nacionalización de la aduana anunciada en el artículo 19 del Pacto de San Nicolás.[8] Este rechazo se tradujo en la coexistencia armada, durante casi una década, de dos proyectos de unidades políticas: la Confederación con asiento en Paraná y Buenos Aires, que culminó con la victoria de esta última en la batalla de Pavón (1861).

Tres problemas básicos: integridad territorial, identidad nacional, organización de un régimen político

Quebrado ese atisbo de organización consentida de una unidad política, los presidentes posteriores a Pavón desempeñaron su papel *desde* una provincia hegemónica en la que se tomaban decisiones con carácter nacional.[9] Después de Pavón, el papel del presidente, definido normativamente en la Constitución sancionada en 1853 y reformada en 1860 luego de la batalla de Cepeda, careció de los medios necesarios para hacer efectivo el poder político debido a la coexistencia obligada con el gobernador de Buenos Aires en la ciudad-capital de la provincia más poderosa.[10] Tres presidencias: la de Bartolomé Mitre (1862-1868), la de Domingo Faustino Sarmiento (1868-1874) y la de Nicolás Avellaneda (1874-1880) protagonizaron este período que culminó en 1880 con la elección de Julio A. Roca.

En el transcurso de estas presidencias se manifestaron tres problemas básicos de cuya solución efectiva dependía la persistencia de la unidad política en ciernes: había, en primer término, una cuestión acuciante referida a la *integridad territorial,* entendida como el ámbito espacial sobre el que debería ejercerse el poder político; en segundo lugar, los pueblos dispersos, instalados en este territorio, abrían el interrogante de saber si estaban dispuestos a integrar una comunidad más amplia que la de aquellas comarcas limitadas en donde nacían y percibían el marco natural de su vida cotidiana, lo cual planteaba una cuestión de *identidad nacional*; y, en tercer término, era necesario implantar en ese territorio y a partir de esos pueblos dispersos, un modo de elección estable de gobernantes capaces de formular decisiones autoritativas que comprometieran a esa comunidad naciente en su conjunto, lo cual ponía sobre el tapete el problema de *organizar un régimen político.*

La primera cuestión se relaciona con la fuerza coercitiva de que dispone el poder político para hacer frente a determinados actores que impugnan su pretensión de monopolizar la violencia. La segunda se refiere a los mecanismos de comunicación entre actores localizados en regiones diferentes, por cuya mediación se van creando vínculos de solidaridad más amplios que los anteriormente existentes. Y el tercer problema, en fin, plantea la necesidad de desarrollar sentimientos de legitimidad compartidos acerca del valor que merece la estructura institucional del poder político y las reglas de sucesión que regularán la elección de los gobernantes.

Para entender el problema de la integridad territorial, es preciso tener en cuenta dos movimientos de impugnación al poder político embrionario, de naturaleza diferente. Por una parte, en efecto, en algunas provincias del interior se produjeron movimientos de fuerza que fueron controlados por el poder central. La represión de caudillos pertenecientes al partido federal: Ángel Vicente Peñaloza (1862-1863) y Felipe Varela

(1866-1868), ilustró dramáticamente este proceso.[11] Del mismo modo, la victoria obtenida durante la presidencia de Sarmiento frente al movimiento de Ricardo López Jordán (1870-1873), que siguió al asesinato de Urquiza en Entre Ríos, confirmó la evolución de los hechos anteriores. Tal dominación coercitiva, aplicada en muchas regiones, no se correspondió con la política de compromisos seguida con Buenos Aires que, al igual que otras provincias, no estaba dispuesta a subordinarse al poder político. La reticencia de Buenos Aires se explica por la división de las facciones porteñas en: "nacionalistas" conducidos por Mitre y "autonomistas" dirigidos por Adolfo Alsina. La estrategia de Mitre, decidido a nacionalizar Buenos Aires para subordinarla al poder central como al resto de las provincias, se enfrentó con la exitosa oposición de Alsina quien, para conservar las tradiciones autonomistas de su provincia, no vaciló en aliarse con los grupos federales del interior para imponer las candidaturas de Sarmiento y de Avellaneda.

Esta contradicción dentro de la provincia hegemónica generó una serie de efectos que no sólo influyeron sobre la integridad territorial sino también sobre los mecanismos de comunicación que, en pasos sucesivos, identificaron a los grupos del interior con una comunidad política más amplia. A grandes rasgos, el papel desempeñado por el autonomismo en la provincia de Buenos Aires puede ser asimilado al de un actor con la suficiente fuerza para impedir la consolidación de su oponente, pero sin el consenso indispensable para conquistar el poder presidencial. Adolfo Alsina quebró la continuidad presidencial del mitrismo cuando se gestó la sucesión de 1868, pero no alcanzó la candidatura presidencial y fue vicepresidente de Sarmiento que contaba con el apoyo de un grupo de provincias del interior. Seis años después, Alsina tampoco obtuvo el apoyo necesario para encabezar la coalición de gobernadores que, a la postre, consagró presidente al ministro de Educación de Sarmiento, Nicolás Avellaneda.

Sobre la base de una contradicción que, con el correr del tiempo, se resolvería en el 80, el autonomismo porteño cercenó el ámbito de control imperativo del poder político y, al mismo tiempo, abrió nuevos canales de comunicación entre los grupos del interior. Ya en 1868, pero fundamentalmente en 1874, las clases gobernantes de las provincias trazaron alianzas para imponer en el Colegio Electoral un hombre del interior que había hecho carrera en Buenos Aires. Nicolás Avellaneda fue, quizá, la figura que cristalizó por vez primera estas expectativas: tucumano, universitario de Córdoba, hizo carrera desde muy joven en el autonomismo porteño como legislador, ministro de Gobierno durante la gobernación de Alsina y ministro Nacional en la presidencia de Sarmiento.

La crisis del 80

El tímido y balbuceante crecimiento de un sentido de comunidad no se produjo sin sobresaltos. Los presidentes provincianos posteriores a Pavón terminaron sus períodos gubernamentales combatiendo movimientos de fuerza. Sarmiento concluyó su presidencia luchando contra el levantamiento de 1874 y Avellaneda se vio obligado a trasladar al pueblo de Belgrano la residencia del gobierno nacional, cuando cundía la rebelión del gobernador de Buenos Aires, Carlos Tejedor.[12] El resultado de estos enfrentamientos fue favorable para el poder central con significados diferentes según las circunstancias, pues mientras la capitulación del General Mitre en la estancia "La Verde", en 1874, selló el triunfo de la alianza entre los autonomistas de Buenos Aires y las provincias del interior que apoyaban a Avellaneda, en los combates de Barracas, Puente Alsina y Los Corrales, en 1880, se enfrentaron el interior y Buenos Aires en bandos opuestos para decidir, por la fuerza de las armas, la subordinación definitiva de *todas* las provincias al poder político nacional. Estos actos de violencia dividieron al viejo ejército de línea en grupos de oficiales antagónicos que se desplazaron de un bando a otro y trazaron el cuadro para perfilar la autoridad militar y política de Julio A. Roca.[13]

Durante los 18 años que transcurrieron entre 1862 y 1880, Roca, antiguo oficial de Urquiza en Cepeda y Pavón, sirvió al ejército nacional participando en todas aquellas acciones que contribuyeron a consolidar el poder político central: estuvo a las órdenes del General Paunero contra Peñaloza; combatió en la guerra del Paraguay; enfrentó a Felipe Varela en "Las Salinas de Pastos Grandes"; venció a Ricardo López Jordán en la batalla de "Naembé"; sofocó el levantamiento de 1874 en el interior derrotando al General Arredondo en los campos de "Santa Rosa" y, por fin, incorporado al ministerio de Avellaneda luego de la muerte de Alsina, dirigió en 1879 la campaña del desierto que culminó con la incorporación de 15.000 leguas de tierras nuevas.[14]

Esa trayectoria militar permitió a Roca mantener contactos permanentes desde sus comandancias de frontera con las clases gobernantes emergentes que, progresivamente, reemplazarían a los gobernadores del pasado régimen; labor paciente del militar desdoblado en político que, sin adelantarse a los acontecimientos, fue moldeando un interés común para el "interior" capaz de ser asumido como valor propio por los grupos gobernantes. Porque de eso se trataba: las provincias interiores, en alguna medida integradas en un espacio territorial más amplio y subordinadas de modo coercitivo al poder central, advirtieron que el camino para adquirir mayor "peso" político consistía en acelerar el proceso de nacionalización de Buenos Aires y no en retardarlo. Los ejecutores naturales de ese interés común serían los gobernadores vinculados con Roca a través del ministerio de guerra y cobijados por Avellaneda. Organizados en una así llamada "Liga", cuyo epicentro fue la provincia de Córdoba con el gobernador Antonio del Viso y su ministro de Gobierno Miguel Juárez Celman, Simón de Iriondo en Santa Fe, José Francisco Antelo en Entre Ríos, Domingo Martínez Muñecas en Tucumán, Moisés Oliva en Salta, Vicente A. Almonacid en La Rioja, Absalón Rojas en Santiago del Estero y P. Sánchez de Bustamante en Jujuy, entre otros, tejieron una trama electoral que condujo a Roca hacia la presidencia.[15]

Cuando el interior consolidaba esta alianza, el poder en Buenos Aires se fragmentó entre los partidarios de la candidatura presidencial del gobernador Carlos Tejedor y los porteños nacionales, antiguos partidarios del autonomismo y del Partido Republicano como Carlos Pellegrini, Aristóbulo del Valle, Dardo Rocha, Miguel Cané, Pedro Goyena, Juan José Romero y Vicente Fidel López,[16] quienes se incorporaron al movimiento que llevaba la fuerza de la periferia al centro del sistema político nacional, según la expresión de Aristóbulo del Valle.[17] De nada valieron en esa circunstancia los esfuerzos opositores, las vacilaciones del mismo Avellaneda y los intentos de conciliación de Domingo Faustino Sarmiento; la Liga de Gobernadores impuso su candidato en el Colegio Electoral en las elecciones del 11 de abril de 1880, mientras Buenos Aires emprendía el camino de la resistencia armada. Dos meses después, Avellaneda instalaba el gobierno nacional en Belgrano y convocaba las milicias de Buenos Aires, Entre Ríos, Santa Fe y Córdoba. Roca, desde Rosario, organizaba la marcha sobre Buenos Aires. Durante cuatro días —del 17 al 21 de junio— tres sangrientos encuentros, los ya nombrados de Barracas, Puente Alsina y Los Corrales, decidieron la victoria a favor de los nacionales. Habían muerto tres mil hombres de los veinte mil que combatieron con ochenta piezas de artillería. Buenos Aires se subordinaba al poder político central.[18]

El resultado de estos acontecimientos se tradujo en dos leyes nacionales; una federalizó la ciudad de Buenos Aires que, desde el 8 de diciembre de 1880, quedó sometida a la jurisdicción exclusiva del gobierno nacional; el otro instrumento legal prohibió a las provincias la formación de cuerpos militares bajo cualquier denominación que fuera.[19] "... Todo es fácil, recordó Avellaneda en su último mensaje, lo que cuesta es constituir una Nación y fundar su gobierno bajo un régimen ordenado y libre."[20] Roca retomará estos mismos conceptos en sus palabras inaugurales. El presidente electo cobijó a su futuro gobierno bajo el lema *Paz y Administración* y afirmó: "Necesitamos paz duradera, orden estable y libertad permanente; y a este respecto lo declaro bien alto desde este elevado asiento para que me oiga la República entera: emplearé todos los resortes y facultades que la Constitución ha puesto en manos del Poder Ejecutivo para evitar, sofocar y reprimir cualquiera tentativa contra la paz pública. En cualquier punto del territorio argentino en que se levante un brazo fratricida, o en que estalle un movimiento subversivo contra una autoridad constituida, allí estará todo el poder de la Nación para reprimirlo".[21]

Unión y gobierno ordenado: he aquí el lenguaje de Avellaneda y Roca. La *unión* era sinónimo de intereses, valores y creencias reunidos en torno de un sistema de poder común. Los actos de la guerra y de la paz parecían converger hacia algunos interrogantes cruciales: ¿cómo hacer de la obediencia un hábito común entre pueblos que sólo conocían la dispersión espacial del poder?; ¿cómo consolidar la precaria integridad territorial recién conquistada, gracias a una aún más frágil identidad nacional?; ¿cómo, sino a través de un gobierno ordenado y estable? Y *gobierno* aparecía como un concepto representativo de una operación tanto o más compleja que la consistente en implantar una unidad política. Implicaba actos y procedimientos capaces de edificar instituciones que mantuvieran en existencia la unidad política recién fundada. Exigía seleccionar a quienes gobernarían y en virtud de qué reglas unos, y no otros, tendrían el privilegio de mandar. El país se había dictado una fórmula prescriptiva de carácter federal, la Constitución Nacional, y sobre esa fórmula o, quizás, encubierta bajo sus sentencias ideales, había que trazar una fórmula operativa que hiciera factible la producción de actos de gobierno.

La cuestión del régimen político se planteaba, pues, como un desafío, que sucedía a los anteriores, de crear la integridad territorial y de comunicar a los grupos en la perspectiva de una comunidad más amplia; una sucesión de problemas, claro está, que poco tiene que ver con un ordenamiento lineal de los hechos, en virtud del cual se yuxtaponen fases de desarrollo político en un continuo que desemboca en un punto terminal (como, por ejemplo, la modernización). No hay tal yuxtaposición: hay, más bien —en una unidad histórica, determinada: la Argentina de aquella época— respuestas parciales y contingentes a problemas no resueltos en su totalidad que se contienen unos a otros en una suerte de caja china que encierra el secreto del progreso o de la decadencia política.[22] De este modo, la construcción del régimen emprendida por los hombres del 80, y la fórmula política que la sustentó, contiene en sus cimientos las respuestas precarias formuladas al drama de la desintegración territorial y de la guerra interna.

NOTAS

1. Los conceptos de *monopolio de la violencia* y de *obediencia* son de neta raíz weberiana. Max Weber definía a la *dominación* como "la probabilidad de encontrar obediencia a un mandato de determinado contenido entre personas dadas", y al *Estado* como el "instituto político de actividad continuada, cuando y en la medida en que un cuadro administrativo mantenga con éxito la pretensión al *monopolio legítimo* de la coacción física para el mantenimiento del orden vigente". Max Weber, *Economía y sociedad*, Vol. I: *Teoría de la organización social.* Trad. y nota preliminar de José Medina Echavarría, México, Fondo de Cultura Económica, 1944, p. 53 y ss.

2. Conf. Natalio Botana, *La légitimité, problème politique*, Louvain, Centre d'Etudes Politiques, 1968, p. 51 y ss.

3. Conf. François Bourricaud, *Esquisse d'une théorie de l'autorité*, Paris, Plon; 1961, p. 9 y ss.

4. Empleo las nociones de fuerza y violencia como sinónimos. Una de las obras que mejor ilustran este punto de vista es la clásica de Bertrand de Jouvenel, *Du Pouvoir, Histoire naturelle de sa croissance*, Genève, Éditions du Cheval Ailé, 1947 (hay traducción castellana).

5. Ver en este mismo sentido, pero aplicado a un concepto distinto, Carl J. Friedrich, *Man and his Government, An Empirical Theory of Politic*, New York, McGraw-Hill, 1963, p. 188 (hay traducción castellana).

6. Según la expresión de Torcuato S. Di Tella en *Hacia una política latinoamericana*, Montevideo, Sociedad Latinoamericana Arca, 1970, p. 40.

7. "Comenzando por el mismo Urquiza que tenía el Gobierno de Entre Ríos desde el 15 de diciembre de 1841, muchos de los Gobernadores que concurrieron al Acuerdo de San Nicolás habían sido los jefes de Provincias confederadas, según el sistema contra el cual debía producirse la reacción: el General don Benjamín Virasaro era Gobernador de Corrientes desde 1847; el General don Celedonio Gutiérrez era Gobernador de Tucumán desde el 4 de octubre de 1841; el Coronel don Pedro Pascual Segura, Gobernador de Mendoza, lo había sido desde 1845 a 1847; don Manuel Vicente Bustos era Gobernador de La Rioja desde 1849 y lo había sido también en 1841; el General don Narciso Benavídez había sido Gobernador de San Juan desde 1836, con la interrupción de unos meses en 1841, y continuó en el gobierno hasta 1857; el General don Pedro Lucero era Gobernador de San Luis desde 1841." Rodolfo Rivarola, *Del régimen federativo al unitario*, Buenos Aires, 1908, p. 40.

8. Conf. Jorge M. Mayer, *Alberdi y su tiempo*, Buenos Aires, Eudeba, 1963, p. 409.

9. Conf. O. Cornblit, E. Gallo (h), A. O'Connell, "La generación del 80 y su proyecto; antecedentes y consecuencias", en *Argentina, sociedad de masas.* Buenos Aires, Eudeba, 1966, p. 36.

10. En agosto de 1862, el Congreso dictó una ley que estipulaba la federalización de la ciudad y de la provincia de Buenos Aires por el término de tres años. La legislatura de la provincia rechazó el proyecto de federalización llegándose a una transacción según la cual se declaraba a la ciudad de Buenos Aires residencia provisoria de los gobernantes nacionales por el término de cinco años. Al vencerse los cinco años, en octubre de 1867, el Poder Ejecutivo Nacional devolvió a la Provincia de Buenos Aires la jurisdicción que ésta le había acordado sobre la ciudad. Conf. Rodolfo Rivarola. *Del régimen federativo al unitario*, p. 314 y ss.

11. El 28 de septiembre de 1868, el senador Nicasio Oroño declaró que desde junio de 1862 hasta junio de 1868 hubo 117 revoluciones y 91 combates donde murieron 4.728 personas. Conf. José Nicolás Matienzo, *Le gouvernement représentatif-fédéral dans la République Argentine*, Paris, Hachette, 1912, p. 257.

12. Conf. Rodolfo Rivarola, "El presidente Roca y la consolidación del poder nacional", en *Revista Argentina de Ciencias Políticas* (en adelante R.A.C.P.), Año IV, N° 50, 12 noviembre 1914, p. 115.

13. En los sucesos de 1874, los militares leales al gobierno fueron, entre otros, José Ignacio Arias, Julio Campos, Nicolás Levalle, Hilario Lagos, Conrado Villegas, J. A. Roca y Apolinario Ipola; mientras se contaban entre los opositores militares, José Miguel Arredondo, Francisco Leyría, Ignacio Rivas, Benito Machado, Manuel Taboada, Julián Murga, Santiago Baibiene, Nicolás Ocampo, José C. Paz, etc. En el 80, los jefes leales fueron: Luis María Campos, Teodoro García, Napoleón Uriburu, Conrado Villegas, Manuel Campos, Nicolás Levalle, Antonio Donovan, Eduardo Racedo, etc., y los opositores: José Miguel Arredondo, Julio Campos, José Inocencio Arias, Hilario Lagos, Julián Martínez, Benito Machado, etc. Conf. A. Rivero Astengo, *Juárez Celman, 1844-1909*, Buenos Aires, Kraft, 1944 p. 78 y 166 s.

14. Conf. A. Rivero Astengo, *Juárez Celman*, pp. 61 ss., y Armando Braun Menéndez, "Primera Presidencia de Roca (1880-1886)", en Academia Nacional de la Historia, *Historia Argentina Contemporánea 1862-1930*, Vol. I, Primera Sección, Buenos Aires, El Ateneo, 1965, p. 269 y ss.

15. Conf. A. Rivero Astengo, *Juárez Celman*, p. 171; y Carlos R. Melo, *Los partidos políticos argentinos*, Córdoba, Universidad Nacional de Córdoba, 1964, p. 24.

16. Conf. Ezequiel Ramos Mexía, *Mis memorias, 1853-1935*, Buenos Aires, Librería y Editorial La Facultad, 1936, p. 66. En rigor, la fragmentación se produjo no sólo en el autonomismo sino también en el mitrismo, como lo demuestra el desprendimiento de una fracción "popular" en donde figuraban E. Zeballos, Ezequiel Paz "y muchos otros ricachos —son palabras del mismo Roca— antiguos mitristas". Ver al respecto E. Gallo, "La gran expansión económica y la consolidación del régimen conservador liberal. 1875-

1895", en E. Gallo y R. Cortés Conde, *La República Conservadora*, Buenos Aires, Paidós, 1972, pp. 65-68.

17. Las palabras de Aristóbulo del Valle en la sesión del Senado del 18 de octubre de 1880 son las siguientes: "...preferiría equivocarme con los que llevan la fuerza de la periferia al centro y no del centro a la periferia. Sé que por este camino puede modificarse la forma de Gobierno, pero sé también que no será obstáculo para que quedara constituida una gran Nación capaz de conservar su historia y sus tradiciones y de salvar su grandeza en el futuro; mientras que, por el contrarío, si nos equivocamos llevando la fuerza del Gobierno del centro a la periferia, constituiríamos quizá republiquetas incapaces de responder a los vínculos y tradiciones grandiosas de nuestro pasado", citado por Luis H. Sommariva, *Historia de las intervenciones federales en las Provincias*, Buenos Aires, El Ateneo, 1929, Vol. II, p. 109.

18. Conf. Luis H. Sommariva, *Historia de las intervenciones federales en las Provincias*, Vol. II, p. 88 s.; y Carlos Heras, "Presidencia de Avellaneda", en Academia Nacional de la Historia, *Historia Argentina Contemporánea 1862-1930*, Vol. I, Primera Sección, pp. 202 ss. Resulta sumamente significativa la opinión que había vertido el diario "La Nación" un año antes de los hechos de sangre en la cual se sintetizan todos los elementos de que dispuso Roca para asegurar su triunfo; ellos fueron: los gobernadores confabulados, el ejército nacional, parte del presupuesto del Ministerio de Guerra, la influencia del ministro que manipuló eficazmente armas y dinero y la tolerancia del Presidente Avellaneda. Ver Rodolfo Rivarola, *Del régimen federativo al unitario*, p. 187.

19. Conf. Luis H. Sommariva, *Historia de las intervenciones federales en las Provincias*, Vol. II, p. 106.

20. Cit. por Rodolfo Rivarola, "El presidente Roca y la consolidación del poder nacional", p. 118.

21. Cit. por Armando Braun Menéndez, "Primera Presidencia de Roca (1880-1886)", p. 277.

22. Esta idea acerca del progreso político está inspirada en las reflexiones de Raymond Aron sobre el progreso y la historia en la lección IV de *Dix-huit leçons sur la société industrielle*, Paris, Gallimard, 1962 (hay traducción castellana).

II

LA REPÚBLICA POSIBLE

Regímenes políticos y legitimidad

Un régimen político puede ser entendido como una estructura institucional de posiciones de poder, dispuestas en un orden jerárquico, desde donde se formulan decisiones autoritativas que comprometen a toda la población perteneciente a una unidad política.

Habíamos visto que la constitución de una unidad política asumía, como problema central, el hecho de subordinar diferentes sectores de poder a un ámbito imperativo más amplio, el poder político, que por definición es supremo. Esta primera noción, sin embargo, poco nos indica acerca del substrato material —el gobierno compuesto de personas visibles— que permite observar la existencia concreta del poder político. Y del mismo modo, el término subordinación poco aclara, hasta el momento, acerca del modo específico según el cual se organizará aquel conjunto de relaciones de dependencia.

De esta exploración preliminar se desprenden dos interrogantes a los que un régimen político debe responder: a) qué vinculo de subordinación establecerá el poder político con el resto de los sectores de poder presentes en la sociedad; b) qué reglas garantizarán el acceso y el ejercicio del poder político de los futuros gobernantes. La primera cuestión hace hincapié en *la organización* y en *la distribución del poder*, la segunda en *el modo de elección de los gobernantes* y en *los límites* que se trazan entre éstos y los gobernados. Los cuatro términos aquí expuestos representan la imagen teórica de un sistema de relaciones donde el contenido concreto de uno de ellos, o su modificación eventual, influye necesariamente sobre los otros.

La estructura institucional de un régimen alberga, pues, una realidad más profunda: la realidad del poder; y a su vez, este haz de relaciones de control se asienta sobre una constelación de intereses materiales y de valores que justifican la pretensión de algunos miembros de una unidad política de gobernar al resto. La operación consistente en traducir aquella madeja de intereses y de valores en una *creencia compartida* que haga las veces de norma habitual para regular las relaciones de poder, atraviesa un camino histórico que bien podría dividirse en dos tramos analíticos. Por una parte, en efecto, es preciso atribuir valor preferente a una estructura institucional en detrimento de otra y a partir de este acto —o de esta serie de actos— determinadas concepciones acerca de la organización y la distribución del poder, los modos de elección y las fronteras entre los gobernantes y los gobernados, tendrán más peso valorativo que otras. Se tratará entonces de consagrar una fórmula *prescriptiva o principio de legitimidad* que no sólo busca satisfacer ciertas ideas acerca del régimen mejor adaptado, por ejemplo, a una doctrina de la libertad o de la justicia sino que, también, pretende gratificar intereses materiales reivindicados por grupos y clases sociales.

Ambas acciones nos introducen en el segundo tramo analítico. A diferencia de lo que pudo acontecer en el primero, en esta segunda etapa los actores procuran traducir las fórmulas prescriptivas en una creencia compartida con respecto a la estructura institucional del régimen y en un acuerdo acerca de las reglas de sucesión. De esta serie de acciones puede resultar una *fórmula operativa o sistema de legitimidad* que vincula las expectativas, valores e intereses de los actores con las instituciones del régimen y las reglas de sucesión. Creencia y acuerdo serían, pues, dos conceptos analíticos que calificarían el proceso de legitimación al cual parecen sometidas las formas históricas de los regímenes políticos.

Estas nociones limitan nuestro análisis histórico a ciertos rasgos de la acción política más significativos, en apariencia, que otros. Un régimen, en efecto, puede ser analizado a través de políticas específicas (economía, educación, emigración, etc.) que permiten medir los resultados de la acción de un grupo gobernante. El régimen político semeja, de este modo, un conjunto de decisiones gubernamentales que definen metas, seleccionan medios y alternativas, imponen recompensas y sanciones. Otro punto de vista, que no excluye al anterior, trata de entender, en cambio, el *marco* que produce dichas decisiones dentro del cual los actores se enfrentan para determinar quiénes, a la postre, ejercerán el poder político. Esta perspectiva nos habrá de guiar en las páginas que siguen con el objeto de observar un régimen político como un orden de dominación donde algunos —y no todos— tienen el privilegio de fijar metas, elegir medios y alternativas, adjudicar, en fin, recompensas y sanciones.[1]

Alberdi y su fórmula prescriptiva

Desde los albores de la independencia, los criollos que asumieron la conducción de las antiguas colonias españolas enfrentaron, en términos teóricos y prácticos, la grave contradicción entre el principio de legitimidad de la monarquía hereditaria y el principio de legitimidad de la república electiva.[2] Cuando se quebraron los vínculos con la corona española, estos grupos dirigentes, huérfanos de la tutela de un principio de gobierno consagrado por la tradición, asumieron la penosa tarea de construir una legitimidad de reemplazo: fórmulas conocidas como cuerpos teóricos e ignoradas como prácticas habituales de gobierno, incitaban a la invención política, cuando no, a la mera reproducción de experiencias.

La fórmula que algunos llamaban republicana y otros demócrata, intercambiando las palabras como si fueran sinónimos, hacía residir el origen del poder en una entidad más vasta que las antiguas aristocracias, al mismo tiempo que proponía una operación mucho más complicada para elegir a los gobernantes que aquélla definida por las viejas reglas hereditarias y burocráticas. Pueblo y elección podían representar los términos de un proyecto de solución posible, en la medida en que no provocaran una fractura irremediable con costumbres políticas que gozaban del beneficio de la tradición. El problema era aun más acuciante para las clases y grupos dominantes, pues, junto con la caída del poder colonial, la carencia de fórmulas de reemplazo podía conducir a la anarquía o a la disolución política, lo cual implicaba, naturalmente, el ocaso de su poder y de su prestigio.

La búsqueda de fórmulas prescriptivas que conciliaran la desigualdad del antiguo régimen con los principios igualitarios emergentes, estuvo jalonada por errores y fracasos pero, de algún modo, fue dejando sedimentos que el observador pertinaz puede devolver hacia el futuro en nuevos proyectos institucionales. Ése fue el propósito de Alberdi.

Juan Bautista Alberdi fue el autor de una fórmula prescriptiva que gozó del beneficio de alcanzar una traducción institucional sancionada por el Congreso Constituyente en 1853. Lo significativo de esta fórmula consistió en su perdurabilidad sobre las vicisitudes de la guerra interna entre Buenos Aires y la Confederación, las impugnaciones posteriores provenientes de muchas provincias del interior y la resistencia de la misma Buenos Aires a ceder parte de su capacidad de decisión al poder central. Esta persistencia a través de las múltiples oposiciones de que fue objeto, hizo que la fórmula alcanzara los acontecimientos del 80 y justificara la acción política de los protagonistas del régimen político en ciernes.

Como ya se ha dicho, la vinculación aquí propuesta entre, por una parte, Alberdi autor de una fórmula prescriptiva y, por la otra, su traducción institucional y posterior vigencia en el 80, no deriva de una comprobada relación de causalidad. Se trata, por el contrario, de una hipótesis que asume lo siguiente: a) que la fórmula influyó significativamente en las deliberaciones del Congreso Constituyente; b) que mediante elaboración ulterior se prolongó más allá de las deliberaciones del Congreso; c) que tradujo valores e intereses dominantes en la Argentina de ese entonces, pese a las oposiciones que pudo sufrir la persona de Alberdi; y d) que no obstante ello, la fórmula perduró en el tiempo y otorgó a la postre un marco valorativo que sirvió de guía —explícita o difusa— del régimen político implantado en el 80.[3]

Esta fórmula prescriptiva tiene la particularidad de justificar un régimen político en cuanto hace al origen del poder y a su programa futuro. Alberdi sostuvo que los argentinos debían darse una constitución para realizar un determinado proyecto, "para tener población, para tener caminos de hierro, para ver navegados nuestros ríos, para ver opulentos y ricos nuestros Estados".[4] Este programa constituye un conjunto de metas al que debe dar alcance una nación abierta al futuro; los campos específicos sobre los cuales se proyecta son: la inmigración, la construcción de ferrocarriles y canales navegables, la colonización de tierras de propiedad nacional, la introducción y establecimiento de nuevas industrias, la importación de capitales extranjeros y la exploración de los ríos interiores.[5]

Para alcanzar estos fines es dable advertir en Alberdi la intención deliberada de provocar un trasplante cultural. Alberdi rechaza una cultura tradicional, la cultura hispánica que impide el cambio y la innovación, y opta por otro modelo: el de los países europeos en trance de edificar una sociedad industrial que libere al hombre de la servidumbre de la naturaleza. Un cambio de tal envergadura no puede llevarse a cabo si no es inyectando desde fuera, en una cultura, según él históricamente terminada, nuevos fermentos de población y de riqueza que sean portadores de esos valores.

"¿Cómo —se pregunta Alberdi—, en qué forma vendrá en lo futuro el espíritu vivificante de la civilización europea a nuestro suelo? Como vino en todas las épocas: la Europa nos traerá su espíritu nuevo, sus hábitos de industria, sus prácticas de civilización, en las inmigraciones que nos envíe... ¿Queremos plantar y aclimatar en América la libertad inglesa, la cultura francesa, la laboriosidad del hombre de Europa y los Estados Unidos? Traigamos pedazos vivos de ellas en las costumbres de sus habitantes y radiquémoslas aquí."[6]

La población es el agente privilegiado del cambio cultural, pero no es el único. El ferrocarril y el vapor, las industrias y los capitales, que se han desarrollado y acumulado en otras naciones, son los agentes complementarios e imprescindibles.

"Los caminos de fierro son a este siglo lo que los conventos eran en la Edad Media: cada época tiene sus agentes de cultura. ¿Son insuficientes nuestros capitales para esas empresas? Entregadlas entonces a capitales extranjeros. Dejad que los tesoros de fuera como los hombres se domicilien en nuestro suelo."[7]

El medio seleccionado para alcanzar estas metas es el régimen político. Y en esta circunstancia, la figura del legislador va delineando una concepción acerca de la organización y distribución del poder, del modo de elección de los gobernantes y de las garantías otorgadas a los gobernados *que procura conciliar los valores igualitarios de una república abierta a todos, con los valores jerárquicos de una república restrictiva, circunscripta a unos pocos.* La piedra de toque de esta fórmula tiene sencillo diseño: *funda una capacidad de decisión dominante para el poder político central; otorga el ejercicio del gobierno a una minoría privilegiada; limita la participación política del resto de la población; y asegura a todos los habitantes, sin distinción de nacionalidad, el máximo de garantías en orden a su actividad civil.*

La cuestión que preocupaba a Alberdi era la de organizar un poder central, necesariamente fuerte para controlar los poderes locales y suficientemente flexible para incorporar a los antiguos gobernadores de provincia a una unidad política más vasta. En términos prácticos el problema se expresaba así:

"¿Cómo realizar una oración constitucional que abrace y concilie las libertades de cada provincia y las prerrogativas de toda la nación y de hecho permita a los gobiernos que deben aceptarla la continuación en el mando de sus provincias?"[8]

Este argumento deja entrever una tensión entre, por una parte, la necesidad de encontrar una fórmula concreta de reducción a la unidad y, por la otra, el acuerdo inevitable que conviene establecer con aquellos que detentan posiciones de poder: "Es preciso por consiguiente —sugiere Alberdi— que el nuevo régimen contenga algo del antiguo".[9]

Esta fusión entre dos tendencias contradictorias en la historia nacional, la centralización y la descentralización, pone sobre el tapete la idea que se forjaba Alberdi de la organización federal, pragmática y hasta imprecisa, porque "la *federación o unidad,* es decir la mayor o menor centralización del gobierno general, son un accidente, un accesorio subalterno de la forma de gobierno".[10]

Federación evoca, en este sentido, un medio adaptado a nuestra circunstancia histórica para alcanzar una unidad de régimen. No es el único —antes se ensayó la unidad pura y fracasó— pero es, sin duda, el instrumento más eficaz. De aquí deriva el carácter mixto del gobierno, "consolidable en la unidad de un régimen nacional; pero no indivisible como quería el Congreso de 1826, sino divisible y dividido en gobiernos provinciales, limitados, como el gobierno central, por la ley federal de la República".[11]

Este gobierno mixto, que expresa el término federación, retoma rasgos esenciales de los hábitos de obediencia trazados por la costumbre en las culturas de América del Sur. No hay, pues, ruptura definitiva con un orden tradicional; esa ruptura vendrá después, cuando la población nueva, la industria y la riqueza, den por tierra con la cultura antigua. Mientras tanto, a medida que la transición se pone en marcha, es preciso reorientar las expectativas de obediencia hacia un nuevo centro de poder. Allí emergerá un papel político inédito que habrá de integrar lo nuevo y lo viejo: el control racional de la ley y los símbolos de dominio y soberanía quebrados desde los tiempos de la independencia. Ese papel privilegiado, apenas perfilado en tiempos de Rivadavia, puesto entre paréntesis en la época de Rosas y recreado por la Constitución de 1853 es el *papel del presidente*.[12] De esta manera, la figura monárquica reaparece bajo la faz republicana y Alberdi no escatima elogios —la llama "dicho profundo espiritual"— a la sentencia de Bolívar:

> "Los nuevos Estados de la América antes española necesitan reyes con el nombre de presidente."[13]

En la fórmula alberdiana el presidente materializa el poder central, pero no detenta *todo* el poder ni tampoco ejerce un dominio irresponsable sobre la sociedad. El dominio irresponsable proviene del despotismo de uno solo; el gobierno responsable deriva de la legitimidad del presidente investido por una constitución:

"...en vez de dar el despotismo a un hombre, es mejor darlo a la ley. Ya es una mejora el que la severidad sea ejercida por la constitución y no por la voluntad de un hombre. Lo peor del despotismo no es su dureza, sino su inconsecuencia, y sólo la constitución es inmutable... Dad al poder ejecutivo todo el poder posible, pero dádselo por medio de una constitución."[14]

El presidente adquiere legitimidad no por su calidad intrínseca de gobernante, sino en razón del cargo superior que él ocupa. El papel del presidente, el rol institucionalizado que un individuo está llamado a desempeñar, tiene más valor que su propia virtud de gobernante. He aquí el *quid* de la cuestión que transfiere la trayectoria episódica de un gobierno personal a una institución permanente bajo la cual hasta podrá encontrar amparo la figura del gobernante mediocre:

"...una vez elegido, sea quien fuere el desgraciado a quien el voto del país coloque en la silla difícil de la presidencia, se le debe respetar con la obstinación ciega de la honradez, no como a hombre, sino como a la persona pública del Presidente de la Nación... porque el respeto al Presidente no es más que el respeto a la constitución, en virtud de la cual ha sido electo; es el respeto a la *disciplina* y a la *subordinación* que, en lo político como en lo militar, son la llave de la fuerza y de la victoria."[15]

Gracias a esta distinción tajante entre el rol y el ocupante, Alberdi parece adecuar al carácter nacional una argumentación trazada en los debates constitucionales de Filadelfia y en los papeles de *El Federalista* que, por otra parte, Dahl ha retomado como centro de interés de su concepto de "democracia madisoniana".[16] Este argumento podría resumirse en la siguiente propuesta: la constitución de la Federación Argentina tiene por objeto establecer una república no-tiránica.

Impedir la tiranía es la finalidad básica del gobierno republicano y de esa finalidad se deduce la teoría normativa de las limitaciones del poder: si el poder —y la naturaleza humana que en él subyace— puede degenerar en despotismo, es preciso prevenir esa tendencia a la corrupción y para prevenir es necesario encuadrar el ejercicio gubernamental dentro de límites temporales precisos, otorgando a magistraturas diferentes la tarea de legislar, ejecutar y sancionar. La no-reelección del presidente y la distribución de la actividad legislativa y judicial en cámaras y tribunales donde el poder central y el de las provincias estén debidamente incorporados, serán, entonces, dos limitaciones fundamentales concordantes con el argumento republicano. En este punto, la fórmula alberdiana no se aparta de las pautas fijadas por el modelo norteamericano: un senado y una cámara de diputados representarán a las provincias y a la nación en el proceso legislativo, en tanto tribunales de provincias y tribunales federales adjudicarán sanciones; todo ello ordenado por una última instancia, la Corte Suprema de Justicia, a quien corresponde el control constitucional de las leyes.

Libertad política para pocos y libertad civil para todos

Una vez prescriptos los poderes centrales y los poderes subordinados, los límites y los principios que protegerán la federación del peligro histórico del despotismo, el problema que inevitablemente surge en el horizonte de una fórmula republicana es el de saber quiénes y bajo qué reglas podrán ejercer el gobierno de la sociedad. Alberdi rechazó explícitamente toda forma de designación derivada de la herencia; se apartó en este sentido del modelo bolivariano[17] y optó —al menos en principio, como veremos de inmediato— por la posición democrática que sostuvieron, en Filadelfia, Wilson, Mason y Madison, en contra del punto de vista aristocrático de Hamilton y Morris.[18] La posición democrática hace derivar el título de legitimidad del gobernante —diputado, senador o presidente— de la elección realizada por el pueblo; no hay, en rigor, legitimidad posible para el demócrata si ella no proviene del consentimiento popular.

El modo de expresión del consentimiento popular puede traducirse de múltiples maneras, pero, si se deja de lado la manifestación *directa* de dicho consentimiento, los medios elegidos para actualizarlo deben hacerse efectivos a través de alguna forma de representación. La representación, vista como una serie de actos mediante los cuales un actor político autoriza a otro a obrar en su nombre o le impone el deber de dar cuenta de su acción[19], arrastra consigo, sin embargo, nuevos riesgos y, por consiguiente, nuevas prevenciones.

Los riesgos pueden emerger de los conflictos entre facciones adversas o de la demagogia del actor con vocación de representante. Para prevenirlos es preciso *mediatizar* los modos de elección de los representantes según sea la importancia del cargo que está en juego. De esta manera, la fórmula alberdiana, fiel una vez más al modelo norteamericano, prevé que el diputado será directamente elegido por el pueblo, mientras que el senador y el presidente obtendrán su título por una elección de segundo grado realizada en las legislaturas provinciales o en el seno de un colegio electoral.

Como quiera que fuese, ya sea emprendiendo el camino del comicio directo o el de la elección indirecta, el pueblo es siempre la fuente de la cual deriva la legitimidad del gobernante. La cuestión reside en saber cuáles son las fronteras que encuadran esa entidad llamada pueblo, quiénes lo componen y quiénes permanecen marginados más allá de sus límites. Simple como parece, las respuestas que se ensayaron frente a tal interrogante dividen, a grandes rasgos, a los que conciben el gobierno como algo donde pocos intervienen de aquellos que lo imaginan como un proceso donde participan muchos ciudadanos; lo cual, dicho en otros términos, se expresaría de este modo: el gobierno democrático es obra de un grupo reducido de personas y sólo ellas integran el pueblo donde reside el poder electoral, o bien, ese conjunto es más abundante en términos cuantitativos de forma que tiende a universalizarse, abarcando un número cada vez mayor de miembros participantes.

Esta oposición entre "pueblo chico" y "pueblo grande" está fundada en argumentos que asignan a unos pocos la virtud de saber elegir y a la muchedumbre la ignorancia de no saber elegir. El punto de vista alberdiano es, en este sentido, francamente restrictivo.

"La inteligencia y fidelidad en el ejercicio de todo poder depende de la calidad de las personas elegidas para su depósito; y la calidad de los elegidos tiene estrecha dependencia de la calidad de los electores.

El sistema electoral es la llave del gobierno representativo. Elegir es discernir y deliberar. La ignorancia no discierne, busca un tribuno y toma un tirano. La miseria no delibera, se vende. Alejar el sufragio de manos de la ignorancia y de la indigencia es asegurar la pureza y acierto de su ejercicio."[20]

La cuestión que preocupaba a Alberdi es cómo hacer de un pueblo —según él— sumergido en la miseria y en la ignorancia, una colectividad federativa apta para el ejercicio del gobierno republicano. El camino no puede ser otro que el indicado por los ejemplos históricos de Grecia y Roma, "donde el pueblo sufragante sólo constaba de los capaces es decir, de una minoría reducidísima en comparación del pueblo inactivo".[21] Esta minoría es la única calificada para ejercer la *libertad política*:

"...usar de la libertad política es tomar parte en el gobierno; gobernar, aunque no sea más que por el sufragio, requiere educación, cuando no ciencia, en el manejo de la cosa pública. Gobernar es manejar la suerte de todos; lo que es más complicado que manejar su destino individual y privado."[22]

Algunos, por consiguiente, están habilitados para intervenir en el gobierno; el resto, en cambio, la mayoría que hizo mal uso de la libertad política favoreciendo despotismos populares, sólo tiene derecho al ejercicio de la *libertad civil*[23]:

"Repito que estoy libre del fanatismo inexperto, cuando no hipócrita, que pide libertades políticas a manos llenas para pueblos que sólo saben emplearlas en crear sus tiranos. Pero deseo abundantísimas las *libertades civiles o económicas de adquirir, enajenar, trabjar, navegar, comerciar, transitar y ejercer toda industria,* porque veo en nuestro pueblo la aptitud conveniente para practicarlas. Son practicables porque son accesibles al extranjero que trae su inteligencia; y son las más fecundas, porque son las llamadas a poblar, enriquecer y civilizar a estos países."[24]

La libertad civil abre entonces la ruta para implantar la nueva cultura, porque esas garantías traerán inmigración, industria y riquezas. He aquí el agente más eficaz para mejorar la capacidad de discernimiento político de pueblos que, en su trayectoria histórica, sólo han gestado "el despotismo del Gobierno (que es la tiranía) o el despotismo del pueblo (que es la revolución)".[25] Hay, pues, una solución única y durable para el problema del gobierno posible en América del Sur:

"...ella consiste en elevar nuestros pueblos a la altura de la forma de gobierno que nos ha impuesto la necesidad; en darles la aptitud que les falta para ser republicanos; en hacerlos dignos de la república que hemos proclamado, que no podemos practicar hoy ni tampoco abandonar; en mejorar el *gobierno* por la mejora de los *gobernados;* en mejorar la *sociedad* para obtener la mejora del *poder,* que es su expresión y resultado directo."[26]

Si el desarrollo de esta argumentación es correcto, puede afirmarse que la fórmula alberdiana prescribe la coexistencia de dos tipos de república federativa: la *república abierta* y la *república restrictiva.* La república abierta estaría regida por la libertad civil; en ella tienen cabida todos los ciudadanos, nacionales y extranjeros, que hagan uso de las garantías consagradas por el texto constitucional.[27] Ésta es la república que la retórica oficial presentará, luego, como dilatada en territorio, plena de posibilidades, con una población numerosa, la cual ofrecerá el ámbito adecuado para incorporar los valores de innovación y de cambio: para traer inmigración, extender las comunicaciones, implantar la industria y propagar la educación.

Pero la república abierta es, en sí, una contradicción en los términos pues no controla sus actos de gobierno: los miembros que la integran —nuevos inmigrantes y viejos criollos— no intervienen en la designación de los gobernantes; no son electores ni representantes; permanecen marginados en una suerte de trasfondo en cuyo centro se recorta un núcleo político capacitado para hacer gobierno y ejercer control. Ésta es la república restrictiva, construida sobre el ejercicio de la libertad política: un ámbito donde la participación en el gobierno se circunscribe a un pequeño número de ciudadanos; un espacio cuyos miembros se controlan a sí mismos y, a la vez, controlan el contorno que lo circunda. Ciudadanos, en suma, habilitados para intercambiar el papel de elector y de representante que, de esta manera, hacen suyo un proceso de aprendizaje donde el acto de ejercer gobierno deviene un valor próximo a su conducta habitual. Allí, en la república restrictiva, prima la voluntad reflexiva de los hombres públicos naturalmente preparados para tomar sobre sí el manejo de la suerte de todos.

La totalidad, sin embargo, estará dada en la fórmula alberdiana, por la república restrictiva *más* la república abierta, y mientras en una los que participan, mediante el uso de la libertad política, delegarán de modo voluntario su capacidad potencial de mando, en la otra los habitantes afincados en un territorio permanecerán dirigidos por un sistema de control impuesto desde afuera.

Alberdi y Tocqueville: la libertad frente al riesgo de la igualdad

Ésta es, a la postre, la vieja distinción entre habitante y ciudadano que, desde los tiempos de Rousseau, interrogaba sin cesar al pensamiento político de los siglos XVIII y XIX.[28] Pregunta cuya respuesta aparejaba graves consecuencias para el punto de vista conservador. Los legisladores que procuraron fundar Estados cuando despuntaba el pasado siglo, después de los acontecimientos revolucionarios que tuvieron lugar en la América del Norte y en Francia, advertían, no sin perplejidad, que el reino de la libertad política y económica podía sufrir la erosión de un movimiento súbito e irresistible: el movimiento de la igualdad.

Alberdi no prestó suficiente atención a este fenómeno. Quizá porque esperaba que la inmigración y la riqueza habrían de implantar en las viejas tierras de la confederación, la simiente de un nuevo mundo más igualitario. Adoptó todas las precauciones de la representación indirecta, pero las robusteció mediante una tajante distinción entre el habitante y el ciudadano. Otros pensadores, que también provenían del tronco conservador, se percataron de que todo el edificio republicano podía temblar en sus cimientos a medida que un aumento histórico de la igualdad social diera por tierra con las antiguas distinciones entre ciudadano y habitante. Esta realidad emergente fue la que deslumbró a Alexis de Tocqueville. Casi dos décadas antes de que Alberdi formulara su plan constitucional, Tocqueville registraba sus observaciones acerca de la democracia en los Estados Unidos de América en un libro que, sin duda, nuestro legislador conoció y meditó.

El punto de partida de este aristócrata francés, testigo del vertiginoso derrumbe del antiguo régimen, consiste en comprobar un acontecimiento inédito e irreversible que crecerá a través del tiempo en intensidad y magnitud: la igualdad. Éste es el motivo principal que induce a Tocqueville a sostener que la democracia equivale a la igualdad no significando, como tal, un régimen político sino un estado de naturaleza social que anuncia el ocaso de la dominación aristocrática; por eso le produce miedo: "El libro que estamos por leer —dice en las páginas introductorias de *La democracia en América*— ha sido escrito bajo la impresión de una especie de terror religioso producido en el alma del autor al vislumbrar esta revolución irresistible que camina desde hace tantos siglos, a través de todos los obstáculos, y que se ve aún hoy avanzar en medio de las ruinas que ha causado".[29]

La igualdad aparece entonces como la regla social a la que, inevitablemente, deberán someterse las relaciones políticas del futuro. Pero si la naturaleza de las cosas define un escenario con tendencias tan fuertes: ¿cómo es posible preservar la libertad y las fronteras entre lo público y lo privado, en un mundo donde ya no hay rangos tradicionales que distingan a las clases superiores de las inferiores? He aquí el problema por el cual Tocqueville desarrolla un argumento que casi consiste en una operación de rescate. La libertad no es para él una entidad del orden abstracto derivada, por ejemplo, de una declaración jurídica de derechos; es, por el contrario —y de aquí la vinculación con el origen social de quien la reivindica— una realidad proveniente del control sociológico que sobre el Estado ejerce un grupo autónomo cuya independencia, al menos relativa, está asegurada sin duda por la ley, pero más por costumbre o tradición.

En la perspectiva de una sociedad no igualitaria de señores

y súbditos, la libertad aparece como una realidad negativa: algo protegido por un estamento poderoso ante el cual el Estado se detiene. En la circunstancia de una sociedad igualitaria, en cambio, la libertad corre grave riesgo de desaparecer pues la realidad que se impone es la de un Estado que tiene que lidiar con individuos o grupos pocos resistentes y de más en más uniformes. ¿Dónde queda, pues, la libertad? No obstante el pesimismo implícito en esta pregunta, la observación de la democracia norteamericana de principios del siglo XIX permite a Tocqueville descubrir tres *medidas* de la acción política que, correctamente practicadas, pueden preservar la libertad en una sociedad igualitaria. La primera es una medida de descentralización que se expresa en la fórmula federal; la segunda es una medida de asociación que se manifiesta mediante las organizaciones voluntarias; y la tercera, en fin, es una medida de moderación electoral que se expresa a través del voto indirecto.

Se trata, sin duda, de una cuestión de grado. La descentralización del gobierno local, que prescribe la fórmula federal, presentará un peculiar sistema de soberanía fragmentada entre, por una parte, el poder nacional y, por la otra, el poder reservado a las provincias o estados federados: habrá, pues, reservas constitucionales de autonomía ante un estado naturalmente centralizador. Una cantidad creciente de asociaciones voluntarias permitirá reagrupar los intereses aislados de un sinnúmero de ciudadanos desamparados frente a ese mismo Estado. Una prudente mediatización del sufragio será el factor que mejor controle el peligro de la demagogia y de las pasiones irresponsables propias de una multitud desarraigada. Sobre este trípode —suerte de expresión sociológica de la justa medida necesaria para rescatar valores a partir de una situación que se juzga inevitable— Tocqueville desplegó su teoría del pluralismo político.

El escenario tocquevilliano es distinto del que nos presenta Alberdi. Mientras para éste la obra del legislador consiste en discriminar quiénes pertenecen al pueblo soberano y quiénes están excluidos de la ciudadanía política, para el otro la tarea del sociólogo se circunscribe a comprobar el hecho igualitario que hace de los habitantes de una nueva nación sujetos aptos para constituir un pueblo, el cual, por lo demás, manifiesta sus preferencias mediante el sufragio universal.[30] Ha cambiado, sí, el escenario, pero no parece que haya variado mucho la intención y los especiales atributos que se le asignan al actor que ejercerá el voto. Para Alberdi, el acto discriminatorio tiene como propósito asegurar la calidad del acto electoral. Tocqueville, como se rinde ante la marcha irresistible de la igualdad, realiza un rodeo algo más complicado para expresar, también, un propósito semejante: reconoce que el sufragio universal está consagrado por la ley y la costumbre, pero esta evidencia no le resulta suficiente y de inmediato añade, ¿qué instituciones y comportamientos concretos pueden favorecer un voto razonable y moderado?

Cuando Tocqueville observa la composición social del Congreso de la Unión, se siente impresionado por el aspecto vulgar de la sala de representantes. "Casi todos sus miembros —escribe— son personajes oscuros, cuyo nombre no proporciona ninguna imagen al pensamiento." Es preciso apartarse de este ambiente y recostarse en algún edificio contiguo para encontrar brillo y recato político. "A dos pasos de allí —continúa— se abre la sala del Senado, cuyo estrecho recinto encierra una gran parte de las celebridades de Norteamérica." El hecho que explica este contraste es muy sencillo: "La elección que constituye la Cámara de representantes es directa y aquélla de donde emana el Senado está sometida a dos grados".[31] El sufragio indirecto es, a la luz de estas observaciones, un instrumento de moderación y un sistema electoral que robustece la calidad de los gobernantes. Es cierto que el pueblo puede y debe votar, pero no conviene prestar excesiva confianza a la bondad natural del ciudadano. Los electores son hombres débiles a quienes puede estimular alguna pasión colectiva o la demagogia de la ambición interesada. Habrá, entonces, que buscar nuevos resguardos.

La conclusión de Tocqueville es terminante y él mismo confiesa sus preferencias: "Veo en el doble grado electoral el único medio de poner el uso de la libertad política al alcance de todas las clases del pueblo". [32] Éste será el gran papel reservado a las leyes electorales: el de constituirse en los nuevos mediadores de la razón. Para Alberdi, en cambio, los mediadores de la razón en la vida política eran las leyes y los notables porque, de acuerdo con su punto de vista, la desigualdad en el sufragio aparecía como la condición necesaria que haría efectiva la igualdad en la república. Curiosa paradoja derivada de su preocupación por aventar el peligro de la irresponsabilidad política: Alberdi admitía como premisa indiscutible que los papeles de elector y elegido debían ser intercambiables; entonces la ley debía operar una rígida distinción entre ciudadano y habitante, entre pueblo político y pueblo civil porque unos y otros eran cualitativamente diferentes para ejercer la máxima obligación republicana que consiste en elegir y ser elegido.

Esta figura del ciudadano responsable puede ser equiparada a la facultad de juzgar bien en los asuntos públicos, es decir, a la acción de emitir un voto razonable en conformidad con los principios del sentido común y con la visión del bien público aceptada por los que comparten una actitud de moderación y de justa medida. Y a su vez este ciudadano razonable, que sabe elegir, obraría dentro de un recinto celosamente guardado por las leyes, recortado sobre un telón de fondo compuesto por un gran número de habitantes que no saben ejercer la libertad política. La fórmula alberdiana culmina consagrando la contradicción entre desigualdad social e igualdad política, porque quien elige también puede gobernar y quien gobierna debe gozar de la autoridad de interpretar y de decidir razonablemente. Esta república es, al fin de cuentas, un régimen político de severas exigencias ya que nada reasegura —he aquí la clave de la cuestión— la calidad del voto si no es la calidad moral, intelectual o económica del ciudadano que lo emite.

Alberdi permanece aferrado a esta concepción de las cosas; Tocqueville traspone el umbral de la república restrictiva: los notables ya no están protegidos por un derecho de ciudadanía exclusivo, pero todavía las leyes y las instituciones podrán gestar el milagro de mediar con éxito entre la cantidad de los electores y la calidad de los elegidos. No quedaba, al fin de cuentas, alternativa. Tocqueville descubre que las instituciones políticas y la sociedad igualitaria permanecían, unas frente a otra, en una crítica confrontación. Alberdi no niega la bondad de las instituciones; hasta incorpora en su proyecto todos los recaudos que éstas proponen, pero las instala sobre un suelo en cuya superficie reinará una severa distinción de rangos. Votarán los de arriba: los educados y los ricos; no podrán ni deberán elegir los ignorantes y los pobres. El acto de representación, al exigir prudencia y sabiduría para su ejercicio, plantea un serio dilema: o se universaliza la ciencia y el arte del gobierno, o bien, mientras tanto, la responsabilidad de manejar la suerte de todos, de asumir lo público desde la particular perspectiva de lo privado, debe quedar en manos de un pequeño núcleo de privilegiados.

Imposible mayor claridad. Pero ¿cabría calificar este discurso tan sólo como mera expresión de lo que en el lenguaje cotidiano llamaríamos una actitud oligárquica? ¿O es que tras este modo de ver las cosas se esconde una cuestión algo más complicada que el mismo legislador desdoblado, esta vez, en observador y sociólogo (algo que no hubiera disgustado a Tocqueville) buscará desentrañar?

NOTAS

1. Este argumento lo he desarrollado en mi trabajo ya citado *La legitimité, problème politique*. Caps. I y II. La idea de vinculación entre, por un lado, los valores e intereses y, por el otro, el régimen político deriva de las nociones de M. Weber acerca de la atribución y el mantenimiento de la legitimidad. Consultar al respecto M. Weber *Economía y Sociedad*, Cap. I, Párrafo 6, donde el autor señala que la legitimidad de un orden puede estar garantizada "de manera puramente íntima" (y en este caso, por razones que hacen a la expresión afectiva, religiosa o con arreglo a valores), o bien "por la expectativa de determinadas consecuencias externas; o sea, por una situación de intereses (p. 32). Sobre el régimen político entendido como respuesta a ciertos problemas básicos, Conf. M. Duverger, *Les régimes politiques*, Paris, P.U.F. 1961, p. 9. (Hay traducción castellana por Eudeba, Buenos Aires.) Sobre el concepto de política-marco (*politics*) contrapuesto a la política-programa (*policy*) ver R. Aron, *Democratie et totalitarisme*, Paris, Gallimard, 1965, Cap. I. (Hay traducción castellana por Seix Barral, Barcelona.)

2. Ambos principios de legitimidad han sido calificados de esta manera por G. Ferrero en su obra *Pouvoir, les génies invisibles de la cité*, Paris, Plon, 1945. Hay traducción castellana.

3. Los textos *públicos* de J. B. Alberdi que hemos seleccionado como constitutivos del cuerpo teórico de la fórmula son: *Bases y puntos de partida para la organización política de la República Argentina*; *Elementos de derecho públi-*

co provincial para la República Argentina; y *Sistema económico y rentístico de la Confederación Argentina según la Constitución de 1853.* La primera edición de las *Bases...* es del 1° de mayo de 1852 y la segunda, que contiene el proyecto de constitución, del 23 de agosto de 1852. El *Derecho Público* apareció en julio de 1853 y el *Sistema económico y rentístico* en febrero de 1855. Conf. J. M. Mayer, *Alberdi y su tiempo,* pp. 413, 430 s., 465 y 477. Como podrá advertirse esta selección es restringida y deja de lado varios textos públicos que defienden las ideas expuestas en las tres obras citadas a propósito de la polémica que libró Alberdi con Sarmiento durante el año 1853. Luego de la batalla de Caseros, Sarmiento, que había regresado a Chile, escribió *La campaña en el Ejército Grande* (12-11-52). El libro, dedicado a Alberdi, motivó de su parte una réplica inmediata, escrita en Quillota (Chile) durante el verano de 1853, bajo el título de *Cartas sobre la prensa y la política militante en la República Argentina* (llamadas *Cartas Quillotanas).* Un mes después, Sarmiento respondía con *Las ciento y una.* Por fin, ya sancionada la Constitución Nacional en Santa Fe, vieron la luz los *Comentarios de la Constitución de la Confederación Argentina* de Sarmiento (setiembre de 1853), a los que siguieron, hacia el término de ese año, los *Estudios sobre la Constitución Argentina de 1853* de Alberdi. Al emplear la expresión "textos públicos", hago referencia a los textos de Alberdi que fueron conocidos y gozaron de divulgación entre los actores políticos de ese entonces. Quiero insistir en este punto, pues aquí no trato de hacer una exégesis de *todo* el pensamiento de Alberdi, sino de aquellas partes de una producción profusa —y muchas veces contradictoria— que pudieron servir de valores instrumentales para dichos actores. Por otra parte, una cantidad apreciable de los escritos de Alberdi recién fueron publicados entre 1895 y 1901, en 16 volúmenes, bajo el título de *Escritos póstumos;* estos trabajos son importantes para mejor interpretar la intimidad del pensamiento de Alberdi, o para aclarar aspectos que permanecen en la penumbra, pero, ubicados en el punto de vista del actor de 1853, 1870 o 1880, poca utilidad tienen ya que, para ese entonces, bien puede sostenerse la hipótesis de su inexistencia histórica aunque permanecieran guardados en los archivos del autor.

4. Juan Bautista Alberdi, *Bases y puntos de partida para la organización política de la República Argentina.* 3ª ed., Buenos Aires, Estrada, 1949, Cap. X, p. 46.

5. J. B. Alberdi, *Sistema económico y rentístico de la Confederación Argentina según su Constitución de 1853,* Buenos Aires. La Cultura Argentina, 1921, p. 40.

6. J. B. Alberdi, *Bases...,* Cap. XV, p. 75 s.

7. J. B. Alberdi, *Bases...,* Cap. XV, p. 89.

8. J. B. Alberdi, *Bases...,* Cap. XVII, p. 113 y Cap. XXVII p. 210.

9. J. B. Alberdi, *Bases...,* Cap. XII, p. 56.

10. J. B. Alberdi, *Bases...,* Cap. XIX, p. 131.

11. J. B. Alberdi, *Bases...,* Cap. XXI, p. 149.

12. "Yo no vacilaría en asegurar que de la constitución del poder ejecu-

tivo especialmente depende la suerte de los Estados de la América del Sud", J. B. Alberdi, *Bases...*, Cap. XXV, p. 182.

13. J. B. Alberdi, *Bases...*, Cap. XII, p. 56.

14. J. B. Alberdi, *Bases...*, Cap. XXV, p. 183. La experiencia acerca de los gobiernos conservadores que, desde la sanción de la constitución centralista de 1833, se sucedieron regularmente en la República de Chile bajo el influjo, en sus orígenes, de la personalidad de Diego Portales es para Alberdi —lo veremos más adelante—, fuente de un modelo político —y no económico— digno de tomarse en consideración: "Chile ha hecho ver que entre la falta absoluta de gobierno y el gobierno dictatorial hay un gobierno regular posible; y es el de un presidente constitucional que pueda asumir las facultades de un rey en el instante que la anarquía le desobedece como presidente republicano", *Bases...*, Cap. XXV, p. 181. Sobre el pensamiento de Diego Portales puede consultarse J. L. Romero, *El pensamiento político de la derecha latinoamericana*, Buenos Aires, Paidós, 1970, p. 96 ss. y Tulio Halperín Donghi, *Hispanoamérica después de la Independencia*, Buenos Aires, Paidós, 1972, p. 33 ss., 192 ss. y 222 ss.

15. J. B. Alberdi, *Bases...*, Cap. XXXIV, p. 273 s.

16. Democracia madisoniana hace referencia, evidentemente, a la teoría política de James Madison, que él mismo pensó y desarrolló antes y durante la Convención Constituyente de Filadelfia en 1787 y que expuso en los artículos de *El Federalista.* Ver R. A. Dahl, *Preface to Democratic Theory*, Chicago, The University of Chicago Press, 1956. Cap. I, particularmente p. 10.

17. Insisto en la advertencia metodológica señalada en la nota N° 2. En ese entonces Alberdi rechazó el principio hereditario-monárquico. No ocurre así con el autor de los escritos póstumos en cuyo volumen IV bajo el título "Del Gobierno en Sud América según su Revolución Fundamental" (trabajo escrito en los años 1862-1863), Alberdi manifiesta su preferencia ocasional a favor de la monarquía. Dicho trabajo ha sido recientemente reeditado con un título diferente. Ver J. B. Alberdi, *La monarquía como mejor forma del gobierno en Sud-América*, estudio preliminar y notas de Juan Pablo Oliver, Buenos Aires, A. Peña Lillo, 1970. La expresión "modelo bolivariano" hace referencia a una forma concreta de régimen político expuesta por Simón Bolívar en su *Carta de Jamaica* (1815), donde escribió lo que sigue: "Su gobierno podrá imitar al inglés: con la diferencia de que en lugar de un rey habrá un poder ejecutivo, el electivo, cuando más vitalicio, y jamás hereditario si se quiere república, una cámara o senado legislativo hereditario, que en las tempestades políticas se interponga entre las olas populares y los rayos del gobierno, y un cuerpo legislativo de libre elección, sin otras restricciones que las de la cámara baja de Inglaterra. Esta constitución participaría de todas las formas y yo deseo que no participe de todos los vicios". V. Lecuna, *Cartas del Libertador*, t. XI, p. 53, citado por J. L. Romero, *El pensamiento político de la derecha latinoamericana*, p. 92.

18. Conf. R. A. Dahl, *Pluralist Democracy in the United States: Conflict and Consent*, Chicago, Rand McNally, 1967, p. 34 ss.

19. Aquí adopto el concepto de representación formal expuesto por H. Pitkin, que me parece el más adecuado para aclarar este problema particular de la representación política. Ver Hannah F. Pitkin, *The Concept of Representation*, University of California Press. 1966, Cap. 3: Formalistic Views of Representation.

20. J. B. Alberdi, *Derecho Público Provincial*, Buenos Aires, Universidad de Buenos Aires, Departamento Editorial, 1956, p. 100.

21. J. B. Alberdi, *Bases...*, Cap. XXII, p. 160.

22. J. B. Alberdi, *Sistema económico y rentístico de la Confederación Argentina*, p. 21.

23. En este sentido, Alberdi condena severamente el sufragio universal. Lo considera un medio que legitima despotismos o tiranías populares, pues otorga poder a las mayorías irresponsables (que, por otra parte, califica con términos peyorativos). "El sufragio universal, creado bajo Rivadavia por ley del 14 de agosto de 1821, trajo la intervención de la chusma en el gobierno, y Rosas pudo conservar el poder apoyado en el voto electoral de la chusma, que pertenece por afinidad a todos los despotismos." J. B. Alberdi, *Derecho Público Provincial*, p. 137.

24. J. B. Alberdi, *Sistema económico y rentístico de la Confederación Argentina*, p. 246 s.

25. J. B. Alberdi, *Sistema económico y rentístico de la Confederación Argentina*, p. 146.

26. J. B. Alberdi, *Bases...*, Cap. XII, p. 55.

27. Que, el mismo Alberdi lo señala, serían los arts. 14 y 20 de la Constitución Nacional. *Sistema económico y rentístico de la Confederación Argentina*, p. 21.

28. Distinción que establece Rousseau en el proyecto de constitución para Córcega cuando establece el derecho electoral para *los ciudadanos y los burgueses* y excluye de su ejercicio a *los habitantes y los nativos*. Ver al respecto B. de Jouvenel, *Essai sur la politique de Rousseau*, Les Editions du Cheval Ailé, Genève, 1947. p. 122 y s.

29. Alexis de Tocqueville, *La democracia en América*, Fondo de Cultura Económica, México-Buenos Aires, 1957, p. 34.

30. Habitantes blancos nativos y extranjeros naturalizados, se entiende, dado que los esclavos negros permanecían en una relación de subordinación semejante a la que se advertía en las ciudades griegas que practicaban la democracia.

31. A. de Tocqueville, *La democracia en América*, p. 217.

32. A. de Tocqueville, *idem*, p. 218.

III

LA OLIGARQUÍA POLÍTICA

La república restrictiva, tal como surge de la fórmula alberdiana, no definía ningún *medio práctico* para hacer efectiva la representación. Hemos comprobado la firmeza con la cual Alberdi expone su consejo para mediatizar y circunscribir el ejercicio de sufragio a unos pocos, pero no es fácil percibir un reconocimiento más explícito del conflicto que pueda sobrevenir con motivo de la división de los notables en facciones electorales antagónicas. Pareciera como si el legislador hubiese apostado a favor de la prudencia natural que se desprendería de los notables habilitados, en virtud de la educación, el poder y prestigio, para ejercer la libertad política; ¿imaginó una república armoniosa donde aquella *virtud* señalada por uno de sus mentores, Montesquieu, transfiguraría en deber moral el respeto por las reglas establecidas?[1] Es difícil confirmar esta intención, pero si esta pregunta mereciera una respuesta afirmativa, ella sería fruto de la imaginación de un intelectual cuyos deseos sólo habrían sobrevolado el duro territorio de la realidad.

No fue así, sin embargo. Alberdi no se hacía ilusiones; confiaba en el valor prescriptivo de las instituciones nuevas, al mismo tiempo que cubría con un manto de razonable pesimismo las predicciones que la implantación de un orden constitucional podría sugerirle: "La libertad, viva en el texto escrito y maltratada en el hecho, será por largo tiempo la ley de nuestra condición política en América antes española".[2] De todos modos, el acto de seleccionar los medios prácticos que habrían de regular las acciones políticas dentro de los límites de la república restrictiva, ya no correspondía al legislador. La respuesta debía trazarla el hombre político o, si se quiere, debía resultar de una relación entre los individuos y las clases que detentaban posiciones de poder, y los que pretendían acceder a ellas.

Ante una propuesta prescriptiva había que legitimar *a través de los hechos* una estructura de papeles políticos dominantes y una regla de sucesión. Entre estas fronteras, nuevas y endebles, era necesario diseñar una fórmula operativa que permitiera a los actores construir una base de dominación efectiva.

Esta fórmula operativa no tiene acta de nacimiento precisa y aun cuando sus orígenes puedan retrotraerse a los tiempos del Pacto de San Nicolás y de la presidencia de Urquiza, ella cobró más consistencia a partir del 80 y perduró hasta la reforma política sancionada por Roque Sáenz Peña en 1912. No es tarea sencilla dar cuenta del principio básico que gobierna esta fórmula. Pero quizá resulte posible derivar una hipótesis razonable del diálogo interior que entabla el mismo Alberdi entre, por una parte, su personalidad de legislador que define mediante normas una fórmula prescriptiva y, por la otra, su dimensión de sociólogo, observador de la realidad que descubre una fórmula operativa subyacente.[3]

El control de la sucesión

Las observaciones de Alberdi, en tanto sociólogo, son fruto de una crisis y de una experiencia política fallida.

En 1879, Alberdi, viejo y enfermo, regresa al Río de la Plata luego de cuatro décadas de ausencia; viene dispuesto a hacerse cargo de una banca de diputado nacional por Tucumán, para la cual había sido electo hacía ya un largo año. Alberdi inicia su primera —y única— experiencia de política práctica en su país natal, en circunstancias en que impera un clima de violencia; teme las consecuencias irreparables que podría acarrear un enfrentamiento armado y adopta una actitud conciliadora entre Roca y Tejedor; permanece en Buenos Aires cuando Avellaneda traslada el Congreso a Belgrano y, por una extraña paradoja, las tribulaciones del intelectual condicionarán de tal modo la voluntad de decisión del hombre político, que Alberdi no votará esa ley de federalización de Buenos Aires que preconizaba como indispensable desde 1859.[4]

Durante el verano que sigue a los sucesos del 80, el político indeciso cede su lugar al intelectual presa de la febril necesidad de explicar los acontecimientos. Mientras recibe la pública adhesión de Roca, presidente en ejercicio[5], Alberdi escribe su última obra, *La República Argentina consolidada en 1880 con la ciudad de Buenos Aires por Capital*[6]; allí anotó las siguientes observaciones que conviene registrar *in extenso*:

"...la causa productora de todas las crisis de disolución, con motivo de las elecciones presidenciales reside en la Constitución actual, que instituye y establece dos gobiernos nacionales, los *únicos dos grandes electores* (la bastardilla es nuestra) y los únicos dos candidatos serios, por razón del poder electoral de que disponen de hecho. De un lado es el *Gobernador-Presidente* (se refiere al gobernador de la provincia de Buenos Aires), cuya candidatura forzosa es una verdadera reelección; y del otro es el Presidente cesante, que para asegurar su reelección en el período venidero, promueve para sucederle en el período intermedio a uno de sus subalternos, bajo un pacto subentendido de devolverle la presidencia a su vez."[7]

El presidente y el gobernador de Buenos Aires son, por consiguiente,

"...los dos grandes y únicos *Electores* y los dos únicos *Candidatos* serios, por ser ambos los únicos poseedores de los medios o razón práctica de hacerse elegir, los cuales no son otros que los elementos materiales de que se compone el gobierno de todo el país."[8]

La subordinación de Buenos Aires al poder político nacional, lejos de atenuar esta tendencia, la confirma y la unifica en un centro de decisión privilegiado:

"No hay más que elecciones oficiales en el país, es decir, nombramientos, promociones que hacen los gobiernos, de los funcionarios que los han de continuar en sus funciones. Si los dos gobiernos fueran uno solo, la elección oficial no cesaría de existir por eso. Ese gobierno único sería su propio elector o reelector, y candidato más o menos indirecto, como sucede en Chile; pero el país argentino no estaría expuesto al riesgo de dividirse en dos países, en que lo tiene permanentemente la Constitución que le da dos gobiernos nacionales, o le divide en dos departamentos los elementos del gobierno nacional que necesita."[9]

Obsérvese el cambio radical de significado del lenguaje tradicionalmente utilizado para describir una situación de república electiva. La combinación de la forma republicana con el principio electivo de gobierno puede adoptar múltiples traducciones institucionales, pero cualquiera sea dicha traducción ambos principios imponen, desde su particular perspectiva, una distinción tajante: la república distingue entre la esfera pública y la esfera privada; ambos órdenes de actividad permanecen protegidos por toda una red de derechos y garantías que se estipulan de modo explícito. Si la república rechaza la herencia o la designación burocrática, como medios de selección de sus magistrados más importantes y opta, en su reemplazo, por la *elección* proveniente de una realidad llamada pueblo, una segunda distinción se sumará a la primera: el soberano, o entidad donde reside el poder de designar a los gobernantes, es causa y no efecto de la elección de los magistrados. El *elector,* por consiguiente, tiene una naturaleza política diferente de la del *representante;* este último depende —al menos en términos de un proceso de representación formal— del elector, el cual, por una delegación que va de abajo hacia arriba, controla al gobernante que él mismo ha designado. Hasta aquí los argumentos teóricos.

La realidad que se había gestado durante las presidencias anteriores al 80 demuestra lo contrario y convoca al observador a expresar un lenguaje inédito que mantiene las palabras tradicionales con significados opuestos. Habrá siempre *electores, poder electoral, elecciones y control,* pero los electores serán los gobernantes y no los gobernados, el poder electoral residirá en los recursos coercitivos o económicos de los gobiernos y no en el soberano que lo delega de abajo hacia arriba, las elecciones consistirán en la designación del sucesor por el funcionario saliente y el control lo ejercerá el gobernante sobre los gobernados antes que el ciudadano sobre el magistrado.

Lo que aquí se advierte es un problema de unificación de poderes y de concentración del control nacional que, para algunos, es previo a la cuestión de limitar y democratizar el gobierno. Alberdi establece una escala de prioridades: no le preocupa asegurar, en primer término, un régimen normal de delegación del poder, sino alcanzar un gobierno *efectivo* que centralice la capacidad electoral en toda la nación. Este acto de centralización, consagrado merced a los sucesos del 80, está en el origen del *control* gubernamental que, de allí en más, se ejercerá sobre todos los habitantes y a escala nacional.

Se trataba, pues, de acumular poder, asunto que Madison había percibido como una de las grandes dificultades que enfrentan las nuevas naciones y que aconsejaba resolver de la siguiente manera: "En primer lugar ustedes deben hacer que el gobierno controle a los gobernados; y en segundo lugar, obligarlo a que se controle a sí mismo".[10]

Si la capacidad electoral está concentrada en los cargos gubernamentales, el acceso a los mismos permanece clausurado para otros pretendientes que no sean aquellos designados por el funcionario saliente. Hay en esto la voluntad explícita de mantener la estructura de papeles dominantes, más allá de la incertidumbre que podría deparar una contienda abierta entre dos o más candidatos.

Por consiguiente, la fórmula operativa del régimen inaugurado en el 80 adquiere, según Alberdi, un significado particular, *si se la entiende como un sistema de hegemonía gubernamental que se mantiene gracias al control de la sucesión*. Este control constituye el punto central del cual depende la persistencia de un sistema hegemónico. La sucesión o, si se quiere, la transferencia de poder de una persona a otra, permite comprobar si las estructuras institucionales de un régimen prevalecen sobre la trayectoria personal de un gobernante. Hacer un régimen consiste, entre otras cosas, en edificar un sistema institucional que, al no confundirse con una biografía ni con un liderazgo ocasional, trascienda la incertidumbre que trae aparejada el ejercicio personal del gobierno. La fórmula *the King is dead, long live the King* no es un mero juego retórico: quiere afirmar, en su proclama, que la desaparición de un monarca no obstaculiza la perdurabilidad de la corona.

Pero en la Argentina de ese entonces, pensaba Alberdi, no había reyes ni monarcas; había gobernadores y presidentes y ni el carisma de las tradiciones religiosas, ni la herencia consagrada por las antiguas casas gobernantes podían constituir una regla de sucesión adaptada a las circunstancias. Sólo restaban la elección y la fuerza. Ambos métodos, observaba, fueron singularmente racionalizados: la elección se trastocó en designación del gobernante por su antecesor y la fuerza se concentró en los titulares de los papeles dominantes, revestidos con la autoridad de *grandes electores*.

La hegemonía gubernamental

Ahora bien: ¿sólo la designación y la fuerza fueron las reglas sucesorias adaptadas al régimen de la época? ¿O hubo también otra regla de sucesión calificada por la riqueza? Si las elecciones eran oficiales, el poder electoral residía en los gobiernos y el control se ejercía sobre los gobernados, ¿quién tenía la capacidad necesaria para intervenir en ese proceso? La fórmula prescriptiva del régimen, tal como lo hemos señalado, ofrecía una respuesta satisfactoria pero no suficiente y coincidía con la fórmula operativa tan sólo en su punto de partida: los únicos que podían participar en el gobierno eran aquéllos habilitados por la riqueza, la educación y el prestigio.

La observación es importante, pues a partir del 80 el extraordinario incremento de la riqueza consolidó el poder económico de un grupo social cuyos miembros fueron "naturalmente" aptos para ser designados gobernantes. El poder económico se confundía con el poder político; esta coincidencia justificó el desarrollo de una palabra que, para muchos, fue bandera de lucha y, para otros, motivo de explicación: *la oligarquía*. Es una vieja palabra que arrastra el legado de los fundadores de la teoría política. Desde los tiempos de Platón y Aristóteles, oligarquía significa corrupción de un principio de gobierno: la decadencia, entrevista por los filósofos, de los ciudadanos que no sirven al bien de la *polis*, sino al interés particular de su grupo social. Palabra crítica que abunda en consideraciones éticas y que, al cabo, concluye explicando el ocaso de una aristocracia o de un patriciado: el largo itinerario que recorrió a través de los siglos y de los pueblos la condujo también, qué duda cabe, a la sociedad y la política argentina de aquella época.

Es complicado ensayar alguna síntesis de los significados diferentes atribuidos a la oligarquía desde el sitial del observador o desde la comprometida perspectiva del actor.

Para los historiadores, por ejemplo, la oligarquía puede describir una *categoría social* dominante en la que no se pondera ningún componente específico, como en el caso de la expresión "aristocracia de las pampas" de McGann[11]; o bien, calificar una *clase social* que subraya la dimensión económica, como ocurre con el concepto de clase terrateniente —conductora y beneficiaria consciente de la expansión basada en el aumento de las exportaciones— empleado por Halperín Donghi.[12] La oligarquía, asimismo, puede derivar su significado de la corrupción histórica de un *patriciado,* sea éste sinónimo de un grupo dirigente que deja de ser representativo durante la crisis del 90 como señala Grondona[13]; o bien, calificativo del roquismo triunfante en el 80 que, una década después, se entrega a los intereses de Buenos Aires como parece desprenderse del ensayo de Abelardo Ramos.[14] También la oligarquía puede dar cuenta de una *clase gobernante,* consciente y unida con respecto a un propósito nacional, como advierte Miguel Ángel Cárcano[15]; o bien, reflejar el carácter de un grupo de *notables,* en el sentido tradicional del término, cuyo ambiente natural es el club y su método de acción el acuerdo, tal como sugiere Carlos A. Floria.[16]

Tres puntos de vista que se entrecruzan cuando se emprende un análisis del fenómeno oligárquico en la Argentina: la oligarquía es una clase social determinada por su capacidad de control económico; la oligarquía es un grupo político, en su origen representativo, que se corrompe por motivos diversos; la oligarquía es una clase gobernante, con espíritu de cuerpo y con conciencia de pertenecer a un estrato político superior, integrada por un tipo específico de hombre político: el notable.

Los significados contrapuestos asignados a la oligarquía están de acuerdo, en general, acerca del origen histórico del término que respondía a una actitud crítica, merced a la cual el rechazo del régimen del 80 valoraba los gobiernos anteriores a Roca. La consolidación del régimen político, en efecto, no sólo coincidió con un desarrollo espectacular de los medios productivos; también trajo aparejada una secularización acentuada del clima moral, sobre todo en la ciudad de Buenos Aires, y una expresión, hasta entonces inédita, del lucimiento y del boato que Veblen hubiera denominado "consumo ostensible".[17]

Esta convergencia de circunstancias es evidente durante la década del 80 y en la crisis del 90, pero sus efectos perduran veinte años más y constituyen motivo para dirigir críticas de "reparación ética" en tiempos del centenario. Para los que reaccionaban contra este estado de cosas, el prerroquismo se recortaba en el pasado como un signo de moral política. Muchos coincidían en afirmar la conciencia cívica y el estilo sencillo que caracterizaron los primeros gobiernos de la organización nacional. Las imágenes representaban una forma rudimentaria de democracia preindustrial, con ciudades pequeñas y austeras en sus costumbres, donde los dirigentes aparecían como garantes de aquellos valores. El recuerdo de Carlos Pellegrini cuando en su juventud visitaba a Valentín Alsina, y describía "la pobreza de este magistrado que era toda la riqueza de aquellos tiempos"[18]; el pesimismo de Sarmiento ante las costumbres emergentes en el 80: "República sin ciudadanos, sin opinión pública, educada para la tiranía..."[19]; y el nostálgico recuerdo de Miguel Cané: "Nuestros padres eran soldados, poetas y artistas. Nosotros somos tenderos, mercachifles y agiotistas"[20], ilustraron esta actitud. Corolario de ella fue la afirmación que hacía de las décadas anteriores al 80, tiempos de vida cívica vigorosa y de partidismo de buena fe, contrapuestos a lo que vendrá después: el silencio, la clausura y la corrupción; en una palabra: la oligarquía.[21]

Dado el carácter crítico del concepto de oligarquía, la cuestión que ocupará nuestro interés consistirá en desentrañar la *dimensión política* del fenómeno oligárquico en la Argentina de ese entonces, admitiendo, como supuesto, dos cosas sobre las cuales parece derivarse un acuerdo: a) que hay oligarquía cuando un pequeño número de actores se apropia de los resortes fundamentales del poder; b) que ese grupo está localizado en una posición privilegiada en la escala de la estratificación social. Ambos supuestos, sin embargo, no explican del todo la dimensión política del fenómeno oligárquico. Suponga el lector el análisis de una sociedad donde se han verificado los supuestos a) y b). A grandes rasgos se podría plantear esta alternativa con respecto al comportamiento político de sus miembros: o bien ese pequeño número de actores, calificado por su riqueza y prestigio, se pone de acuerdo con respecto a un conjunto de reglas que garantizan el derecho de la oposición a suceder pacíficamente a los gobernantes o, de lo contrario, dichas reglas no existen (y, si existen, son letra muerta) y en su reemplazo se instaura la supremacía del grupo gobernante sobre la oposición.[22]

Ambas posibilidades asumen la hegemonía de un número reducido de individuos sobre el resto de la sociedad, pero mientras en el primer caso la hegemonía no es percibida como tal por los miembros de la minoría oligárquica, en la segunda circunstancia el dominio gubernamental se despliega tanto sobre la gran mayoría de la población, pasiva y no interviniente, como sobre los miembros pertenecientes al estrato superior que emprenden una actividad opositora.

Si aceptamos como hipótesis plausible la relación de poder anotada en la segunda posibilidad, la oligarquía puede ser entendida como un concepto que califica un *sistema de hegemonía gubernamental,* cuyo imperio en la Argentina observaba Alberdi antes y después de 1880. El sistema hegemónico se organizaría sobre las bases de una *unificación del origen electoral* de los cargos gubernamentales que, según la doctrina, deberían tener origen distinto. Este proceso unitario se manifestaría según modalidades diferentes: primero por la intervención que le cabría al gobierno nacional para nombrar sucesores; después, por el control que aquél ejerce en el nombramiento de los gobernantes de provincia. La escala de subordinación que imaginaba Alberdi alcanzaría la cúspide de un papel dominante, el de presidente, para descender en orden de importancia hacia el gobernador de la provincia el cual, a su vez, intervendría en la designación de los diputados y senadores nacionales y en la de los miembros integrantes de las legislaturas provinciales.[23]

El esquema de diferenciación electoral de naturaleza federativa que propone la fórmula prescripta es el siguiente:

Cuadro N° 1

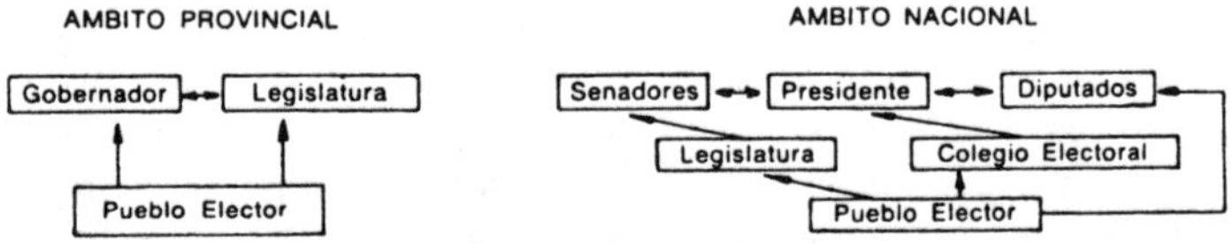

Mientras que la escala de subordinación que propone la fórmula operativa ofrece una imagen de este tipo:

Cuadro N° 2

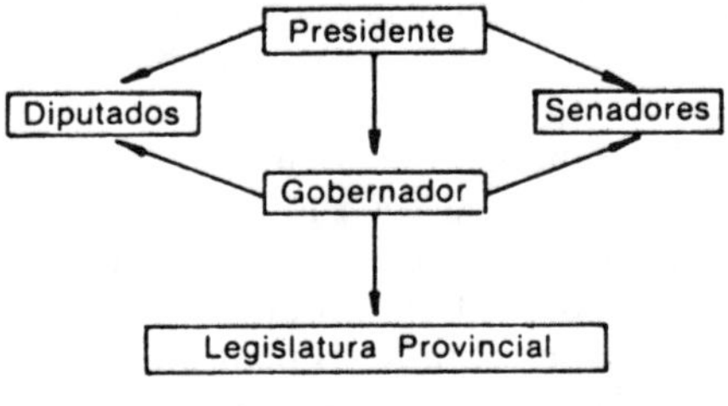

La hipótesis expuesta exige, pues, rastrear un fenómeno de control político, impregnado de una connotación fuerte que poco tiene que ver con el significado de su uso en las técnicas administrativas, en las prácticas contables o aun en el procedimiento judicial.

En la perspectiva en la que nos ubicamos, control evoca una acción de poder, una voluntad de potencia ejercida sobre otros desde un determinado punto del espacio político. Como tal, esta noción traduce un acto que se extiende entre dos términos: uno, que hace referencia a quien controla, y el otro, que califica a quien es controlado; ambos configuran una relación política a la cual se le podría añadir un tercer elemento: el *porqué* y el *para qué* del control.[24]

Esta óptica de análisis sitúa el problema del control en términos abstractos y, en sí misma, constituye el preámbulo de un trabajo más ambicioso; porque el control es un hecho histórico iluminado de una manera particular que recubre una serie de modalidades: se extiende a través del tiempo, adquiere un sentido determinado, reivindica grados diversos de iniciativa y de presión y puede alcanzar, también, resultados y efectos diferentes.[25]

El sentido del control y su dimensión temporal merecen, entonces, especial atención. La fórmula prescriptiva que habían consagrado Alberdi y el Congreso Constituyente, pretendía traducir en instituciones un conjunto de valores e intereses socioeconómicos que los actores dominantes estaban dispuestos a defender contra hipotéticas resistencias. Las instituciones pueden ser traducción efectiva de un propósito de control —qué duda cabe— pero también actúan como punto de arranque de una empresa histórica más complicada por cuyo destino un propósito de control se esconde bajo determinadas prescripciones formales, las orienta con un sentido distinto del que resulta de una mera lectura jurídica, y persiste más allá de los cambios que pueden acaecer en determinados momentos.

Este doble movimiento de cambio y persistencia está presente en todo proceso de desarrollo institucional, pero en algunos casos la distancia entre fórmula prescriptiva y operativa es más fuerte que en otros. La realidad política en la Argentina de aquella época no es ajena a este problema, que bien merece ser visto como una de las fuentes de la cual abrevar para echar alguna luz acerca de la *crisis de legitimidad* que ha sacudido a regímenes políticos de signo y fundamento harto diferentes.

Dicho esto, es preciso tomar conciencia de algunos riesgos teóricos, porque la hipótesis alberdiana del control de la sucesión presidencial, llevada hasta sus últimas consecuencias, podría crear imágenes elementales en su diseño y riesgosas en sus consecuencias. Proponer una relación simple, según la cual todos los presidentes fueron directamente designados por su antecesor, significaría violentar la historia de un modo tan ingenuo como el espíritu que suele animar ciertas generalizaciones sociológicas de endeble factura. Los regímenes políticos oligárquicos tienen la característica de desplegar un complejo entrecruzamiento de actores y tendencias que se enfrentan o se ponen de acuerdo. Si el lector tiene la paciencia de recorrer las líneas de fusión y de discordia que trazaron los grupos políticos desde 1854 hasta 1910 (le recuerdo, una vez más, el apéndice que figura al final de este libro: *Esquema de los grupos políticos entre 1854 y 1910)* comprobará que esta observación tiene mucho de cierto. Por lo tanto, resulta bastante claro que los mecanismos de control intraoligárquicos poco tienen que ver con una imagen de designación burocrática, trasladada sin sentido crítico desde otros contextos históricos, según la cual el de arriba nombra al que le sucede y éste, a su vez, acata sus mandatos.

El camino interpretativo es otro, del mismo modo como la factura de hipótesis más flexibles permitiría comprender un aspecto de la acción política de ese entonces, con todos los riesgos que ello supone, como un sistema de transferencia de poder mediante el cual un reducido número de participantes logró establecer dos procesos básicos: excluir a la oposición considerada peligrosa para el mantenimiento del régimen y "cooptar" por el acuerdo a la oposición moderada, con la que se podía transar sobre cargos y candidaturas.

Esta manera de aventar conflictos y de tejer alianzas puede hacer de telón de fondo para entender el modo como los actores se sirvieron de un conjunto de instituciones. Nuestra hipótesis defiende la coexistencia de dos fórmulas: la prescriptiva y la operativa; ambas enhebraron un viejo diálogo entre constitución y realidad que, quizá, permita echar alguna luz sobre una complicada historia.

La constitución establecía modalidades precisas para elegir a los presidentes y a los miembros del Senado Nacional; consagraba el voto directo en la cámara baja; reforzaba los rasgos unitarios del sistema federativo mediante la intervención federal. ¿Qué distancia se trazó entre teoría y práctica? ¿Cómo entender los movimientos de impugnación que, bajo la crítica acerca de la corrupción del sufragio, pusieron en jaque a una clase gobernante en múltiples oportunidades? ¿Cómo, en fin, advertir tras las formas institucionales la incesante acción que supone mantener las posiciones de poder adquiridas? Interrogantes, todos, que bien sirven de preámbulo para avanzar sobre un itinerario a cuyo término alcanzaremos a percibir algunos rasgos institucionales de un régimen que perduró durante más de tres décadas.

NOTAS

1. Si se acepta la opinión de Paul Groussac en *Sudamérica* del 20-6-1884 donde señala a Montesquieu como "maestro favorito" de Alberdi, cit.: Jorge M. Mayer, *Alberdi y su tiempo*, p. 923.

2. J. B. Aberdi, *Sistema económico y rentístico de la Confederación Argentina*, p. 245 s.

3. Esta distinción a propósito de Alberdi entre el legislador y el sociólogo (o el historiador) puede leerse, referida a un objeto complementario, en M. Grondona, *Los dos poderes*, Bs. As., Emecé, 1973.

4. Ver Jorge M. Mayer, *Alberdi y su tiempo*, pp. 863, 866, 871, 881-883.

5. El 12 de noviembre de 1880, Roca envió un mensaje al Congreso solicitando los fondos para costear una edición oficial de las obras completas de Alberdi dado que "su impresión responde a un verdadero interés público". Ver Jorge M. Mayer, *Alberdi y su tiempo*, p. 887. Esta adhesión pública puede apoyar la opinión de Juan Agustín García cuando afirmaba que "en su concepto el gobernante argentino que más se había acercado a la aplicación de los preceptos de Alberdi, fue el general Roca". Testimonio recogido por Federico Pinedo en *En tiempos de la República*, Buenos Aires, Mundo Forense, 1946, p. 10.

6. Reimpresa recientemente bajo el título: *La revolución del 80*, Buenos Aires, Plus Ultra, 1964. Esta edición es la que utilizaré en las citas que siguen.

7. J. B. Alberdi, *La revolución del 80*, p. 41 s.

8. J. B. Alberdi, *La revolución del 80*, p. 43.

9. J. B. Alberdi, *La revolución del 80*, p. 53 s.

10. James Madison, *El Federalista*, N° 51, cit. por Samuel P. Huntington, *Political Order in Changing Societies*, New Haven and London, Yale University Press, 1968, p. 7.

11. Conf. Thomas F. McGann, *Argentina, Estados Unidos y el sistema interamericano 1880-1914*, Buenos Aires, Eudeba, 1960. p. 9.

12. Conf. Tulio Halperín Donghi, *Los fragmentos del poder*, Introducción, Buenos Aires, Jorge Álvarez, 1969, p. 15.

13. Conf. Mariano Grondona, *La Argentina en el tiempo y en el mundo*, Buenos Aires, Primera Plana, 1967, pp. 73 s.

14. Conf. Jorge Abelardo Ramos, *Revolución y contrarrevolución en la Ar-*

gentina. Del patriciado a la oligarquía, 1862-1904, Buenos Aires, Mar Dulce, 1970, pp. 150 ss.

15. Conf. Miguel Ángel Cárcano, *Sáenz Peña, la revolución por los comicios*, Buenos Aires, 1963, p. 134.

16. Conf. Carlos A. Floria, *El comportamiento de la oposición en la Argentina*, ponencia presentada al Primer Encuentro Internacional de Ciencia Política, organizado por la Facultad de Ciencia Política de la Universidad del Salvador, Buenos Aires, agosto de 1969.

17. Retomo esta expresión y la aíslo de su contexto; como es sabido, Veblen vinculó el consumo ostensible a una determinada configuración social por él llamada "clase ociosa". Ver Thorstein Veblen, *Teoría de la clase ociosa*, México-Buenos Aires, Fondo de Cultura Económica, 1951, sobre todo Cap. IV.

18. Cit. por Thomas F. McGann, *Argentina, Estados Unidos y el sistema interamericano*, p. 17.

19. Cit. por Carlos lbarguren, *La historia que he vivido*, Buenos Aires, Eudeba, 1969, p. 28.

20. Cit. por Caros lbarguren, *La historia que he vivido*, Buenos Aires, Eudeba, 1969, p. 61.

21. Uno de los puntos de vista más representativos de esta tendencia que marca la antinomia entre la Argentina "buena" anterior al 80 y la Argentina "mala" posterior a esa fecha, es el de Pablo Torello en "Gobierno republicano representativo sin municipios autónomos", *R.A.C.P.*, año II, N° 14, 12-11-1911, y "Comisionados federales con fines de fiscalización en las provincias". *ibid.*, año VI, N° 65, 12-2-1916. Ver también en este sentido Raymundo Wilmart, "¿Debemos ir al gobierno parlamentario?", *ibid*, año I, N° 10, 12-7-1911, p. 522.

22. Se resumen aquí dos categorías de análisis. La primera es la de *oligarquía competitiva* expuesta por R. Dahl. La segunda es la de *democracia de fachada*, que describe E. S. Finer. En un caso se pondera el valor de las reglas competitivas y el respeto de la oposición dentro del juego oligárquico; en el otro, se subrayan los actos de eliminación y fabricación del voto que realiza una clase social dominante, instalada en un territorio que carece de comunicaciones físicas, mediante un derecho constitucional restrictivo. Ver al respecto, R. A. Dalh, *Polyarchy, Participation and Opposition*, New Haven, Yale University Press, 1971, sobre todo Cap. 3: *Historical Sequences*; y S. E. Finer, *Comparative Government*, London, Allen Lane, The Penguin Press, 1970, Cap. 9.

23. Conf. José Nicolás Matienzo, *Le Gouvernement représentatif-fédéral dans la République Argentine*, p. 217; y Rodolfo Rivarola, "Crónica", en *R.A.C.P.*, año I, N° 7, 12-4-1911, p. 102 s. Dice Matienzo: "Si se quisiera trazar una línea de demarcación entre las prerrogativas del presidente y las del gobernador en materia electoral, creo que sería exacto afirmar que, en regla general, cada uno de estos magistrados designa al candidato que debe sucederle. El

presidente es designado por su predecesor inmediato; lo mismo ocurre con el gobernador de cada provincia que es designado por el funcionario que él reemplaza". Y Rivarola añade: "El gobernador de provincia dispone quiénes deben ser los diputados nacionales y quiénes los provinciales. Estos últimos que reciben su nombramiento del gobernador, acatan en su oportunidad la orden dada por éste para elegir a los senadores de la nación".

24. Ver Gerard Bergeron, *Fonctionnement de l'État*, Paris, A. Colin, 1965, a quien se sigue en lo que se refiere a la noción de control, pp. 43 y ss.

25. Conf. G. Bergeron, *op.cit.*, p. 80 ss.

Segunda parte

RASGOS INSTITUCIONALES DE UN RÉGIMEN

IV

ELECTORES, GOBERNADORES Y SENADORES

El itinerario institucional que anunciábamos al término de la Primera Parte comienza con un análisis de las Juntas de Electores (o Colegio Electoral, como se las designa habitualmente) donde se procesaron las sucesiones presidenciales que tuvieron lugar entre 1880 y 1910.

Origen y propósito de las Juntas de Electores

Alberdi y los constituyentes del 53 permanecieron fieles a la fórmula norteamericana en lo que se refiere a la elección del presidente. El artículo 81 de la Constitución señalaba, en efecto, que para elegir presidente y vicepresidente, "la Capital y cada una de las provincias nombrarán por votación directa una junta de electores igual al duplo del total de diputados y senadores que envían al Congreso, con las mismas calidades y con las mismas formas prescriptas para la elección de diputados. No pueden ser electores los diputados, los senadores, ni los empleados a sueldo del Gobierno Nacional. Reunidos los electores en la Capital de la Nación y en la de sus provincias respectivas cuatro meses antes que concluya el término del presidente cesante, procederán a elegir presidente y vicepresidente de la Nación por cédulas firmadas, expresando en una la persona por quien votan para presidente y en otra distinta, la que eligen para vicepresidente". Por su parte, los artículos 82 y 83 establecían el procedimiento electoral: en presencia de las dos Cámaras los candidatos "que reúnan en ambos casos la mayoría absoluta de todos los votos, serán proclamados inmediatamente Presidente y Vicepresidente" y "en el caso de que por dividirse la votación no hubiere mayoría absoluta, elegirá el Congreso entre las dos personas que hubiesen obtenido mayor número de sufragios".

Si el lector se remite al pensamiento de Alberdi y al Congreso Constituyente, observará que la institución de las Juntas Electorales tenía un doble propósito: por un lado "mediatizar" el ejercicio de la soberanía popular, transfiriendo a un grupo de ciudadanos, escogidos al efecto, el derecho de elegir al presidente; por el otro, mantener un delicado equilibrio entre nación y provincias, pues si bien los electores serían elegidos del mismo modo que los diputados, debían, sin embargo, deliberar y elegir aisladamente en pequeñas juntas que se instalarían en la Capital Federal y en la de cada provincia.

Los constituyentes norteamericanos —y Hamilton, en particular, que la defendió en *El Federalista*— idearon esta institución para "conceder la menor oportunidad al desorden y al tumulto", donde "la división y el aislamiento que resultarán, los expondrán (a los electores) mucho menos a vehemencias y agitaciones" y cuya composición, al no depender de "una entidad ya establecida", excluye la participación de "todos aquellos cuyas situaciones los hagan sospechosos de un excesivo apego hacia el presidente en funciones".[1] De acuerdo con esta perspectiva, la autoridad electoral es concedida a unos pocos ciudadanos dispuestos a obrar con estricta independencia en un terreno tan riesgoso, y si hubiera que diseñar la clave de bóveda de esta institución, es muy probable que estaría perfilada por las nociones de autonomía y de elitismo, pues allí se asume que la libertad para deliberar y decidir fructifica mejor en los círculos custodiados con celo de la demagogia popular.

Obsérvese la idea central que animaba a los fundadores: los electores son libres de elegir; no dependen de un mandato imperativo del pueblo para designar a uno u otro candidato y su cometido vale, precisamente, porque los ciudadanos les han otorgado ese derecho y esa libertad. No cabe duda que un propósito de esta naturaleza está mejor adaptado al ejercicio electoral propio de una república restrictiva donde son pocos los que participan en la vida política, porque prevalece un régimen *censitaire* del tipo legislado, por ejemplo, en Inglaterra hasta las actas de reforma de 1832 y 1867; en Francia durante la monarquía de Julio presidida por Luis Felipe; en Bélgica hasta principios de siglo y en Chile en el curso de la primera fase de la república "portaliana" inaugurada en 1833; o bien, porque la misma práctica política impone severas condiciones de coacción o de manipulación electoral. En la circunstancia de una república restrictiva cobra importancia el sistema de negociaciones, de recompensas y de sanciones que se establece entre un puñado de notables naturalmente habilitados para ejercer, como decía Alberdi, la libertad política, y una institución como las Juntas bien puede ser una de las instancias que mejor promoverían ese estilo electoral.

En el curso de treinta años, las Juntas de Electores representarán, por cierto, un papel importante pero al precio de la pérdida de esa autonomía que los legisladores argentinos y norteamericanos pretendieron asignarle.

Entre 1880 y 1910, el Colegio estuvo compuesto por 228, 232 y 300 electores designados mediante el sistema de lista completa sin representación de las minorías. En cada distrito (las provincias y la capital), los ciudadanos votaban por una lista de electores, y a la que obtenía el mayor número de votos —no la mayoría— se le asignaba la totalidad de los electores correspondientes al distrito. Hay una excepción en este lapso, como lo veremos con más cuidado en próximos capítulos: las elecciones celebradas en 1904 que estuvieron regidas por la ley 4161, concebida por Joaquín V. González, ministro del Interior durante la segunda presidencia de Roca. La ley establecía la división de cada distrito en tantas circunscripciones como legisladores correspondía elegir; desde esa unidad electoral (se trazaron 120 circunscripciones en todo el país) cada ciudadano votaba por dos electores y, en conjunto con las demás circunscripciones del distrito, por cuatro más.

El número de electores por provincia entre 1880 y 1910, registra la siguiente distribución:

Cuadro Nº 1
Número de electores por provincias
en elecciones presidenciales 1880-1910

	1880	1886-1892	1898 1904-1910
Buenos Aires	54	36	60
Capital Federal	-	22	44
Catamarca	12	12	10
Córdoba	26	26	26
Corrientes	16	16	18
Entre Ríos	18	18	22
Jujuy	8	8	8
Mendoza	10	10	12
La Rioja	8	8	8
Salta	12	12	12
San Luis	10	10	10
San Juan	10	10	10
Santa Fe	12	12	28
Santiago del Estero	18	18	14
Tucumán	14	14	18
TOTALES	228	232	300

Fuente: J. N. Matienzo, *Le Gouvernement représentatif fédéral dans la République Argentine,* pp. 154-161 y E. Zalduendo, *Geografía Electoral de la Argentina,* Bs. As., Ed. Ancora, 1958.

Si se clasifican los distritos en tres categorías: grandes, medianos y chicos,[2] puede ser interesante observar la relación que existe entre esas clases de distrito, medida en términos del peso respectivo de cada una de ellas sobre el total de electores y de la diferencia que resulta entre el distrito grande, más numeroso, y los distritos chicos, menos numerosos.

Admitamos, como punto de partida de este análisis, que el carácter federal de la fórmula prescriptiva aconsejaría mantener una relación de equilibrio en la composición de las Juntas que asegure una suerte de reciprocidad entre provincias con fuerza electoral en alguna medida equivalente.

Como podrá advertirse en el Cuadro Nº 2, el equilibrio entre distritos se acentúa en las elecciones presidenciales posteriores al 80 (en 1886 y 1892) y desaparece después, de forma paulatina, cuando el censo de 1895 reflejó una creciente concentración demográfica en el litoral, que se afirmará en las décadas posteriores.

La federalización de la ciudad-capital partió el número de electores pertenecientes a la provincia de Buenos Aires que de 54 pasaron a 36, mientras el resto quedó en manos de un nuevo distrito: la Capital Federal. El desmembramiento de Buenos Aires acortó la diferencia que existía entre los bloques de electores en 1880. Buenos Aires tenía en aquel momento 54 electores y las provincias menos pobladas, Jujuy y La Rioja, 8 cada una; había, pues, una distancia de 46 electores. La brecha entre ambos extremos apenas era amortiguada por tres distritos medianos: Córdoba, Entre Ríos y Santiago del Estero.

En las elecciones de 1886 y 1892 se reforzó la posición de los distritos medianos. Merced a la amputación que sufrió Buenos Aires, Córdoba, que mantuvo sus 26 electores, ocupó el lugar de distrito grande y la Capital quedó como distrito mediano junto con Entre Ríos y Santiago del Estero, que permanecieron en sus puestos, y Catamarca, Corrientes, Salta, Santa Fe y Tucumán que ingresaron a esa categoría. La relación distrito grande-distrito chico marcó la distancia más corta del período: 28 electores (Buenos Aires, 36 - Jujuy y La Rioja, 8).

En las elecciones de 1898, 1904 y 1910, los bloques de electores comenzaron a distribuirse de acuerdo con una pauta que de allí en más se mantendrá y se simplificará. Buenos Aires casi duplicó sus electores y lo mismo ocurrió, con más exactitud, en la Capital Federal. El sector de distritos medianos disminuyó en grado significativo y si bien Santa Fe ingresó a esta categoría junto con Córdoba que descendió y Entre Ríos que se mantuvo, Santiago del Estero, Catamarca, Corrientes, Salta y Tucumán ocuparon el lugar de distritos chicos del que no volverán a ascender. La diferencia entre distrito grande y chico sufrió un salto brusco: Buenos Aires marcó una brecha de 52 electores con respecto a Jujuy y La Rioja.

Resumamos, pues, algunas pautas de predominio. Buenos Aires detentó desde el 80 un bloque de electores predominan-

Cuadro N° 2

Distribución de distritos grandes, distritos medianos y distritos chicos sobre el total de electores en elecciones presidenciales: 1880-1910

Elecciones	D. Grandes (D.G.)	D. Medianos (D. M.)	D. Chicos (D.Ch)	%D.G. s/total de electores	%D.M. s/total	%D.Ch. s/total	Diferencia de electores entre. D.G. más numerosos y D.Ch. menos numerosos
1880	Bs. As.	Córdoba Entre Ríos Sgo. del Estero	Resto de los distritos	24,1 %	27, 6%	48,3 %	46
1886-1892	Bs. As. Córdoba	Cap. Fed. Catamarca Corrientes Entre Ríos Salta Santa Fe Sgo. del Estero Tucumán	Resto de las provincias	26,7 %	53,4 %	19,9 %	28
1898-1904 1910	Bs. As. Cap. Fed.	Córdoba Entre Ríos Santa Fe	Resto de las provincias	34,6 %	25,3 %	40,1 %	52

Fuente: Ibid. Cuadro N°1

te, al que se le sumó en 1898 la Capital Federal. El peso de los distritos grandes marcó una línea ascendente a partir de 1880. Los distritos medianos, en cambio, alcanzaron un pico importante en las elecciones de 1886 y 1892, desde el cual trazaron, más tarde, una línea descendente a medida que creció la participación de los distritos grandes. El conjunto más numeroso de distritos chicos no logró superar la barrera del 50 % del total de electores en ninguna oportunidad.

Más allá de esta árida descripción, se recorta un hecho cuya significado es preciso subrayar una vez más: la federalización del 80 produjo una redistribución en los bloques de electores que trajo como resultado la composición más equilibrada de las Juntas. Esta situación apenas se prolongó durante dos elecciones, en 1886 y en 1892. A partir de 1898, Buenos Aires —en particular los distritos grandes— retomó y acentuó su predominio. Un observador apresurado podría adelantar una consecuencia no menos significativa: quien controle Buenos Aires y la Capital en votos y en electores —deducirá— y adquiera peso político en Córdoba y Santa Fe, tendrá en sus manos la clave de la victoria presidencial. En rigor de verdad, el juego de alianzas introducirá algún matiz interpretativo que contradiga tan rotunda afirmación.

El comportamiento en las Juntas de Electores

¿Cómo influyó el conjunto de leyes electorales y la distribución de los distritos según su peso relativo sobre el comportamiento interno en las Juntas de Electores? Si volvemos a la fórmula prescriptiva, cabe recordar que la intención del legislador, al institucionalizar la hipotética autonomía de los electores, procuraba favorecer las divisiones horizontales dentro de cada Junta y, más aún, alentar el desarrollo de posibles coaliciones entre grupos de electores pertenecientes a distintos distritos. A la postre, divisiones de esta naturaleza contribuirían a nacionalizar la elección presidencial, haciendo de dos o más ciudadanos candidatos compartidos por corrientes de opinión expresadas en diferentes Juntas de Electores.

Si, en cambio, el foro de negociaciones para designar al

presidente se traslada a otro rincón del espacio político, también ocupado por grandes electores, ciertamente distintos de la figura esbozada en el texto constitucional, es posible rumbear hacia otro tipo de interpretación. La lectura de los resultados registrados en las Juntas entre 1880 y 1910 permite advertir la ausencia de divisiones dentro de cada uno de los bloques de electores asignados a los distritos. Si se presentaba la eventualidad de una división, dicho enfrentamiento tenía lugar *entre bloques,* o sea, entre distritos que se oponían a otros cuyos electores votaban, por lo general, sin fisuras internas.

Esta disciplina estuvo reforzada por el sistema de lista completa que regulaba la elección de primer grado pero, así y todo, la virtual desaparición de las divisiones internas abre una serie de interrogantes: ¿resultaba esta unanimidad del carácter instrumental de las Juntas que refrendaban los arreglos convenidos fuera de su recinto, a través de las negociaciones que entablaban los presidentes y los gobernadores; o bien resultaba aquella unanimidad de un amplio consenso elaborado por los mismos electores? Dejemos por ahora esta pregunta en suspenso y veamos cómo se expresó el voto en las Juntas.

En 1880, Roca obtuvo el 69% de los electores; Buenos Aires y Corrientes, provincias opositoras, volcaron sus bloques a favor de Carlos Tejedor. De allí en más la situación cambiará sustancialmente. En 1886, Juárez Celman alcanzó el 79%; el resto se distribuyó entre la candidatura de M. Ocampo, respaldada por Buenos Aires y la de Bernardo de Irigoyen, sostenida por Tucumán. En 1892, la mayoría superó el pico de 90%: Luis Sáenz Peña logró el 95% de los electores; frente a este resultado, se comprueba, solitaria, la disidencia de Bernardo de Irigoyen a quien acompañó la mitad del bloque de diez electores de Mendoza. En 1898, Roca tuvo resultados más satisfactorios que en 1880: el 85% de los electores votaron por su candidatura; Bartolomé Mitre asumió una representación simbólica —quizá, un homenaje— compuesta por 13 electores de la Capital, 18 de Buenos Aires y 7 de Corrientes. En 1904, Manuel Quintana rozó el 81%; el resto se distribuyó entre José E. Uriburu, Marco Avellaneda y E. Daract que arrastraron consigo electores pertenecientes a Entre Ríos, la Capital y Tucumán. Por fin, 1910 marca el apogeo: la candidatura de Roque Sáenz Peña arañó el 100% y apenas un solitario elector rompió la unanimidad de los 265 que sufragaron en las Juntas.[3] (Véase Cuadro Nº 3.)

Ausencia evidente, pues, de oposiciones efectivas que se recorta sobre una *coalición de provincias que, invariablemente, prestaron apoyo a la fórmula victoriosa.* La coalición la constituyeron los bloques de electores de nueve provincias: Catamarca, Córdoba, Jujuy, La Rioja, Salta, San Juan, San Luis, Santa Fe y Santiago del Estero, las que, en total, reunieron 116 electores hasta 1895 y 126 entre ese año y 1910. En las seis elecciones analizadas, estas provincias volcaron la totalidad de sus electores presentes o, en su defecto, una mayoría compuesta por todos los electores menos uno, a favor de los candidatos ganadores. El comportamiento de la coalición configuró un núcleo oficialista, con la suficiente fuerza para controlar a las provincias díscolas que manifestaron su voluntad opositora, de modo circunstancial, en una sola elección, o bien, de manera repetida en dos o más comicios.

En la primera categoría, *provincias de oposición circunstancial,* se inscribieron Mendoza en las elecciones de 1892 y Entre Ríos en las de 1904. En la segunda categoría, *provincias de oposición repetida,* se situaron Buenos Aires en 1880, 1886 y 1898; Tucumán en 1886, 1892 y 1904; la Capital Federal en 1898 y 1904; y Corrientes en 1880 y 1898. A diferencia de lo ocurrido con las provincias de apoyo permanente, las de oposición circunstancial y repetida no siempre expresaron su voluntad opositora con la totalidad de los electores que componían cada uno de sus bloques. Mendoza, en 1892, dividió los suyos entre oficialistas fieles a Luis Sáenz Peña y opositores leales a Bernardo de Irigoyen, mientras que Entre Ríos, en 1904, volcó todos sus electores a favor de José Evaristo Uriburu.

En el caso de las provincias de oposición repetida, el comportamiento más insistente fue el de Buenos Aires que en dos oportunidades —en 1880 y en 1886— enfrentó con todos sus electores a Roca y Juárez y en la otra —1898— desvió 18 electores a favor de Bartolomé Mitre. Tucumán y Corrientes se opusieron, con el total de su bloque, una sola vez, la primera lo hizo en 1886 y la segunda en 1880; en las elecciones de 1892, 1898 y 1904 ambas provincias dividieron sus preferen-

Cuadro Nº 3
Resumen de los resultados en las Juntas de Electores: 1880-1910

Año de elección	Nº de electores integrantes de las Juntas	Nº de electores obtenidos por el ganador		% sobre los sufragios emitidos en las Juntas	Legislación electoral vigente
1880	228	Roca:	155	69 %	Lista Completa
1886	232	Juárez:	168	79 %	Lista Completa
1892	232	L.S.Peña:	210	95 %	Lista Completa
1898	300	Roca:	218	85 %	Lista Completa
1904	300	Quintana:	240	81 %	Uninominal por Circunscripciones
1910	300	R.S.Peña:	264	99 %	Lista Completa

Fuente. Ibid. Cuadro Nº 1.

cias entre oficialistas y opositores, y lo mismo tuvo lugar en la Capital Federal en 1898 y 1904. (Véase Cuadro N° 4.)

Cuadro N° 4
Comportamiento electoral de las provincias
en elecciones para Presidente:
1880 - 1886 - 1892 - 1898 - 1904 - 1910

Provincias de oposición circunstancial cuyos electores se oponen al candidato oficial en *una* elección	Provincias de apoyo permanente cuyos electores apoyan *siempre* al candidato oficial.	Provincias de oposición repetida cuyos electores se oponen al candidato oficial en *dos o más* elecciones	
	Catamarca	Buenos Aires	
Mendoza	Córdoba	elecciones:	1880
elección: 1892	La Rioja		1886
	Jujuy		1898
Entre Ríos	Salta	Tucumán	
elección: 1904	San Luis	elecciones:	1886
	Santa Fe		1892
	San Juan		1904
	Sgo. del Estero	Capital Federal	
		elecciones:	1898
			1904
		Corrientes	
		elecciones:	1880
			1898

Notas
a) Se entiende que una provincia es de apoyo cuando la manifestación de voluntad comprende todos los electores presentes o una mayoría compuesta por todos los electores presentes menos uno.
b) El comportamiento electoral de las provincias en elecciones para vicepresidente (1880-1910) es similar al anterior con dos diferencias que poco hacen variar la estructura de la coalición: las provincias de apoyo permanente pasan a ser 8 en lugar de 9 ya que Jujuy se opone circunstancialmente en la elección de 1904; por otra parte Tucumán se opone en dos oportunidades, y no en tres, en 1880 y 1886.
Fuente: Ibid. Cuadro N° 1.

Adviértase el andamiaje sobre el que se asentaría el control de las candidaturas. La coalición de provincias de apoyo permanente no sumaba la mitad más uno de los electores; estaba compuesta, en efecto, por distritos medianos y chicos con la excepción de Córdoba en 1886 y 1892. Las nueve provincias casi alcanzaron la mayoría en las tres primeras elecciones (50% en las de 1880 y 49,5% en las de 1886 y 1892) pero en las subsiguientes —1898, 1904 y 1910— esa proporción descendió al 42%. Se imponía, pues, la apertura hacia un juego que combinaba la disciplina de la coalición oficialista con la división en los bloques de electores de los distritos grandes. En la indisciplina de que hacían gala los electores de las provincias de oposición circunstancial y repetida, estaba el "plus" necesario para trepar hacia mayorías siempre superiores al 69%.

Las Juntas de Electores tradujeron, pues, un propósito de control que se engarzaba con negociaciones que tenían lugar fuera de su recinto. Pero la peculiaridad del método electoral adoptado otorgaba a las provincias y a los gobernadores un peso político que sería ilusorio desconocer: a través de los bloques de electores las provincias protagonizaban el momento decisivo en el que se jugaba el destino del poder presidencial.

En otros recintos, la presencia de las provincias tenía carácter permanente. La Constitución dividía el proceso legislativo en dos Cámaras. Mientras que una acogía a los diputados nacionales mediante el voto directo, la otra garantizaba la representación igualitaria de las provincias. Allí, en el Senado Nacional, campeaba el mismo espíritu conservador que animaba las Juntas de Electores. Conviene detenerse un instante sobre la teoría y la práctica de esa institución que, en otras latitudes, despertaba el fervor de Tocqueville. Descubriremos a los mismos protagonistas empeñados, esta vez, en representar otro papel.

El Senado Nacional

El sistema federal adoptado por la Constitución hacía del Senado una suerte de institución bisagra que, instalada en el lugar de encuentro del poder nacional con el poder provincial, contara con el prestigio necesario para salvar contradicciones cuyas soluciones variaban según fuese la óptica formal o substantiva en la cual se situaba el legislador.

En una primera perspectiva, de carácter formal, el Senado constituía un recinto adecuado para preservar la igualdad de los estados intervinientes en el pacto federal cualquiera fuese su dimensión geográfica o demográfica: "...la igualdad de votos concedida a cada Estado es, a la vez, el reconocimiento constitucional de la parte de soberanía que conservan los Estados individuales y un instrumento para protegerla. Desde este punto de vista, la igualdad debería ser tan aceptable a los Estados más extensos como a los más pequeños, ya que han de tener el mismo empeño en precaverse por todos los medios posibles contra la indebida consolidación de los Estados en una república unitaria".[4]

Si se desciende hacia un umbral de análisis más profundo, pocas dudas caben de que el Senado estaba pensado como un eficaz vehículo de comunicación, cuyo propósito básico consistía en nacionalizar a los gobernantes locales. La designación de los senadores por las legislaturas de los Estados era considerada, en este sentido, como un método útil y positivo: "...lo recomienda la doble ventaja de favorecer que los nombramientos recaigan en personas escogidas y de hacer que los gobiernos de los Estados colaboren en la formación del gobierno federal de una manera que ha de afirmar la autoridad de aquéllos y es posible que resulte un lazo muy conveniente entre ambos sistemas".[5]

Por fin, en un tercer umbral que, excuso insistir en ello, no cierra la marcha descendente hacia dimensiones más profundas de esta relación de poder, el Senado podía ser entendido como un original instrumento de control al servicio de una prudente élite, amparada por la edad y la distancia electoral sobre tumultuosas o esquivas multitudes y "...así como la opinión fría y sensata de la comunidad debe prevalecer en todos los gobiernos libres sobre las opiniones de sus gobernantes, así también hay momentos especiales en los asuntos públicos en que, estimulado el pueblo por alguna pasión desordenada o por alguna ganancia ilícita, o extraviado por las artes y exageraciones de hombres interesados, reclama medidas que él mismo será el primero en lamentar y condenar más tarde. En estos momentos críticos, ¡qué saludable será la intervención de un cuerpo tranquilo y respetable de ciudadanos, con el objeto de contener esa equivocada carrera y para evitar el golpe que el pueblo trama contra sí mismo, hasta que la razón, la justicia y la verdad tengan la oportunidad de recobrar su influencia sobre el espíritu público!".[6]

Estos umbrales tenían importancia equivalente, pero ninguno alcanzará más gravitación que el último para definir el otro gran propósito de la Cámara de Senadores; porque, más allá del problema federal, el Senado también daba respuesta a dos cuestiones decisivas que estaban implícitas en un régimen republicano de rígida separación de poderes. La primera de ellas exigía consagrar en algún cuerpo institucional el derecho de juzgar a los ciudadanos investidos del gobierno y en concreto al presidente. ¿Acaso no se proyectó al Senado, inquiría Hamilton, "como un sistema de *investigación nacional* de la conducta de los hombres públicos? ... ¿Qué otro cuerpo sería capaz de tener *suficiente confianza en su propia situación* para conservar libre de temores e influencias la imparcialidad requerida entre un individuo acusado y los representantes del pueblo que son sus acusadores?".[7]

La otra cuestión traducía una dificultad derivada de la naturaleza misma del régimen presidencial. Una de las diferencias más notables entre este régimen y el parlamentario consiste, en efecto, en la confusión que existe en uno y en la distinción que se establece en el otro, entre el *Jefe de Estado* y el *Jefe de Gobierno*. Ambos conceptos designan dos realidades cuya coexistencia podía observarse en las monarquías constitucionales europeas del siglo pasado. En aquel entonces, la monarquía significaba la unidad del Estado y conservaba una capacidad de mando más que simbólica heredada del antiguo régimen; frente a ella se levantaba el Parlamento, que planteaba exigencias crecientes a medida que se democratizaba el sistema de representación. Mientras el Jefe de Estado ocupaba una posición inamovible protegida por la tradición aún persistente de la legitimidad hereditaria, el Parlamento —en sí, una realidad cambiante— nombraba al Jefe de Gobierno, en un primer momento gracias a un acuerdo pactado con la corona y después según una voluntad de predominio que el monarca acataba.

La lógica del régimen parlamentario hacía del Gobierno una realidad dependiente del Parlamento: los representantes podían derrocar al primer ministro, según diferentes procedimientos, cuando cesaba la confianza de la mayoría, pero también la corona podía disolver el Parlamento antes que concluyera su mandato si consideraba necesario, o estratégico, un nuevo llamado a elecciones. En la situación parlamentaria el Jefe del Estado no hacía figura de caballero solitario: su Jefe de Gobierno y sus ministros lo vinculaban con la representación popular que se radicaba en el Parlamento. ¿Pero qué ocurría cuando los monarcas cesaban en su poder, cuando la legitimidad tradicional cedía su lugar a la legitimidad republicana y cuando a la cabeza del Estado se ubicaba la figura de un gobernante electo?

Por lo general se trazaron dos caminos de solución diferente. El primero era casi un calco de las últimas etapas de la monarquía constitucional cuando la corona ya no gobernaba y sólo simbolizaba la unidad del Estado. No es otro el sendero que recorrió la III República Francesa: la práctica de las leyes constitucionales de 1875 trajo como consecuencia una desaparición casi virtual del primer magistrado, que presidía pero no gobernaba, al tiempo que crecía la importancia de un gabinete responsable ante el Parlamento de la conducción efectiva de los asuntos de gobierno.[8]

El segundo camino era, en algún sentido, más sencillo de recorrer aunque encerraba el riesgo que derivaba de la ausencia de puentes institucionales entre la representación popular y la autoridad presidencial.

En el régimen presidencial, la fragmentación de la soberanía, propuesta por el sistema federal, se combinaba con una rígida separación de poderes por la cual el Presidente no podía disolver el Congreso ni éste podía, según métodos ordinarios, hacer obligatoria la renuncia del primer magistrado y de su gabinete. Si se toma como modelo de la presidencia la figura del monarca británico hacia fines del siglo XVIII, la proposición que discutimos podía tener su lógica, pero a ello se añadía un motivo de confusión importante: el presidente, en efecto, era a la vez Jefe de Estado y de Gobierno y los secretarios o ministros no confirmaban su responsabilidad ante el Congreso, que no podía destituirlos, sino ante el presidente de quien dependían de modo exclusivo.

Cuando el predominio presidencial era fuerte y robusto como en el caso argentino, ¿podía ser prenda de mayor seguridad y de menor riesgo la soledad de un presidente que carecía de primer ministro y de gabinete responsable? La fórmula alberdiana salvaba la dificultad: el presidente era un notable designado merced a una severa jerarquía electoral; los senadores también y el origen de ambos, edad y elección indirecta, los hacía naturalmente aptos para integrar una colegialidad conservadora.

Visto en esta perspectiva el Senado era un auténtico *Consejo Ejecutivo* dotado de las atribuciones para ejercer control sobre el poder judicial, el religioso y los niveles más altos del entonces embrionario sistema burocrático: según la Constitución, el Presidente necesitaba el acuerdo del Senado para nombrar los magistrados de la Corte Suprema y de los tribunales inferiores; para designar y remover los ministros plenipotenciarios y los encargados de negocios; para proveer los empleos militares superiores del ejército y la armada; para presentar o proponer los obispos correspondientes a las iglesias catedrales y para declarar el Estado de Sitio.[9] Esto es lo que exigía la Constitución. Veamos, ahora, cómo se integró en la práctica la colegialidad conservadora a la que aludíamos hace un instante.

Las relaciones entre los Gobernadores y el Senado

En la sesión de la Cámara de Diputados del 8 de mayo de 1906, Carlos Pellegrini sostenía que "el artículo 1° de la Constitución dice que la República adopta la forma de gobierno representativa, republicana y federal; y la verdad real y positiva es que nuestro régimen, en el hecho, no es representativo, ni es republicano, ni es federal". Y luego señalaba: "...No es federal, porque presenciamos a diario cómo la autonomía de las provincias ha quedado suprimida", para recordar, de inmediato, un caso contemporáneo. En las antesalas de la presidencia se discutía quién debía asumir la gobernación de una provincia "...surgían candidatos un día y eran vetados al día siguiente para ser reemplazados por nuevos". Y el ex presidente recordaba con nostalgia a ese pueblo que en otros tiempos "hubiera saltado como una pantera herida si un núcleo de porteños hubiera pretendido en esta ciudad de Buenos Aires imponer un gobernador a la provincia de Santa Fe".

Esta apasionada afirmación ¿podría mantener en pie una hipótesis según la cual el gobernador de provincia gozaba de lo que en buena jerga constitucional podría denominarse autonomía federal? Las opiniones aparecen más divididas de lo que habitualmente se cree. Si, por ejemplo, exponemos la opinión de un par de autores que analizaron con minucia la oligarquización de ese entonces, como Rivarola y Matienzo, el registro de interpretaciones oscila entre una hipótesis de dependencia casi absoluta (Rivarola) y otra de una autonomía en todo caso peligrosa y susceptible de un mayor control institucional (Matienzo).

La hipótesis de la dependencia, llevada por Rivarola hasta las últimas consecuencias, se traduce en su expresión de fe unitaria: "La República Unitaria pondrá de acuerdo la Constitución *formal* con el hecho *real*; el Presidente de la República *nombrará* oficial y públicamente a los gobernadores de provincia en lugar de nombrarlos subrepticiamente, como se ha hecho. Pero la designación impondrá al Presidente otras responsabilidades más que las históricas o morales que surgen de la designación oculta e ilegal".[10]

La designación oculta no parece ser, sin embargo, un acto perteneciente a una suerte de ámbito reservado del presidente; exige, por el contrario, la intervención de otros actores. El mismo Rivarola describe las cosas años después aludiendo, quizás, a la misma experiencia a la que se refería Pellegrini: "De pronto oí que nuestro político decía: 'pero si a ese X (el gobernador) nadie lo conocía. El gobernador cesante Y no podía entenderse con el senador Z sobre la elección del sucesor. Entonces yo los reuní una noche en que el presidente debía venir para verse con ellos. Aquí en esta misma sala los arreglamos y decidimos que X fuese gobernador'... El político era el doctor Pellegrini, la provincia era Santa Fe y el presidente, el General Roca".[11]

La anécdota, lejos de representar un método de designación unipersonal, introduce otros protagonistas y evoca un estilo propio de una colegialidad amparada por el secreto: intervienen, por un lado, el gobernador cesante; por el otro, el senador de esa provincia; y, en el vértice del pacto, el presidente en ejercicio acotado, en esta circunstancia, por otro notable que también había ejercido la primera magistratura. En todo caso, parecería inconveniente disminuir en demasía el peso de la provincia en la decisión y menos descartarlo como ocurre cuando el mismo autor traza su argumento del unitarismo encubierto.

Matienzo, más federalista, al menos desde el punto de vista doctrinario, que Rivarola, se inclina a favor de la ortodoxia del 53. Después de la reforma constitucional de 1860, que tradujo las pretensiones autonomistas de la provincia de Buenos Aires, los gobernadores adquirieron más impunidad dentro de los límites de su provincia e hicieron o deshicieron cargos locales, confirmando aquella voluntad ya presente en el Acuerdo de San Nicolás, de "emplear toda su influencia legítima a fin de que fueran elegidos los ciudadanos de más probidad y de un patriotismo más sano e inteligente".[12] Como remedio a esos males de oligarquización, Matienzo recomendaba el retorno al régimen constitucional originario de 1853 que otorgaba al senado la atribución de juzgar políticamente a los gobernadores.[13]

Las figuras de la dependencia y de la autonomía se superponen hasta que sus trazos coinciden en un sector de la imagen. Según los mismos publicistas, el gobernador ejercía control electoral sobre el personal político de su provincia: intervenía en la designación de los legisladores provinciales y nacionales, reservaba para sí una banca en el Senado Nacional y prestaba particular empeño en la confección de la lista de electores para presidente y vice de la Nación.[14] Tanta influencia habría afectado la jerarquía del régimen si no se hubiese instalado bajo el amparo presidencial. Desde esta perspectiva se explica el intercambio de protecciones recíprocas entre Nación y Provincias, porque sin el apoyo de los gobernadores el poder presidencial carecía de sustento, pero sin el resguardo nacional los gobernadores permanecían huérfanos de la autoridad indispensable para mandar en su ámbito particular. Esta aparente paradoja descubre, en alguna medida, las nuevas relaciones que entablaron los presidentes y los gobernadores después de la federalización del 80.

Durante los veinte años que transcurrieron entre la reforma constitucional de 1860 y la primera presidencia de Roca, el gobernador de provincia tenía poder de veto en la elección presidencial. A partir del 80, en cambio, el gobernador perdió estatura política y, de algún modo, comenzó a obrar como "agente del presidente para realizar su concepción positiva del gobierno".[15]

Después de Pavón, algunas provincias poderosas como Entre Ríos, donde se recluyó Justo José de Urquiza, o Buenos Aires bajo el imperio del autonomismo alsinista, o aun Santa Fe con Simón de Iriondo, podían todavía oponerse al poder central. Pero la muerte de Urquiza y la derrota del particularismo porteño dieron por tierra con esta pretensión y el caso de Adolfo Alsina rival de Bartolomé Mitre y eficaz elector de Domingo F. Sarmiento, no se repitió más.

Entre 1880 y 1916, las provincias argentinas fueron presididas por 195 gobernadores.[16] Esta cifra resulta de la suma de todos los gobernadores de provincia que desempeñaron este cargo de acuerdo con la secuencia de sucesión prevista en los textos constitucionales que comenzaba con el gobernador elegido, culminaba al término de su período y, si en el intervalo había fallecimiento, renuncia o juicio político, la autoridad ejecutiva pasaba a ser ejercida, según los casos, por el vicegobernador y luego por los presidentes del senado provincial, de la cámara de diputados o del superior tribunal de justicia; no se incluyen, por lo tanto, los interventores designados por el Gobierno Nacional y los gobernadores de facto o las juntas que asumieron el poder en las provincias cuando se produjeron movimientos revolucionarios.[17]

El ritmo de renovación de los gobernadores correspondía a períodos que oscilaban entre los tres y los cuatro años y, a primera vista, no parecía encuadrar un régimen de predominio personal si por ello se entiende la presencia de un gobernador que se hace reelegir *por lo menos una vez,* durante los años que se analizan.[18] Sobre la cifra antes mencionada, fueron reelectos 13 gobernadores, y de ellos sólo dos: Francisco Vicente Bustos de La Rioja y Sergio Alvarado de Jujuy, lo han sido por más de un período. Por lo demás, la circunstancia de la reelección no se presentó en todas las provincias: en Córdoba, Entre Ríos, Santa Fe, San Luis y Salta no hay gobernadores reelectos. El retorno al ejercicio de la gobernación se observa, por consiguiente, en Buenos Aires, Catamarca, Tucumán, San Juan, Corrientes, Santiago del Estero, Mendoza, Jujuy y La Rioja.

Cuadro Nº 5
Gobernadores reelectos por provincia 1880-1913/14

Provincia	Gobernadores Reelectos	Nº de Períodos	Total de años que es gobernador
Buenos Aires	Marcelino Ugarte	uno	1902/6 - 1914/17 = 7
Catamarca	Guillermo Correa	uno	1900/04 - 1915/18 = 7
Corrientes	Juan Ramón Vidal	uno	1886/89 - 1911/13 = 5
	Juan Esteban Martínez	uno	1896/01 - 1904/07 = 8
Jujuy	Sergio Alvarado	dos	1891/93 - 1898/01 1910/13 = 8
	Manuel Bertres	uno	1895/98 - 1904/07 = 6
La Rioja	Francisco V. Bustos	dos	1880/83 - 1886/89 1895/98 = 9
Mendoza	Elías Villanueva	uno	1878/81 - 1901/04 = 6
	Emilio Civit	uno	1898 - 1907/10 = 4
Sgo. del Estero	Absalón Rojas	uno	1886/89 - 1892 4
	Dámaso E. Palacio	uno	1898/01 - 1908/10 = 5
San Juan	Carlos Doncel	uno	1884/87 - 1896/99 = 6
Tucumán	Lucas A. Córdoba	uno	1895/98 – 1901/04 = 6

Fuente: Academia Nac. de la Historia, *Historia Argentina Contemporánea, 1862-1930*, T. IV, 1º y 2º Sección.

Si el predominio personal apenas se atisba, merced a este preliminar análisis acerca de la ocupación formal del cargo ejecutivo en las provincias, es preciso orientar los interrogantes hacia otro campo de la acción política. Es cierto que los gobernadores cambiaban, pero la cuestión reside en saber si la posibilidad de la reelección recreaba en ellos una expectativa ante la cual valía la pena jugarse, cuando se vislumbraban otros cargos más deseables por su cercanía con el centro de decisión del poder político nacional. Además, se sumaba la restricción que impedía a los gobernadores, como a los presidentes, la reelección inmediata y exigía, para ello, el intervalo de un período. El tramo de 3 o 4 años que cubría el ejercicio efectivo de la gobernación era, pues, estrecho comparado con la duración y la consecuente estabilidad que otorgaba el desempeño de otros cargos nacionales. Para muchos, la gobernación podía ser el mojón institucional que señalaba la culminación de una carrera acotada por las fronteras de la provincia natal y sin más horizonte que el que podían trazar las alianzas y las querellas locales. Para otros, en cambio, la gobernación se constituía en el punto de partida de una carrera nacional que habría de llevar al ex gobernador a intervenir en el sistema de decisiones nacionales.

Los caminos para alcanzar este propósito seguían el trazado de los poderes nacionales que prescribía la Constitución: la presidencia, el gabinete nacional y ambas cámaras legislativas. Pocos gobernadores lograron ejercer el poder presidencial. Roca y Pellegrini, los Sáenz Peña, padre e hijo, José E. Uriburu, Quintana y Victorino de la Plaza, habían llegado a la cumbre de la jerarquía gubernamental transitando por otros carriles como los ministerios, las bancas legislativas y las misiones diplomáticas. Los gobernadores que alcanzaron el poder presidencial no constituyeron el núcleo mayoritario de ese elenco de notables. Sólo dos presidentes, ambos ex gobernadores cordobeses, marcaron la excepción: Miguel Juárez Celman, quizá quien mejor representó, en su vertiginosa trayectoria de ascenso y ocaso, la figura arquetípica del gobernador que conquista ese lugar de preeminencia y José Figueroa Alcorta que accedió a esa responsabilidad por el atajo de la vicepresidencia.

¿Hacia dónde marchaban, entonces, los gobernadores? Quedaba en pie un vínculo importante, y un tramo aquí no expuesto de las carreras de Juárez Celman y Figueroa Alcorta puede hacer las veces de preámbulo al tema; porque ambos provincianos, antes de ejercer la presidencia y después de desempeñar la gobernación, ocuparon una banca en el Senado Nacional.

El Senado, decíamos, fue pensado como una institución conservadora: su composición, entre 1880 y 1916, confirmó este propósito. En primer lugar, porque el Senado acogía un conjunto no desdeñable de ex presidentes.

Cuadro Nº 6
Ex Presidentes que ocupan el cargo de senador
Período 1880-1916

Distrito	Titulares	Período en que es Presidente	Período en que es Senador
Capital Federal	Julio A. Roca	1880-1886	1888-1891
	José E. Uriburu	1895-1898	1901-1910
Buenos Aires	Bartolomé Mitre	1862-1868	1894-1902
	Carlos Pellegrini	1890-1892	1895-1904
Tucumán	Nicolás Avellaneda	1874-1880	1883-1886
	Julio A. Roca	1880-1886	1892-1894

Fuente: Cámara de Diputados de la Nación. *El Parlamento Argentino 1854-1947*, Buenos Aires, 1948.

Como podrá advertirse, en este cuadro figuran dos presidentes, Mitre y Avellaneda, cuyo mandato se extendió durante las décadas del 60 y del 70. El hecho es significativo porque corre paralelo con la trayectoria de Sarmiento, quien no fue electo senador durante el período que arranca del 80 (falleció en 1888) pero sí lo fue al término de su presidencia, entre 1875 y 1879. Tampoco conviene olvidar que la carrera de los ex presidentes no presentes, luego, en el Senado terminó de manera abrupta, ya sea porque se retiraron de la actividad política —tal el caso de Juárez Celman y Luis Sáenz Peña que renunciaron, respectivamente, en 1890 y 1893— o bien porque murieron en el ejercicio del cargo como M. Quintana y Roque Sáenz Peña. Del resto, sólo José Figueroa Alcorta no retornó al Senado, pero durante la administración de V. de la Plaza se lo designó ministro de la Corte Suprema donde permaneció hasta 1931.

En segundo lugar, el Senado se había transformado en un recinto que acogía al gobernador saliente quien, de esta suerte, velaba sobre los asuntos de su provincia desde ese sitio de preeminencia. Sobre los ciento cuarenta y tres senadores que registra el período 1880-1916, sesenta y dos habían desempeñado previamente el cargo de gobernador. Si a ello sumamos el número de ex presidentes que llegaron al Senado, excluido el distrito de la Capital Federal que no designaba gobernador, tenemos el siguiente esquema:

Cuadro N° 7

Ex gobernadores y ex presidentes en el Senado Nacional

Provincia	I N° de Senadores 1890-1916	II N° de gobernadores que ocuparon el cargo de Senador	III N° de ex presidentes que ocuparon el cargo de Senador	% = (II + III) / I
Buenos Aires	12	6	2	67 %
Mendoza	9	6	-	67 %
San Luis	8	5	-	62 %
San Juan	11	6	-	55 %
Entre Ríos	8	4	-	50 %
Salta	12	6	-	50 %
Tucumán	11	3	2	45 %
Corrientes	9	4	-	44 %
Córdoba	15	6	-	40 %
Sgo. del Estero	13	5	-	38 %
Santa Fe	11	4	-	36 %
La Rioja	9	3	-	33 %
Catamarca	7	2	-	29 %
Jujuy	8	2	-	25 %
TOTAL	143	62	4	46 %

Fuente: Academia Nac. de la Historia. *Historia Argentina Contemporánea, 1862-1930* T. IV, 1ª y 2ª Sección y *El Parlamento Argentino 1854-1947*, Buenos Aires, 1948.

Los modos de inserción de los ex gobernadores en el Senado Nacional tenían múltiples expresiones, pero por lo general obedecían al carácter instrumental de las legislaturas de provincia y al control que sobre éstas ejercía el gobernador. Los itinerarios de acceso tenían trazados ingeniosos. Algunos respondían a una línea directa e inmediata como en Mendoza.

Cuadro Nº 8
Gobernadores y senadores en Mendoza

Senado		Gobernación
Jacinto Álvarez 1901-1910	←	Jacinto Álvarez 1898-1901
Elías Villanueva 1904-1913	←	Elías Villanueva 1901-1904
Emilio Civit 1910-1919	←	Emilio Civit 1907-1910

Fuente: Carlos R. Melo, *Presidencia de Figueroa Alcorta*, Academia Nac. de la Historia, *Historia Argentina Contemporánea, 1862-1930.* T. I. Segunda Sección.

Otros itinerarios transitaban caminos más originales, de ida y vuelta de un cargo a otro, que revelaban un minucioso resguardo, no menos eficaz, del papel que se abandonaba y que pronto habría de recuperarse. Entre Ríos representa, en este sentido, un caso arquetípico.

El Senado jugaba un papel semejante al que le asignaba el legislador. Era, en lo substancial, una institución que agrupaba a quienes habiendo concentrado poder y prestigio en una circunstancia provincial, volcaban esa experiencia y esa capacidad de control en el ámbito nacional.

El Senado comunicaba oligarquías, las hacía partícipes en el manejo de los asuntos nacionales y las cobijaba con la garantía de un mandato extenso y renovable. Allí convivía un gru-

Cuadro Nº 9

Gobernadores y Senadores en Entre Ríos

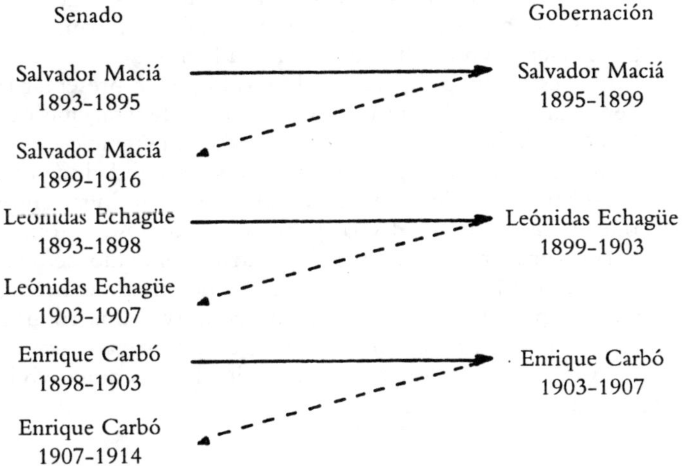

Fuente: Ibid. Cuadro Nº 8.

po de notables, muchos de ellos consagrados a ejercer una senaturía predominante que hubiera merecido el beneplácito de un Bolívar redivivo. El mandato duraba nueve años; una reelección los llevaba a dieciocho años, como es el caso de Francisco C. Figueroa y Antonio del Pino en Catamarca, V. Virasoro en Corrientes y S. Macía en Entre Ríos; y una tercera designación por la legislatura les hacía rondar el umbral del cuarto de siglo, tal como sucedió con E. Mendoza y D. T. Pérez que durante veinticuatro años ocuparon, respectivamente, una banca por San Luis y otra por Jujuy.

Así quedaba consagrada la duración y la permanencia. "Invernada de gobernadores..." llamaba al Senado Nacional un cronista parlamentario que, bajo el seudónimo de Escalpelo, describía sin eufemismos la regla no escrita de la representación en el alto cuerpo legislativo: "Basta ser gobernador de provincia para tener asegurada la banca en el Senado, y basta como consecuencia tener una banca en el Senado para aspirar con éxito a las gobernaciones de provincia... Es un juego de niños. Simple cambio de asientos: yo bajo, tú subes —guárdame esa banca yo te reservo esta gobernación—, bríndame con esa gobernación yo te obsequio con esta banca".[19]

Visto desde esta perspectiva, el Senado puede presentar la imagen, quizá ilusoria, de un viviente pacto federal que defendía con celo las autonomías provinciales consagradas por la Constitución. Sin embargo, este cuadro de estabilidad se yuxtapuso sobre una serie de conflictos que tuvieron lugar entre el poder político nacional y las provincias. Regresó entonces sobre la escena un instrumento de control, conocido décadas atrás, cuya persistencia en aquel tiempo y después le concede, en nuestro país, el raro privilegio de conservar una robusta salud institucional. Es momento, pues, de interrogarse acerca de los avatares del sistema federativo y del destino que tuvo la intervención federal.

NOTAS

1. *El Federalista*, LXIII (Hamilton), México, Fondo de Cultura Económica, 1956, p. 289.

2. La técnica de clasificación es la siguiente: se toma como medida máxima la provincia con mayor número de electores que siempre es Buenos Aires y se divide esta cifra por tres. 1880: Buenos Aires, 54, o sea 18; 1886/92: Buenos Aires 36, o sea 12; 1898/1910: Buenos Aires 60, o sea 20. Distritos Chicos son aquellos situados abajo del primer tercio; Distritos Medianos los ubicados entre el primero y el segundo tercio; Distritos Grandes los que se localizan entre el segundo y el tercero.

3. Para estos resultados ver J. N. Matienzo, *Le gouvernement représentatif-fédéral dans la République Argentine*, pp. 154-161.

4. *El Federalista*, LXII (Hamilton o Madison), p. 263.

5. *El Federalista, idem*, p. 262.

6. *El Federalista*, LXIII (Hamilton o Madison), p. 268.

7. *El Federalista, idem*, p. 267.

8. Conf. M. Duverger, *Institutions politiques et droit Constitucionnel*, Paris, P.U.F., 1966, p. 271.

9. Ver Agustín de Vedia, *Constitución Argentina*, Buenos Aires 1907, p. 191 ss.

10. R. Rivarola, *Del régimen federativo al unitario*, p. XXVIII s.

11. R. Rivarola, "El Presidente Sáenz Peña y la moralidad política argentina", en *R.A.C.P.*, año IV, N° 49, 2-10-19-14, p. 8.

12. Ver, en este sentido, R. Rivarola, "La 'oligarquía' según los constituyentes del 53".

13. Ver J. N. Matienzo, *Le gouvernement représentatif-fédéral dans la République Argentina*, p. 327 ss.

14. Conf. J. N. Matienzo, *idem*, p. 202 s.

15. R. Rivarola, "El presidente Roca y la consolidación del poder nacional", p. 111.

16. De acuerdo con la siguiente distribución: Buenos Aires, 15; Catamarca, 11; Córdoba, 18; Corrientes, 14; Entre Ríos, 11; Jujuy, 11; La Rioja, 12; Mendoza, 14; Salta, 16; San Juan, 15; San Luis, 15; Santa Fe, 12; Santiago del Estero, 15; Tucumán, 16. Esta distribución es lo suficientemente homogénea como para hacer representativa la media de trece gobernadores por provincia.

17. Los gobernadores *de facto* y las Juntas ejercieron el poder provincial durante pequeños períodos. Gobernadores *de facto* ha habido tres: M. Candioti en Santa Fe (1893); Teófilo Saa en San Luis (1893), y M. Catalán en La Rioja (1898). Las Juntas Revolucionarias tienen una composición variada. Cuatro juntas lograron retener el poder entre el derrocamiento de un Gobernador y el momento en que se hizo efectiva la intervención federal: Triunvirato en Corrientes (1893); Junta de cinco miembros en Santiago del Estero (1892) y de cuatro miembros en la misma provincia (1895); Junta de cuatro miembros en San Juan (1907).

18. El predominio personal habría que buscarlo en un umbral más profundo sobre el cual volveremos en un próximo capítulo: el de las relaciones de familia que controlaban los gobiernos y el poder económico de las provincias. Como muestra registramos las palabras del diputado Araya, *Diario de Sesiones*, 1912, II, p. 845, acerca del dominio familiar sobre el gobierno de Salta, que reproduce D. Cantón en *Elecciones y partidos políticos en la Argentina*, Buenos Aires, Siglo XXI, 1973, p. 100:

"...Don Pío Uriburu, allá por el año 1900, consagró gobernador a Don Ángel Zerda, que era dueño, en unión de Don David Ovejero y Don Félix Usandivaras, del Ingenio azucarero Ledesma ubicado en la provincia de Jujuy; desde entonces el gobierno de Salta se convirtió en un anexo de ese Ingenio.

"Don Ángel Zerda transmitió el gobierno a su sobrino y socio Don David Ovejero y para no ser burlado por éste colocóse de Presidente del Senado de la Provincia, y colocó a su socio Don Félix Usandivaras como Presidente de la Cámara de Diputados.

"Desde entonces hasta ahora Don Ángel Zerda continúa siendo Presidente de la Cámara de Senadores, o sea Vicegobernador por la Constitución de la Provincia, ya hace dos meses el Sr. Usandivaras ha ocupado la presidencia de la cámara de Diputados. Don David Ovejero, un año antes de cumplir su período renunció para hacerse elegir Senador Nacional, cosa que obtuvo y fue en esa ocasión que se propuso hacer gobernador, y también lo consiguió, al Dr. Luis Linares, su sobrino."

19. Escalpelo, *El Senado de 1890*, Brocha Parlamentaria, Buenos Aires, Joseph Escary Editor, 1891, p. 19 s.

V

EL SISTEMA FEDERAL

Hemos visto que la fórmula alberdiana proponía *una solución federativa* para resolver la inserción de las provincias en un sistema nacional de decisiones políticas. Alberdi y los constituyentes sabían que el federalismo expresaba una concepción política que intentaba llevar a la práctica una fragmentación pluralista de la soberanía entre un poder central y un conjunto de unidades geográficas locales.

Esta intencionalidad presenta al federalismo como un argumento de compromiso entre dos conjuntos de valores y de intereses que, entre sí, pueden establecer relaciones de conflicto o cooperación y de autonomía o subordinación. Los federalistas enfrentaban uno de los temas básicos, propio de cualquier unidad política en ciernes, cual es el de saber qué medida de centralización de las decisiones residirá en un órgano central que, por definición, es supremo. Este interrogante los clásicos de los siglos XVII y XVIII lo resumían en la gran cuestión de la *soberanía política* que nacía, junto con el ocaso del orden feudal del antiguo régimen, con la constitución del Estado Nacional moderno.

De aquí surgía una primera precisión: el federalismo expresaba los vínculos más o menos estables que existían entre unidades políticas independientes —por ejemplo, las confederaciones de las ciudades griegas en la antigüedad, las precarias uniones de las ciudades italianas en el Renacimiento, la Liga Hanseática— o bien, traducía una *organización interna* que se desarrollaba dentro de las fronteras de un Estado. El concepto de frontera encerraba una distinción entre, por un lado, el federalismo internacional y, por el otro, el federalismo intraestatal. Sin lugar a dudas, ambas dimensiones podían desplegarse en un continuo de fases históricas que configuraban un proceso unificante.

La Confederación de Estados merecía, desde esta perspectiva, una atención particular, puesto que, para muchos, este embrión de federalismo estaba marcado por la precariedad: o la Confederación evolucionaba hacia formas más centralizadas de organización federal interna, como ocurría en los Estados Unidos, en Suiza y en Alemania o, de lo contrario, afrontaba el riesgo de su disolución.

El contraste entre Confederación y Estado Federal ponía sobre el tapete una segunda precisión. El uso abusivo de la palabra federal creaba confusión y empantanaba al observador en un lenguaje que no distinguía entre un procedimiento diplomático y un método derivado del ejercicio de poder político en un estado soberano. Lo típico del procedimiento diplomático era el carácter mediato de las decisiones que adoptaba un órgano confederativo. Lo típico del método político interno era, en cambio, la naturaleza inmediata de las decisiones cuyo imperio se extendía sobre un territorio y obligaba a los habitantes que en él coexistían.[1]

El lector comprobará cómo el límite trazado entre la Confederación y el Estado Federal provenía, ni más ni menos, de un principio de legitimidad más profundo que el que portaban cada una de las unidades federadas: sobre ellas debía preexistir, o emerger, un *vínculo nacional* que religara a las partes mediante la presencia de un pueblo y de un territorio común a todas ellas que fuera objeto y sujeto inmediato de las decisiones. Cuando este proceso constitutivo se ponía en marcha, la capacidad para adoptar decisiones se reforzaba con una serie de medios coercitivos para hacerlas efectivas en caso de secesión o impugnación de la autoridad nacional. Por eso, el hecho de que muchas Constituciones Federales declarasen soberanas a las unidades locales no era más que una metáfora verbal. Si asomaba la secesión se gestaba, de inmediato, un conflicto entre dos soberanías: una establecida y otra emergente, cuya consecuencia sería el mantenimiento del orden federal o su fractura definitiva. Las crisis históricas del "Sonderbundskrieg" en Suiza (1848), de nuestras guerras civiles y de la que tuvo lugar en los EE.UU. cuando promediaba la década del 60 ilustraron este conflicto.[2] Eran la expresión, vertida esta vez en lenguaje jurídico, del proceso de reducción a la unidad al que aludíamos al principio de este libro.

Estas situaciones planteaban, una vez más, el viejo interrogante alberdiano. ¿Cómo resolver, en efecto, la coexistencia efectiva entre dos poderes: el nacional y el local? La pregunta ya mereció, de parte nuestra, un atisbo de respuesta histórica. Pero alguna exploración sobre el concepto de dualismo federal puede desbrozar el camino para situar la cuestión concreta del federalismo ante el poder político consolidado en 1880. Se ha dicho que el dualismo es un medio para crear o conservar un sistema integrado por dos órdenes de competencia: el orden global y el orden elemental o particular. En este sentido, el federalismo clásico —tal como se lo concibió en los Estados Unidos o en Suiza— se expresaría mediante un equilibrio entre ambas tendencias: la periferia controlaría al centro y viceversa.[3] El consejo de Montesquieu no caía, pues, en saco roto cuando las federaciones en ciernes reunían unidades homogéneas y "Estados de la misma naturaleza, del mismo régimen político y, más específicamente [...] de forma republicana".[4]

Las unidades particulares tenían un origen histórico y regional: cristalizaban en un espacio territorial rasgos propios de tradición, de cultura y de formación económica. Se llamaban estados, provincias o cantones. La fórmula norteamericana no fue ajena a esta preocupación. Los constituyentes obraron sobre la realidad de unidades particulares de carácter homogéneo a propósito de su tamaño, de su población, aun de su actividad económica y procuraron implantar los resguardos necesarios para impedir dos cosas: la ruptura del equilibrio dualista y la emergencia de algún estado federado que se apropiara de los resortes del poder central y ejerciera el liderazgo de la empresa unificante.

No ocurrió lo mismo en Alemania. Entre 1815 y 1866, los estados germánicos estaban agrupados en una Confederación cuya presidencia era ejercida por Austria. Prusia, el estado que tenía más espacio, poder económico y población, exigió una unión más estrecha, derrotó a Austria en sucesivas oportunidades y se constituyó en el poder unificante del Imperio Alemán. El nuevo Estado Nacional era federal pero combinaba unidades heterogéneas: 4 reinos, 6 grandes ducados, 5 ducados, 7 principados, 3 ciudades libres y la Alsacia-Lorena anexada, esta última, luego de la victoria sobre Francia en la guerra del 70. Este aparente pluralismo estaba controlado por la presidencia hereditaria del rey de Prusia. El emperador manejaba la maquinaria administrativa, convocaba las sesiones del Congreso, nombraba y revocaba al Canciller, comandaba la política exterior y las Fuerzas Armadas.[5]

El ejemplo de la Alemania bismarckiana ilustraba la quiebra del dualismo desde el momento en que se fundaba el Estado Federal, pero apuntaba, también, una tendencia hacia el desequilibrio a favor del poder central que quedará confirmado por la práctica histórica de los federalismos llamados clásicos y, en particular, el argentino.

La intervención federal

¿Qué camino recorrieron los argentinos para fracturar el dualismo federal, sobre todo después de 1880?

En el proyecto de constitución que acompañaba a las *Bases,* Alberdi otorgaba a la Confederación el deber de garantizar a las provincias el sistema republicano, la integridad de su territorio, su soberanía y su paz interior. A continuación introducía, por primera vez, el *derecho de intervención*: la Confederación, decía, "interviene sin requisición en su territorio al solo efecto de restablecer el orden perturbado por la sedición". Retengamos dos palabras que, de aquí en más, serán la clave interpretativa de una farragosa discusión jurídica y de un comportamiento político más transparente: requisición y sedición.

El Congreso de 1853 complicó esta redacción y dejó escrito el art. 6 de la Constitución como sigue: "El Gobierno Federal interviene con requisición de las Legislaturas o gobernadores provinciales, o sin ella, en el territorio de cualquiera de las

Provincias, al solo efecto de restablecer el orden público perturbado por la sedición o de atender a la seguridad nacional amenazada por un ataque o peligro exterior".

La redacción era más amplia que la anterior, pero no cerraba el resquicio abierto por Alberdi —el gobierno federal interviene con requisición o *sin* ella— y añadía otra causa de intervención como el ataque o el peligro exterior. La oposición a esta norma se gestó en Buenos Aires, durante los debates que se realizaron en aquella provincia, que culminaron con una nueva propuesta, luego admitida por la Convención de 1860. En Buenos Aires, los aires reformadores tenían un franco carácter autonomista. Buenos Aires adhería a la Confederación, después de la derrota que había sufrido en Cepeda, con prevención, y procuraba institucionalizar los mayores resguardos. Alberdi y el Congreso de 1853 se habían apartado de la norma norteamericana en lo que se refería a la intervención federal; los convencionales de Buenos Aires, en cambio, hicieron gala de mayor ortodoxia hacia ese texto, en parte inspirados por las vehementes manifestaciones de fidelidad expresadas por Domingo Faustino Sarmiento.[6]

Sarmiento no entendía el acto de intervención si no mediaba, previamente, el requerimiento del gobernador o de la legislatura provincial. Alberdi no estaba de acuerdo con esta interpretación y se mantenía en la tesitura de su proyecto original.[7] Luego de un debate donde con vigor y calidad se desplegaron todos los argumentos, la Convención de Buenos Aires propuso una redacción equidistante, a la cual no era ajena la perspectiva sustentada por Bartolomé Mitre, entre el artículo que consagró el Congreso del 53 y el excesivo apego a la norma norteamericana que el mismo Sarmiento había matizado en el curso de las discusiones. El art. 6 quedó escrito de este modo y fue aceptado por la Convención Reformadora: "El gobierno federal interviene en el territorio de las provincias para garantir la forma republicana de gobierno, o repeler invasiones exteriores, y a requisición de sus autoridades constituidas para sostenerlas o restablecerlas, si hubieran sido depuestas por la sedición, o por invasión de otra provincia". Alberdi insistió con su oposición al texto que, no obstante, quedó inscripto en la Constitución. El Art. 6 perdurará hasta nuestros días y ninguna de las reformas realizadas hasta el presente habrá de modificarlo.

¿Qué es lo que había cambiado? La nueva redacción dejaba a salvo el peligro que atormentaba a Sarmiento: sólo debía intervenirse en las provincias, en efecto, previa requisición de sus autoridades constituidas. Pero no es menos cierto que la sentencia introductiva del artículo dejaba abierto un ancho margen para la interpretación y, sobre todo, para la acción futura del poder político nacional. Se decía que el gobierno federal interviene para garantir la forma republicana de gobierno. ¿Quién decide en qué circunstancias corresponde garantir?: silencio constitucional al respecto. Y, por otra parte, ¿quién es el sujeto que hace de garante?: afirmábase que era el Gobierno Federal. Bajo este término subyacían dos poderes nacionales: el ejecutivo y el legislativo; ambos tenían competencia para producir decisiones autoritativas por la vía del decreto o de la ley. La ruta quedaba despejada, si no había especificaciones, para intervenir por ley del Congreso o por decreto del Poder Ejecutivo.[8] Por estos resquicios el andamiaje jurídico legaba al poder central una posición dominante para hacer efectiva la intervención, que los hechos no desmentirán con el correr de los años.

Según Alberdi se trataba de intervenir sin requerimiento de las provincias. Los constituyentes del 53, aunque ampliaron el concepto, no abandonaron el primitivo recaudo. La Convención Reformadora del 60, temores de Buenos Aires mediante, salvó los principios de los ortodoxos como Sarmiento pero cobijó la acción del Gobierno Federal bajo la cláusula de la garantía de la forma republicana de gobierno. Más allá de las palabras, o de las discusiones terminológicas, el círculo parecía cerrarse en torno de una actitud que amparaba un ámbito reservado a la discreción o a la arbitrariedad de los gobernantes de turno. Veamos algunos testimonios.

Hacia 1869, Sarmiento ejercía la presidencia de la República. Con motivo de una intervención a la Provincia de San Juan, reforzada con la implantación de la ley marcial en aquel distrito, Bartolomé Mitre presentó un proyecto de ley por el que sometía las intervenciones del Poder Ejecutivo a reglamentación legislativa. Aprobado por ambas Cámaras, el proyecto fue vetado por Sarmiento y por su ministro del Interior, Dalmacio Vélez Sarsfield. La decisión del presidente es significativa, porque provenía de quien sostuvo una de las posiciones más próximas a la ortodoxia autonomista. ¿Era circunstancial la contradicción de Sarmiento entre teoría y práctica federal? ¿Conservaban algún valor los viejos argumentos cuando llegaba el momento de poner en marcha el control nacional sobre una provincia?

Un cuarto de siglo más tarde, cuando el país atravesaba en su fase descendente el ciclo revolucionario que se había iniciado en la ciudad de Buenos Aires, en el invierno de 1890, Bernardo de Irigoyen, a la sazón en el Senado, interpelaba al ministro del Interior Manuel Quintana y confesaba su pesimismo ante el desmantelamiento del régimen federal: "Siempre hablan —exclamaba— del sistema federativo, de su excelencia, de sus necesidades y conveniencias. Pero el sistema va desapareciendo; y hoy por las intervenciones, mañana por el estado de sitio, pasando por el enganche y después por este cúmulo de medidas y hechos absorbentes que no tienen término, nos vamos encontrando en esta situación —que a mi juicio constituye el peligro más grande— en que el país ha perdido su sistema político que es la verdadera base de estabilidad para las sociedades modernas".[9]

Seis años después de esta interpelación, Roca recogía, al comienzo de su segunda presidencia, una experiencia histórica que en mucho podía avalar la dramática crítica de Bernardo de Irigoyen: "Desde que empezó a aplicarse la Constitución Nacional —decía en uno de sus mensajes al Congreso— se experimentó la necesidad de una ley que, fijando la recta inteligencia de los artículos 5° y 6°, trazara las normas a que debían ajustarse las intervenciones...; los casos de intervención se han sucedido con sus variados accidentes y han sido debatidos o resueltos con el criterio de las circunstancias y bajo la presión de hechos y conflictos que no siempre son compatibles con la serenidad".[10]

Por fin, dos textos escritos durante el centenario cierran estos testimonios y acentúan el crítico pesimismo que se insinuaba años atrás. El primero pertenece al observador extranjero Adolfo Posada, un publicista español que visitó nuestro país en aquel tiempo.

Posada advertía la quiebra del dualismo federal en la Argentina y para otorgar fundamento a su aserto, no comparaba nuestra experiencia con la práctica federal en Suiza o en los Estados Unidos; volvía su mirada hacia el imperio alemán que, como señalábamos más arriba, se había erigido en el modelo más representativo de un sistema federal antidualista organizado en torno de un poder unificador y hegemónico. Un Estado Federal, escribía Posada, requiere "cierto equilibrio de fuerzas, que si se rompe, ha de ser en la proporción en que Prusia rompe el equilibrio alemán, no en la proporción en que la Capital Buenos Aires rompe, por el momento, el equilibrio argentino".[11] Severa conclusión: la Capital, que en el 80 aparecía como prenda de conquista para el interior, revertía su control sobre el resto del país. La apuesta de Aristóbulo del Valle terminaba con la victoria de Buenos Aires: para muchos observadores el centro dominaba irresistiblemente a la periferia.

Un notable del interior hacía también balance de lo acontecido. En el *Juicio del Siglo,* Joaquín V. González se aferraba a la esperanza de "que el proceso de centralización no puede ser eterno" luego de emprender una implacable requisitoria contra la Intervención Federal. No se recurre a ella, decía, "con un fin constitucional propiamente dicho, pues en muchos casos se interviene para sostener, reponer o reconstruir autoridades ejecutivas, legislativas o judiciales depuestas, amenazadas o disueltas por la sedición armada o la astucia política, y en la mayoría, en la época contemporánea, la intervención se ha convertido en un recurso ordinario de unificación electoral de todos los grandes resortes efectivos, localizados en los gobiernos".[12]

¿No podrían inducirse de estas observaciones los rasgos de un instrumento de control que se ejercía desde la Capital y se desplegaba sobre un territorio de más en más dependiente de un centro político hegemónico? Los actores desmienten con su práctica la teoría antes invocada o desprenden, del análisis inmediato de los hechos, otras interpretaciones más cercanas a la realidad de las cosas. Gobernantes y observadores veían en la intervención federal acciones y decisiones que desnaturalizaban un régimen sólo obligado, por definición constitucional, a recurrir a ella en casos excepcionales. La cuestión exige, ahora, comprobar en qué medida la excepción se transformó, con el correr del tiempo, en un hábito ordinario al servicio del poder central.

La práctica de la intervención

Decimos hábito de comportamiento. ¿Qué significado atribuir a esta afirmación? Una vez sancionada la Constitución, el período que se extendió entre 1854 y 1880 estuvo marcado, ya lo hemos visto, por la guerra interna entre Buenos Aires y la Confederación y por tres presidencias que gobernaron desde una provincia hegemónica. La aplicación de una medida excepcional corrió, pues, paralela con el carácter de los conflictos armados. La intervención federal cubría con un manto jurídico la marcha de los ejércitos que buscaban imponer, desde posiciones antagónicas, su concepción del orden y de la integridad territorial. Son veintiséis años en cuyo transcurso el Poder Ejecutivo decretó treinta y cinco intervenciones y el Congreso Nacional sancionó por ley la misma medida sólo en cinco oportunidades. No hubo presidente que no tuviera que enfrentar el fantasma de la guerra. La intervención federal sirvió entonces, en la mayoría de los casos, como uno de los tantos instrumentos que justificaron la voluntad de constituir una unidad política.

A partir de 1880, la intervención federal representará un papel diferente. Persistirá como instrumento de control pero cambiará la naturaleza de su objeto; antes se engarzaba con conflictos territoriales que volcaban sobre el escenario una recurrente crisis de identidad; ahora, asentada sobre el poder político nacional, la intervención federal obrará con más parsimonia y seguirá los dictados de gobiernos que buscaban controlar las oposiciones emergentes dentro y fuera del régimen institucional. Por un lado la lucha para fundar una unidad política; por el otro, la tarea más rutinaria para conservar un régimen.

Este comentario vale como preámbulo para ubicar a la intervención federal entre 1880 y 1916. Si el lector admite que instalemos este período de treinta y seis años entre el que antes transcurrió y el que luego se extenderá hasta 1972, observará un interregno donde la aplicación menos intensa de la intervención federal corrió paralela con la importancia creciente del Congreso Nacional como fuente legislativa que la sancionó. En total: 40 intervenciones, de las cuales 25 se hicieron por ley del Congreso y 15 por decreto del Poder Ejecutivo. La misma cifra correspondiente al período anterior, con la diferencia, esta vez, de contar con diez años más bajo análisis y de que se invierta, al menos desde el punto de vista formal, el predominio del Ejecutivo.[13]

Desde Roca hasta V. de la Plaza, todos los presidentes, sin excepción, hicieron uso de la intervención federal. Hay, por supuesto, variaciones entre unos y otros sumados ambos tipos de intervención (por ley y por decreto), lo que permite registrar una medida aproximativa de intensidad intervencionista, clasificando a las presidencias según el siguiente orden de rango.

Cuadro N° 1
Intervenciones federales por presidencias 1880-1916

Presidentes	Años de Gobierno (1)	Número de Intervenciones			Intervenciones por año de gobierno
		Total	Ley	Dcto.	
Luis Sáenz Peña	2	8	7	1	4
Carlos Pellegrini	2	3	1	2	1,5
José E. Uriburu	4	6	5	1	1,5
Victorino de la Plaza	2	3	2	1	1,5
J. Figueroa Alcorta	5	7	3	4	1,4
J. A. Roca (2a.Presidencia)	6	6	3	3	1
Manuel Quintana	1	1	1	-	1
Miguel Juárez Celman	4	2	1	1	0,5
Roque Sáenz Peña	4	2	-	2	0,5
J. A. Roca (1a. Presidencia)	6	2	2	-	0,33
		40	25	15	

(1) La distribución de los años de gobierno para cada presidente se ha hecho en forma aproximativa.
Fuente: Materiales para la Reforma Constitucional, República Argentina, Comisión de Estudios Constitucionales, Bs. As., 1957, 7 Vols.

La lectura de estas cifras revela momentos de pico y de baja en la intensidad intervencionista, si al orden de rango se le yuxtapone una secuencia cronológica. Durante los diez primeros años (presidencias de Roca y de Juárez Celman) la intensidad fue baja; Roca realizó dos intervenciones en su primera presidencia y el promedio atribuido a Juárez Celman se situó, también, en uno de los umbrales más bajos. La intensidad subió en el curso de la presidencia de Carlos Pellegrini y alcanzó el pico más alto cuando Luis Sáenz Peña ejerció la primera magistratura. Ambos mandatos cubrieron el ciclo revolucionario que se inició en 1890 y finalizó en torno de los años 1894-1895.[14] Cuando J. E. Uriburu reemplazó a Luis Sáenz Peña la curva inició un sostenido descenso hasta la segunda presidencia de Roca y la de M. Quintana. El repunte que tuvo lugar durante la presidencia de Figueroa Alcorta sufrió un altibajo cuando R. Sáenz Peña retrotrajo la intensidad hasta un umbral próximo al anterior de 1890; su sucesor, V. de la Plaza, llevó el promedio de intervenciones hasta un nivel coincidente con el gobierno de Figueroa Alcorta.

Este descenso un poco abrupto por la ladera de una sucinta descripción de la intervención federal por presidencias, debe complementarse con una radiografía espacial que tenga en cuenta su impacto en las provincias.

Trece, de las catorce provincias, fueron intervenidas por lo menos en una oportunidad. Las provincias más protegidas fueron Salta, Córdoba, Jujuy y San Juan. Salta fue la única provincia no intervenida y las otras lo fueron una sola vez. A este primer grupo le siguen Entre Ríos, Mendoza, Santa Fe, La Rioja y Tucumán que fueron intervenidas en dos y tres oportunidades. Un tercer grupo, en fin, reúne provincias que fueron intervenidas entre cuatro y seis veces: Buenos Aires, Santiago del Estero, Corrientes, Catamarca y San Luis. A primera vista se advierte una mayoría apreciable de provincias que no sufrieron una fuerte presión intervencionista, sumados los dos primeros grupos.

Sin embargo, si reparamos en previas observaciones, caemos en la cuenta de que en el tramo de las provincias castigadas quedan incluidas dos provincias llamadas de oposición repetida a propósito de su comportamiento en las Juntas de

Cuadro Nº 2
Intervenciones federales por provincias 1880-1916

Provincia	Número de Interven-ciones	Presidente que interviene
Catamarca	6	Roca (1ª); Pellegrini; L. Sáenz Peña; Roca (2ª); V. de la Plaza
San Luis	6	L. Sáenz Peña; J. E. Uriburu; Roca (2ª); Figueroa Alcorta
Corrientes	5	L. Sáenz Peña; Figueroa Alcorta; V. de
	4	la Plaza
Buenos Aires	4	L. Sáenz Peña; J. Roca (2ª)
Sgo. del Estero	3	Roca (1ª); L. Sáenz Peña; J. E. Uriburu
La Rioja	3	J. E. Uriburu; F. Alcorta
Tucumán		M. Juárez Celman; L. Sáenz Peña; M. Quintana
Entre Ríos	2	J. A. Roca (2ª); V. de la Plaza
Mendoza	2	M. Juárez Celman; C. Pellegrini
Santa Fe	2	L. Sáenz Peña; R. Sáenz Peña
Córdoba	1	Figueroa Alcorta
Jujuy	1	R. Sáenz Peña
San Juan	1	Figueroa Alcorta
Salta	0	
	40	

Fuente: *Materiales para la Reforma Constitucional*, República Argentina, Comisión de Estudios Constitucionales, Bs. As., 1957, 7 Vols.

Electores: Buenos Aires y Corrientes; y otras dos que integraron la coalición de provincias de apoyo permanente cuyos electores votaron siempre al candidato oficial: Catamarca y San Luis. En el grupo intermedio quedan comprendidas una provincia de oposición repetida: Tucumán; dos distritos de oposición circunstancial: Entre Ríos y Mendoza; y dos provincias de apoyo permanente: La Rioja y Santa Fe. Dos últimos grupos, pues, de carácter heterogéneo que contrastan con un primer conjunto homogéneo, integrado por las cuatro provincias más protegidas que formaron parte, sin excepción, de la coalición oficialista.

Lo dicho basta para señalar que casi todas las provincias, cualquiera fuese su ubicación en los grupos de apoyo o de oposición, estuvieron envueltas en procesos que dieron lugar a la intervención federal, aun cuando los distritos menos castigados pertenecieron a la coalición oficialista. Estos procesos respondieron a múltiples motivos en cuanto a su origen, a la iniciativa de la intervención y a sus consecuencias políticas. En todo caso el origen de las intervenciones es claro: sobrevinieron, por lo general, cuando en determinadas provincias se manifestó *una situación de conflicto* ante la cual el Gobierno Federal volcó su poder e influencia para apoyar a las autoridades constituidas, o bien a las oposiciones emergentes.

La lectura de los acontecimientos que provocaron las intervenciones revela tipos de comportamiento recurrentes. Vale la pena subrayar, una vez más, el hecho del requerimiento o requisición contemplado en el art. 6 de la Constitución Nacional. Este concepto permite rastrear dónde se radica la iniciativa de la intervención, distinguiendo dos ámbitos precisos: por una parte, la provincia que por medio del requerimiento reclama la intervención, y por la otra, el gobierno federal que interviene de oficio. La teoría atribuía a la requisición un carácter conservador. Si ella ocurría, motivada por la sedición o por la invasión de otra provincia, el Gobierno Federal debía ejercer una acción reparadora para sostener o restablecer las autoridades constituidas. La intervención federal sin requerimiento estaba amparada, en cambio, por la primera parte del art. 6 que habilitaba al Gobierno Federal para intervenir en el territorio de las provincias con el objeto de garantir la forma republicana de gobierno o repeler invasiones exteriores.

La iniciativa de la intervención estaba vinculada con una situación de conflicto cuya gravedad la misma Constitución calificaba mediante los términos de garantía a la forma republicana de gobierno, invasión externa o interna y sedición. Si dejamos de lado la circunstancia de la invasión interna o externa, menos significativa en este período que en el anterior entre 1854 y 1880, la sedición y la garantía de la forma republicana de gobierno resultan ser los criterios básicos para orientar una adecuada comprensión de los procesos intervencionistas. Sin embargo, la realidad de las cosas no sugiere una simplificación tan drástica. La intervención federal se desplegó sobre un amplio territorio conflictivo. Hubo momentos en los cuales la sedición motivó la acción del Gobierno Federal. Testigos de ello son las intervenciones que tuvieron lugar durante la presidencia de Luis Sáenz Peña. En muchas circunstancias, como bien advierte Sommariva, las intervenciones lidiaron con situaciones provocadas por divergencias entre las autoridades locales, con conflictos de poderes (entre la legislatura y el gobernador que podían culminar en juicio político) o con vicios imputados a los actos electorales.[15] En otras (cómo no recordar aquí la presidencia de Figueroa Alcorta, sobre la cual volveremos), el Gobierno Federal buscó pretextos o alentó movimientos opositores en las provincias que luego protegería mediante la intervención.

Las acciones intervencionistas generaron consecuencias políticas que permiten explorar un propósito de control del poder central sobre las provincias. A riesgo de generalizar, las intervenciones acaecidas a partir de 1880 tuvieron tres tipos de consecuencias: apoyaron a las autoridades constituidas, favorecieron a los grupos opositores comprometidos en el conflicto e instalaron nuevas autoridades a propósito de un conflicto en donde la intervención no satisfizo al gobierno provincial ni a los adversarios "que principalmente lo combatían".[16] En el primer caso, el Gobierno Federal actuó inspirado por un criterio conservador: repuso o apoyó a los gobernantes en ejercicio; en el segundo, tomó parte en un conflicto a favor de los actores que se enfrentaron con las autoridades provinciales; en el tercero, en fin, buscó la distancia de un arbitraje.

Si cruzamos estos tres tipos de consecuencias con las dos clases de intervención según la iniciativa (con o sin requerimiento), podemos ordenar los procesos intervencionistas de acuerdo con el esquema del Cuadro N° 3.

De este cuadro se desprenden algunas observaciones significativas. Cuando hubo requerimiento, la mayoría de las intervenciones apoyaron a las autoridades constituidas; cuando, en cambio, el Gobierno Federal intervino de oficio se invirtió la

Cuadro N° 3

Tipos de Intervención Federal, 1880-1910

Iniciativa de la Intervención	Consecuencias de la Intervención: Apoyo a las autoridades constituidas		Apoyo a los grupos opositores		No favorece al gobierno provincial ni al principal grupo opositor	
Con Requerimiento	Mendoza	1889	Tucumán	1887	Buenos Aires	1893
	Catamarca	1891	Sgo. del Estero	1892	Tucumán	1893
	Santa Fe	1893	Sgo. del Estero	1895		
	San Luis	1893	San Luis	1904		
	La Rioja	1895	San Juan	1907		
	Entre Ríos	1900				
	San Luis	1907				
Sin Requerimiento	Catamarca	1893	Sgo. del Estero	1883	Santa Fe	1911
	San Luis	1897	Catamarca	1884		
	Buenos Aires	1899	Mendoza	1892		
	Buenos Aires	1903	Corrientes	1893		
			San Luis	1896		
			La Rioja	1898		
			Sgo. del Estero	1898		
			Catamarca	1899		
			Tucumán	1905		
			Corrientes	1907		
			San Luis	1909		
			Corrientes	1909		
			Córdoba	1909		
			La Rioja	1910		

Fuente: L. H. Sommariva, *Intervenciones federales en las provincias*, Vol. II. Cap. XXII: "Las intervenciones ante el federalismo". Cabe señalar que el número de intervenciones que registra el Cuadro asciende a 33. La diferencia de 7 intervenciones con respecto a los cuadros anteriores se debe a que el análisis de Sommariva llega hasta la intervención R. Sáenz Peña a la Provincia de Santa Fe. No se toman en cuenta, entonces, la otra intervención de Sáenz Peña y las 3 que realiza V. de la Plaza. La diferencia que resta, proviene de que la misma fuente subsuma en una las dos intervenciones (por ley y por decreto) que tuvieron lugar en Catamarca (1891), Corrientes (1893) y Buenos Aires (1903).

relación con una diferencia mucho más acentuada: 14 intervenciones sin requerimiento que prestaron apoyo, directo o indirecto, a los grupos opositores contra 4 que apoyaron a las autoridades constituidas. Y es, también, en el sector de las intervenciones sin requerimiento donde se localizó la acción predominante del gobierno nacional; aquellas representaron, en efecto el 57,5% del total.

Quiere decir, entonces, que el carácter reparador o conservador de la intervención federal apenas cubrió una parcela limitada. La franja más extensa estuvo ocupada por un tipo de acción que combinaba la intervención de oficio con el apoyo a los grupos opositores. ¿No será posible comprobar, a partir de esta sucinta descripción, un propósito de control del orden nacional sobre el campo de autonomía reservado a las provincias? ¿Cómo no reconocer esta intención en la actitud de los gobernantes nacionales que intervinieron en los conflictos a favor de una de las partes en discordia y desplazaron la balanza de la influencia, o de la sanción, contra las situaciones de poder de las autoridades constituidas?

Preguntas que, en sí mismas, esbozan una explicación preliminar. Las provincias, habíamos visto, encerraban dentro de sus fronteras un régimen local cristalizado en la figura hegemónica del gobernador. Los gobernadores volcaban su poder y su influencia en las Juntas a través de los bloques de electores, negociaban y transaban sobre candidaturas presidenciales, emigraban, también, hacia otros centros de decisión de carácter nacional y prolongaban su actividad, en las bancas del Senado. Allí representaban a sus provincias, mientras en su distrito de origen otros sucesores lidiaban con la política local: un ámbito, por cierto, que poco semejaba la imagen de un orden sin conflictos intraoligárquicos. Quizá Salta haga excepción a esta regla. Pero, salvados los escollos de los distritos más protegidos frente a la intervención federal, las querellas que tenían lugar entre las legislaturas, los colegios electorales provinciales y los gobernadores, los atisbos de sedición y aun los movimientos revolucionarios más amplios, constituyen signos de advertencia.

Los gobernadores enfrentaron, pues, a la oposición. Y curiosamente, estas oposiciones podían alcanzar la victoria y desplazar a sus ocasionales adversarios gracias a la intervención del

Gobierno Federal. ¿Forma habitual para asegurar la circulación de los notables de provincias en el gobierno local? ¿O, más bien, acción del poder político nacional para conservar su control, sancionar a los díscolos y promover nuevas alianzas? Ambas acciones se entrecruzaron en múltiples ocasiones y de modo sugestivo cerraron las líneas dispersas de un argumento antes expuesto. Porque, si bien los presidentes no podían prescindir de los gobernadores que implantaban en el territorio las bases de una coalición nacional, éstos, a su vez, actuaban con la incertidumbre derivada de la crisis interna y de un gobierno central que tomaba parte en los conflictos. Por un lado, transferencia de poder hacia el sistema nacional de decisiones desde las posiciones de autoridad afincadas en las provincias; por el otro, control descendente del Gobierno Federal que concentraba y reforzaba aquellos recursos y disponía de ellos con motivo de la intervención.[17]

En el viejo diálogo que enhebró la teoría política entre lo universal y lo particular, el primer término llevaba las de ganar a medida que el poder político nacional prestaba su capacidad de decisión a favor de un grupo provincial en detrimento de otro. No parece que hubiera existido, en rigor, una marcada adhesión hacia el valor del arbitraje. Son pocos los casos, casi hacen excepción, donde la intervención federal no tomó parte por el gobierno provincial, ni desvió sus recursos para alentar a los principales grupos opositores; apenas tres intervenciones, dos de las cuales culminaron con procesos electorales que se recuerdan por las garantías que se brindaron a *todas* las partes: la elección de Buenos Aires en 1894, presidida por el interventor federal Lucio V. López, en la que participaron en un pie de igualdad autonomistas, cívicos y radicales y la elección de Santa Fe en 1911, durante la intervención de Anacleto Gil, que culminó con la victoria de la fórmula radical.

Vistas en conjunto, las experiencias intervencionistas diseñaban una imagen radial: un centro emitía decisiones imperativas hacia una pluralidad de puntos localizados en la periferia. Ese centro tenía un carácter político y espacial; representaba al poder nacional y estaba instalado en la ciudad de Buenos Aires. Sabemos que los presidentes, cuando afrontaron los procesos intervencionistas, buscaron el acuerdo legislativo eludiendo, por lo general, la acción por decreto. Pero los presidentes, pese a su carácter predominante, no obraron solos. La Constitución establecía que "cinco ministros-secretarios tendrán a su cargo el despacho de negocios de la Nación", y una reforma posterior, en 1898, aumentó ese número a ocho. Ministros que refrendaban y legalizaban los actos del presidente por medio de su firma sin cuyo requisito carecían de eficacia[18], ¿cuál fue su origen?; ¿de dónde provinieron?

Buenos Aires en el Gabinete Nacional

La composición de los sucesivos gabinetes nacionales constituye un tema poco estudiado.[19] La época que nos toca tratar, es cierto, era ajena todavía a fenómenos universales más próximos que acentúan el carácter irremediable del crecimiento del Poder Ejecutivo. Compare el lector la simplicidad "ejecutiva" de la Casa Rosada hacia fines de siglo XIX donde estaban instalados casi todos los ministerios, o contraste una vieja foto de Roca presidiendo un acuerdo de ministros (nueve personas alrededor de una mesa de reducidas dimensiones) con la proliferación de edificios ejecutivos que invaden el Buenos Aires de los últimos cuarenta años, o con la complicada operación de reclutamiento que hoy supone una reunión de gabinete.

No se había llegado aún a la suma de poder político y de poder burocrático que detentan los titulares de las agencias ejecutivas. Este abrupto salto hacia el presente —quizá poco justificable en rigor de método— puede encerrar algún sentido si rastreamos los orígenes nacionales de la tan mentada monarquización del mando contemporáneo, interpretación a la que son proclives muchos autores, hecha a la medida del vertiginoso desarrollo de la urbanización, la industria y la tecnología.[20] ¿O es que el pretendido ocaso de los parlamentos y su reemplazo por estructuras de gobierno guardianas del secreto de las decisiones (aquello que el debate legislativo por definición rechaza) no estaban ya presentes en las normas prescriptivas de la fórmula alberdiana?

Ese carácter monárquico del mando republicano suponía centralización y predominio del ejecutivo sobre un espacio federativo; y ya hemos visto cómo el orden global quebraba, mediante la intervención, el equilibrio que recomendaba la teoría del dualismo federal. De este modo se ponía en marcha un sistema de control que transformaba la ciudad o la región donde se instalaba el mando ejecutivo en el vértice de un orden estratificado. Las relaciones de subordinación, implícitas en semejante orden, perfilaban no sólo la fisonomía vertical que representa cualquier sistema de gradación, sino también una configuración espacial: al proyecto federal de un espacio integrado entre unidades de poder equivalentes se le yuxtaponía un espacio desequilibrado cuya estructuración impulsaba y conservaba una ciudad o una región hegemónica.

Con este telón de fondo, algún interés puede despertar un golpe de timón que desplace los interrogantes hacia el núcleo decisivo del poder político nacional integrado por la presidencia y el gabinete. La idea de ciudad o de región hegemónica merece al respecto una particular atención. Ambas palabras exigen una distinción previa. Por ciudad hegemónica entenderemos la sede del Poder Ejecutivo Nacional, es decir, Buenos Aires, la capital de la República desde 1880. Región hegemónica, en cambio, será la capital y la provincia donde aquélla está instalada. La provincia de Buenos Aires se constituye así en una unidad directamente vinculada con la capital en términos políticos, económicos y sociales. Esta hipótesis subrayaría, en consecuencia, una progresiva fusión histórica entre la ciudad-capital y la provincia de Buenos Aires que desmentiría el proyecto del 80, consistente en separar la una de la otra. Admitido este esbozo conceptual, no suena a desacierto detenerse en un análisis acerca de la procedencia de los presidentes y de los ministros, trazando un corte que separe la región hegemónica del resto del país.

De los nueve presidentes que se sucedieron entre 1880 y 1916, cuatro tuvieron origen bonaerense (nacidos en la Capital o en la provincia de Buenos Aires): C. Pellegrini, Luis Sáenz Peña, M. Quintana y Roque Sáenz Peña y cinco provinieron del interior (nacidos en el resto de las provincias): J. A. Roca, M. Juárez Celman, J. E. Uriburu, J. Figueroa Alcorta y V. de la Plaza. Ventaja, pues, para el interior, representado por un tucumano (Roca), dos cordobeses (Juárez Celman y Figueroa

Alcorta) y dos salteños (J. E. Uriburu y V. de la Plaza), que se acrecienta si tomamos en cuenta el tiempo de sus respectivos mandatos. Los doce años que sumaron las dos presidencias de Roca junto con las otras acentuaron, todavía más, el predominio del interior.

Visión preliminar de una situación que apenas agota el análisis, porque ¿cuál es el real significado del lugar de origen? ¿No estuvo plagada la carrera de quienes alcanzaron la presidencia por los casos de provincianos, que abandonaron su lugar de origen y se instalaron en la Capital? Lo mismo vale, qué duda cabe, con respecto a los ministros, integrantes del gabinete nacional. El argumento es consistente. El análisis de la trayectoria de vida otorgaría más importancia a la región bonaerense. Si, en cambio, adoptamos como indicador exclusivo, el lugar de origen, volcamos el argumento hacia la perspectiva más favorable para una posición federalista que reivindique el carácter positivo de la presencia del interior en los gabinetes nacionales. Salvado este recaudo, que coloca a Buenos Aires en posición desmejorada, veremos en las páginas siguientes los resultados que arroja una descripción del lugar de origen de 102 ministros sobre la cifra provisoria de los 105 que ocuparon ese cargo entre 1880 y 1916.[21]

Los ministros de origen bonaerense sumaron 52 y los pertenecientes al resto del país, 50; en términos porcentuales 51 % contra 49 %. A primera vista, una relación de equilibrio que demanda, por lo menos, tres precisiones complementarias.[22]

En primer término, conviene explorar la distribución por provincias de los 50 ministros de origen no bonaerense. (Véase Cuadro Nº 4.)

Todas las provincias estuvieron representadas en los gabinetes nacionales, con la excepción de Jujuy y de Santiago del Estero. La provincia que reunió más ministros fue Salta: entre ella y sus seguidoras más cercanas se trazaron diferencias de 3 a 5 ministros. El hecho es importante si recordarnos que Salta fue la única provincia no intervenida. ¿Estabilidad oligárquica del sistema político salteño, un distrito de apoyo permanente que no sufrió el impacto de la intervención y que, además, acarreó recursos para el poder nacional en las figuras de dos presidentes y once ministros? La hipótesis es sugestiva.

Cuadro Nº 4

Participación de las provincias en gabinetes nacionales 1880-1916

Provincia	Número de ministros
Salta	11
Santa Fe	8
Córdoba	6
Mendoza	6
Tucumán	6
Entre Ríos	5
Corrientes	3
San Juan	2
Catamarca	1
La Rioja	1
San Luis	1
TOTAL	50

Junto con esta provincia, hicieron punta Santa Fe, Córdoba, Mendoza y Tucumán. Tres de ellas formaron parte de la coalición oficialista (Salta, Córdoba y Santa Fe); las dos restantes integraron el núcleo de las provincias de oposición repetida (Tucumán) y de oposición circunstancial (Mendoza). Si además se toma en cuenta el impacto intervencionista, observamos que —aparte de Salta— Córdoba, Mendoza y Santa Fe lo sufrieron con poca intensidad en una y dos oportunidades. En cambio, Tucumán se situó en un nivel superior con tres intervenciones.

En segundo lugar, algún comentario sugiere la participación porcentual de los ministros, de acuerdo con su diferente origen, por rama de ministerio.

Las provincias marcaron su porcentaje de participación más alto en el ministerio del Interior; luego lo hicieron en el de Justicia, Culto e Instrucción Pública. Éstos fueron los únicos ministerios donde su presencia superó la frontera de la mayoría. En el extremo opuesto, Buenos Aires trazó las diferencias más fuertes a su favor en Relaciones Exteriores y en Obras Públicas. También reflejaron el arrastre bonaerense, aunque

Cuadro Nº 5
Origen de los ministros por rama de ministerio 1880-1916

Ministerio	Origen bonaerense	Resto del país
Interior	34 %	66 %
Relaciones Exteriores	71 %	29 %
Hacienda	55 %	45 %
Justicia, Culto e Instrucción Pública	44%	56 %
Guerra y Marina*	53 %	47 %
Agricultura **	55 %	45 %
Obras Públicas**	66 %	34 %

*Por razones prácticas se mantiene en este cuadro el ministerio unificado de Guerra y Marina que fue dividido en dos a partir de 1898. Se sumaron, entonces, los ministros de Guerra y de Marina a partir de esa fecha. En aquel momento, también, la rama concerniente al Culto integró el Ministerio de Relaciones Exteriores, aunque aquí, dado que no afecta la estadística, se lo conserva en su ubicación inicial.
**A partir de 1898.

con brechas inferiores, los ministerios de Hacienda, Guerra y Marina y Agricultura. La suma total sitúa al resto del país en evidente minoría.

Los ministros de origen no bonaerense tuvieron peso preponderante en la conducción de los asuntos que hacían a la política interior del país. La respuesta simétrica de Buenos Aires se expresó a través del ejercicio de la política exterior y, en los últimos años, mediante el planeamiento y la ejecución de la inversión pública. Entre ambos extremos, los otros ministerios, pese a la distancia que obtuvo Buenos Aires, apuntaron una tendencia hacia relaciones de participación más equilibradas. Casi sin quererlo, el tono gris de esta descripción podría colorearse con un fuerte contraste: los ministros provincianos para la política interior; los bonaerenses para el espacio exterior... Algo que, sin duda, evoca una de las tantas interpretaciones canonizadas por ciertas corrientes de pensamiento. El interior, dirán algunos, replegado sobre las fronteras nacionales mirando hacia dentro, mientras Buenos Aires, desde su sitio porteño, da vuelta la cara y se cobija en el manejo de los asuntos que hacen a la inserción del país en el mundo.

Arranques de dudosa literatura aparte, parece cierto que, desde el juicio que propone una escala de valores federalista, no es del todo confortable la posición de los ministros que sumaron los dos tercios en el departamento del Interior. Porque, preciso es recordarlo, fue aquella rama del Poder Ejecutivo Nacional la que tuvo directa injerencia, pues así le competía, en los proyectos de ley y en los decretos que dieron lugar a las intervenciones federales. ¿Control del interior sobre sus provincias desde donde vinieron los gobernantes desdoblados, esta vez, en celosos agentes del poder nacional? ¿O, quizá, revancha de los antiguos dominados sobre Buenos Aires en cuyo ámbito provincial también se manifestaron, en repetidas ocasiones, los procesos intervencionistas? No hay lugar para una respuesta terminante. Buenos Aires llevó consigo las de ganar en esta hipotética carrera, pese al desfavor del método adoptado, pero el corte que separó en el 80 la ciudad-capital de la provincia tuvo efectos contradictorios.

La región hegemónica en su conjunto fue el suelo de origen de la mayoría de los ministros; éstos, sin embargo, amparados por una legitimidad nacional de la que antes carecían, revertieron el control sobre la misma provincia de Buenos Aires. La región hegemónica producía la clase gobernante, la provincia sufría los efectos del dominio capitalino. Buenos Aires, intervenida en sucesivas oportunidades y acantonada en su rol de distrito de oposición repetida frente a las candidaturas presidenciales, veíase cercada, de esta suerte, por una radical ambigüedad; de la misma manera como las provincias se plegaban al imperio intervencionista que gestaba un ministerio donde los hombres del interior hacían mayoría. Así todos, porteños y provincianos, apostaban en juegos con resultados semejantes y consolidaban, quizá sin presentirlo a ciencia cierta, el argumento de la centralización. No todos los análisis responden a esta visión de las cosas y es posible que una última exploración, referida a la participación de los ministros de origen bonaerense en las diez presidencias, pueda descubrir perfiles analíticos menos ambiguos. Veamos, con tal propósito, un diseño gráfico más impresionista tal como figura en el Cuadro Nº 6.

Esta secuencia marca una línea divisoria entre las presidencias con predominio del interior y aquéllas impregnadas por un carácter bonaerense: sobre la vertiente "federal" de este imaginario límite se recostarían las presidencias ejercidas por Roca (primera), Quintana, Juárez Celman, Roca (segunda) y Roque Sáenz Peña; sobre la otra vertiente, próxima a la región hegemónica, se instalarían las presidencias de Luis Sáenz Peña, J. E. Uriburu, C. Pellegrini, V. de la Plaza, y J. Figueroa Alcorta. Dos tipos de participación de ministros en los gabinetes nacionales, cuyo contraste se hace más evidente si el lector consiente una nueva excursión a través de estas colinas y compara su altura con la intensidad intervencionista de las presidencias que registrábamos en el Cuadro Nº 1.

Cuadro Nº 6
Participación de ministros de origen bonaerense
en gabinetes nacionales por presidencias: 1880-1916

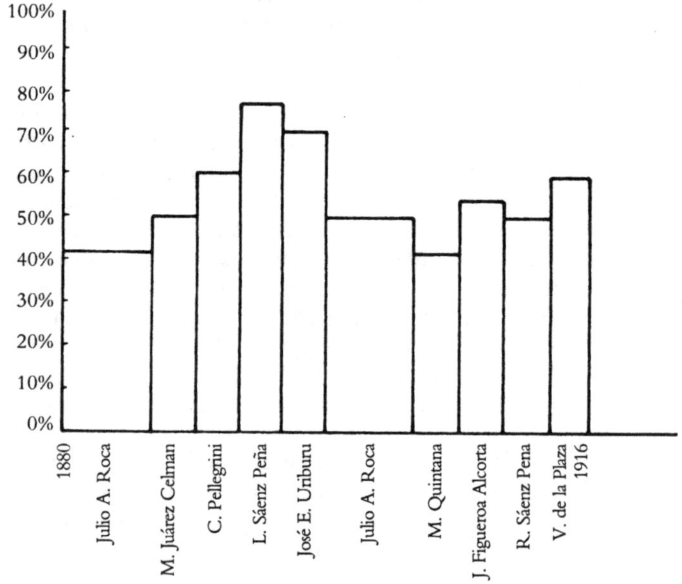

El 80 despuntó con una baja participación de ministros bonaerenses durante la primera presidencia de Roca y la de Juárez Celman, que concuerda con la intensidad intervencionista más débil de cuantas analizamos. A partir del 90 la presencia de Buenos Aires trepó vigorosamente cuando Pellegrini ocupó la escena presidencial: análogo repunte se advierte en el número de intervenciones por año de gobierno. El ascenso bonaerense alcanzó su pico más alto con la presidencia de Luis Sáenz Peña; desde allí este presidente recibirá las palmas por ocupar el primer puesto en el rango intervencionista. El descenso no es menos significativo. Uriburu redujo en su gabinete el número de ministros bonaerenses, también amortiguó la intensidad intervencionista.

Cuando Roca ejerció su segundo mandato, el interior colocó de nuevo en equilibrio la balanza de la participación ministerial en el curso de una presidencia que recurrió a la intervención federal con menos frecuencia que la anterior. El corto período de M. Quintana confirmó la misma tendencia y a su término abrió las puertas a una reacción coincidente, con repuntes comprobables en los ministros de Buenos Aires y en la intensidad intervencionista, durante la gestión de J. Figueroa Alcorta. La variación que, sobre las dos dimensiones, marcó la presidencia de Roque Sáenz Peña, es también coincidente: en ambas se advierte un sesgo descendente; el retorno a la altura previa a 1910, cuando V. de la Plaza le sucedió en la primera magistratura, confirma la hipótesis: aumentó la participación bonaerense y el número de intervenciones federales.

Después de lo dicho, la conclusión puede parecer obvia: a mayor participación bonaerense en los gabinetes nacionales, más alta intensidad intervencionista por presidencias en las provincias. Si algún asidero tiene la hipótesis de una reconquista del control gubernamental por Buenos Aires luego de los acontecimientos protagonizados por la coalición revolucionaría en 1890, la composición de los gabinetes y el comportamiento intervencionista de Carlos Pellegrini y Luis Sáenz Peña, podría acarrear un argumento favorable. Del mismo modo, los frenos que tienen lugar frente a una situación de pico manifiestan el carácter federalista de ambas presidencias de Roca. Cuando desempeñó su primer mandato, en efecto, Roca ubicó la participación del interior en el ejecutivo nacional en su nivel más favorable. Cerrada la fase de ascenso de la recuperación bonaerense, la segunda presidencia de Roca la retrotrajo hacia un umbral similar al de los sucesivos gabinetes de Miguel Juárez Celman.

La compleja trama aquí expuesta sugiere nuevos rumbos y despierta otros interrogantes. El argumento federal se expresaba en un escenario de conflictos. Presentes en los complicados procesos que dieron lugar a las intervenciones federales, los antagonismos nacionales y las querellas locales crecieron en intensidad, se localizaron, según distintos momentos, en lugares críticos, se desplazaron luego buscando otros sitios donde, al cabo, terminaba imponiéndose sobre ellos el control o la represión; quizá, también, la dimensión menos heroica de la rutina y de la administración de las cosas. Conflictos que no sólo abarcaron un espacio, sino que comprometieron a toda una clase gobernante que, como sujeto activo de las relaciones de poder, ejerció el mando y reivindicó la obediencia en cambiantes circunstancias. Parece, pues, razonable explorar capas más profundas que hagan presente el impacto del conflicto sobre un hipotético cuadro de estabilidad.

NOTAS

1. Ver P. Duclos, "Le Fédéralisme institué", en H. Brugmans y P. Duclos, *Le Fédéralisme contemporain,* Leyde, A. W. Sythoff, 1963, p. 186.

2. Ver C. J. Friedrich, La *Démocratie constitutionnelle*, Paris, P.U.F., 1958, p. 172.

3. P. Duclos, *op. cit.*, p. 82 y s. y 93.

4. G. Vedel, "Las grandes corrientes del pensamiento político y el federalismo", en G. Berger y otros, *Federalismo y federalismo europeo*, Madrid, Tecnos, p. 41.

5. Ver A. De Grazia, *Political Organization*, New York, The Free Press, 1962, p. 238. Para los orígenes del federalismo bismarckiano consultar también P. Benaerts y otros, *Nationalité et nationalisme*, Paris, P.U.F., 1968.

6. Ver art. IV, sección 4 de la Constitución de los Estados Unidos: "Los Estados Unidos garantizarán a todos los Estados de esta Unión una forma republicana de gobierno, y protegerán a cada uno de ellos contra la invasión,

y a solicitud de la Asamblea Legislativa o del Poder Ejecutivo (cuando no se pueda reunir la Asamblea Legislativa), contra la violencia interna."

7. Sarmiento sostuvo este punto de vista en los *Comentarios sobre la Constitución*, en *Obras Completas*, Vol. VIII, Buenos Aires, 1884-1903. La polémica con Alberdi, los debates en la Convención de Buenos Aires y la "interpretación auténtica" del artículo 6, están tratados por Luis H. Sommariva, *Historia de las intervenciones federales en las provincias*, en el capítulo I, vol. I: Formación del texto constitucional. Mucho le debe este párrafo a ese excelente capítulo introductorio.

8. A lo cual hay que añadir, se entiende, la ventaja que le atribuía la Constitución de 1853 al Poder Ejecutivo, al circunscribir el período ordinario de las sesiones del Congreso a menos de seis meses que corrían entre mayo y setiembre.

9. Exposición de Bernardo de Irigoyen en el Senado, sesión del 27 de setiembre de 1894, cit. por L. H. Sommariva, *Historia de las intervenciones federales en las provincias*, vol. II, p. 266 y s.

10. Julio A. Roca, *Mensaje al Congreso del 1º de Mayo de 1900*, cit. por Luis H. Sommariva, *ibid*, vol. II, p. 301. La tendencia no modificó su curso. Es útil recordar que entre 1860 y 1932 hubo 24 proyectos que procuraron reglamentar la intervención federal, ya sea por medio de leyes particulares, o bien por proyectos de reformas a la Constitución Nacional. Consúltese al respecto Graciano Reca, *Inamovilidad de los jueces. El Poder Judicial de las provincias frente a la intervención*, Bs. As., 1933.

11. A. Posada, "La constitución argentina y el régimen político", en *R.A.C.P.*, año II, Nº 20, 12-5-1912, p. 146 ss.

12. J. V. González, "El juicio del siglo o cien años de historia argentina", en *La Nación del Centenario*, Buenos Aires, 1910.

13. La referencia al período que transcurre entre 1916 y 1972 es a título ilustrativo. El período es mucho más extenso aunque si se consideran tan sólo "las presidencias constitucionales" sobre la base de gobiernos electos de acuerdo con reglas formales imperantes, tendríamos un ciclo de 42 años (una medida comparable), excluyendo las presidencias de facto de Uriburu, Rawson, Ramírez, Farrel, Lonardi, Aramburu, Onganía, Levinsgton y Lanusse; e incluyendo, pese a la delgada legalidad de origen, a la presidencia de J. M. Guido. El total de intervenciones durante las presidencias de H. Yrigoyen, M. T. de Alvear, A. P. Justo, R. Ortiz, R. S. Castillo, J. D. Perón, A. Frondizi, el mismo Guido y A. Illia, es de 85, de los cuales 66 se hicieron por decreto y 19 fueron dictadas por el Congreso. Los picos intervencionistas más altos corresponden a las presidencias de Guido, H. Yrigoyen (1ª) y J. D. Perón (1ª), y el más bajo a la presidencia de A. Illia. Consultar al respecto *Materiales para la Reforma Constitucional*, República Argentina, Comisión de Estudios Constitucionales, Bs. As., 1957, 7 vols.

14. Fue en aquellos años, 1893, cuando la Corte Suprema se declaró incompetente frente al reclamo de inconstitucionalidad de la ley de interven-

ción a Santa Fe que sostuvo el gobernador *de facto* Candioti designado con motivo de la revolución radical en esa provincia. La Corte sentó una doctrina que se mantuvo invariable con el correr de los años y que no es ajena a un "apoliticismo" que no hará más que acentuarse: "La intervención nacional en las Provincias, en todos los casos en que la Constitución lo permite o prescribe, es, como queda dicho, un acto político por su naturaleza, cuya verificación corresponde exclusivamente a los Poderes Políticos de la Nación". El voto registra una sola disidencia. Ver, C. Zavalía, *Historia de la Corte Suprema de Justicia de la República Argentina en relación con su modelo americano*, Buenos Aires, Peuser, 1920, p. 272. L. H. Sommariva, *Historia de las intervenciones federales en las provincias*, vol. II, p. 253. P. Ramella, *Derecho Constitucional*, Buenos Aires, 1960, p. 123.

15. L. H. Sommariva, *Historia de las intervenciones federales en las provincias*, Vol. II. Consultar sobre todo el Cap. XXII: Las intervenciones ante el federalismo.

16. Criterio de clasificación que adopta Sommariva, inspirado por Matienzo, en *op. cit.*, Vol. II, p. 365 y s.

17. Quede en claro, valga la reiteración, que Gobierno Federal es un concepto que designa dos poderes nacionales previstos por la Constitución. La insistencia viene a cuento porque la mayoría de las 14 intervenciones sin requerimiento que apoyaron a grupos opositores fueron sancionadas por ley del Congreso y no por decreto, lo cual enlaza la acción del sujeto que ejerce control entre el Senado (recinto de los ex gobernadores), la Cámara de Diputados y la Presidencia.

18. La Constitución de 1853-1860 enumeraba y calificaba la índole de los respectivos departamentos de gobierno, a saber, del Interior, de Relaciones Exteriores, de Hacienda, de Justicia, Culto e Instrucción Pública y de Guerra y Marina. La Reforma de 1898 suprimió esta clasificación y atribuyó a una ley especial deslindar los diferentes ramos. La ley que empezó a regir el día en que Roca asumió por segunda vez la primera magistratura (12 de octubre de 1898), dividió el despacho en ocho departamentos de acuerdo con el siguiente orden: 1° Interior; 2° Relaciones Exteriores y Culto; 3° Hacienda; 4° Justicia e Instrucción Pública; 5° Guerra; 6° Marina; 7° Agricultura; 8° Obras Públicas. Consultar A. de Vedia, *Constitución Argentina*, p. 495 y ss.

19. Empleamos la palabra Gabinete como sinónimo de "Ministerio", como habitualmente se designa al conjunto de ministros que nombra un presidente.

20. Ver, por ejemplo, M. Duverger. *La monarchie républicaine*, Paris, Fayard, 1973 y B. de Jouvenel, *Du principat et autres réflexions politiques*, Paris, Hachette, 1972.

21. El lector debe quedar advertido del carácter aproximativo de estas cifras que no han sido controladas con los respectivos decretos de nombramiento en el Boletín Oficial. El número de 105 ministros, es una cifra depu-

rada de una original de 143. En ésta se repiten 24 nombres de ministros que han servido a más de un presidente. Así, dos ministros ejercieron su cargo bajo 4 presidentes; diez bajo 3 presidentes; y doce bajo 2 presidentes. En total las repeticiones suman 38. Hay tres ministros sobre los 105, de los cuales no hemos podido obtener datos de origen (es decir: lugar de nacimiento). En las páginas siguientes se describe la participación de los ministros según su origen en tres cuadros: N° 4, Participación de Provincias en Gabinetes Nacionales; N° 5, Origen de los ministros por rama de ministerio; N° 6, Participación de ministros de origen bonaerense en gabinetes nacionales por presidencias. Cada cuadro toma una cifra total de ministros diferente. En el N° 4 se toman sobre la cifra depurada de 102 los 50 ministros pertenecientes a las provincias del interior. El cuadro N° 5, que expone la participación de ministros por rama de ministerio, sólo excluye aquellos nombres que se repiten en cada uno de los ministerios; la cifra depurada llega entonces a 116. El cuadro N° 6, como describe la participación por presidencia adopta la cifra no depurada de 143 a lo cual se le restan, lo mismo que en el cuadro anterior, los 3 ministros sin datos de origen. Las fuentes sobre las que elaboramos esta lista y los tres cuadros citados son las siguientes: Academia Nacional de Historia, *Historia Argentina Contemporánea*, 1862-1930; J. Caldas Villar, *Nueva historia argentina*, Buenos Aires, 1966; Diego Abad de Santillán, *Gran Enciclopedia Argentina*, Bs. As. Ediar, 1956-63, 8 vols.; R. Piccirilli, *Diccionario Histórico Argentino*, comp. por R. Piccirilli, Francisco Romay y Leoncio Gianello, Bs. As., Ed. Históricas Argentinas, 1953-54, 6 vols.

22. Esta relación de equilibrio se vuelca de manera drástica a favor de Buenos Aires si se analiza el origen de los aquí llamados "ministros predominantes", es decir, ministros que han colaborado con más de un presidente. En la nota anterior los clasificamos en tres grupos. En el primero (ministros que han servido a 4 presidentes) hay dos nombres; ambos tienen origen bonaerense. En el segundo (ministros que han colaborado con 3 presidentes) hay diez nombres; seis tiene origen bonaerense y tres pertenecen al resto del país. En el tercer grupo (ministros que han colaborado con 2 presidentes), hay doce nombres: siete tienen origen bonaerense y cinco son originarios del resto de las provincias.

VI

LA CLASE GOBERNANTE FRENTE A LA IMPUGNACIÓN REVOLUCIONARIA

Parece razonable destacar, luego de lo expuesto hasta este momento, que el régimen del 80 se propuso unificar el ámbito político en un sistema nacional de decisiones. En este sentido produjo consecuencias inéditas: reivindicó con éxito la posibilidad de controlar un espacio concebido como un campo de fuerzas sujeto a una autoridad común; e hizo partícipes a las clases gobernantes locales en un conjunto de instituciones estables y hasta de reconocido prestigio, como por ejemplo el Senado Nacional. Nacionalización de los grupos dirigentes y control del espacio nacional: entre estos dos carriles se desplazó la actividad y se localizó el origen de la clase gobernante que tuvo acceso al ejercicio de la libertad política.

Orden y espacio: la clase gobernante

Esta primera aproximación al concepto de la clase gobernante lleva implícito un problema de interpretación de la tradición conservadora y liberal del siglo XIX, sobre el cual conviene detenerse un instante.

Los conservadores que reaccionaron ante los acontecimientos desencadenados por la revolución francesa, sostuvieron una concepción del orden semejante a un espacio cruzado por sistemas de autoridad tradicional, fundados en instituciones sociales que desempeñaban funciones "naturales": la familia, la Iglesia, las comunas, las corporaciones de artesanos y comerciantes...[1] En suma, un pluralismo funcional, jerarquizado e inmóvil, con autoridad dispersa y sin conflicto. El liberalismo clásico, en cambio, defendió la centralización del poder en pocas instituciones políticas dotadas de jurisdicción y de competencia restringidas: un estado racional; una sociedad librada a su dinamismo y a la libre expresión de la competencia.

Los conservadores proponían la armonía institucional; los liberales la armonía espontánea. Los conservadores optaban por un estado de débil articulación en una sociedad organizada; los liberales por un estado acotado, de fuerte articulación, en una sociedad librada al destino del individuo. Los liberales legaron al mundo moderno un estado "en forma", bien dispuesto, donde las divisiones entre gobierno, legislación y justicia obrarían como contrapesos efectivos para apaciguar las pasiones naturales de los hombres. Los conservadores legaron el interés por el diseño de comunidades organizadas, donde todos y cada uno debía ocupar su sitio, amparado por cuerpos sociales celosos de su autoridad y de su autonomía.

Entre unos y otros, la fórmula alberdiana plantó una solución intermedia a la cual luego se plegarían, *mutatis mutandi,* los ejecutores prácticos. La fórmula prestaba prioritaria atención a la cuestión del orden político. Pero el orden se implantaba sobre un espacio dentro de cuyos confines habría de crecer, más adelante, una nueva sociedad. Entonces el orden político debía resultar de un proyecto histórico que conjugara lo existente, como prenda de rescate, con la racionalización jurídica proveniente de la vertiente liberal. Lo rescatable no era otra cosa que la autoridad tradicional afincada en las provincias; lo nuevo: las instituciones nacionales, solucionada la cuestión capital, bajo la égida del poder presidencial.

La fórmula rescató de la vieja sociedad los cuerpos constituidos de probada autoridad. En la Argentina, decíamos, no había aristocracia estratificada según título y rango, ni corporaciones artesanales, ni "ciudades libres". La Iglesia Católica, quizá, conservaba una autoridad no desdeñable, pero aun así no era factor suficiente para integrar, por sí sola, la sociedad orgánica de la visión conservadora. Faltaban, en efecto, las contrapartidas necesarias pues en aquella Argentina la autoridad tradicional más respondía a una estructura regional que a una estructura funcional.

Las guerras civiles enfrentaron a Buenos Aires con el interior. Al fin, luego de las batallas del 80, la paz fue pactada por una fracción de la clase gobernante de Buenos Aires, y las clases gobernantes de la mayoría de las provincias del interior. Este acuerdo traducía la concepción alberdiana del orden político: la incorporación de los sistemas de autoridad establecidos en espacios regionales (las provincias) a un régimen político inclusivo organizado en torno de la magistratura presidencial.

El espacio de origen no era la ciudad ni la comuna. Era, más bien, la provincia: una región, con una ciudad por cabecera, que representaba un espacio y una población mayor. Durante el período de las guerras civiles, las provincias tuvieron ejércitos; más tarde los gobernantes perdieron ese típico atributo de la soberanía externa y, en su lugar, dispusieron de cuerpos policiales para mantener el orden. La coacción, en su sentido último, quedó subordinada al poder político nacional cuyo titular era a la vez jefe supremo de las Fuerzas Armadas pero, de todos modos, los gobernadores mantuvieron en reserva una capacidad suficiente para mandar sobre las comunas (o municipalidades) o sobre segmentos regionales dentro de su mismo territorio.

Este fundamento regional de la clase gobernante fue celosamente defendido a medida que crecía el poder presidencial. El régimen del 80 ejerció controles efectivos sobre otros sistemas de autoridad tradicional de carácter funcional. La Iglesia Católica, por ejemplo, perdió dos atributos: la educación y la competencia civil del matrimonio religioso. En el origen de la querella acerca de la enseñanza pública, estaba presente este problema que produjo una escisión parcial en el Congreso, de carácter ideológico. ¿Cuál sería el límite de la intervención del Estado en materias cuyo ejercicio incumbía, desde la Colonia, a instituciones no específicamente políticas? En aquel momento, el gobierno respondió con un argumento anticonservador y enfrentó a otro sistema de autoridad.

Nunca, sin embargo, sufrieron mella los grupos que luego recibirán el mote peyorativo de oligarquías provincianas. Y pese al complicado papel que le cupo a la intervención federal como mecanismo de control nacional, ésta no obró, por lo general, como un agente substitutivo de las clases gobernantes allí afincadas. Antes bien, ya lo hemos visto, la intervención federal introdujo cambios o reajustes en los grupos locales. Conflicto, pues, *dentro* del régimen de las clases gobernantes y no *contra* el fundamento sobre el cual reposaba su autoridad.

Esta relación trazada entre dos polos —el sistema de autoridad tradicional en las provincias, por un lado, y el poder político central, por el otro— tradujo, ante los actores, múltiples itinerarios de acceso a las instituciones donde se radican las decisiones de carácter nacional.

La clase gobernante cobra, de este modo, un perfil más preciso. Como hipótesis básica sostendremos que este término comprende el conjunto de actores que desempeñaron cargos institucionales decisivos y se jerarquizaron, unos con respecto a otros, mediante la acumulación de esos papeles durante el período que transcurrió entre 1880 y 1916. El cargo institucional, por excelencia decisivo, fue la presidencia (compuesto, se entiende, por presidente y vicepresidente). Quienes lo integraron constituyeron el estrato más alto de la clase gobernante. Subordinados a ellos se situaron los cargos de gobernador, ministro de poder ejecutivo nacional, senador nacional y diputado nacional. Esta capa puede estratificarse, como se dijo más arriba, según el criterio del conjunto de papeles que un actor individual acumuló en el curso de su carrera política. Habrá, entonces, grupos compuestos por actores que desempeñaron, respectivamente, cuatro, tres y dos cargos institucionales. Tres rangos que jerarquizaron esta segunda capa y dan marco a una imagen preliminar de la clase gobernante en el cuadro que sigue.

Cuadro N° 1
Jerarquía de la clase gobernante según la acumulación de cargos institucionales 1880-1916

Gobernador (G), Ministro del Poder Ejecutivo Nacional (M), Senador Nacional (S) y Diputado Nacional (D).
(No incluye presidentes y vicepresidentes)

Rango		Bs. As.-Capital	Córdoba	Salta	Santiago del Estero
1er Rango	GMSD	B. de Irigoyen			
2do Rango	GSD	Luis García Ignacio Irigoyen Máximo Paz Marcelino Ugarte	D. Del Campillo José V. Olmos		P. García D. Palacio L. G. Pinto A. Rojas M. Ruiz P. Barraza A. Álvarez
	GMS		A. del Viso	M. Ortiz	
	MSD	Miguel Cané	Felipe Yofre		
	GS	Dardo Rocha	G. J. Gavier	Moisés Oliva M. Güemes D. Leguizamón A. Díaz D. Ovejero	S. de la Silva J. D. Santillán
	GD	José I. Arias Julio Costa Carlos D'Amico J. Ortiz de Rozas E. de la Serna	José Echenique E. Garzón Julio Astrada José M. Álvarez Cielo Peña	Juan Solá Pedro J. Frías Pío Uriburu	P. Gallo A. Ruiz R. Carol M. Argañaraz
	GM		M. D. Pizarro		
	SD	Leandro Alem A. Cambaceres M. Lainez B. Villanueva	Carlos Tagle J. Posse Vicente Peña		P. Olaechea
3er Rango	SM	A. del Valle	C. de la Torre	F. Ortiz F. Uriburu	
	MD	Amancio Alcorta Tomás Anchorena Eudoro Balsa Antonio Bermejo Juan Carballido Mariano Demaría Luis M. Drago José M. Gutiérrez C. Meyer Pellegrini M. Montes de Oca R. S. Naón F. J. Oliver A. F. Orma E. S. Pérez F. Pinedo E. Ramos Mejía Juan J. Romero C. Saavedra Lamas Rufino Varela B. Victorica		I. Gómez D. Torino	

Rango		Tucumán	Santa Fe	Mendoza	San Luis	Entra Ríos
1er Rango	GMSD			Emilio Civit		
2do Rango	GSD				H. Mendoza V. S. Guiñazú	S. Maciá S. Z. Hernández
	GMS	B. Paz	J. Gálvez			E. Carbó
	MSD	F. L. García				
3er Rango	GS	M. M. Nougués L. A. Córdoba	S. de Iriondo P. A. Echagüe	E. Villanueva R. Ortega T. Benegas O. Guiñazú J. Álvarez	T. Mendoza R. Cortés L.S. Quiroga	R. Febre L. Echagüe
	GD	S. Bores P. Mena J. Frías Silva E. Padilla Juan Posse	M. M. Zavalía L. Leiva R. Freyre	M. Bermejo F. M. Moyano C. C. Segura	J. Videla A. Berrondo N. Gutiérrez F. Sarmiento B. R. Jurado	F. M. Parera
	GM					E. Racedo
	SD	A. Soldati Z. J. Santillán	A. Argento			A. F. Crespo
	SM		L. Anadón	J. V. Zapata		
	MD	M. Avellaneda	T. R. Cullen W. Escalante E. Zaballos R. Fraga	I. M. Chavarría	E. Lobos	O. Magnasco A. Mugica

Rango		Jujuy	San Juan	Catamarca	Corrientes	La Rioja
1er Rango	GMSD		Enrique Godoy			Joaquín V. González
2do Rango	GSD	S. Alvarado		J. Herrera	J. R. Vidal M. Derqui J. E. Martínez	F. V. Bustos L. Carreño
	GMS				V. Virasoro	
	MSD					
3er Rango	GS	E. Tello	A. Gómez A. Gil C. Doncel A. Albarracín D. Morón	M.F. Rodríguez	J. Resoagli	
	GD	P. Blas J. M. Álvarez M. Bertres D. Ovejero J. Zenarruza	M. J. Godoy V. Ortega D. Chaves	G. Ferrari G. Correa	M. Loza	A. de la Colina W. Frías
	GM					
	SD	D.T. Pérez M. Padilla		M. A. Figueroa A. del Pino F. C. Figueroa	M. F. Mantilla J. J. Lubary	L. J. Avellaneda A. P. García A. E. Dávila
	SM					
	MD			R. Castillo		

Esta imagen, conviene insistir en ello, refleja el contorno de una clase gobernante: una categoría social que, en un período dado, ejerció actividad política; esto es, una acción cuyo propósito básico fue asumir el control global de una sociedad, de acuerdo con una fórmula operativa que decantó el contenido de las relaciones de mando y obediencia. Contorno provisorio, mapa que se podrá perfeccionar o rechazar que, no obstante, coloca al lector ante un universo de dirigentes: gobernantes, todos ellos, que se instalaron sobre una superficie institucional bajo la cual subyacían otras relaciones de autoridad.

Se ha dicho, con razón, que los hombres del 80 no sólo acumularon cargos políticos; desempeñaron también —qué duda cabe— otros papeles sociales y fueron a la vez, en muchos casos, políticos, propietarios, militares, escritores, historiadores y... poetas. Recién cuando el paso de los años haya conjugado otros cambios, la Argentina habrá de atravesar épocas más proclives a la especialización de actividades. Hasta entonces, las viejas figuras de Mitre y de Sarmiento, junto con los que luego llegaron, desde Miguel Cané hasta Joaquín V. González, fueron, en gran medida, arquetípicas. En todo caso, menester es recordar que una clase gobernante expresa relaciones típicas de la faz pública de la acción social. Tras aquellas relaciones se mueven otras, pertenecientes al ámbito privado, que bien pueden ser vistas como el sustento real de la actividad pública de los gobernantes. En nuestro caso, esas relaciones parece como si hubiesen cristalizado una configuración específica que llamaremos "gobiernos de familia": una relación entre lo público y lo privado en virtud de la cual el control del gobierno dependía de los vínculos de parentesco que entre sí tejían determinadas familias.

Este corte metodológico arrima nuestras reflexiones a un umbral de análisis que abre curso a interrogantes más profundos: ¿Por qué esas familias controlaron el gobierno? ¿Por tradición, dominio de la propiedad, especialización en la actividad política? Dejémoslos en suspenso a sabiendas que en las respuestas posibles podrán encontrarse claves explicativas más rigurosas. La reseña que aquí presentamos es, en cambio, puramente ilustrativa. Retrata, mediante un acopio de apellidos familiares, aquellos grupos de parentesco que tuvieron presencia predominante en seis provincias norteñas, adoptando, como punto de referencia, los cargos nacionales que sus miembros desempeñaron.[3]

Cuadro N° 2
Familias predominantes en seis provincias norteñas 1880-1916

	Familia	Miembros	Cargos desempeñados
Catamarca	Herrera	Julio	Gob-Sen-Dip.
		Mauricio	Dip.
	Figueroa	Marcos	Sen-Dip.
		Francisco	Sen-Dip.
	Castellanos	Flavio	Gob.
		Francisco	Dip.
		Adolfo	Dip.
	Acuña	Pedro I.	Dip.
		Joaquín	Gob.
	Castro	Fidel	Dip.
		Javier	Dip.
	Ibáñez	Juan José	Dip.
		José	Dip.
Jujuy	Álvarez Prado	José Ma.	Gob.-Dip.
		Pedro	Gob.

	Familia	Miembros	Cargos desempeñados
Jujuy	Sánchez de Bustamante	Plácido José Teófilo	Gob. Dip. Dip.
	Claros	Ernesto Armando	Dip. Dip.
La Rioja	González	Joaquín V. Emilio Nicolás	Gob-Sen-Min-Dip. Gob. Dip.
	Dávila	Adolfo Domingo	Sen-Dip. Sen.
Salta	Ortiz	Miguel Francisco Abel	Gob-Sen-Min. Sen-Min. Dip.
	Ovejero	David Sixto Ángel M.	Gob-Sen. Gob. Dip.
	Güemes	Martín Luis Domingo	Gob-Sen. Sen. Dip.
	Uriburu	Francisco Pío	Sen-Min. Gob-Dip.
Santiago del Estero	Ruiz	Maximio Adolfo Cristóforo	Gob-Sen-Dip. Gob-Dip. Dip.
	Barraza	Pedro Napoleón	Gob-Sen-Dip. Dip.
	Pinto	Luis Juan A.	Gob-Sen-Dip. Dip.
	Palacio	Dámaso Benjamín	Gob-Sen-Dip. Dip.
	Santillán	José D. Gregorio	Gob-Sen. Sen.
	Beltrán	Dámaso Víctor	Dip. Dip.

	Familia	Miembros	Cargos desempeñados
Santiago del Estero (cont.)	Vieyra	Jaime Pedro	Dip. Dip.
	Zavalía	Napoleón Benjamín	Dip. Sen.
Tucumán	García	Francisco L. Próspero José A.	Sen-Min-Dip. Gob. Dip.
	Paz	Benjamín Manuel	Gob-Sen-Min. Dip.
	Nougués	Miguel M. Ambrosio Luis F.	Gob-Sen. Gob. Gob.
	Padilla	Ernesto Tiburcio Vicente Miguel	Gob-Dip. Sen. Dip. Dip.
	Posse	Juan Filemón Benjamín Emilio Martín	Gob-Dip. Min. Dip. Dip. Dip.
	Avellaneda	Marco Nicolás Eudoro	Dip-Min. Sen. (Presid.: 1874-80) Dip.
	Gallo	Santiago Delfín Exequiel	Gob. Dip. Dip.
	Terán	Brígido Juan Manuel Julio	Sen. Dip. Dip.

Tenemos pues un cuadro más amplio que no recoge, adrede, la técnica que yuxtapone planos pictóricos en una larga perspectiva. El paisaje es más sencillo: al frente un conjunto de gobernantes; detrás, sobre un sector limitado, agrupamientos familiares, sedimentos persistentes de la tradición señorial que se insertan en la actividad pública. Representación inerte que no toma en cuenta el dinamismo del movimiento en la historia, ¿no sería ésta excusa suficiente para justificar, a contrapelo de lo que anunciábamos al término del capítulo anterior, un acentuado clima de estabilidad? Y, por lo demás, quien recurre a un concepto como clase gobernante, ¿no está proponiendo, casi de contrabando, un modo de entender las cosas que tiene tradición consagrada en la teoría política? Es tiempo de hacer manifiesto el sentido de un concepto para señalar límites y, sobre todo, marcar distancia.

Clase gobernante se vincula, al menos con respecto al uso de las palabras, con una corriente teórica (nace con Maquiavelo y culmina con W. Pareto y G. Mosca) que concibió las relaciones de poder como factores constantes cuya estructura básica no sufre mayores variaciones, pese a las diferencias de contenido observables en las fórmulas de justificación. Esta gente representó el mundo político fragmentado en dos órdenes distantes: arriba, en el vértice del dominio, una élite o una clase política; abajo, una masa que acata y se pliega a las prescripciones del mando; y entre ambos extremos, un conjunto de significados morales o materiales que generan, de arriba hacia abajo, una creencia social acerca de lo bien fundado del régimen y del gobierno.

Las teorías difieren en cuanto al método o a las consecuencias interpretativas. Pero la meta que alcanzan, autores y glosadores, es similar en sus líneas maestras: será necesaria, dirán los argumentos conclusivos, una élite unificada que comparta valores e intereses comunes para asegurar la estabilidad política. El elitismo vulgar alegará, por su lado, nuevas consideraciones: poco importa lo que la masa sienta o pretenda: a la postre, se plegará a la creencia descendente cuando advierta que ante ella se alza el sólido bloque de una clase política unificada.

Hay intercambio de palabras entre los miembros de esta

familia teórica: clase política, clase gobernante, élite dirigente... y no obstante todas ellas convergen hacia un mismo tronco. En primer lugar, estos términos designan hechos sociales de carácter cuantitativo y comprobables como es, por ejemplo, el número de los que intervienen en política en relación con la mayor cantidad de los que no lo hacen. En segundo lugar la teoría se desliza hacia un terreno cualitativo cuando atribuye a los dirigentes ciertas virtudes específicas como el hecho de formar un cuerpo consistente o la cualidad, traducida en conciencia común, de constituir un grupo destinado a controlar la parte activa de la relación de poder, cual es la facultad del mando político.[4]

La simpleza contenida en cualquier vulgarización teórica, combinada con la estabilidad observable durante varias décadas, puede acarrear conclusiones apresuradas al exaltar con exceso la conducción de una élite esclarecida, unida en torno de un proyecto sustentado en convicciones básicas bien arraigadas. En rigor, el problema que se plantea no se resuelve con expedientes de esta naturaleza.

Es cierto que el régimen comprendido entre 1880 y 1916 parece proclive a ser entendido a través de una lente elitista, aunque más no fuera por el pequeño número de actores que participó en los procesos de control y de distribución del poder. También es verdad, a primera vista, que durante esos años los gobernantes obraron sobre un suelo de convicciones arraigadas, quizá convincentes en lo que hace a los fines últimos. Pero de allí a canonizar la *pax* intraoligárquica, como una hipótesis indiscutible, hay un largo trecho; el tramo, en efecto, de una historia donde los cambios políticos bruscos y los intentos revolucionarios pusieron en tela de juicio aquello que la teoría elitista juzga deseable: los valores políticos comunes y la ausencia de conflictos violentos entre los miembros de la clase gobernante. Para ilustrar este aserto, allí está la biografía de los testigos, en el vértice mismo del cuadro que estratificaba la clase gobernante: Bernardo de Irigoyen y Joaquín V. González.

Don Bernardo... un notable de la provincia de Buenos Aires; participó en los acontecimientos del 80 a favor de la candidatura de Roca, integró su ministerio, se apartó del autonomismo nacional con motivo de la sucesión de 1886, integró la coalición revolucionaria del 90, fue electo senador cuatro años después bajo los auspicios del radicalismo, ejerció luego el gobierno de la provincia de Buenos Aires gracias al concurso de los electores autonomistas y más tarde reemplazó en el Senado a Bartolomé Mitre, permaneciendo en aquella banca hasta su muerte en 1906.

Joaquín V. González, un notable nacido en el norte, en la provincia de La Rioja, que desde muy joven inició su ascenso político. Diputado y gobernador por su provincia, ministro de varios presidentes, después senador nacional. Una carrera sin mayores conflictos con los gobiernos sucesivos que, sin embargo, culminó antes y después del centenario con una propuesta reformista de apertura electoral que abrirá curso a una modificación sustancial del régimen político.

Dos biografías que trasuntan las peripecias de un complicado proceso histórico donde se confundieron la estabilidad con la revolución, el conflicto con el acuerdo, la impugnación global con la reforma. ¿No sugieren estas crónicas en escorzo el duro trajín de una clase gobernante cuyo desarrollo no sólo evoca un universo de concordia? ¿O acaso estos acontecimientos, lejos de traducir un clima de consenso recuerdan, más bien, la exitosa efectividad de los medios puestos en juego para conservar un sistema de dominación?

El significado de un ciclo revolucionario

Durante la década que se extiende entre 1880 y 1890, el proceso político estuvo protagonizado, casi de modo exclusivo, por el Partido Autonomista Nacional (P.A.N.) al que pertenecían los presidentes Roca y Juárez Celman. El partido liberal de Bartolomé Mitre, derrotado en el 80, permanecía marginado de los cargos gubernamentales, sin oportunidades pacíficas para acceder a ellos mediante el comicio. La sucesión de Roca a Juárez Celman se dirimió entre los gobernantes que constituían el P.A.N. La candidatura de Juárez Celman, con el fuerte apoyo de los gobernadores, coincidió, según la hipótesis más aceptada (aunque discutible), con las preferencias de Roca ante eventuales rivales —tal el caso de Bernardo de Irigoyen y de Dardo Rocha— que, al cabo, emprendieron una actividad opositora de poco éxito.[5]

La ruptura de este estado de cosas se produjo en el invierno de 1890. La crisis económica que desencadenó el ímpetu transformador del gobierno de Juárez, los viejos antagonismos que permanecían latentes desde hacía ya diez largos años y los desmembramientos parciales que aquejaron al autonomismo, convergieron, todos ellos, en una coalición opositora donde participaron fuerzas políticas de diferente signo: el partido liberal de tradición mitrista; los dirigentes alejados del tronco autonomista con motivo de las elecciones del 86; la Unión Católica de Estrada, Goyena y otros que se había organizado en tiempos de las querellas originadas por las leyes laicas; y, por fin, un grupo de antiguos militantes, fieles a la tradición populista del autonomismo bonaerense, donde sobresalían Leandro N. Alem e Hipólito Yrigoyen. A ellos se sumaron sectores juveniles que fundaron la Unión Cívica de la Juventud y dieron nombre al nuevo agrupamiento. La Unión Cívica recibió, pues, bautismo de fuego en la revolución del parque que contó con el apoyo de sectores militares.[6]

El 90 significó un cambio cualitativo en el modo de comprender y hacer la política. A partir de aquella fecha el impacto de una impugnación persistente, que se prolongó hasta promediar la década, reorientó las expectativas de un sector de la clase gobernante y puso en movimiento otra fórmula política: un principio de legitimidad emergente que contradecía el que reivindicaron, y luego mantendrían, los fundadores del régimen del 80. La Unión Cívica se desplegó, al principio, como una organización de nuevo tipo que cubrió de comités la provincia de Buenos Aires. (Véase Cuadro N° 3.)

Cuadro Nº 3
Provincia de Buenos Aires
Comités de la Unión Cívica – 1890

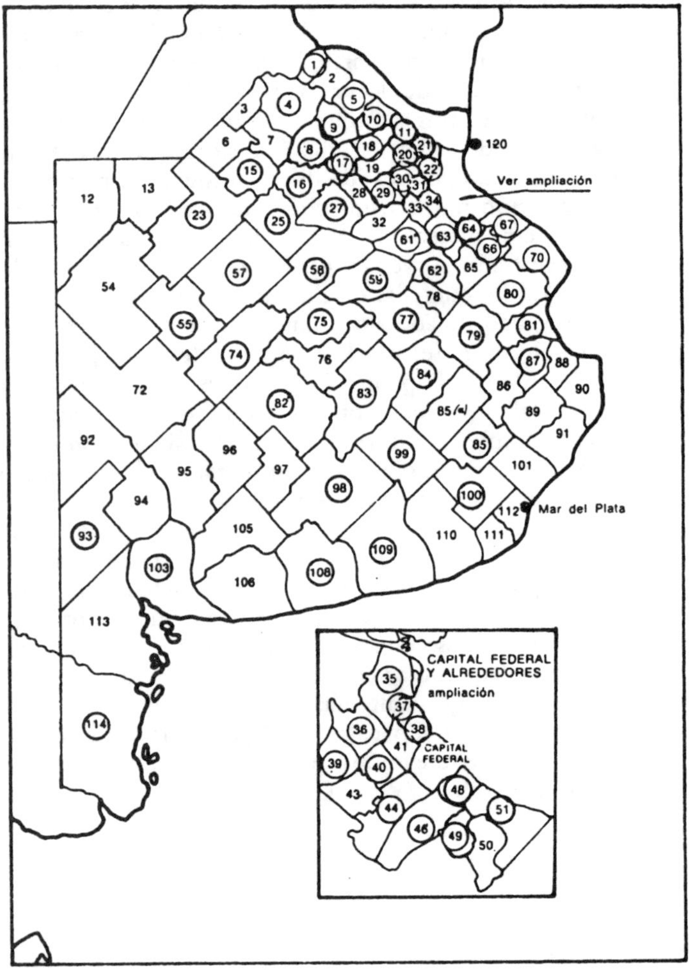

Fuentes: "La Nación", 1890. Ed. Jorge W. Landenberger y Francisco M. Comte: *"Origen, organización y tendencia de la U.C."*, 1890.
Para la nómina de los departamentos y partidos, véase nota 6 bis, p. 218.

De modo simultáneo, la Unión Cívica abrió tras su propósito una red de diarios de alcance nacional, lo cual suponía poner en marcha nuevas formas de comunicación para crear condiciones que favorecieran el desarrollo de partidos no necesariamente tutelados por los gobiernos.[7]

Pero los hechos de armas no fructificaron en victoria. La revolución del parque no cercenó la sucesión constitucional: Juárez Celman se vio obligado a renunciar y Pellegrini asumió la presidencia. Tiempo después Pellegrini expresaba a M. Cané su satisfacción por los resultados alcanzados: "La revolución más grande por sus elementos que jamás se haya organizado, fue vencida materialmente y triunfó moralmente, dando este resultado ideal: una revolución en la que triunfó la autoridad y la opinión al mismo tiempo, y no deja un gobierno de fuerza, como son todos los gobiernos nacidos de la violencia".[8]

Esta acción revolucionaria modificó una regla de hegemonía gubernamental que luego fue suplantada por otra. Después de la revolución del parque, la Unión Cívica se fragmentó en dos líneas opuestas: la Unión Cívica Nacional conducida por Bartolomé Mitre y la Unión Cívica Radical bajo el liderazgo de Alem y Bernardo de Irigoyen. Más tarde, unos se orientaron hacia el acuerdo; otros hacia la intransigencia. A la postre, luego de muchas peripecias que no es del caso consignar en esta crónica, los Cívicos Nacionales acordaron con el autonomismo de Roca y Pellegrini el apoyo a una fórmula integrada por Luis Sáenz Peña y J. E. Uriburu. Los Cívicos Radicales conservaron parte de la red de comités que se había formado y emprendieron el camino de la resistencia, negando la legitimidad del acuerdo y de los comicios que los legalizaron.[9] (Véase Cuadro Nº 4.)

Desde entonces, hasta entrado el siglo XX, los Cívicos Nacionales participaron en cargos ministeriales y legislativos. Los sectores católicos, por su parte, se identificaron con Luis Sáenz Peña, según Estrada uno de los suyos, y no volvieron a organizarse de manera inmediata.[10]

El radicalismo, desde la oposición, participó durante tres años en la lucha electoral. Interregno significativo en cuyo transcurso el sistema de control electoral sufrió fisuras parciales por donde se filtró una competencia más abierta. Alem triunfó en

Cuadro N° 4
Provincia de Buenos Aires – Comités que adhieren
a los principistas anti-acuerdistas

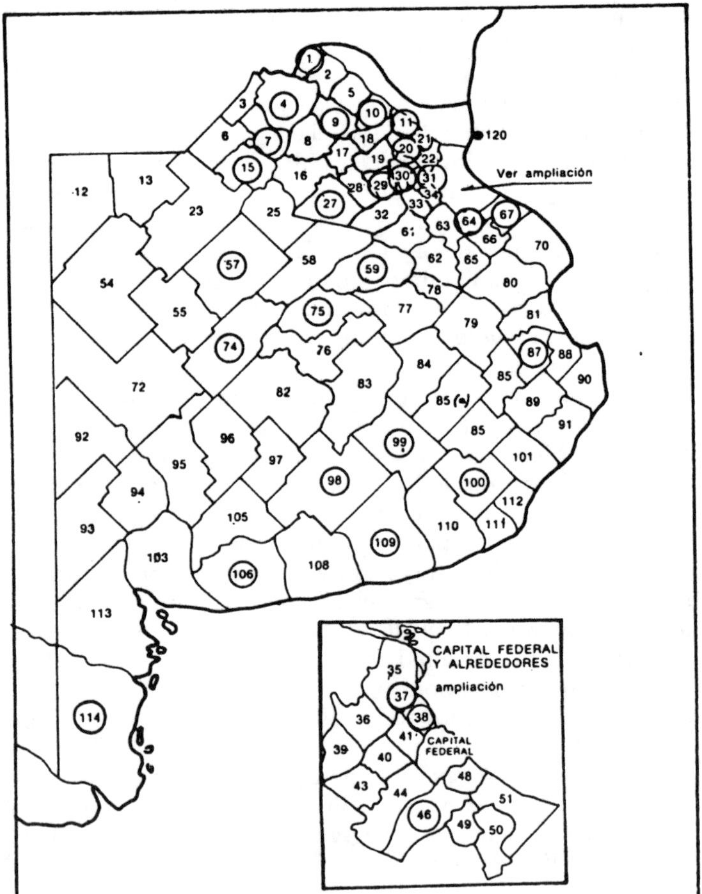

Fuente: "El Argentino". 1891 y 1892.

las elecciones de senador por la Capital en 1891 y en 1893[11]; también los radicales alcanzaron la victoria en las urnas, no así en el Colegio Electoral, en los comicios para gobernador en la provincia de Buenos Aires y en las elecciones de diputados en la capital, ambas en 1894. Por fin, ese mismo año, el partido radical consagró a Bernardo de Irigoyen senador por la Capital. Un año antes, cuando L. Sáenz Peña ejercía la presidencia, Aristóbulo del Valle, a la sazón ministro de Guerra durante 36 días, introdujo otra fisura reformista, esta vez dentro del gobierno, que no cuajó mientras el país se estremecía con los nuevos sucesos revolucionarios del 93.

Fisuras en el gobierno y en el sistema de control electoral: en rigor, la brecha abierta por el 90 adquirió mayor peligrosidad para los grupos dominantes porque de allí en más el ciclo revolucionario se extendió desde el centro hasta la periferia de las provincias. La revolución del parque tuvo carácter urbano, se localizó dentro de los límites de la Capital y los combates dejaron un saldo de más de doscientos cincuenta muertos y mil heridos.[12]

Más tarde, la revolución se trasladó a las provincias. En 1891, los cívicos se alzaron en armas en Córdoba; hubo 23 muertos y 171 heridos. Dos años después se impuso en San Luis una Junta Revolucionaria luego de una refriega que causó 4 muertos. El 30 de julio de 1893, el radicalismo organizó la primera revolución en Santa Fe y alcanzó una victoria provisoria luego de 38 horas de combate que arrojaron 104 muertos y 268 heridos. Simultáneamente, los radicales bonaerenses levantaron en su provincia un ejército de más de ocho mil voluntarios que constituyó gobierno provisorio en La Plata. Dos meses después, la provincia de Tucumán cayó en manos del radicalismo y la revolución volvió otra vez a Santa Fe encabezada por Leandro N. Alem.[13]

El gobierno presidido por Luis Sáenz Peña, superado el momento de negociación con los revolucionarios durante el gabinete de A. del Valle, respondió con tres medidas de control: el estado de sitio, la intervención federal y la rápida movilización de efectivos militares. Quizás, uno de los hechos reveladores del sentido de la coacción gubernamental frente a los acontecimientos revolucionarios, lo constituya la expedición que emprendieron el general F. Bosch y C. Pellegrini para poner coto a los levantamientos que tuvieron lugar en Tucumán y en Santa Fe, hacia el mes de septiembre de 1893. En aquella marcha, el control gubernamental puso a su servicio el formidable desarrollo de la infraestructura de comunicación. El régimen del 80 aceleró la integración del espacio físico: el ferrocarril penetraba en el territorio nacional y las líneas convergían hacia Buenos Aires. Planteada la lucha, el circuito de comunicación respondió con el rápido desplazamiento desde el centro de 1.200 hombres pertrechados con moderno armamento: tres trenes; noventa y tres vagones; dos batallones de infantería y uno de ingenieros; dos baterías de artillería y un escuadrón de caballería.[14] Hombres, armas y máquinas que avanzaban al ritmo de los nuevos tiempos. Todavía las Fuerzas Armadas conservaban rasgos que las hacían comparables con los ejércitos de los primeros tramos de la organización nacional. Y, sin embargo, lejana parecía aquella época cuando las expediciones marchaban al paso de la caballería.

Ahora la modernización robustecía la efectividad del mando. Pellegrini advertía la gravedad de la crisis; observaba cómo "la garantía de la autoridad nacional había desaparecido y los gobiernos de provincia se sentían librados a sus propias fuerzas y se preparaban a usarlas para defenderse de las sorpresas de la sedición"; comprobaba la ruptura de la red informativa sin "correos regulares en las provincias del norte", con los estafeteros presos en Santa Fe, y el telégrafo nacional que "sólo funcionaba en cuanto lo permitían las fuerzas revolucionarias"; ante tamaña desarticulación "era autoridad, concluía, todo el que conseguía reunir cuatro hombres y dos carabineros".[15]

No duró mucho la experiencia. La autoridad nacional, que reclamaba Pellegrini terminó por prevalecer. ¿Pero a qué precio?: al costo que supone una operación restauradora que se instaló sobre un suelo de convicciones cruzado por principios de legitimidad antagónicos. El 90 provocó, así, una ruptura que difiere de la que tuvo lugar diez años antes, en la misma ciudad de Buenos Aires. El 80 fue el último episodio con el cual culminaron procesos históricos tendientes a constituir una unidad política; el ciclo revolucionario abierto en el 90, en cambio, fue el primer acontecimiento con la fuerza suficiente para impugnar la legitimidad del régimen político que había dado forma e insuflado contenidos concretos al orden impuesto luego de las luchas por la federalización. Los revolucionarios del parque, el 26 de julio, no discutían la necesidad de un orden nacional; la clase gobernante lo consideraba como un dato incorporado, de modo definitivo, al proceso de la unidad nacional. Discutían, eso sí, los fundamentos concretos de la dominación, el modo cómo se habían enlazado la relación de mando y de obediencia y las reglas de sucesión. "No derrocamos al gobierno, sostenía el manifiesto revolucionario, para separar hombres y sustituirlos en el mando; lo derrocamos para devolverlo al pueblo a fin de que el pueblo lo reconstituya sobre la base de la voluntad nacional."[16]

Por otra parte, la fórmula de hegemonía gubernamental impuesta en el 80, nació de la victoria de un bando. Los nuevos arreglos posteriores al 90, se debieron, por el contrario, al hecho de que el conflicto no alcanzó una solución tajante a favor de unos u otros antagonistas. Esta circunstancia permitiría entender el *acuerdo* entre cívicos nacionales y autonomistas, que implicaba actos tendientes a suprimir la lucha electoral y concluyó con una distribución de cargos que se realizó antes del comicio.[17] Acuerdo ambivalente, que presidió una etapa de transición a medida que se expandían los hechos revolucionarios, pues a la incorporación de un sector al juego de las alianzas gubernamentales, le siguió la exclusión (o la autoexclusión) de otro que emprendía la resistencia: esto es, precisamente, lo que aconteció entre el 91 y el 92 con los cívicos radicales de Alem y de Bernardo de Irigoyen.

Por analogía, el mismo conflicto entre incorporación y exclusión habría de repetirse cinco años más tarde en las filas del radicalismo. Abierto un nuevo proceso sucesorio, que confirmará el retorno de Roca a la presidencia, el enfrentamiento entre Bernardo de Irigoyen e Hipólito Yrigoyen derivó en otra división. El radicalismo intransigente conducido por Hipólito Yrigoyen, cuyo baluarte era el comité de la provincia de Buenos Aires, optó por la abstención electoral. Los otros, bajo la dirección de Bernardo de Irigoyen, buscaron participar en las elecciones y trazaron alianzas con un sector de los cívicos nacionales y con grupos antirroquistas provenientes del autonomismo.[18] Vano intento que signó el progresivo ocaso del radicalismo moderado, bien ilustrado por los últimos años de la carrera política de Don Bernardo. Los intransigentes, mientras tanto, replegados sobre una organización más estrecha, mantuvieron en pie la estrategia de la impugnación global.

Este esbozo de las contradicciones que vieron la luz durante la década del 90, introduce en el campo de la explicación un fenómeno recurrente. Los fenómenos revolucionarios, en efecto, obedecen a múltiples causas. Sería ilusorio y hasta pueril privilegiar alguna, pasando por alto análisis más prolijos que aquí, deliberadamente, han sido omitidos. Pero para el centro de interés de este trabajo, el trasfondo de los acontecimientos señala tres hechos significativos: la división de la clase gobernante que medió sus conflictos a través de enfrentamientos violentos; el resultado de la lucha revolucionaria que puso en marcha un nuevo tipo de organización política, independiente de los recursos del Estado, estructurada en torno del comité de base, las convenciones (nacionales y de distrito) y la afiliación individual; y el propósito ideológico de las nuevas oposiciones que ponía en tela de juicio la legitimidad del régimen.

Este último aspecto merece especial atención. La crisis de legitimidad provocada por el ciclo revolucionario del 90 abrevó en convicciones y en juicios de valor que marcaban una contradicción entre la teoría y la práctica política. Y esta manera de cuestionar las cosas afincaba sus argumentos en una interpretación de los preceptos constitucionales que rechazaba la idea o, por lo menos, la realidad operante de la república restrictiva. Sobre esto volveremos en el próximo capítulo. Basta señalar, mientras tanto, que la fórmula emergente contestaba (valga el galicismo) los procedimientos adoptados para conservar vigente el control de la sucesión; el lector ya tiene noticia de algunos de estos procedimientos aunque todavía ignoremos en qué consistía la raíz de tal sistema. Para quienes impugnaban la situación establecida, por medios violentos o pacíficos, la verdad que ocultaba la máscara institucional era cosa sabida. Juzgaban la inmoralidad del sufragio; denunciaban el fraude y la manipulación electoral.

El sufragio: fraude y control electoral

"Este país, según mis convicciones después de un estudio prolijo de nuestra historia, no ha votado nunca."[19] La cita pertenece a Joaquín V. González; senador por La Rioja, expresó estas palabras en el año 1912 cuando se discutió la ley de reforma electoral propuesta por R. Sáenz Peña. Esta grave afirmación sugiere un análisis de la realidad electoral a partir de una *experiencia práctica.* González desdoblaba de este modo su papel político: un actor comprometido en los procesos electorales, desempeñaba la complicada tarea que supone asumir el rol de testigo para poner a descubierto la lógica interna de un sistema de control. Formulaba, si se quiere, un discurso sobre el método crítico aplicable a una práctica política.

En la década del 90, la oposición externa al régimen levantó la bandera de la moral electoral frente a lo que ellos llamaban el fraude y la corrupción del comicio. Veinte años después, los hombres que habían participado en cargos políticos decisivos retomaban los mismos temas y coincidían con sus antiguos adversarios. El régimen del 80 practicaba elecciones en el orden nacional, en las provincias y en los municipios. Se respetaban los períodos de renovación de las autoridades con cuidado y hasta con prolijidad. Pero todos sabían, gobernantes y opositores, que tras las formas jurídicas se escondía una realidad harto diferente.

Hecho curioso, las sucesivas leyes electorales sancionadas desde los orígenes de la organización nacional, nunca establecieron un tipo de sufragio, que calificara al elector según su capacidad económica o cultural. Alberdi había reconocido las virtudes del sufragio *censitaire* que practicaba la mayoría de las naciones europeas[20]; tiempo después se inclinaría ante la evidencia y admitiría, sin tapujos, la bondad pragmática de un sistema ordenado en torno de gobiernos electores que controlaban la sucesión de las autoridades públicas. Esta noción central puede ser entendida como el principio ordenador de un complicado mecanismo que tenía por propósito producir elecciones y asegurar la victoria de determinados candidatos en desmedro de otros.

La idea de gobierno elector no es nuestra; refleja una manera de ver las cosas que se materializó en quienes analizaron críticamente el control electoral desde las posiciones de poder. Como tal, constituye una vía de acceso para analizar la cuestión del fraude desde la perspectiva del actor que hace público testimonio de una experiencia. Éste será, a grandes rasgos, el método que guiará las reflexiones siguientes: balance de un ciclo histórico a partir de la autocrítica y del modo como los gobernantes describieron los caminos que los condujeron al ejercicio del poder. Veamos, a tal objeto, dos testimonios introductorios.

El primero pertenece a Indalecio Gómez, ministro del Interior de R. Sáenz Peña y defensor en el Congreso, entre 1911 y 1912, del proyecto de ley de reforma electoral. Gómez representaba la evolución electoral del país a través de distintas etapas. Desde las primeras leyes electorales, observaba, "hemos tenido el comicio sangriento, en los tiempos en que el pueblo todavía tenía interés por ir a los comicios. El horror al comicio sangriento en las ciudades, hizo que se renunciara a él; pero tuvimos la escaramuza de la víspera cerca de los atrios o en los alrededores de las ciudades para que no concurrieran los adversarios a votar. Estos modos resultaron también brutales; la conciencia pública los repudió; y entonces vinieron las maniobras fraudulentas en los comicios; luego estas mismas fueron substituidas por la venalidad".[21] No obstante, "lo odioso no es que se cometan venalidades, que se cometan maniobras fraudulentas por los ciudadanos, sino que sea el Gobierno mismo el que provoque esos delitos".[22]

En la misma circunstancia, Joaquín V. González —segundo testimonio—, extraía lecciones y diseñaba una suerte de modelo de funcionamiento del sistema estructurado en torno del gobierno elector: "El producto del comicio libre empieza a transformarse desde la primera junta de escrutinio; después en la junta general del distrito y después en la legislatura, o en la Cámara Nacional respectiva, y, últimamente, es el poder supremo, el que se encarga de hacer la transmutación substancial del elemento 'voto popular' en elemento 'voluntad gobernante'. Se produce así, en realidad, una especie de alquimia política, como se ha dicho muchas veces, por medio de esta transmutación del voto operada a la sombra de principios cristalizados en la Constitución, que facilitan la realización de este proceso. Por ejemplo, puede ser muy sincero el resultado de un comicio electoral, muy sinceros los escrutinios realizados sucesivamente por diferentes juntas; pero llega a la asamblea política provista de inmunidades colectivas, según un artículo de la Constitución que dice que cada cámara es juez exclusivo de la validez de los títulos de sus miembros. Entonces, por más estricta que sea la justicia común al castigar los delitos electorales, llega la cuestión al alto tribunal político que debe juzgar en definitiva el proceso electoral, y se encuentra que no hay juez imparcial para pronunciar su soberana decisión, y ésta se produce por razón de partido, o por razón suprema de gobierno o de Estado, y, así, en definitiva, resulta que el voto popular es transmutado y adulterado. Entonces, pues, lo que hay en el fondo es la falta de justicia política, que es necesaria en el proceso político".[23]

La transmutación del voto popular en voluntad gobernante resultaba de un complejo proceso donde se confundían varios umbrales de control. La representación teórica de este proceso no es fácil. Ya I. Gómez advertía las diferencias entre las etapas donde predominaba la violencia y los períodos cuando el uso de la fuerza fue reemplazado por procedimientos más sutiles; por el engaño electoral hecho con malicia —también con picardía— con el cual los gobiernos perjudicaban a las oposiciones en ciernes y se beneficiaban a sí mismos. Por otra parte, la violencia y el fraude coexistieron en muchas circunstancias de tiempo y de lugar. Cada experiencia concreta, cada elección particular puede alcanzar, entonces, el valor de las cosas intransferibles. Generalizar en este terreno, con el poco material de que disponemos legado por actores y testigos, es labor riesgosa. Admitamos, sin embargo, que de este empeño quizá derive alguna hipótesis fructífera.

Justificación o excusa para emprender sondeos provisorios, la cuestión del control electoral puede condensarse en dos tramos descriptivos. El primero sería sitio de arranque de una serie de pasos cuyo propósito consistía en gestar el *fraude electoral.* Ello exigirá detenerse en el estudio de las comisiones empadronadoras, la formación del registro, el voto colectivo, el comicio doble, el vuelco de los padrones, la repetición del voto, y la compra de sufragios. Siete momentos que culminaban con la producción del voto, tributarios, a su vez, de un segundo tramo de control donde permanecían instaladas las instancias que juzgaban el producto, es decir, las Asambleas Legislativas a quienes les competía decidir acerca del proceso electoral.

Gestación y control: veamos cómo se imbricaban ambos términos. Conviene tener presente tres características básicas del régimen electoral previo a 1912: el carácter voluntario del voto, la ausencia del secreto en la expresión del mismo y la aplicación del principio plurinominal o sufragio de lista. Votaban, entonces, quienes querían mediante procedimientos que bloqueaban la competencia entre listas cerradas de candidatos, sin prestar prolija atención a las garantías de intimidad exigibles en esa manifestación de voluntad.

Para votar era necesario empadronarse e integrar un registro electoral. Aquí comenzaban las escaramuzas. No es tiempo de detenerse en detalles jurídicos acerca de las leyes que establecieron la formación de los registros. En todas ellas campearon, a primera vista, los buenos deseos.[24] Para C. Pellegrini, en cambio, la realidad escondía otras intenciones: "...los registros electorales, en el noventa por ciento de los casos, se hacen antes del día de la elección, en que los círculos o sus agentes hacen sus arreglos, asignan el número de votos, designan los elegidos...".[25] En rigor, las leyes electorales autorizaban a las *Comisiones Empadronadoras* para levantar el *Registro Electoral.* Estas comisiones inscribían a los ciudadanos hábiles para ser electores que estuvieran en el distrito al tiempo de la elección. Como bien señala E. E. Rivarola, "como la ley deja a las comisiones empadronadoras la facultad de juzgar quienes reúnen o no las condiciones requeridas para ser inscriptos, el fraude electoral empieza ordinariamente por la inscripción indebida y por la omisión de nombres en el registro".[26]

Las características de los Registros Electorales variaban según el tipo de elección. En los distritos (las provincias y la Capital) se votaba para autoridades nacionales, es decir, diputados y electores de presidente y vicepresidente. En cada distrito las constituciones provinciales o las leyes electorales nacionales subdividían su territorio en secciones, departamentos y parroquias internas que, por lo general, coincidían con las municipalidades. En ese núcleo más reducido, valga para el caso el ejemplo de la provincia de Buenos Aires, se nombraba a suerte las comisiones empadronadoras por las municipalidades o por los jueces de paz.[27] Veremos de inmediato el papel que jugaron los que detentaban cargos ejecutivos en aquellos distritos más reducidos. Ciertamente, la designación de los integrantes de una comisión empadronadora que tenía en sus manos la confección del Registro era una decisión crucial. Parece razonable suponer, por consiguiente, que el control del *Registro* se constituía en la llave del control del comicio.

En el día del comicio se instalaban las mesas receptoras de votos: las presidían, por lo general, pequeñas juntas escrutadoras que se distribuían en distintos lugares públicos. Viejas crónicas, enhebradas por la tradición oral y los testimonios escritos, dejaron constancia de los sitios donde se votaba: atrios de iglesia, la casa municipal, los portales del juzgado de paz. Las mesas escrutadoras se designaban mediante procedimientos variados donde intervenían las legislaturas de provincia y los jueces federales de sección que formaban, previamente, listas de ciudadanos para sortear los integrantes de las mesas. La designación de los escrutadores era, sin duda, otra decisión crucial.

Comenzaba, entonces, el comicio. Durante las pocas horas en que transcurría el acto podían pasar muchas cosas, desde la tradicional violencia de las viejas elecciones hasta los métodos más pacíficos de la manipulación del voto. Por lo general, los electores habilitados para votar marchaban por grupos en las ciudades y en la campaña. Los comités electorales concentraban en lugares estratégicos a sus adherentes o, en el campo, los paisanos concurrían desde las estaciones o desde las estancias hacia el lugar del comicio donde votaban al mismo tiempo, y de ahí que sus votos aparecieran en serie. Este modo de acceso al comicio transmutaba la expresión teórica del voto —la acción singular de *un* ciudadano— en un comportamiento práctico que tenía por objeto garantizar el éxito del control, y al mismo tiempo, significaba un reaseguro para las oposiciones que procuraban hacerse fuertes en atrios y sitios públicos. Las boletas, si existían, o las listas de candidatos se entregaban pocas horas antes o aun en el momento de votar.[28]

Esta marcha colectiva sobre las mesas electorales podía traer como contrapartida una dispersión de las oposiciones que desertaban del lugar indicado para votar, anticipándose a la coacción presumible: "La casa municipal, los portales del Juzgado de Paz, el frente de la escuela, sirven de refugio a los descontentos... La consecuencia inmediata de esta diversidad de comicios es la de que resulte sufragando un número de inscriptos mayor del contenido en el padrón: porque, como en el deseo de superar en número al adversario, cada partido echa mano de nombres de ausentes, y de muertos y de vivos, la suma de los votantes de los dos o tres comicios organizados para el mismo acto, excede el total de la inscripción... Esta facilidad de dar a cada opinión un comicio, conduce, además, a inesperadas sorpresas. Al juez de la elección corresponde establecer cuál de los comicios ofrece mayores apariencias de legalidad, y esa decisión depende, no de las cualidades intrínsecas o extrínsecas de las actas, sino del criterio de conveniencia política que domine en la mayoría de los sentimientos amistosos que dentro de un mismo partido favorezcan esta o aquella tendencia de este o aquel personaje".[29] Esta diáspora electoral recibió el nombre, tan frecuente en la crónica de época, de *comicios dobles*.

Los comicios dobles evocaban, de algún modo, una situación de competencia electoral no regulada. Significativos como éstos eran los momentos en cuyo transcurso las Juntas escrutadoras *volcaban padrones* o los electores *repetían su voto*. Ambos métodos tenían una sencilla factura. En la sesión de la Cámara de Diputados del 4 de mayo de 1898, Eleodoro Lobos afirmó que los hechos denunciados con motivo de las elecciones legislativas practicadas un mes antes en la Capital Federal "consisten en que en la mayoría de las parroquias las mesas receptoras de votos se han limitado a copiar los registros y que las boletas de los sufragantes eran rotas y reemplazadas por otras".[30] Cuatro años después, en las elecciones de 1902, *La Prensa* advertía que en la parroquia de San Bernardo, también de la Capital, los escrutadores "vaciaron el padrón de tal manera, que con menos de 200 personas que concurrieron al atrio durante el acto, la lista del acuerdo / es decir, la lista oficialista / dió un total de 1.500 votos". El mismo comportamiento registraba el diario en otras parroquias.[31]

Volcar un padrón o vaciar un registro tenían, pues, un mismo significado. Se trataba, lisa y llanamente, de asignar un voto a un ciudadano ausente, o presente si se rompían boletas, de acuerdo con una decisión previa adoptada por la Junta Escrutadora. El sistema podía reforzarse, según las circunstancias, con la *repetición del voto* realizada por *electores volantes* o *golondrinas* que sufragaban varias veces en una misma mesa o, en su defecto, en diferentes mesas de un mismo distrito. Las evidencias son curiosas por la mezcla de cinismo y picardía que acompañaba la operación.[32]

Hasta aquí, aquello que Indalecio Gómez calificaba como fraude electoral. Entrado ya el siglo, en las postrimerías del régimen, los procedimientos tradicionales fueron reemplazados por el comercio de libretas de inscripción y la *compra directa de votos*. Este peculiar cambio en los procesos de control fue, para muchos, un saludable signo de progreso. "¡No hay voto más libre que el voto que se vende!", exclamaba Pellegrini en la Cámara de Diputados en 1906; y observaba "que en la materia se entraba —desgraciadamente en la Capital— en una etapa de progreso por la que habían pasado las grandes democracias. Si se torcía con dinero la voluntad popular, era porque resultaban insuficientes la intimidación y la violencia".[33] Para comprar votos se pusieron en práctica métodos más refinados, perfeccionados a medida que los adelantos tecnológicos facilitaron comunicaciones rápidas y eficientes desde los comités electorales.

A ese propósito, era necesario vincular los fiscales de las mesas con los comités parroquiales. "El sufragante recibía, después de haber depositado su voto, un vale o tarjeta del fiscal del partido oficial y con él cobraba en el comité, diez, quince o veinte pesos, según lo tratado... En otras circunscripciones se valían de señas o marcas puestas en la libreta, tendientes al mismo fin."[34] Los comités de parroquia llevaban la cuenta exacta de los votos venales, que era retransmitida a los Comités Centrales por medio de circuitos telefónicos, con lo que se favorecía la regulación del mercado electoral según las necesidades de cada comicio.[35]

Con el voto comprado se cerró el círculo del fraude electoral. Los pasos que relatan estas páginas coexistieron —conviene recordarlo— en diferentes circunstancias de tiempo y lugar. Todos ellos constituyeron un primer umbral de control. Quedaba en pie, todavía, otra instancia que se situaba en un escalón más alto. Para el caso, quién mejor que B. Villanueva, en aquella circunstancia senador por la Capital, para servirnos de guía en este ascenso hasta la cima. El recuerdo de Villanueva nos traslada hasta la localidad de Vicente López, en la provincia de Buenos Aires, un día de comicio: "Veinte o treinta vecinos desocupados tomando mate y cinco o seis escribientes, volcando padrón como se dice en el caló electoral, hasta obtener la suma de 760 votantes... Es para estas elecciones, para las que no se necesita dinero; porque con cincuenta o cien pesos que entregue cada candidato, basta para enviar los emisarios o agentes que vayan y vuelvan a los partidos o departamentos donde debe simularse la elección, trayendo a la Capital el balurdo electoral o sea las actas del comicio".[36]

El balurdo electoral eran las actas con las que se clausuraba el comicio. Así existieran actas de votantes o urnas para depositar la papeleta del sufragio, una vez terminada la elección las autoridades que presidían las mesas escrutadoras hacían "el recuento de votos y votantes, certificaban la cantidad al pie del acta y por último proclamaban en forma pública a los candidatos triunfantes".[37] Estos documentos se enviaban a las Legislaturas o a las Juntas Escrutadoras Provinciales que hacían el escrutinio definitivo, consignaban las denuncias y protestas acerca de las irregularidades y elevaban los resultados a la Cámara de Diputados (cuando se trataba de la elección de sus miembros) o al Congreso Nacional si el comicio tenía por objeto designar electores para presidente y vice.

Entonces concluía la operación, porque los jueces inapelables de las elecciones eran los cuerpos legislativos. Desde las municipalidades hasta las instituciones nacionales, cada asamblea legislativa juzgaba las elecciones que se efectuaban para renovar a sus miembros: los consejos deliberantes, las legislaturas provinciales, la Cámara de Diputados, el Congreso Nacional en pleno. Este procedimiento, como bien advertía J. V. González, consagrado por la Constitución, traía como resultado que los cuerpos legislativos producían, en los hechos, a los representantes cuando verificaban los escrutinios. Según

Matienzo, no existía representante presumible antes que la elección fuera aprobada, ni tampoco se garantizaba al electo su derecho para ejercer la defensa en juicio si su elección hubiese sido discutida o impugnada.[38]

Tras estos recaudos de carácter normativo, la acción de control electoral en las legislaturas podía hacer uso de métodos más prácticos. En las provincias norteñas, por ejemplo, cuando se daba el caso de una súbita victoria opositora, reflejada en un acta electoral, se ponía en movimiento el prolijo trabajo de funcionarios que oficiaban de *raspadores,* los cuales, con paciencia no exenta de discreción, suplantaban el nombre del electo por el del favorecido. A estos legisladores, Pelagio Luna los llamaba *diputados por raspadura.*[39]

El control de las Asambleas Legislativas gozaba, por lo demás, de la protección adicional del sistema judicial. La Justicia Federal tenía competencia para conocer actos violatorios de las leyes nacionales cuya aplicación correspondía a los tribunales de la Nación, pero era incompetente para juzgar los abusos de autoridad cometidos por funcionarios provinciales, penados por el código ordinario, que se radicaban en los tribunales de provincia.[40] La Justicia Federal podía intervenir, tan sólo, en los casos de fraude vinculados con las elecciones de diputados nacionales y de electores para presidente y vice. En las irregularidades acaecidas con motivo de las elecciones municipales, de legisladores y de gobernadores provinciales, actuaban los tribunales de provincia; y como los senadores nacionales eran electos por las legislaturas provinciales, poco y nada tenía que hacer en ese terreno la Justicia Federal. El título del senador derivaba, en efecto, de la elección practicada por las legislaturas; el título de legislador provincial provenía de una elección realizada en su distrito que controlaba la misma legislatura; y los tribunales de provincia juzgaban los abusos a que podía dar lugar esta elección.

Este apretado relato acerca del fraude y el control del sufragio representa la imagen de un sistema de gradación o, mejor, de *una escala de gobiernos electores*. El gobierno elector controlaba el sufragio: hacía elecciones y garantizaba la victoria de los candidatos. A este sistema se le atribuyó el calificativo de fraude burocrático: una red de control electoral descendente que arrancaba de los cargos de presidente y gobernador hasta llegar, más abajo, a los intendentes y comisionados municipales, los concejales, los jueces de paz, los comisarios de policía, los jefes de registro civil o los receptores de rentas.[41] Esta madeja de cargos ejecutivos tenía mucho que ver con las recompensas y gratificaciones derivadas de la distribución de puestos públicos, y con la relación de dependencia que se trazó entre el sistema burocrático y el sistema político.[42]

Los cargos ejecutivos más bajos ejercían funciones institucionales con algún grado de diferenciación. Entre gobernadores e intendentes parece haberse planteado un vínculo análogo al que trazaron presidentes y gobernadores: apoyos recíprocos con la condición de respetar un ámbito de autonomía municipal controlada, sin embargo, por la intervención a la intendencia con comisionados municipales.[43] En los municipios, el manejo de la coacción en tiempos de comicio quedaba en manos de los comisarios de Policía. Del mismo modo no parece desacertado incorporar los jueces de Paz y los jefes de Registro Civil a la escala de gobiernos electores, debido a la responsabilidad que estos funcionarios tenían en la elaboración del registro electoral, la integración de las comisiones empadronadoras y la formación de las mesas escrutadoras.[44]

Los gobernantes electores no actuaron solos. El sistema de control exigía algo más. Entre el hipotético pueblo elector y los cargos institucionales que producían el voto, se localizaba, en una franja intermedia, un actor político, respetado con esmero por los que ocupaban posiciones de poder y acerbamente criticado por quienes emprendían el camino de la oposición o de la crítica moral: el caudillo electoral, un personaje que podía desempeñar los cargos más bajos de la escala de gobiernos electores, aun cuando su papel mediador no derivara, de modo necesario, del ejercicio de esos cargos institucionales; muchas veces, por cierto, servía de agente electoral desde situaciones menos privilegiadas.

Los caudillos electorales actuaron en todos los distritos, en la campaña y en las ciudades. Eran instrumentos necesarios, quizá protagonistas de trastienda. Algunos evocaban al caudillo como un arquetipo de lealtad hacia su protector hasta el límite de sus actos[45]; otros, como un hombre de lealtades difusas y cambiantes que combinaba, según la circunstancia, el apoyo con la amenaza. Los que habitualmente criticaban el estado de cosas, lo miraban con desprecio, como un Moreira decadente, un "tigre de los llanos"... "disminuido, afeitado, desmontado, sofrenado"; un "gato de la pampa /que/ alcanza poder paulatinamente desde mediador entre los peones y el patrón (los lleva a la elección) pasando por concejal, intendente, diputado provincial y por fin legislador nacional".[46]

¿Imaginerías populares que recogieron la literatura o el ensayo, acentuando los rasgos de la evocación benevolente o del soberbio denuesto? No es sencillo trazar un juicio histórico terminante. Pero la presencia del caudillo fue un hecho innegable y todos los gobernantes dependieron, en cierta medida, de estos mediadores. Observadores menos proclives al lenguaje literario, descubrieron sus maniobras y sus juegos electorales entre las actas de los comicios. Dice E. E. Rivarola: "Tomo un diario de sesiones de la Cámara de Diputados (provincia de Buenos Aires) ... Examino el cuadro del escrutinio general de una de las seis secciones electorales de la provincia; corresponde ese cuadro al partido denominado nacional, advirtiendo que la denominación podría ser cualquier otra y el caso no cambiaría. Se vota por una lista de trece candidatos: A, B, C, D, E, F, G, H, I, J, K, L y M. El total de votos de la lista es de 1.443 que los tiene únicamente el candidato D. En cinco de los quince partidos de la sección la lista aparece con modificaciones que dan a un nuevo candidato, N, 571 votos. N, es caudillo en uno de los pueblos de la sección; no estaba en la lista oficial de su grupo político; en el pueblo donde hace de caudillo, priva de la totalidad de los votos al candidato J; en otro, pueblo vecino se sacrifica al candidato G, también en la totalidad de los votos de la lista; en otro pueblo, también de las inmediaciones, los votos de J son suprimidos sin substitución; en otro pueblo más el sacrificio de J se repite y los votos que hubieron de ser suyos se distribuyen entre varios candidatos nuevos, inclusive N, que aumenta su número".[47]

Así, el caudillo electoral desplegaba su acción ofreciendo servicios, pactando acuerdos cambiantes, haciendo presente su disconformidad mediante la sustracción de sufragios de una lista cuando sobrevenían arreglos previos no del todo satisfactorios. Formas de intercambio en el mercado electoral, demostrativas de alguna concentración de recursos en actores que hacían oferta de su capital de votos a una clase gobernante en procura de su demanda, para imponer el predominio circunstancial de una facción en competencias de dudosa legitimidad.

En la ciudad de Buenos Aires, la prestación de servicios envolvió a los mismos inmigrantes. Es cierto, como subraya Cornblit, que la baja participación de los inmigrantes en la vida política poco tenía que ver con la vertiginosa incorporación de los recién llegados a los Estados Unidos durante el siglo pasado y principios de éste.[48] No había *Tammany Hall* —el célebre centro de reclutamiento de extranjeros del Partido Demócrata en Nueva York— en el mundo político porteño del novecientos; sin embargo, ciertos personajes de origen inmigrante adecuaban su conducta a los estrechos límites de una comarca electoral que pocos extranjeros franqueaban, acumulaban un pequeño capital de ciudadanos naturalizados y mercaban con esas libretas entre los notables del régimen. Una y otra vez, cronistas e historiadores machacan con su juicio sobre ciertos nombres. ¿Cómo no recordar a Cayetano Ganghi?, aquel caudillo de origen italiano que ufano le decía a R. Sáenz Peña: "Roca es un poroto a mi lado. Tengo 2.500 libretas"[49]; el peculiar comerciante de libretas cívicas que sirvió a los grandes de Buenos Aires desde E. Mitre hasta C. Pellegrini.[50] Pequeñas escaramuzas de asimilación adaptadas a las reglas del juego electoral que, no obstante, confirmaban el curioso trazado de dependencia entre el gobernante elector y los mediadores siempre dispuestos a manipular el escaso número de ciudadanos inscriptos.

Esta escala descendente, que en el vértice ubicaba a los notables y en la base a los productores del sufragio, ocupaba un escenario al cual se incorporaban pocos ciudadanos. La participación electoral parece, pues, un tema indispensable para entender el marco que rodeó las energías —violencia, engaño, picardía y comercio— concentradas en el ritual del fraude.

La participación electoral

Los inmigrantes no se naturalizaban; pero tampoco cesaba una corriente de población extranjera que se volcaba sobre nuestros puertos y cambiaba la composición demográfica del país. Así, mientras la sociedad civil se transformaba, el mercado electoral no sufría cambios análogos. Para Gino Germani la situación era paradojal: "Un hecho esencial —pero rara vez recordado en la actualidad— es que durante treinta o cuarenta años, las personas nacidas en el extranjero eran mucho más numerosas que las nacidas en el país. Si tenemos en cuenta los efectos de la doble concentración —geográfica y por edades— y observamos cuál era la proporción de extranjeros en aquellas categorías que más significado tienen para la vida política (adultos, varones de más de veinte años), y en las zonas centrales (capital y provincias del litoral), descubrimos el hecho extraordinario de que tal proporción alcanzaba entre el 50% y el 70%. En términos electorales esto significaba, por lo pronto, que justamente donde mayor importancia podía tener la participación en el voto, entre el 50% y el 70% de los habitantes se hallaba al margen de su ejercicio legal. En cifras absolutas, por ejemplo, en 1895, de los 216.000 habitantes varones de la ciudad de Buenos Aires, solamente 42.000 eran argentinos nativos (y los naturalizados alcanzaban a menos del 2%). En esa misma fecha, en las provincias litorales (Buenos Aires, Santa Fe, Mendoza, Córdoba, La Pampa, Entre Ríos), sobre 600.000 varones adultos, 287.000 podían eventualmente tener derecho al voto, como nativos".[51]

¿Cuántos habitantes se insertaban entonces como clientes de caudillos y de facciones en la vida electoral? Veamos, a continuación, un cuadro descriptivo del número de sufragios que acarreaba la producción de elecciones. Cifras provisorias registradas en los diarios de la época, los resultados electorales, pertenecientes exclusivamente a los distritos de la Capital Federal y de la provincia de Buenos Aires, que aquí recopilamos, presentan el riesgo de la sobredimensión: en ellos, en efecto, quedan contenidos los procedimientos del fraude, con las diversas variantes que evocábamos en el párrafo anterior. No obstante, esta exploración, de carácter capitalino y bonaerense, puede alumbrar un paisaje al que se le ha prestado escasa atención.

Entre 1880 y 1910 registramos en la Capital Federal quince elecciones. En 1880, para elegir electores de presidente y vice, votaron 6.505 ciudadanos; ésta será la cifra más baja del período analizado.[52] Dos años después —1882— elecciones de diputados nacionales: el número de sufragios ascendió a 8.930.[53] En 1886 se votó nuevamente para integrar la cámara baja: en total 9.771 electores.[54] En 1891, las elecciones municipales y de senadores arrojaron una participación de 9.421 y 9.975 votantes, respectivamente.[55] En 1892, las elecciones para diputados nacionales superaron la barrera de los 10.000 votos con 13.305 sufragios[56]; pero dos meses después esa cifra se redujo a 9.341 para designar electores de presidente y vice.[57] Luego habrá dos momentos ascendentes: para elegir diputados nacionales votaron, en 1896, 12.781 ciudadanos[58]; un número que se duplicó en 1898 cuando la designación de electores para presidente y vice arrastró 24.334 sufragios.[59]

Al despuntar el siglo, las elecciones de diputados nacionales, en 1900, retrotrajeron la participación electoral a 16.777 votantes.[60] En 1902, nuevo repunte —18.268 sufragios en los comicios para diputado[61]— que se acentuó en 1904 —27.856 sufragios para designar electores de presidente y vice[62]— hasta alcanzar el pico más alto en las elecciones legislativas de 1906 cuando concurrieron a las urnas 31.957 ciudadanos.[63] Después, las elecciones de 1908 (diputados nacionales) y de 1910 (electores de presidente y vice) tradujeron una tendencia hacia la baja con una participación que arrojó 26.853 y 24.732 sufragios.[64]

La marcha de la participación electoral en la Capital Federal refleja, entonces, un aumento sostenido. Entre los extremos (1880 y 1906), el número de ciudadanos, que hipotéticamente se acercaron a los comicios, se multiplicó por cinco y durante los treinta años se advierten ciertas pautas de participación que traducen para cada década un mercado electoral estable. La década del 80 registró una participación menor, en números absolutos, a los 10.000 ciudadanos; la década del 90, una concurrencia inferior a los 20.000 votantes con la excepción de la que tuvo lugar en 1898; la década que se inicia en 1900, una

Cuadro Nº 5
Participación electoral en la Capital Federal
1880-1910 – Cifras absolutas

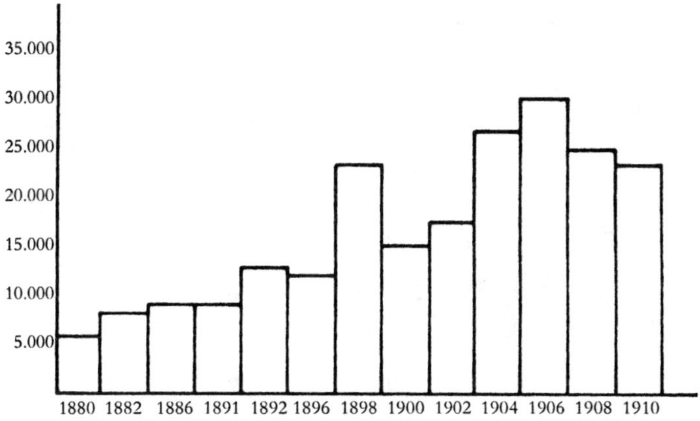

participación que se situó por debajo de los 30.000 sufragios con la excepción, también significativa, de las elecciones de 1906.

Un ritmo de participación que se recortaba sobre una población porteña de 47.991 habitantes masculinos nativos, mayores de dieciocho años, según los resultados del Censo Nacional de 1895. Si admitimos trasladar el análisis tres años hacia atrás y tres hacia adelante, la participación electoral con respecto a la población en condiciones de votar arrojó entre 1892 y 1898 los siguientes porcentajes: 1892, 28 y 19 %; 1896, 27 % y 1898, 51 %.[65]

El carácter competitivo de estas elecciones merece un párrafo aparte. Ocurrieron, es cierto, comicios que la jerga electoral de la época llamó *elecciones canónicas*: actos electorales que, simplemente, refrendaban una lista de candidatos carentes de oponentes. Las elecciones para designar electores de presidente y vice en 1892 y 1910 constituyeron, en este sentido, casos típicos. En otras circunstancias, en cambio, el nivel de competencia fue más pronunciado, como en las elecciones legislativas de 1896 cuando se enfrentaron acuerdistas y radicales.

Cuadro Nº 6
Elecciones de diputados nacionales en la Capital Federal 8-3-1896

Parroquia	Acuerdo	Radicales	Varios
Catedral al Norte	443	182	8
Catedral al Sur	104	172	19
San Nicolás	135	172	12
San Miguel	71	143	4
Piedad	1.142	196	- -
Socorro	307	258	35
Concepción	208	503	26
San Telmo	173	352	3
Monserrat	202	201	17
San Cristóbal	1.014	942	83
Pilar	487	683	29
Balvanera	769	590	270
Santa Lucía	164	288	26
San Juan Evangelista	300	6	- -
San Bernardo	662	23	- -
Flores	648	332	34
Belgrano	126	215	2
TOTAL	6.955	5.258	568

Fuente: La Nación, 9-3-1896.

Lo mismo cabe observar durante la década que comienza en el 1900. El cuadro que ofrecieron las elecciones para designar electores de presidente y vice en 1904 (elecciones mediante el sufragio uninominal por circunscripciones que analizaremos en el Capítulo VII), ilustra una competencia tanto con respecto a los números absolutos como a los resultados verificados en las veinte circunscripciones.

Cuadro Nº 7
Elecciones nacionales de electores de presidente y vice-presidente en la Capital Federal 10-4-1904

Circuns-cripciones	Quintana	Fórmula Republicana	Avellaneda	P.A.N. Indepen-diente	Total
1	299	1	300	-	600
2	541	482	12	-	1.035
3	766	973	8	-	1.747
4	884	1.152	- -	-	2.036
5	535	15	575	-	1.125
6	368	170	60	-	598
7	311	101	455	-	867
8	856	3	1.242	-	2.101
9	584	1.123	2	-	1.709
10	614	154	471	-	1.239
11	592	498	- -	-	1.000
12	906	987	84	-	1.977
13	468	1.072	20	-	1.560
14	543	973	27	-	1.543
15	713	15	- -	-	728
16	404	- -	478	-	882
17	207	1	486	-	694
18	875	31	988	-	1.894
19	-	1.268	2	1.360	2.625
20	931	823	52	-	1.806
TOTAL	11.397	9.837	5.262	1.360	27.856

Fuente: La Nación, 11-4-1904.

Una competencia semejante tuvo lugar en las elecciones legislativas de 1906 que hicieron trepar la participación electoral hasta el pico más alto. Sin discriminar por parroquias, los resultados finales se distribuyeron de la siguiente forma:

Coalición Popular	19.011
Unidad Electoral	10.773
P. Socialista	2.173
Total	31.957

Fuente: La Nación, 12-3-1906.

El observador apresurado podrá sostener que la competencia entre facciones y partidos produjo un efecto favorable, aumentando la participación electoral. Parece razonable defender este argumento, ilustrándolo con lo que aconteció durante la década del novecientos, por lo menos desde 1902[66] y, en mayor medida, en 1904 y 1906.[67] Pero la conclusión no es aplicable a la década anterior: pese a la competitividad ya registrada en 1896, las elecciones para designar electores de presidente y vice en 1898, que acarrearon el contingente más fuerte de sufragios, tradujeron un predominio canónico de la lista oficialista. (Véase Cuadro N° 8.)

Y dos años después, en 1900, esta pauta no competitiva se consolidó en las elecciones para renovar los integrantes de la cámara baja, aunque en aquel momento, sí, el carácter canónico del comicio coincidió con un descenso en la participación electoral.[68]

La ciudad de Buenos Aires resistía, pues, fáciles encasillamientos en materia de participación y competencia electoral. Semejantes observaciones merece la provincia de Buenos Aires, si los trazos del análisis electoral tienen virtud suficiente para resaltar diferencias entre las elecciones nacionales y las elecciones provinciales. La distinción no es arbitraria; porque una significativa característica de este distrito traduce el hecho de una notable expansión electoral durante la década del 90, acotada por una participación más restringida —en todo caso más estable— en las elecciones nacionales (véase Cuadro N° 9.)

Cuadro Nº 8
Elecciones Nacionales de electores de presidente
y vice-presidente en la Capital Federal 10-4-1898

Parroquia	Lista Mixta	Radicales	Socialistas
Catedral al Norte	499	119	
Catedral al Sur	143	110	
San Miguel	430	223	
San Nicolás	200	87	
Monserrat	1.029	-	
Piedad	1.930	50	18
Balvanera al Norte	1.255	727	
Balvanera al Sur	2.023	72	20
San Cristóbal	2.470	-	
Socorro	295	242	
San Telmo	986	8	26
Concepción	1.336	-	
Las Heras	929	-	
Santa Lucía	2.019	363	36
San Juan Evangelista	1.199	531	
Pilar	706	181	
Belgrano	391	25	
San Bernardo	1.491	1	
San Carlos	457	174	
Flores	287	104	
Vélez Sarsfield	275	-	
Carmen	821	15	
TOTAL	21.171	3.032	100

Fuente: La Nación, 11-4-1898.

Cuadro N° 9
Participación electoral en la provincia de Buenos Aires
en elecciones provinciales y nacionales, 1890-1910

Año	Elecciones Provinciales	Elecciones Nacionales
1890	41.247 (Gobernador)	
1892		25.415 (Electores de Pres. y Vice)
1894	45.474 (Gobernador)	
1896		31.370 (Diputados Nacionales)
1898	83.000 (Gobernador)	33.209 (Electores de Pres. y Vice)
1900		36.384 (Diputados Nacionales)
1901	91.409 (Gobernador)	
1904		42.519 (Electores de Pres. y Vice)
1908		36.982 (Diputados Nacionales)
1910		33.628 (Electores de Pres. y Vice)

Fuentes: Para las elecciones provinciales: O. Cornblit, "La opción conservadora en la política argentina", en *Desarrollo Económico*, Vol 14, N° 56, enero-marzo 1975, p. 635. Para las elecciones nacionales: *El Nacional*, 11 y 12-IV-1892; *La Nación*, 9-III-1896; *La Nación*, 11-IV-1898; *La Nación*, 11-III-1900; *La Nación*, 11-IV-1904; *La Nación*, 9-III-1908; *La Nación*, 14-III-1910.

Obsérvese el salto de los comicios para elegir gobernador entre los años 1894 y 1901: la participación electoral, en efecto, se duplicó en siete años, una circunstancia ausente en las elecciones nacionales que, por el contrario, envolvieron un número de votantes más reducido, con oscilaciones menos pronunciadas, ubicado en torno de los 32.000 y 37.000 sufragios (con las excepciones, claro está, de las elecciones de 1892, que registraron la participación más baja, y de los comicios de 1904 que produjeron la participación más alta).

La diferencia entre los dos tipos de elección puede aportar argumentos favorables a la hipótesis que subraya la relación positiva entre elecciones competitivas y alta participación. En los comicios provinciales de 1894 y de 1898 intervinieron en el juego electoral tres partidos políticos (autonomistas, cívicos mitristas y radicales) con resultados variables que hicieron de las Juntas de Electores de la provincia un recinto dotado de una autonomía negociadora más vigorosa que la que se podía advertir en las Juntas Nacionales.[69]

Otro es el registro de participación en las elecciones nacionales: mientras en 1894 votaron 45.474 ciudadanos para elegir gobernador, esa cifra se redujo dos años antes a 25.000 sufragios para elegir presidente y vice y apenas trepó a los 31.000 dos años después para designar diputados nacionales. ¿Y qué decir de las elecciones de 1898 cuando los 83.000 votos que disputaron el comicio provincial descendieron por una ladera abrupta hasta los 33.000 para elegir presidente y vice? No menos significativa es la pareja de elecciones que tuvieron lugar en el novecientos cuya comparación establece brechas tan acentuadas como en la anterior.

Cabe subrayar, entonces, que la participación electoral en la provincia de Buenos Aires circulaba a través de una doble vía mediante la coexistencia simultánea de comicios cerrados y abiertos, según fuera el objeto nacional o provincial de la elección. Las dos caras del sufragio bonaerense quedan reflejadas en los porcentajes de participación electoral de acuerdo con la población de 126.250 habitantes en condiciones de hacerlo, que registró el Censo de 1895: mientras en 1894 los comicios provinciales arrojan un porcentaje del 36%, en las elecciones nacionales de 1892 y 1896 esa relación desciende al 21% y al 25% respectivamente. Más fuerte es el contraste de 1898: 66% de participación para elegir gobernador; 26% para designar electores de presidente y vice.

Estos porcentajes de participación toman en cuenta el total de los sufragios efectivos de toda la provincia en cada una de las elecciones. Si, en cambio, el lector tiene paciencia para conceder una última exploración a través de este universo de cifras, la desagregación de los resultados por departamentos puede desentrañar otra hipótesis explicativa. ¿En qué lugar votaban más ciudadanos? ¿En aquellas secciones populosas o en los departamentos menos poblados?

La provincia de Buenos Aires, lo sabemos, estaba dividida en más de un centenar de departamentos. Según datos disponibles, en las elecciones nacionales de 1896 (diputados nacionales) y de 1898 (electores de presidente y vice) los departamentos pueden clasificarse en cuatro categorías de acuerdo con el tamaño de la población en condiciones de votar; a saber: departamentos con más de 3.000 habitantes; departamentos con una población situada entre 3.000 y 2.000 habitantes; departamentos con una población ubicada entre 2.000 y 1.000 habitantes; y departamentos con menos de 1.000 habitantes. El grueso de la población se concentraba en las dos últimas categorías, la de los departamentos chicos, que representaban el 60% del total.[70]

Pues bien: la media de participación, sumados los porcentajes de cada uno de los departamentos por categorías de clasificación, permite comprobar un fenómeno que se resume en la siguiente sentencia: a más población menor participación; y a la inversa; a menor población mayor participación electoral.

Cuadro Nº 10

Participación electoral en la provincia de Buenos Aires según departamentos clasificados de acuerdo con su población en condiciones de votar. Elecciones nacionales 1896 y 1898

Clases de departamentos según población en condiciones de votar	Participación Electoral 1896	Participación Electoral 1898
Más de 3.000 h	19 %	20 %
Entre 3.000 y 2.000 h	23 %	26 %
Entre 2.000 y 1.000 h	33 %	32 %
Menos de 1.000 h	45 %	46 %

Fuente: Cacopardo, M. C.: *República Argentina. Cambios en los límites nacionales, provinciales y departamentales a través del Censo Nacional de Población.* D.T. Nº 47. I.T.D.T.CI.S., 1967. *La Nación*, 9-3-1896 (para las elecciones de 1896). *La Nación*, 11-4-1898 (para las elecciones de 1898).

Las conclusiones que arroja la lectura del cuadro y la sentencia precedente no tienen, se comprende, validez general; apenas resultan del análisis de dos elecciones nacionales. Quedan en pie, sin embargo, algunos interrogantes que enlazan el análisis de la participación electoral con descripciones previas acerca del fraude y de la manipulación del sufragio. ¿Qué decir de esta tendencia a la participación más numerosa en los departamentos poco poblados? Hay casos particulares donde el ejercicio electoral cubría casi el total de los ciudadanos aptos para ejercer el voto. El departamento de Pila, por ejemplo, contaba con 634 habitantes, en esas condiciones: en 1896 sufragaron 620 (el 97,7%); en 1898, 593 (el 93,5%). En el 96 se enfrentaron cívicos nacionales y radicales con autonomistas: los 620 votos del departamento fueron a parar, íntegros, a manos de los cívicos nacionales. En otras secciones, en cambio, la competencia fue más pronunciada.

¿Mayor identificación del ciudadano con la política a medida que el espacio de participación se achica y las relaciones cara a cara se vuelcan sobre la arena pública de estos pequeños municipios? Viejas utopías que habrían retemplado el ánimo de algún "rousseauniano" proclive a valorar los pequeños grupos, afincados en comunidades agrícolas, que no soportan, todavía, la mediación corruptora de los grandes números y de la urbanización. Más que una hipótesis, el argumento es casi el *desideratum* de una teoría y de un modo de comprender la política. Pero en tierras bonaerenses la contrapartida que presenta una realidad más socarrona —en todo caso menos exultante acerca de la bondad del contexto que favorece la plena expresión de la soberanía popular— llamaría la atención, una vez más, a propósito del papel de los mediadores; de los caudillos que volcaban padrones, de los comités que organizaban la repetición del voto; del control, en suma, que una red caciquil bien instalada podría ejercer con resuelta efectividad sobre pequeñas poblaciones, quizá dispersas dentro de los límites departamentales. Es posible que la verdad de este juego interpretativo esté en alguna frontera donde confluyan ambos argumentos. Ciertamente, las parcelas que este análisis pretende abonar no permiten ambiciosas conclusiones. Como también la ausencia visible del resto del país, en esta sucinta descripción, abre un conjunto de preguntas que permanecerán sin respuesta.

Así, pues, la clase gobernante practicaba elecciones. Sus

miembros se enfrentaban y se dividían entre la recriminación y el conflicto. Pese a ello, por extraño que parezca, se aferraban a ciertos ritos formales, conservaban la fachada y seguían produciendo el sufragio. Unos justificaban las cosas y hasta se encogían de hombros: "Jamás he entendido el ideal de las elecciones —le escribía Eduardo Wilde a Juárez Celman—. Nunca las ha habido, no las hay ni las habrá jamás; entre otras causas, por ser lo mismo exactamente que las haya o no las haya..."[71]. Wilde no entendía ni quería el sufragio; pero a los tropezones, cargado de errores y de imperfecciones, el sistema persistía. Los justificadores lo conservaban y al obrar de esta manera mantenían en pie una contradicción ya develada por quienes impugnaban el régimen y que otros, inmersos en los arreglos de las "situaciones electorales", no tardarían en descubrir. Fiscales de la falsedad que decantaba un comportamiento juzgado como erróneo, los reformadores habrán de iniciar, entre viejos e inéditos conflictos y una sociedad irremediablemente transformada, la marcha hacia el ocaso de una clase gobernante.

NOTAS

1. Consultar al respecto, Sheldon S. Wolin, *Politics and Vision, Continuity and Innovation in Western Political Thought*. Boston, Little, Brown and Company, 1960, sobre todo el Capítulo 10: The Age of Organization and the Sublimation of Politics. Hay traducción castellana por Amorrortu, Bs. As.

2. El lector debe precaverse del carácter provisorio del cuadro que sigue. Es una aproximación que resume, con menos personajes y cargos institucionales, el modo como los mismos actores definían al "notable del régimen" y el método de selección propuesto o practicado en las "Conferencias de Notables". En 1884, por ejemplo, Juan A. García propuso que el sucesor de Roca fuera elegido por una convención de notables "compuesta de todos los ciudadanos que son o han sido desde 1862 senadores o diputados al Congreso Nacional". Carta reproducida en *Tribuna*, 24-6-1903, citado por C. R. Melo, "La campaña presidencial de 1885-1886", en *Los Partidos Políticos Argentinos*, p. 243. En 1890, R. Sáenz Peña sugirió organizar una convención electoral autonomista integrada por presidentes y vices, ministros nacionales, gobernadores y ministros de provincias, senadores y diputados

nacionales y miembros de la Suprema Corte de Justicia de la Nación. (Ver C. R. Melo, "La terminación del segundo período presidencial del Gral. Julio A. Roca. y la elección de su sucesor", en *Los Partidos Políticos Argentinos*, p. 288.) La Convención de Notables de 1904, la única que se realizó, invitó a formar parte de ella a las siguientes "clases": ex presidentes y vices, ex ministros nacionales, ex ministros de la Suprema Corte y ex jueces federales, ex ministros plenipotenciarios, ex senadores y diputados nacionales, ex convencionales constituyes, ex gobernadores, Generales de Brigada y Comodoros arriba del Ejército y de la Armada, arzobispos, obispos y auxiliares; rectores, ex rectores, académicos y profesores titulares de Universidades Nacionales; Sociedades Rurales y presidentes y directores de centros comerciales e industriales (Ver C. M. Melo, *idem*, p. 290). Esto en lo que se refiere a la selección del universo de actores. Por otra parte, para elaborar el Cuadro se utilizaron las mismas fuentes que figuran en los Cuadros N° 5 y N° 7 del Capítulo IV y en los Cuadros N° 4, N° 5 y N° 6 (cuyas fuentes se registran en la nota N° 21) del Capítulo V. Como podrá advertirse, el Cuadro en cuestión estratifica la clase gobernante sobre una dimensión única: la acumulación de cargos. En rigor, una imagen más representativa debería tomar en cuenta otras dimensiones, ya expuestas en este trabajo, como criterio de ponderación; tal sería el caso de la dimensión temporal aplicada al desempeño de los cargos. A ella hemos hecho referencia cuando tratamos los conceptos de senadores predominantes y de ministros predominantes. Otro criterio de ponderación, susceptible de ser aplicado, es el ejercicio de la presidencia en ambas Cámaras del Congreso Nacional. El asunto merece un párrafo no sólo por la importancia de las presidencias de los cuerpos legislativos, sino por el sistema de sucesión para el caso de la acefalía del Poder Ejecutivo, previsto por la ley N° 252, dictada durante la presidencia de B. Mitre el 19-9-1868. La ley en cuestión, que reglamentó el art. 75 de la Constitución de 1853, dice así, en su primera parte: "En caso de acefalía de la República, por falta de presidente y vicepresidente de la Nación, el Poder Ejecutivo será desempeñado en primer lugar por el presidente provisorio del Senado, en segundo por el presidente de la Cámara de Diputados, y a falta de éstos, por el presidente de la Corte Suprema". Si se tiene presente que entre los años 1890 y 1892; 1895 y 1898; 1906 y 1910; 1911 y 1916, el Poder Ejecutivo fue ejercido por los vicepresidentes C. Pellegrini, J. E. Uriburu, J. Figueroa Alcorta y V. de la Plaza, debido a la renuncia y a la muerte de M. Juárez Celman, L. Sáenz Peña, M. Quintana y R. Sáenz Peña, el cargo de presidente del Senado para el caso de acefalía adquiere un significado más preciso a la luz, sobre todo, de las personas que lo ocuparon. En efecto, entre 1890 y 1892, la presidencia del Senado fue desempeñada por M. Derqui y M. Nougués; desde 1895 hasta 1898 por J. A. Roca y R. Igarzábal; entre 1906 y 1910 por B. Villanueva y Luis Güemes; desde 1914 hasta 1916 por B. Villanueva. A subrayar la posición de Roca durante la década del 90 que sugiere una coincidencia entre lo que establece la ley, por un lado, y lo que llamamos el control de la sucesión en tanto fundamento operativo de una fórmula de dominación, por el otro. Vale la pena recordar, también, la posición de B. Villanueva desde 1906, un personaje que nos acompañará más adelante, en la tercera parte de este libro.

3. Este cuadro recurre a las mismas fuentes consignadas en el anterior. La técnica de clasificación es simple. En primer término, acumulamos los apellidos que se repiten en por lo menos dos actores dentro del cuadro de la clase gobernante. En segundo lugar, a ellos adjuntamos actores con el mismo apellido que desempeñaron los cargos de gobernador, de senador nacional, de ministro o de diputado nacional. Del mismo modo, tercera operación, sumamos dentro del universo más amplio de actores que solamente desempeñaron uno de los cuatro cargos, aquellos apellidos que se repiten por lo menos una vez.

4. Se pueden consultar referencias más amplias para discutir este asunto desde el punto de vista teórico en mi libro ya citado *La légitimité, problème politique*, Cap. III, Párrafo II, La Théorie de la classe dirigeante. Allí se señalan coincidencias y diferencias entre autores representativos.

5. El análisis más completo de las peripecias de este proceso sucesorio es el de C. R. Melo, "La campaña presidencial de 1885-1886".

6. La bibliografía sobre el 90 es abundante. A las obras clásicas debidas, entre otros, a J. Balestra (*El noventa: una evolución política argentina*); a M. de Vedia y Mitre (*La revolución del 90. Origen y fundación de la Unión Cívica. Desarrollo y consecuencias de la revolución de julio*), es preciso añadir dos libros recientes de R. Etchepareborda: *La Revolución Argentina del 90*. Bs. As., EUDEBA, 1966, y *Tres Revoluciones*, Bs. As., Pleamar, 1968; junto con dos trabajos publicados en *Revista de Historia*, N° 1, 1957. O. Becerra, "Interpretación radical del 90" y A. Pérez Aznar, "Esquema de las fuerzas actuantes hasta 1890".

6bis. Nómina de los departamentos y partidos. Provincia de Buenos Aires, según II Censo Nacional, 1895: 1: San Nicolás; 2: Ramallo; 3: Colón; 4: Pergamino; 5: San Pedro; 6: Gral. Arenales; 7: Rojas; 8: Salto; 9: Arrecifes; 10: Baradero; 11: Zárate; 12: Villegas; 13: Gral. Pinto; 15: Junín; 16: Chacabuco; 17. Carmen de Areco; 18: San Antonio de Areco; 19: San Andrés de Giles; 20: Exaltación de la Cruz; 21: Campana; 22: Pilar; 23: Lincoln; 25: Bragado; 27: Chivilcoy; 28: Suipacha; 29: Mercedes; 30: Luján; 31: Gral. Rodríguez; 32: Navarro; 33: Las Heras; 34: Marcos Paz; 35: Las Conchas; 36: Gral. Sarmiento; 37: San Fernando; 38. San Isidro; 39: Moreno; 40. Morón; 41: San Martín; 43: Merlo; 44: Matanza; 46: Lomas de Zamora; 48: Barracas al Sur; 49: Almirante Brown; 50: Florencio Varela; 51: Quilmes; 54: Trenque Lauquen; 55: Pehuajó; 57: Nueve de Julio; 58: Veinticinco de Mayo; 59: Saladillo; 61: Lobos; 62: Monte; 63: Cañuelas; 64: San Vicente; 65: Gral. Paz; 66: Brandsen; 67: La Plata; 70: Magdalena y Rivadavia; 72: Guaminí; 74: Bolívar; 75: Gral. Alvear; 76: Tapalqué; 77: Las Flores; 78: Gral. Belgrano;

79: Pila; 80: Chascomús y Biedma; 81: Castelli; 82: Olavarría; 83: Azul; 84: Rauch; 85: Ayacucho; 85a: Arenales; 86: Gral. Guido; 87: Dolores; 88: Tordillo; 89: Maipú; 90. Gral. Lavalle; 91: Tuyú; 92: Adolfo Alsina; 93: Puán; 94: Gral. Saavedra; 95: Cnel. Suárez; 96: Gral. Lamadrid; 97: Laprida; 98: Juárez; 99: Tandil; 100: Balcarce; 101: Mar Chiquita; 103: Bahía Blanca; 105: Cnel. Pringles; 106: Cnel. Dorrego; 108: Tres Arroyos; 109: Necochea; 110: Lobería; 111: Gral. Alvarado; 112: Gral. Pueyrredón; 113: Villarino; 114: Patagones; 120: Isla Martín García.

(*Fuente*: Cacopardo, María C., *República argentina. Cambios en los límites nacionales, provinciales y departamentales a través de los censos nacionales de población*, pp. 71-72, D.T. N° 47, I.T.D.T., CIS, Bs. Aires, 1967).

7. Una consulta de dos diarios que en Bs. As. apoyaron a la Unión Cívica, *La Nación* y *El Argentino*, permite establecer la siguiente lista de diarios del interior y de la Capital que también tuvieron una orientación favorable hacia la nueva coalición. Entre paréntesis se marca la fuente y la fecha en que son individualizados: El Orden, Tucumán (La Nación. 20-4-1890); La Justicia, Mercedes (La Nación, 20-4-1890); El Municipio, La Plata (La Nación, 24-4-1890); La Libertad, Corrientes (La Nación, 6-1-1891); El Republicano, Tucumán (La Nación, 21-3-1891); Los Principios, Tucumán (El Argentino, 29-6-1891); La Libertad, Córdoba (El Argentino, 1-7-1891); El Porvenir, Córdoba (El Argentino, 1-7-1891); El Pueblo, San Luis (El Argentino, 1-7-1891); El Pueblo, La Plata (El Argentino, 1-7-1891); El Deber, Arrecifes (El Argentino, 1-7-1891); La Patria, Dolores (El Argentino, 1-7-1891); El Riachuelo, La Boca-Capital (El Argentino, 1-7-1891); La Tribuna, Bahía Blanca (El Argentino, 1-7-1891); La Unión, Ayacucho (El Argentino, 1-7-1891); El Radical, Mercedes (El Argentino, 2-11-1891). Excuso decir que esta lista no es exhaustiva.

8. Citada por R. Etchepareborda, *Tres Revoluciones*, p. 100. La carta es del 5-9-1890.

9. Escritos inéditos de L. N. Alem confirman el estado y el contenido de la intransigencia. En carta a Juan M. Garro, el 1-5-1892, Alem expresa que "la actitud de nuestro partido es y debe ser hoy y siempre de enérgica protesta contra las arbitrariedades que nos oprimen y avergüenzan, pues tanto las elecciones nacionales de Febrero como las de electores de presidente y vice llevan un vicio insanable de nulidad representando la más audaz conculcación de nuestras libertades y garantías y el deber cívico nos manda en este caso a todos los buenos argentinos impedir que se radique esta servidumbre". La carta figura en el *Archivo del Dr. Juan M. Garro*, Caja N° 3. Vaya mi cordial agradecimiento al Dr. José A. Allende, depositario del Archivo Garro, quien tuvo a bien autorizarme la consulta y el uso bibliográfico de este excelente fondo documentario.

10. En carta "confidencial y reservada" a J. M. Garro, el 21-2-1892, J. M. Estrada sostiene que "establecido un gobierno como el que hará Don Luis

Sáenz Peña el país puede considerarse salvado... la Unión Católica puso en él sus esperanzas patrióticas desde el principio de la crisis a cuyo desenlace llegamos". *Archivo del Dr. Juan M. Garro*, Caja N° 3. Consultar, también, N. T. Auza, "La 'Unión Patriótica'. Un intento político en 1908", en *Anales de la Universidad del Salvador*, N° 5, 1969, p. 180.

11. Aun cuando en 1893 se aplazó la aprobación de su diploma de senador y se le inició proceso por desafuero y cesantía.

12. Ver al respecto R. Etchepareborda, *Tres Revoluciones*, p. 82, donde también el autor cita el parte del Gral. Campos que registra las víctimas del sector cívico. En la misma página se consigna la opinión de G. Blank, encargado de negocios de Gran Bretaña, que consideraba probable "si hubiera triunfado la intentona en la Capital... una guerra civil de alguna duración".

13. Ver al respecto el análisis de R. Etchepareborda en *idem*, p. 122 y s., 156, 161 y ss., 200 y ss., 228 y 234. Las causas sociales de las revoluciones santafecinas, el contexto político y los resultados de las mismas, están analizados en el libro inédito de E. Gallo, *Colonos en armas*. Agradezco al autor la consulta de esta obra que arroja nueva luz sobre la participación de colonos de origen inmigratorio que prestaron apoyo al radicalismo en los procesos revolucionarios.

14. R. Etchepareborda, *Tres Revoluciones*, p. 214 y s. Ver también L. H. Sommariva, *Historia de las intervenciones federales en las provincias*, *op. cit.*, vol. II, p. 229 y s.

15. Cit. por R. Etchepareborda, *Tres Revoluciones*, p. 235.

16. Cit. por R. Etchepareborda, *idem*, p. 67. Consultar también en el mismo sentido, los sucesivos documentos de 1891 que culminan con la Carta Orgánica Nacional de la U.C.R., sancionada el 17-11-1892. Talleres Gráficos del Comité de la Provincia de Buenos Aires de la Unión Cívica Radical, 1950.

17. Al respecto, es ilustrativa la nota de Julio A. Roca, a la sazón ministro del Interior de C. Pellegrini, dirigida a los gobernadores el 21-3-1891: "Hemos convenido en la necesidad de suprimir la lucha electoral... espero que Ud. y todos los amigos de esta provincia me acompañen y me ayuden a realizarlo". Cit. por R. Etchepareborda, *Tres Revoluciones*, p. 112.

18. Ver C. R. Melo, "Las Paralelas", en *Los Partidos Políticos Argentinos.*

19. J. V. González. Discurso en la Cámara de Senadores, sesión del 1-2-1912 en Congreso Nacional. Diario de Sesiones, Cámara de Senadores, 1911, vol. 2, p. 289.

20. Más adelante, en la Tercera Parte, Cap. VIII, se presenta un esbozo de la legislación electoral vigente hacia fin de siglo en Europa, los EE.UU. y la Argentina, con información comparada acerca del voto "censitaire" y el sufragio universal.

21. I. Gómez. Discurso en la Cámara de Diputados, sesión del 8-11-1911 en *Los Discursos de Indalecio Gómez, Estadista, Diplomático, Parlamentario, con*

una introducción por Atilio Dell'Oro Maini y los discursos de Leopoldo Melo y Roberto García Pinto en los actos de homenaje realizados en Buenos Aires y en Salta, Bs. As, G. Kraft, 1953, p. 335.

22. J. Gómez. Discurso en la Cámara de Senadores, sesión del 2-2-1912 en *Los Discursos... op. cit.*, p. 388.

23. J. V. González. Discurso en la Cámara de Senadores, sesión del 1-2-1912 en Diario de Sesiones, *op. cit.*, vol. 2, p. 291.

24. Las leyes que rigieron las elecciones nacionales hasta la reforma de 1902 se dictaron el 22-9-1873 y el 16-10-1877. Esta última fue modificada con variantes no substanciales por las que se dictaron el 7-10-1879 y el 15-10-1881. Se puede consultar una prolija introducción a estos textos legales, excluidos los dos últimos, en G. O. E. Tjarks, "Las elecciones salteñas de 1876 (Un estudio del fraude electoral)" en *Anuario del Departamento de Historia de la Facultad de Filosofía y Humanidades de la Universidad Nacional de Córdoba*, Año I, N° 1, 1963, pp. 417-506. Tjarks demuestra que las normas legales creaban un contexto jurídico que facilitaba el uso consciente del fraude.

25. C. Pellegrini, Discurso en la Cámara de Senadores, sesión del 20-12-1902, en J. V. González, *La reforma electoral argentina*, Buenos Aires, Imprenta Didot, 1902, p. 319.

26. E. E. Rivarola, "Ley y práctica electorales de la Provincia de Buenos Aires", *R.A.C.P.*, Año I, N° 4, 12-1-1911, p. 541. Este estudio de E. E. Rivarola merece un atento interés. El autor se propuso contribuir al estudio de los hechos electorales en una serie de artículos. Sus reflexiones son fruto de una experiencia práctica que él mismo, sin falsa modestia, no titubea en calificar: "... podría afirmar que nadie ha visto más papeles electorales que yo. Primeramente, en 1894, como legislador y miembro de la comisión de poderes en la cámara de diputados de la provincia; luego, desde 1898 hasta el presente (doce años) como vocal de las juntas electorales de la Provincia... en esas juntas el único vocal permanente ha sido el presidente del tribunal de cuentas, cuyo cargo me honro en desempeñar" (E. E. Rivarola, "Ley y práctica electorales de la Provincia de Buenos Aires", en *R.A.C.P.*, Año I, N° 2, 12-11-1910, p. 195). Claro está: el estudio de E. E. Rivarola tiene por objeto la práctica electoral en la Provincia de Buenos Aires. Esta cita y las que siguen, pueden caer fuera de contexto si se las generaliza en exceso. No obstante, vale la pena correr el riesgo para inducir de esta experiencia algunas características básicas de la práctica electoral aplicables, al menos como hipótesis, en otros distritos o provincias.

27. Ver E. E. Rivarola, "Ley y práctica electorales de la Provincia de Bs. As.", en *R.A.C.P.*, Año I, N° 3, 12-12-1910, p. 377. Esto ocurría si en los distritos regía una ley electoral. Hay provincias en las cuales ni siquiera se aplicaban providencias legales. El caso más curioso lo ofrece la provincia de Salta donde, desde 1888, no había ley electoral y los comicios se realizaban sin registros. Ver al respecto L. H. Sommariva, *Historia de las Intervenciones Federa-*

les de las Provincias, Vol. II, p. 320 y s. Por otra parte, esta subdivisión de provincias en distritos más pequeños, estaba íntimamente relacionada con la validez del acto electoral. En efecto, el art. 72 de la ley de elecciones nacionales dictada en 1877 establecía que "para la validez de una elección se requiere que haya sido practicada legalmente en la mitad más uno de los distritos electorales de cada provincia". Al respecto observa Tjarks (en *op. cit.*, p. 430): "Es decir, aplicando este principio al caso específico de Salta, que las elecciones en ocho o diez departamentos de campaña, donde cada comandante de milicias o juez de paz era un verdadero reyezuelo, alejado del contralor directo del gobierno y que, en conjunto, no tenía la cantidad de votantes de la capital de provincia, imponían los candidatos triunfantes en ellos, si se llegaban a anular los comicios de todos los demás".

28. Ver E. E. Rivarola, "Ley y práctica electorales de la Provincia de Bs. As." en *R.A.C.P.*, Año I, N° 2, 12-11-1910, p. 205; A. Zerboni, "Sistema comunal en la Provincia de Buenos Aires", en *R.A.C.P.*, Año I, N° 4, 12-11-1911, p. 575. En una larga crónica que figura en sus Memorias, J. N. Matienzo relata con minucia el modo de asistencia al comicio como una forma de defensa, desde las filas opositoras, ante la coacción imperante: "Dos años después (1896) siendo yo senador provincial en La Plata y candidato a diputado nacional, fui designado por el comité radical de la provincia delegado del mismo durante el día de la elección en el Municipio de Nueve de Julio, de cuyo comité local yo era presidente honorario. Me trasladé la víspera a aquella localidad y después de visitar los clubs y corralones donde se hallaban alojados los votantes radicales que habían venido de las estancias vecinas, fui con el presidente efectivo del comité local a la comisión de policía que nos había invitado para arreglar con el partido contrario el orden de la votación del día siguiente... Apenas habíamos empezado la entrevista, sentimos el ruido de un tiroteo en el pueblo. El comisario se levantó de su asiento bruscamente, tomó un fusil de un armero que había en la pieza donde estábamos y salió corriendo. El representante del partido gubernista hizo lo mismo, diciendo, al tomar otro fusil: 'Ahora van a ver'. Mi compañero creyó entonces que debíamos irnos y nos retiramos, percibiendo el ruido que hacían las puertas de calle de las casas de familia y de comercio al cerrarlas con alarma sus moradores. Ya en la casa del presidente del Comité, supimos que uno de los corralones radicales había sido asaltado, y que muchos ciudadanos habían sido arrestados, entre ellos todos los escrutadores radicales designados por la junta nacional para presidir los comicios del día siguiente. Invocando mi doble carácter de senador y de candidato, escribí al comisario y telegrafié al jefe de policía de la provincia. El comisario no me contestó. El jefe de policía me telegrafió el domingo por la tarde, una hora antes de terminar la elección, que ordenaba la libertad de los escrutadores. En la mañana del domingo no se me permitió presenciar la instalación de las mesas receptoras de votos; pero el comisario de policía tuvo la bondad de comunicarme que se había resuelto

que los partidos se turnaran, para votar en grupos de ocho ciudadanos, y que podíamos enviar el primer grupo. Enviamos, en consecuencia, ocho hombres, la mayor parte de los cuales fueron constituidos en prisión, por portación de armas, sin dejárseles llegar a las mesas. Se trataba de gauchos de chiripá, que probablemente llevaban cuchillo en la cintura, según su costumbre. El envío de otro grupo tuvo el mismo resultado. La gente reunida en el Comité Radical se indignaba cada vez más y quería atropellar las mesas y disolverlas a balazos. Gran trabajo me costó contenerla. A mediodía mis partidarios se negaron a continuar prestándose a las burlas de los enemigos, y me fue necesario acceder a que se abstuvieran de nuevas tentativas de votar" (J. N. Matienzo, *Lo que ha visto un argentino en cincuenta años*, Conferencia en el Instituto Popular de Conferencias el 8 de mayo de 1925, Bs. As., 1925, p. 38 y s.).

29. E. E. Rivarola, "Ley y práctica electorales de la provincia de Buenos Aires", en *R.A.C.P.,* Año I, N° 4, 12-1-1911, p. 544 y s. Según E. E. Rivarola el instrumento más poderoso del fraude electoral era el comicio doble (*idem*, p. 550).

30. Discurso en la Cámara de Diputados, sesión del 4-5-1898, cit. en *Política del acuerdo y del fraude electoral.* Introducción, selección y notas de L. Lewinski y M. C. San Román, Documentos de Polémica, Bs. As., Centro Editor de América Latina, 1972, p. 366.

31. *La Prensa*, 10-3-1902, *cit.* por L. Lewinski y M. C. San Román, *idem*, p. 378.

32. Un ejemplo. Elecciones en la Capital, 1898: "Los electores *ad hoc* pasaban haciendo estaciones como en procesión teatral, de una parroquia a otra, poniendo su huevo en todas las urnas. Se presentaban fraternalmente las comparsas de caudillo a caudillo, como en una ronda vecinal, sin tomarse el trabajo de variar el aspecto con el cambio de disfraces... presentándose uno mismo, con boleta distinta, ocho a diez veces en el término de una hora. Sabemos de uno que votó treinta y dos veces... Con esta máquina de acumular boletas es que han podido los acuerdistas proclamar la gran mistificación de los veinte y un mil votantes, cuando es notorio que no han ido a los atrios más de tres mil personas". (*El Diario*, 10 y 11-4-1898 cit. por L. Lewinski y M. C. San Román, *idem*, p. 358.) La repetición del voto estaba protegida por una disposición de la ley nacional de elecciones (1877) que exigía estar inscripto en el padrón "sin que la boleta de calificación sea necesaria para la recepción del voto". La boleta de calificación era el comprobante de inscripción de un ciudadano en el registro electoral. (G. O. E. Tjarks, *op. cit.*, pp. 424 y 428).

33. C. Pellegrini, Discurso en la Cámara de Diputados, sesión del 8-5-1906. Citado y comentado por L. H. Sommariva, *Historia de las intervenciones federales en las provincias*, vol. II, p. 314 y s.

34. A. Beccar Varela. *La reforma electoral, Contribución a su estudio*, Bs. As., Imprenta de la Prisión Nacional, 1911, p. 155. En el mismo trabajo el autor

calcula que en las elecciones para Senador de la Capital del 6-3-1910, los votos comprados oscilaban entre los 10.000 y los 12.000 sobre un total de 39.636 sufragios. El cálculo se basa en el número de empleados y peones municipales, de aduana, policía, correo, etc... "Un funcionario municipal declaró que él solo había entregado 8.000 libretas para la elección de Senador" (pp. 54 y 55).

35. A. Beccar Varela, *idem*, p. 152.

36. B. Villanueva, Discurso en la Cámara de Senadores, sesión del 7-2-1912 en Diario de Sesiones, *op. cit.*, vol. 2, p. 374.

37. G. O. T. Tjarks, "Las elecciones salteñas de 1876", p. 428.

38. Ver J. N. Matienzo, Le *gouvernement répresentatif fédéral dans la République Argentine*, p. 231.

39. Ver P. B. Luna, "El radicalismo en las provincias" en *R.A.C.P.* Año V, N° 58, 12-7-1911, p. 391.

40. Ver J. A. González Calderón. "Aplicación de la ley electoral" en *R.A.C.P.*, Año II, N° 22, 12-7-1912, p, 462 y s. También, del mismo, autor, consultar "Del Sufragio" en *R.A.C.P.*, Año II, N° 23, 12-8-1912.

41. Conf. A. Beccar Varela, *La reforma electoral*, p. 13, y A. Zerboni, "Sistema comunal en la provincia de Buenos Aires", p. 569 y ss.

42. Sobre la "corrupción política" del sistema burocrático consultar entre otros, J. Chiabra, "Algunas observaciones de ética política" en. *R.A.C.P.*, Año I, N° 1, 12-10-1910, p. 104. R. Wilmart, "¿Debemos ir al gobierno parlamentario?" en *R.A.C.P.*, Año I, N° 12, 12-9-1911, p. 823 y ss., con cálculos acerca del número de empleados públicos que, hacia 1911, ascendían a 50.000. J. Bianco, "La carrera administrativa" en *R.A.C.P.*, Año II, N° 24, 12-9-1912, p. 749 y s.

43. Vuelve, para el caso, el ejemplo de la provincia de Buenos Aires. Hacia 1914 "había once municipalidades acéfalas, gobernadas por comisionados del Poder Ejecutivo, entre ellas La Plata desde hace trece años (6 de junio de 1902); en la primera interpelación al gobierno, éste prometió regularizar en breve semejante situación, y lo repitió su sucesor en el ministerio, pero a fin de año las acefalías llegaban a veinticuatro (ahora son veinticinco), entre ellas las de Bahía Blanca, Mar del Plata, Saladillo, Junín y otras" (E. A. Sagastume, "La Unión Cívica Radical en la Provincia de Buenos Aires" en *R.A.C.P.*, Año V, N° 59, 12-7-1911, p. 403).

44. Sobre el papel del Juez de Paz como "árbitro inmediato de la legislación rural" se puede consultar el Cap. IV de J. Scobie, *Revolución en Las Pampas, Historia Social del trigo argentino*. Bs. As., Solar-Hachette, 1968, sobre todo p. 199 y ss.

45. ¿Quién no recuerda el personaje protagónico de la obra de teatro *Un guapo del novecientos* de S. Eichelbaum? Si la memoria no me traiciona, las peripecias del guapo capitalino tenían lugar sobre el trasfondo de las elecciones legislativas de 1906.

46. O. R. Amadeo, "Régimen municipal de la provincia de Buenos Aires", en *R.A.C.P.*, Año I, N° 4, 12-1-1911, p. 553 y s.

47. E. E. Rivarola, "Ley y prácticas electorales de la provincia de Buenos Aires", en *R.A.C.P.*, Año I, N° 7, 12-4-1911, p. 71.

48. Ver O. Cornblit, "Inmigrantes y empresarios en la política argentina" en *Los fragmentos del poder*, Bs. As., Jorge Álvarez, 1969, p. 419 y 426 y s. Acerca de la baja participación política de los inmigrantes, "un índice elocuente —observa el autor— lo constituye el porcentaje de naturalizados. El total del país alcanza en 1914 a sólo 1,4%". En Estados Unidos, en cambio, se registran porcentajes mucho más altos en la misma época que oscilan entre el 65% y 84,9% para la inmigración antigua y entre el 3,7% y el 30% para la inmigración nueva (*idem*, p. 417).

49. Cayetano Ganghi a Roque Sáenz Peña, carta del 17-5-1908, *cit.* Por M. A. Cárcano, Sáenz Peña, la revolución por los comicios, Buenos Aires, 1963, p. 189.

50. El rastro de Ganghi aparece en muchas fuentes secundarias. Consultar, por ejemplo, R. Columba, *El Congreso que yo he visto*, vol. I, p. 12 y s. F. Luna, *Yrigoyen*, Bs. As., Ed. Desarrollo, 1964, p. 135 y "Recuerdos de Edmundo Guibourg sobre sus años de periodismo", Bs. As., *La Opinión Cultural*, 18-1-1976, p. 5. Algunos testigos contemporáneos son más cautos; sin nombrarlo dice que "él es quien inventa la naturalización de ciertos extranjeros entre los cuales goza de gran prestigio y cuyas libretas recoge y cataloga pacientemente, llevando su stock a un número considerable, tan considerable que en una ocasión puede hacer y hace una elección en ocho días, sin la más mínima preparación y sin el más insignificante trabajo" (A. N. Peralta, "El pueblo quiere principios", en *R.A.C.P.*, Año III, N° 32, 12-5-1913, p. 137). C. Pellegrini dejó también su opinión acerca de este *"Tammany Hall"* a la medida porteña. El 9-1-1901, escribió en *Caras y Caretas*: "El voto venal entre nosotros como en todos los países democráticos, representa sólo una pequeña parte del voto total. Parece mayor y se ha exagerado su importancia porque es el más movedizo y ruidoso y porque forma siempre en primera fila. Lo que da preponderancia a este voto, como al voto inconsciente del analfabeto, es la abstención de los electores ilustrados y conscientes. La abstención es por esto fuente de corrupción y si llegamos a ver formarse en esta Capital y anidarse en pleno Congreso un pequeño *"Tammany Hall"* que el tiempo agrandará, será debido exclusivamente a la indiferencia y abstención de los electores metropolitanos", *cit.* por A. Rivero Astengo, "Ensayo Biográfico" en *Pellegrini 1846-1906. Obras*, vol. II, Bs. A., Coni, 1941, p 592.

51. G. Germani, "Hacia una democracia de masas", en *Argentina sociedad de masas*, Bs. As., EUDEBA, 1966, p. 219 y s.

52. *La Nación*, 3-4-1880.

53. *La Nación*, 7-2-1882.

54. Cifras de C. R. Melo, "La campaña presidencial de 1885-1886" en *Los Partidos Políticos Argentinos*, p. 226 y s.

55. *La Nación*, 24-2-1891 (para las elecciones municipales) y *La Nación*, 16-3-1891 (para las elecciones de electores a senadores).

56. *La Nación*, 8-2-1892.

57. *El Nacional*, 11 y 12-4-1892.

58. *La Nación*, 9-3-1896.

59. *La Nación*, 11-4-1898.

60. *La Nación*, 11-3-1900.

61. *La Nación*, 10-3-1902 y M. Bravo, "Organización, programa y desarrollo del Partido Socialista", en *R.A.C.P.*, Año V, N° 56, 12-5-1915, p. 137, para los votos que obtuvo el Partido Socialista.

62. *La Nación*, 11-4-1904.

63. *La Nación*, 12-3-1906.

64. *La Argentina*, 13-3-1908, cit. por N. Auza, "La 'Unión Patriótica'...", p. 204 (para las elecciones legislativas de 1908) y *La Nación*, 14-3-1910 (para las elecciones de electores de presidente y vice de 1910).

65. Estos porcentajes de participación corresponden a la década del 90. Para la década anterior, un artículo en *La Nación*, del 2-12-1891 firmado por "Bartillón", calculaba que la población porteña en condiciones de votar ascendía a 33.432 ciudadanos en 1887. Si aceptamos este cálculo, el porcentaje de participación electoral en las elecciones legislativas de 1886 estaría en el orden del 29%.

66. En 1902, las elecciones legislativas arrojaron 11.643 sufragios para la lista oficialista, la lista del "Acuerdo", 6.480 para lista opositora, los "Demócratas" encabezados por R. Sáenz Peña, y 165 para los socialistas (*La Nación*, 10-3-1902).

67. Hasta este año llega en efecto la relación positiva entre competencia y participación. Ya hemos visto que la participación electoral descendió en 1908 en elecciones legislativas menos competitivas que las anteriores. Los resultados fueron éstos: Partidos Presidenciales: 16.557; Socialistas y Clubes Independientes: 8.547; Unión Patriótica: 1.749 (*La Argentina*, 13-3-1908, cit. por N. Auza, "La 'Unión Patriótica'...", p. 204).

68. En las elecciones de diputados nacionales de marzo de 1900, la lista oficialista —lista del "Acuerdo"— ganó con 16.618 votos contra un solo oponente, el Partido Socialista, que obtuvo 135 sufragios.

69. En los comicios de 1894 el Colegio Electoral consagró Gobernador a G. Udaondo (mitrista); en 1898 a B. de Irigoyen (radical participacionista). Los autonomistas volcaron sus electores a favor de Udaondo en 1894 y en apoyo de B. de Irigoyen en 1898.

70. Se analizaron 89 departamentos (secciones electorales) de la provincia de Bs. As, clasificándolos en 4 categorías según el tamaño de la población en condiciones de votar: A) Departamentos con más de 3.000 habitantes (La

Plata, Chivilcoy, Lomas de Zamora, Pergamino, Azul, 25 de Mayo); B) Departamentos con una población situada entre 3.000 y 2.000 habitantes (Bragado, Chacabuco, Junín, Lincoln, Mercedes, Olavarría, Saladillo, San Nicolás, San Pedro, Trenque Lauquen); C) Departamentos con una población ubicada entre 2.000 y 1.000 habitantes (Arrecifes, B. Blanca, Balcarce, Baradero, Barracas al Sud, Bolívar, Cnel. Pringles, Chascomús, Dolores, Gral. Paz, Gral. Villegas, Juárez, Las Flores, Lobería, Luján, Magdalena, Navarro, Necochea, Pehuajó, Pilar, Quilmes, Ramallo, Rauch, Rojas, Salto, San Andrés de Giles, Tandil, Tres Arroyos, Zárate); D) Departamentos con menos de 1.000 habitantes (Alte. Brown, Gral. Alvarado, Brandsen, Cañuelas, Carmen de Areco, Castelli, Colón, Cnel. Dorrego, Cnel. Suárez, Exaltación de la Cruz, F. Varela, Gral. Arenales, Gral. Belgrano, Gral. Guido, Gral. Alvear, Gral. Pueyrredón, Gral. Rodríguez, Gral. Sarmiento, Gral. Lavalle, Las Conchas, Las Heras, Laprida, Lamadrid, Maipú, Mar Chiquita, M. Paz, Merlo, Moreno, Monte, Morón, La Matanza, Patagones Puán, Pila, Saavedra, San Antonio de Areco, San Fernando, San Isidro, San Martín, San Vicente, Suipacha, Tapalqué, Tuyú, Villarino).

71. Carta de E. Wilde a M. Juárez Celman (1904) cit. por A. Rivero Astengo, *Juárez Celman, 1844-1909*, p. 623.

Tercera parte

LA REFORMA POLÍTICA DE 1912

VII

DEL ORDEN OLIGÁRQUICO A LA DEMOCRATIZACIÓN

El control institucional, que se desenvolvió durante tres décadas, cubrió una superficie bajo la cual yacían relaciones de poder más profundas. Control institucional, hemos visto, desdoblado en múltiples sistemas que califican modalidades específicas, jerarquizadas en su significado de acuerdo con la importancia atribuida a cada aspecto del régimen: control de la sucesión a propósito del poder presidencial; control del senado por los gobernadores que se insertaban en el ámbito de las decisiones nacionales; control del poder central sobre las provincias mediante la intervención federal y el predominio de Buenos Aires en el gabinete de ministros; control electoral, por fin, sobre el ciudadano a través del fraude, la manipulación del sufragio y la escala de los gobiernos electores. Estos sistemas de control mantuvieron una salud institucional que, en algunos casos, habría de trascender los límites temporales de estas reflexiones. Tras ellos se agitaron realidades cambiantes: relaciones de mando y de obediencia que tocaron la constitución de una clase gobernante; movimientos de impugnación de carácter revolucionario y conflictos intraoligárquicos; apertura a la postre, como lo veremos de inmediato, hacia un horizonte reformista que se desplegará, pletórico de optimismo, ante los gobernantes del centenario.

¿Cómo se llegó hasta esta suerte de punto terminal del régimen? ¿Qué contradicciones vieron la luz en un régimen que la sociedad terminó calificando como oligárquico? ¿Por qué la derrota de aquéllos, empeñados en conservar una fórmula erosionada desde dentro por una acción que percibía nuevas exigencias políticas?

La contradicción de una fórmula política

La oligarquía, decíamos, tenía raíces económicas y sociales y una traducción política que se expresaba mediante el control institucional. Una oligarquía, por cierto, en gran medida inédita, que poco tenía que ver con imágenes estereotipadas o aun con modelos de interpretación derivados de otras experiencias históricas.[1] En el universo de principios deseables que hizo suyos esta oligarquía coexistieron, en efecto, valores contradictorios. Retornemos, por última vez, al pensamiento de Alberdi y a la fórmula que persiguió la síntesis de la república restrictiva, cuya sede estaba en la política, con la república abierta, cuya ambición de cambio residía en la sociedad. Antes de que el plan constituyente se expresara en el Congreso de 1853, los hombres que partieron al exilio en la época de Rosas —Alberdi entre ellos— descubrieron, sobre la vertiente occidental de los Andes, un país gobernado por una república fuerte, consolidada sobre principios institucionales y rigurosos frenos legales, más que en la autoridad de un caudillo tradicional: ésta era la república chilena de Diego Portales; la comparación de esta experiencia con lo que se propuso alcanzar la fórmula alberdiana puede alumbrar el núcleo de una contradicción, voluntariamente perseguida, que podría explicar el ocaso de una clase gobernante.

La idea rectora de la república portaliana, como subraya A. Edwards, "era nueva de puro vieja: lo que hizo fue restaurar material y moralmente la monarquía, no en su principio dinástico, que ello habría sido ridículo o imposible, sino en sus fundamentos espirituales como fuerza conservadora del orden y de las instituciones". El resultado que se buscaba era legitimar un poder fuerte, no despótico ni arbitrario, "custodio de todos los grandes intereses de la sociedad que reposara en la sumisión y el respeto de esos mismos intereses que defendía".[2]

Alberdi, Sarmiento y Gutiérrez vivieron en Chile muchos años, hasta la derrota de Rosas en Monte Caseros. Allí descubrieron un ciclo de estabilidad política que arrancó con la presidencia de Joaquín Prieto en 1831 y culminó con la terminación de la de Manuel Montt en 1861. Portales había muerto asesinado con motivo del motín de Quillota en 1831. Hecho dramático, que hace coincidir el año que calificará la generación de los exiliados argentinos con la súbita desaparición de un hombre cuyo prestigio perduró a través de la regular reelección y sucesión de tres presidentes bajo el amparo de la Constitución de 1833. En suma: treinta años de orden institucional, una circunstancia inédita para las balbuceantes naciones de la América del Sur que, ante los testigos, hacía realidad la profecía de Bolívar cuando atribuía a los chilenos las virtudes necesarias para fundar, en aquellas comarcas, una república conservadora.

Alberdi sirvió en Chile a los presidentes Bulnes y Montt en múltiples oportunidades. Con todo aquello, su actividad profesional, sus testimonios como publicista, Alberdi alimentó un campo de experiencias que luego sería punto de referencia y realidad vivida para proyectar una visión del orden y de la constitución política. No hay, como vulgarmente se afirma, un itinerario abstracto en el pensamiento de aquellos legisladores. Existe, más bien, conciencia crítica (ya veremos por qué) de una experiencia en parte exitosa, además sudamericana, y próxima en el tiempo y en la geografía.

La república portaliana era conservadora en su esencia, tanto por los medios políticos que propugnaba (control del sufragio, fuerte impronta unitaria, libertades públicas restringidas por el estado de sitio), cuanto por el programa que sustentaba la clase gobernante. Para los testigos argentinos el nuevo orden podía representar la imagen de un sistema en equilibrio, con una población pequeña que se implantaba sobre una estrecha geografía. Chile recibía contingentes inmigratorios que no alteraban de modo substancial su composición demográfica. Ese orden institucional, que controlaba un espacio ocupado sobre todo en el valle central, poco condecía con la realidad de un régimen popular: su principio fundante no era la igualdad, sino la jerarquía; su propósito no consistía en alentar el cambio social, sino en consolidar, mediante el imperio de la ley, los intereses establecidos. Y aunque la educación pública jugara en aquel momento un papel de capital importancia, la difusión masiva de la instrucción no cobraba el ritmo acelerado que, después, habría de imponerse en otro momento y en otros países. Había más: la lucha de facciones, mediatizada por un severo sistema de control electoral, no se extendía sobre las divisiones regionales —esquema típico, previo a la constitución de una unidad política— sino que traducía ya otra etapa del desarrollo, donde las diferencias ideológicas entre conservadores y liberales imponían un conflicto diferente.

Cuando Alberdi diseñó su plan, no hizo obra de imitación servil. De la república portaliana adoptó los medios políticos e institucionales: orden, jerarquía y disciplina; respeto sacral por el principio de autoridad. Pero este universo de ordenamientos debía imponerse sobre un espacio inmenso, vacío e incomunicado; con centros de poder autónomos y desequilibrados con respecto a los recursos disponibles. ¿Qué hacer con el espacio? ¿Cómo circunscribir las relaciones de poder dentro de las fronteras establecidas y hacer de la autoridad pública un sistema imperativo de validez universal? Viejo argumento "hobbesiano", las marchas y contramarchas de las guerras civiles habían ahuyentado la virtud de la *pax* y hacían presentir el fantasma de la anarquía. Por eso, el carácter federativo del régimen desempeñaba el papel de un principio unificador, más que el clásico rol de descentralización que le asignaba la teoría. Era, valga la paradoja, un ordenamiento unitario posible, adecuado a un espacio disgregado donde las provincias custodiaban una celosa tradición de gobierno propio.

Este pacto fundante, lo sabemos, no agotaba los contenidos de la fórmula. El principio de legitimidad era más ambicioso pues no sólo se contentaba con dar respuesta al porqué del mando y de la obediencia. La fórmula avanzaba sobre argumentos complementarios y afirmaba, también, la necesidad de alcanzar un proyecto de sociedad. Al marco le yuxtapuso el programa, acosada por la restricción casi insalvable de la extensión, por el peso inerte del espacio vacío; por el desierto y la ausencia de comunicaciones. Entonces se puso en marcha la respuesta: al desierto resolvieron inyectarle población; al espacio incomunicado, transportes. Y todo ello vendría desde fuera, con capitales e inmigración, trasplantando una cultura y cambiando de raíz una sociedad.

Por un lado una república conservadora, celosa del rango y del poder de las clases nativas superiores; por el otro, el vertiginoso proceso de la población nueva, de una economía que permitiera la acumulación del capital en el ámbito de la sociedad civil. Orden y disciplina en el Estado; promesa de igualdad, de enriquecimiento y de ascenso social en la sociedad civil. Como decíamos: república restrictiva y república abierta, implantadas, ambas, en un territorio común, no tanto como resultado de procesos acumulativos que la historia haya gestado allí mismo cuanto por la obra de la voluntad del legislador que incitaba al cambio. A los futuros gobernantes, Alberdi les dio por misión dos cosas: conservar las murallas que protegían el ejercicio de la libertad política y, al mismo tiempo, transformar la vieja sociedad. Décadas más tarde, la ciudadela del poder tradicional estaría rodeada por un mar de recién venidos, por una sociedad civil en ebullición que trabajaba, se enriquecía o fracasaba pero que, en todo caso, no prestaba suficiente atención a la política, carecía de organizaciones mediadoras, intuía —quizá— que existían y, no obstante, comprobaba que no siempre funcionaban como instituciones reconocidas y permanentes.

Ésta es la contradicción que de manera explícita proponía la fórmula alberdiana: la tradición y el orden quedaban reservados a la política; el progreso y la democratización social, a los cambios que *debían* sobrevenir en la sociedad civil. Los hombres del régimen del 80 marcharon por este camino. Conservaron las instituciones de la república restrictiva; abrieron con pasión las puertas a la inmigración, al capital y a la cultura universal. Defendieron un orden político conservador; alentaron el desarrollo de una sociedad más igualitaria. Todavía reforzaron este propósito y pusieron en práctica una ley de educación común, de formidable ambición para su época, que creaba nuevas oportunidades de ascenso social. Afirmaron el poder del Estado, al mismo tiempo que no establecieron la legitimidad de las instituciones. Montaron una máquina productora de decisiones públicas para transformar el contorno y el mismo se volvió, luego, en contra de aquélla, portando una amenaza de desborde. Al principio, los fundadores tuvieron que lidiar con un espacio disgregado; después, cuando el espacio adoptaba una fisonomía más unificada, vieron crecer valores antagónicos —los de la sociedad y los de la política— sin puentes de comunicación que pudieran vincularlos.

¿Cómo no extrañarse, entonces, que la definición del régimen como oligarquía establecida naciera de los movimientos contradictorios que se habían puesto en marcha? ¿Cómo no reconocer que la ambición programática de la fórmula arrastraba consigo los fermentos que habrían de democratizar el poder político?[3]

Nuevos conflictos en la clase gobernante

Por cierto, las crisis de participación ya habían acaecido en la clase gobernante sin que modificaran la regla vigente de la hegemonía gubernamental. Pese a ello, a medida que la sociedad crecía en tamaño y complejidad, el orden político permanecía para los de fuera (ese gran número de los que no intervenían en la elección de los gobernantes), como un sistema cristalizado y poco flexible. Para muchos observadores, era éste el resultado del fracaso de los revolucionarios del 90 que condujo a la clausura política del novecientos. Quizá, para los recién llegados, esta somera descripción podría valer como testimonio del drástico corte que separaba la sociedad civil de la sociedad política.

La quietud que en la clase gobernante podían percibir los marginados no condecía, sin embargo, con el desarrollo de nuevos conflictos poco proclives al acuerdo o a la concertación de intereses entre las fracciones. La crónica de los sucesos se remonta hasta principios de siglo XX. Relata la ruptura de una alianza entre dos notables: juntos superaron las crisis que se abrieron en el 90, ejercieron influencia decisiva sobre los gobiernos de Luis Sáenz Peña y José E. Uriburu, y aseguraron la única reelección que en la historia nacional logró completar un segundo período presidencial. Durante veinte años fueron jefes de Estado y conductores, como sugiere una crítica poco benevolente, de esa "vasta asociación sin contrato ni reglamento, sin estatutos y sin programa de todos los gobernantes, legisladores, jueces y demás funcionarios nacionales y provinciales"[4], que se denominó Partido Autonomista Nacional. Parece redundante citar sus nombres: se llamaban Julio A. Roca y Carlos Pellegrini.

Reelecto en 1898, Roca retomó el control de la presidencia. El defensor público del candidato y eficaz colaborador desde el Congreso durante los primeros años de la presidencia fue Carlos Pellegrini. La prueba de la alianza sobrevino cuando Roca solicitó el concurso de Pellegrini para gestionar en Londres un plan de unificación de la deuda pública. Pellegrini afrontó una gestión que despertaría reacciones inesperadas y asumió su defensa en el Senado. Roca, para remediar una súbita crisis, retiró el proyecto. Pellegrini quedó aislado y trocó su papel por el de opositor que no abandonará hasta su muerte.[5]

Esto ocurría en 1901. En las elecciones legislativas que tuvieron lugar un año después, despuntó en la Capital la oposición antirroquista. La lista "Demócrata", encabezada, por R. Sáenz Peña y Eliseo Cantón no alcanzó, por cierto, apoyo suficiente para enfrentar con éxito a la facción oficialista. Pero la resistencia interna ya se había puesto en marcha y presagiaba nuevas divisiones que se cristalizarían en la "Conferencia de Notables", convocada para designar la fórmula que en 1904 habría de suceder al general Roca.

La iniciativa para realizar la Convención —de cuya composición dimos cuenta en el capitulo anterior— provino del vicepresidente, N. Quirno Costa. Pellegrini y R. Sáenz Peña firmaron el Manifiesto de Convocatoria e integraron la Comisión Ejecutiva de la Convención. Pellegrini pugnó por obtener el apoyo de los convencionales y ganar la presidencia. Vanos esfuerzos: en pocos días su estrategia cayó derrotada por la acción combinada de Roca y M. Ugarte que, a la postre, impusieron la candidatura de M. Quintana, un antiguo antirroquista en ese entonces alejado de la escena pública.

Fue una transacción que, en aquella circunstancia, denotaba cómo el peso del presidente, cuando defendía el control de la sucesión, imponía su capacidad de veto ante candidaturas no queridas. Pellegrini reaccionó con una severa renuncia: "...la condición fundamental de mi aceptación y concurso tenía que ser y fue la absoluta independencia de la convención, libre de toda coacción o presión oficial, y esta condición me era garantida por las públicas y solemnes declaraciones del señor presidente de la República, que estaba en el deber de aceptar, a pesar de todas las dudas, porque como hombre y argentino debía ese acatamiento a la palabra de honor de un soldado y del primer magistrado de mí país. Desgraciadamente, hechos públicos recientes me han demostrado el error en que he incurrido, y ante ellos sólo me resta renunciar al cargo de miembro de la comisión ejecutiva y retirar mi adhesión a la convención".[6] R. Sáenz Peña, Federico Pinedo, I. Gómez, L. Ayarragaray, M. Cané y J. M. Ramos Mexía, compartieron, fieles al liderazgo del ex presidente, la misma actitud de renuncia y censura moral.[7]

Las querellas entre los notables arreciaron cuando, el mismo día en que Quintana era proclamado por la Convención, Pellegrini denunciaba ante sus amigos el sistema vigente que había suprimido los órganos representativos, "sustituyéndolos por una sola cabeza que piensa, una voluntad que resuelve, una voz que ordena, un elector que elige". Y añadía: "el pueblo, desde el intelectual al analfabeto, desde el grande al pequeño ha desaparecido y queda sólo el presidente y el gobernador". Roque Sáenz Peña, que a continuación expuso sus ideas, fue más lejos y dio acta de fundación al Partido Autonomista: "...seamos —dijo— autonomistas de verdad defendiendo la autonomía de los Estados, y articulando lealmente nuestro régimen republicano federal; autonomía en los poderes cuya división se ha confundido bajo la mano centralizadora del jefe de Estado; autonomía en el sufragio, para que la voluntad nacional designe sus gobernantes y no sean los gobernantes quienes se designen sucesor".[8]

El nuevo partido autonomista levantó la candidatura de Pellegrini como senador por la Capital que, en marzo de 1904, cayó derrotada por la de B. Villanueva. Segundo traspié en una carrera electoral que poco contribuyeron a superar, días después, los comicios legislativos donde los pellegrinistas lograron capitalizar la victoria en sólo tres de las once circunscripciones en disputa en la ciudad de Buenos Aires.

El conflicto intraoligárquico, regulado por la captación de caudillos en el mercado electoral, parecía adquirir perfiles definitivos. Mientras tanto, superadas las escaramuzas de último momento, Quintana acordó con Roca, Ugarte y B. Villanueva la designación de J. Figueroa Alcorta como vicepresidente. Entonces comenzó la revancha pellegrinista que culminará dos años más tarde. Desde Londres, Pellegrini hizo partícipe a M. Cané de su alegría por la designación de Figueroa Alcorta.[9] Luego, entre el reposo europeo y su entusiasmo por las grandes movilizaciones electorales observadas durante un viaje a los Estados Unidos, Pellegrini mantuvo firmes sus diatribas antirroquistas, e interpretó con argumentos harto diferentes de los que esgrimiera en la década del 90 los motivos que condujeron a los radicales a intentar un nuevo y fallido movimiento revolucionario en 1905.[10]

Pellegrini regresó a Buenos Aires cuando promediaba el año 1905; en los momentos previos a su llegada recibió en Montevideo a una comitiva de bienvenida que presidía Roque Sáenz Peña y entrevistó a los radicales exiliados en la otra banda. Todo presagiaba un vigoroso clima preelectoral. Los hechos posteriores confirmaron estas intenciones. Pellegrini presentó batalla en las elecciones legislativas de 1906. Los votos opositores en la Capital estaban dispersos entre republicanos (mitristas) y autonomistas. Pellegrini pactó un acuerdo con Emilio Mitre, se puso al frente de una lista conjunta integrada con los republicanos —la Coalición Popular—, hizo pública su impugnación al régimen imperante, recorrió la ciudad, levantó la tribuna en más de veinte oportunidades y retomó el control de la maquinaria política para la compra de votos.[11] La participación electoral trepó hasta su pico más alto. Cuando se conoció el escrutinio, el triunfo correspondió a la Coalición. Pellegrini retornaba al Congreso; por cruel coincidencia (la muerte rondaba a los notables en aquel año de 1906), el presidente Quintana moría el mismo día de la victoria opositora.

De inmediato sobrevino un brusco cambio de orientación. Los pellegrinistas volvieron a la presidencia y prestaron con curso al ministerio de Figueroa Alcorta.[12] Pellegrini se incorporó a su banca "... con menos ilusiones, con menos entusiasmo, con más experiencia /.../ con la misma fe ciega en el porvenir de mi país". Confiaba en que se podía completar una obra: "Tenemos una nación independiente, libre, orgánica y vivimos en paz; nos falta algo esencial: ignoramos las prácticas y los hábitos de un pueblo libre, y nuestras instituciones escritas son sólo una promesa o una esperanza".[13] Meses después defendió y votó la ley de amnistía para los revolucionarios del cinco. Peculiar convergencia de estilos políticos en una persona: habilidad para derrotar a los adversarios con el tradicional método que imponía la venalidad electoral; doctrina de reparación ética en el parlamento; apertura y olvido para los opositores —civiles y militares— que participaron en los acontecimientos revolucionarios. Pellegrini no alcanzó a conducir este súbito realineamiento de fuerzas. Murió en ese invierno de 1906, con menos años que Bartolomé Mitre y Bernardo de Irigoyen, quienes, sin remedio, abandonaban también la escena.

Según el nuevo presidente, había caído el más fuerte. Pero el vacío que dejaba Pellegrini pronto sería ocupado por una coalición cambiante que haría uso del control institucional para desmantelar las posiciones roquistas. Figueroa Alcorta no titubeó en ejercer el dominio presidencial sobre el parlamento, al mismo tiempo que impuso la intervención federal sobre las provincias díscolas. Los mismos métodos con diferentes propósitos. Lo que ocurría no era nuevo, pero los principios que justificaban los actos habrían de cambiar, primero en la retórica de las palabras, después por medio de la práctica que encarnaría la sucesión que se gestaba.

Figueroa Alcorta gobernó agobiado por recurrentes crisis ministeriales, claras señales de la fragilidad que aquejaba la coalición de 1906. El presidente rompió con los republicanos con motivo de una intervención a Corrientes en 1907. Esa circunstancia dejó en manos de algunos sectores pellegrinistas la conducción del poder ejecutivo. La oposición se afirmó en el Congreso: el inevitable distanciamiento entre ambos poderes hizo eclosión a fines de ese mismo año. El presidente convocó a sesiones extraordinarias para aprobar el presupuesto del próximo ejercicio. Roca había retornado al país luego de una prolongada estadía en Europa. El conflicto institucional estaba planteado. Tres meses después, el 25 de enero de 1908, Figueroa Alcorta respondió con una decisión inédita, de cuya audacia y rapidez parecía depender el destino de la fuerza política que procuraba reemplazar al roquismo. Por decreto se clausuraron las sesiones extraordinarias, se declaró en vigencia el presupuesto de 1907 y se procedió a ocupar el Congreso por efectivos comandados por la Policía Federal.

Al día siguiente de tamaño acontecimiento, Estanislao Zeballos le manifestaba a Roque Sáenz Peña su entusiasmo por el nuevo cariz que tomaban las cosas. "Por el telégrafo ha sabido Ud. que hemos dado lo que aquí se llama 'un golpe de estado', es decir que hemos clausurado el Congreso, dando así a Roca y a Ugarte unidos un golpe de catapulta, que los ha desconcertado, pues no se nos creía capaces de producirlo y tenían seguro el triunfo de sus pretensiones legítimas, por medio de la imposición al Presidente y de la renuncia de éste. Hemos salvado la situación, y puedo asegurarle que tenemos toda la energía necesaria para conservar nuestro triunfo y sacar de él el mejor partido posible... No hay el menor temor de complicaciones, porque tenemos el ejército bien cuidado y bien mandado. Bástele a usted saber que el comandante en jefe de su principal cuerpo, que es el de la Capital, es Ortega, hombre de una pieza, un modelo de fidelidad y de energía, y que su segundo jefe es el coronel Zeballos, mi hermano, hombre de academias y de campamentos que no se dejará dominar ni dirigir en manera alguna."[14]

Producido "el golpe de estado", le restaba a Figueroa Alcorta afrontar las elecciones legislativas de 1908. El presidente logró neutralizar la provincia de Buenos Aires, colocando a su favor al sucesor de Ugarte, el gobernador Ignacio Irigoyen. La oposición vaciló, los republicanos mitristas se apartaron (no podía ser de otro modo, por el peso de una vieja tradición) del bloque roquista-ugartista. También muchos caudillos, otrora integrantes de las listas oficialistas entre 1898 y 1904, emigraron hacia el nuevo centro de atracción y buscaron el amparo presidencial. La piedra de toque del régimen, el presidente en tanto gran elector, conservaba una robusta solidez, pese al cambio de orientación que impuso el estilo ideológico del pellegrinismo.

Veamos, con este propósito, la composición de la lista de diputados nacionales por la Capital, adicta a Figueroa Alcorta, que conquistó un triunfo canónico en abril de 1908. La lista la encabezaron Eliseo Cantón y Manuel Carlés, dos pellegrinistas que habían sido candidatos, uno en 1902 y 1904, y el otro en 1904. Estos representantes de la oposición antirroquista convivieron en 1908 con Pedro Luro y Pedro Cernadas, pivotes, ambos, del viejo oficialismo en la Capital e integrantes de las listas ganadoras en 1902 y 1904 que sin duda reforzaron, con su clientela y su red de caudillos, al partido capitalino dependiente del presidente. Persistencia de lealtades y captación de antiguos adversarios: el ejemplo es característico de la manera como se desplazaban los apoyos tácticos en el mercado electoral. La lista de 1908 se completaba con un grupo de ex legisladores, instalados en la Capital (Lucas Ayarragaray, diputado por Entre Ríos entre 1891 y 1898; Nicolás Calvo, diputado por Buenos Aires y la Capital entre 1880 y 1888; y José M. Olmedo, diputado por Córdoba entre 1876 y 1894), a los que se sumó otro conjunto, sin antecedentes parlamentarios, compuesto por C. Meyer Pellegrini, C. Saavedra Lamas, José M. de Iriondo y Joaquín de Anchorena. Todos ellos jugarán un papel preponderante, tres años después, cuando se discuta en el Congreso la ley de reforma electoral.

Figueroa Alcorta controlaba la sede del poder presidencial. Antes, ya había hecho valer su influencia sobre las provincias, interviniendo a San Juan, San Luis y Corrientes, pero le faltaba llevar a cabo la operación definitiva: Córdoba, su provincia, que mantuvo incólume la filiación roquista, allí donde el presidente ejerció la gobernación para marchar después hacia el Senado, fue intervenida en agosto de 1909. No quedaban en pie otras fuerzas capaces de resistir la lógica de un sistema pronto a responder, con singular eficacia, a los estímulos de un notable que hizo suyos los resortes institucionales de la dominación presidencial. Para Carlos R. Melo, "el triunfo del presidente tiene una explicación clara. Sus adversarios, Roca y Ugarte, carecían de apoyo popular, y su poder político residía en los gobiernos de las provincias, carentes también de arraigo público, de manera que bastó que el presidente subordinara a éstos, para que el poder de aquéllos se derrumbara. En medio de tan espectacular caída, los círculos gobernantes provinciales sólo atendieron a asegurarse la benevolencia presidencial, en la certidumbre de que, sin ella, sus días estaban contados, y para lograrlo realizaron evoluciones políticas sorprendentes".[15]

El conflicto tocaba a su fin y se aproximaba la sucesión presidencial. Mientras tanto, ¿qué hacer con la oposición revolucionaria? El partido radical, derrotado en 1905, permanecía en la abstención y en la semiclandestinidad. Allí, también, habían terminado las luchas por el liderazgo: Hipólito Yrigoyen aglutinaba las energías de un movimiento cuya popularidad presentida no había disputado, aún, ninguna contienda electoral. Persistía el bloqueo político: reformas electorales fallidas, como las de 1902, habían sido reemplazadas por el sistema tradicional de la lista completa. No obstante, el proceso reformista mantenía su rumbo. Sin éxito —quizá porque el mismo presidente no le otorgara valor prioritario— el Poder Ejecutivo había enviado al Congreso un proyecto de modificación del registro electoral, sobre la base de padrón militar obligatorio.

Tras el carácter público de los proyectos oficiales, otros sucesos rompían la distancia entre el gobierno y la oposición: por vez primera, el presidente entablaba conversaciones privadas con Hipólito Yrigoyen. Las cosas no habían madurado en 1908 para que los diálogos secretos culminaran incorporando el radicalismo a la legalidad.[16] Así y todo, la brecha abierta por el pellegrinismo se había transformado en camino de victoria para la facción que enfrentó a Roca en el conflicto del 900. La década se cerraba y el país franqueaba su centenario de vida independiente. 1910 era el año de la sucesión presidencial.

El centenario: optimismo y amenazas

La interpretación habitual sostiene que el centenario constituyó un momento único para manifestar ante el mundo el éxito alcanzado por una nación confiada y satisfecha. Hay, en esto, mucho de cierto. Una sensación de plenitud alimentó la retórica de aquellos días y Buenos Aires festejó el siglo entre exposiciones, monumentos, desfiles y nobles visitantes. Sin embargo, más allá del aluvión de palabras que cantaban alabanzas a una Argentina feliz, segura de su progreso ilimitado, la clase gobernante hacía balance de lo acontecido y procuraba entender el pasado inmediato. Justificación y crítica: la ilustración del centenario se lanzaba a la búsqueda de nuevas respuestas en el ensayo histórico o literario, la crítica filosófica, la especulación moral y las reflexiones que proponían la economía o la sociología.[17]

De algún modo, el centenario representó el ascenso de una creencia política que venía erosionando las viejas convicciones y que, a la postre, terminaría encarnada en una nueva fórmula de carácter reformista. La vieja fórmula había puesto en movimiento a la sociedad civil, en tanto el orden político permanecía condicionado por los vicios de una oligarquización cada vez menos consentida. No es de extrañar, como advierte Romero, que el espíritu del centenario resulte "del enfrentamiento entre quienes consideraban legítima y quienes consideraban ilegítima la situación de predominio de la vieja oligarquía".[18]

Mientras esta confrontación perfilaba los conflictos intraoligárquicos, las nuevas creencias ensamblaban valores disímiles que instalaban a los dirigentes en un optimismo, por momentos avasallante, y al mismo tiempo los situaba ante una realidad alterada por presagios de amenaza. Por una parte, la propensión compartida por la élite conductora a ver o a esperar lo mejor de las cosas; por la otra, la percepción de signos inquietantes que anunciaban un daño a las posiciones de poder adquiridas, cuyos efectos posibles les hacía ser o estar peor.

La plataforma optimista se había construido sobre los resultados de la acción política. Logros tangibles en la sociedad, que a los notables del centenario les hacia prever el futuro como la prolongación de un pasado próximo, pródigo en realizaciones y conquistas materiales. *No es frecuente que el ciclo vital de un gobernante coincida con un ciclo histórico que haya gestado cambios de notable magnitud.*

Cuando despuntaba el régimen del 80, el país marchaba, todavía, al ritmo de los viejos tiempos. Treinta años después la clase gobernante contemplaba un país que poco semejaba al que había conocido en su niñez y en rápida sucesión cobraban realidad las promesas de los fundadores. En medio siglo las exportaciones habían crecido más de diez veces, alcanzando una tasa de incremento del orden del 1.183%.[19] En 1888, el área cultivada era de 2.422.922 ha. y en 1914, de 14.313.630 ha. La población se había duplicado en veinte años: 3.956.060 habitantes en 1895; 7.888.237 en 1914. La red ferroviaria alcanzaba, en 1880, los 2.313 km., representaba un capital de 62.964.486 pesos oro, transportaba una carga de 772.717 toneladas y obtenía ganancias por 3.488.232 pesos oro. En 1913, el ferrocarril se extendía desde Buenos Aires hacia todo el país, trasladaba 42.916.636 toneladas de carga a través de una red de 33.478 km. que, junto con las maquinarias y los bienes inmuebles, significaba un capital de 1.358.849.967 pesos oro con ganancias que trepaban hasta los 52.742.416 pesos oro.[20] A todo ello se sumaba el formidable esfuerzo para educar a una población, que crecía vertiginosamente, mediante la instrucción pública, lo cual trajo como consecuencia que la tasa de analfabetismo por 100 habitantes de 14 años, o mayores, se redujera del 77,9% en 1869 al 35% en 1914.[21]

Después, la crítica histórica comprobará fisuras y falencias en este plan de inserción de la Argentina en el mercado mundial. Más tarde, cuando el agotamiento de un impulso convoque al observador a inquirir las causas de una decadencia (para los nostálgicos) o de una emancipación (según los nuevos intérpretes), habrán de advertirse errores y carencias. Pero en aquella circunstancia los actores no dudaban. En el terreno abonado por las realizaciones de un programa, la clase gobernante apenas disentía; más bien asentía, casi con la arrogancia que deparaba la fiel reproducción de los modos de un mundo exterior digno de imitarse y aun de superarse.[22] Y todo esto, con un fervor compartido por porteños y provincianos, se cristalizaba en Buenos Aires, la ciudad que proyectaba el país hacia fuera, sede del poder, puerto de inmigrantes, mosaico de formas de vida, que crecía y se extendía como si su desmesurada dimensión hiciera de testigo para robustecer la verdad de un éxito colectivo.

No obstante el optimismo, las amenazas cundían hasta alcanzar una peligrosidad inédita o, por lo menos, distinta de la habitual. Entre el novecientos y el centenario la clase gobernante disputó un típico conflicto político; la sociedad, por su parte, descubría otro conflicto de caracteres bien diferentes. Durante el período "que se prolongó desde principio de siglo hasta el año 10 —recuerda Nicolás Repetto—, estallaron más de cien huelgas parciales, seis huelgas generales, se decretó cinco veces el estado de sitio, se sancionó la ley de residencia, se llevaron a cabo cinco matanzas obreras, se perpetró el asesinato del jefe de policía Falcón y de su secretario Lartigau".[23] Movimientos tributarios de una conciencia de clase en germen, que buscaba expresarse a través de las organizaciones sindicales y las sociedades de resistencia, cuya irrupción obedecía a los cambios que modificaban la estructura de la población activa, o bien corría paralela con la recepción de ideologías revolucionarias y con el rápido ascenso del viejo anarquismo libertario (por lo menos a corto plazo ya que, más tarde, ese ascenso decrecerá en medida significativa).[24]

Ante la sucesión de huelgas y hechos de violencia el gobierno nacional reaccionó con decisiones tradicionales —el estado de sitio— y robusteció su aparato de control con la sanción de la ley llamada de residencia, calificada en 1903 por el presidente Roca como una legislación "de seguridad y defensa de la sociedad argentina que no está obligada a aceptar en su seno elementos de desorden que repudian las demás naciones".[25] Roca se refería, claro está, a los dirigentes obreros, en su gran mayoría extranjeros, que lideraban las luchas sociales. Reacción de defensa, por un lado, que se completó con una apertura hacia la legislación social y la organización de agencias especializadas en la materia como, por ejemplo, el Departamento Nacional de Trabajo.

Las luchas sociales no eran, por cierto, la única fuente de amenazas. Derrotados en 1905, los radicales mantenían una peligrosidad que no decrecía. La estrategia del partido abstencionista combinaba la reivindicación política —el fiel cumplimiento de la constitución— con un estilo conspirativo no desmentido, por lo menos a través de actos aparentes que, lo veremos de inmediato, cubrieron con un manto de incertidumbre la transmisión del mando en el mes de octubre de 1910.

Entre el optimismo y las amenazas, fue tomando cuerpo la respuesta reformista. La clase gobernante del centenario conservó una tenaz fidelidad hacia los aspectos programáticos de la vieja fórmula y la combinó con una doctrina de reparación moral que procuraba redimir el vicio de la oligarquía. justificación de la sociedad; impugnación ética del orden político: "el año del centenario —recapitulaba Rivarola— mostrará nuestro país tal como es: con vicios, con indelicadezas, con perversiones morales, con delitos; pero lo exhibe también con fuerzas de reacción, con la conciencia de que todo ello debe concluir y la embriaguez del inmoralismo político y de los delitos administrativos debe cesar"[26]; o, en palabras de P. Torello: "este caso de potencialidad económica que asombra al mundo con manifestaciones de riquezas y cultura que, proporciones guardadas, no las ostenta superiores ningún país de la vieja Europa, con una casi absoluta indiferencia cuando no desprecio, por todo lo atinente a la política y los gobiernos".[27] Los testimonios podrían prolongarse en una larga lista que reproduciría signos o advertencias similares... y hasta los mismos adjetivos. Los publicistas, al fin de cuentas, sumaban sus denuncias a las que desde años atrás venía expresando un grupo de notables dispuesto a no transar con la vieja política.

Mundo contradictorio, impregnado por actitudes que se confundían en la prédica de los reformadores. Eran optimistas, porque estaban convencidos de que la derrota no podría sobrevenir ni el fracaso imponerse. Sabían de las amenazas: la percepción de un daño que reclamaba una inteligencia estratégica para conceder parte del privilegio, salvar así un modo de vida o perdurar en el mando; y buscaban la reparación ética mediante una reforma política capaz de aventar fantasmas y liberarlos de la mala conciencia que los hostigaba. Inmerso en este clima, Roque Sáenz Peña ascenderá a la primera magistratura.

Roque Sáenz Peña en la presidencia

Figueroa Alcorta —escribe Miguel Ángel Cárcano— "no tenía en el círculo de sus amigos una personalidad de tanta notoriedad y relieve como Sáenz Peña".[28] La sucesión estaba en marcha. Ya habíamos subrayado —adrede— el papel de Sáenz Peña en el autonomismo pellegrinista. Pero su antirroquismo venía de antigua data. Se había formado en su juventud en el viejo alsinismo; defensor de Avellaneda, luego "juarista" (uno de los últimos ministros del presidente derrotado en el 90), Sáenz Peña encabezó el movimiento modernista, impulsado desde la provincia de Buenos Aires por el gobernador Julio Costa, que lo hizo candidato firme en las elecciones presidenciales de 1892 y que sólo pudo desbaratar Roca, logrando la adhesión del P.A.N. y del mitrismo a la candidatura de su padre. Elegido senador por la provincia renunció poco tiempo después. Retomó a la actividad pública para participar en la coalición opositora que alentó la política de las paralelas en 1898. Cuatro años más tarde, Sáenz Peña encabezó la lista "demócrata" de 1902; acompañó a C. Pellegrini en la Convención de Notables de 1904 y en 1906 fue electo diputado por la "Coalición Popular". No asumió la banca y aceptó un cargo diplomático de ministro plenipotenciario ante los gobiernos de España, Portugal, Suiza e Italia, prolongando así una exitosa carrera en el campo de las relaciones exteriores, que alcanzó momentos culminantes hacia fines de la década del 80 con motivo de la Conferencia Panamericana en 1889.[29]

La trayectoria de Sáenz Peña evoca, en gran medida, el perfil de un opositor interno frente al predominio de la fracción roquista en la política nacional: una actitud de distanciamiento y de intentos frustrados durante los veintiséis años que transcurrieron entre 1890 y 1916. Dentro de la clase gobernante, Sáenz Peña rompía lanzas con la hegemonía gubernamental sin emigrar jamás hacia las fuerzas políticas que, al situarse fuera del cuadro establecido, impugnaban la legitimidad del régimen desde la oposición externa. Más bien, su acción pública revela las reglas no escritas del control institucional que un grupo gobernante, percibido como oligárquico, ejercía sobre aquéllos dispuestos a participar en un hipotético juego competitivo.

Sáenz Peña programó su candidatura desde Europa.

Allí se puso de acuerdo con Indalecio Gómez, viejo colega en el movimiento modernista del 91, acerca de la estrategia del próximo gobierno. Gómez era también un consecuente antirroquista. Una fiel amistad con J. M. Estrada, a la cual no eran ajenas convicciones comunes, motivó su incorporación, en 1889, a la Unión Católica. En 1892, Gómez fue electo diputado por Salta, su provincia natal; obtuvo su reelección en 1896 y a caballo entre ambos períodos llegó a ocupar la vicepresidencia segunda de la Cámara entre 1894 y 1897. Permaneció, pues, en el parlamento hasta el filo del siglo. En 1904, I. Gómez era ferviente pellegrinista; un año después, M. Quintana, le confió la representación diplomática, con sede en Berlín, ante Alemania, Austria-Hungría y Rusia.[30]

Modernismo, política de las paralelas, pellegrinismo: tres momentos opositores compartidos por un antiguo juarista y un militante católico. El movimiento reformista del centenario cobraba cuerpo en Roque Sáenz Peña e Indalecio Gómez: juntos en la ciudad de Lucerna, el futuro presidente y su ministro del Interior trazaron los lineamientos de la reforma política de 1912.

La campaña electoral se organizó en torno de la "Unión Nacional", un movimiento que en poco tiempo cubrió todo el país sin sufrir fisura alguna. Frente a esta coalición de origen bonaerense, bien apoyada, de inmediato, por los gobiernos de provincia,[31] apenas despuntó la simbólica oposición de los republicanos-mitristas que levantaron la candidatura de E. Udaondo.

El clima de la campaña, los discursos y las propuestas que se desgranaron en los actos públicos, poco desmintieron el sesgo optimista del centenario. La candidatura de Sáenz Peña nacía como un intento, de cuyo éxito nadie dudaba, que tenía el "sugestivo poder de borrar /.../ las líneas divisorias que nos habían dejado las antiguas luchas".[32] El candidato arrastraba consigo el apoyo de los que "desde hace largos años concentran a su alrededor los prestigios de la intelectualidad, de la fortuna y del trabajo";[33] su figura, engarzada con una larga tradición en tanto prolongaba "la obra de Rivadavia, Mitre, Sarmiento y Avellaneda",[34] venía a redimir de males una peculiar época oscura, hecha a la medida de personajes reprochables como "el general Roca [quien] ha sido precisamente después de realizada la Unión Nacional, el más ilustre enemigo de la democracia argentina".[35]

Para hacer más eficaz el contraste, se resaltaba la presencia en la Unión Nacional de los "sobrevivientes de la junta revolucionaria de 1890",[36] de Romero, Goyena y Demaría que, lejos esta vez de las filas de la Unión Cívica pretendidamente alineada tras Udaondo, desmentían las críticas provenientes del bando republicano acerca del pasado juarista de Sáenz Peña.[37]

La justificación de la candidatura exime de mayores comentarios. La propaganda electoral proponía a Sáenz Peña como un conciliador de tendencias, cobijadas bajo la percepción de una Argentina "favorecida por un clima privilegiado, con los frutos óptimos de todas las zonas, regida por leyes sabias y con una constitución admirable, dirigida por gobernantes mancomunados en un solo propósito patriótico..."[38]. Exultaciones que, sin embargo, no debían favorecer excesos en un país amparado, "hasta que llegue el mayor grado de su desarrollo, por una política que basada en los principios e inspirada en los fines liberales de nuestra constitución liberal, reúna todas las características de una democracia conservadora".[39] Entre los prolijos análisis de la política económica que efectuaba Federico Pinedo (padre)[40] y algún devaneo retórico inspirado en una visión cósmica del desarrollo constitucional,[41] la campaña afrontaba la oposición de importantes diarios porteños[42] y no eludía advertencias para precaverse de enemigos amenazantes.

Esas amenazas se encarnaban en el radicalismo, un partido "reducido hoy por la separación del elemento intelectual que no debe aceptar personalismos y que no quiso admitir la tiranía de una mediocridad"[43]; una agrupación "formada por los restos de aquel gran partido que ha veinte años fundaron Del Valle y Alem"[44] ... "que proclama la revolución, levantando un programa de sufrimiento y de muerte",[45] cuya "dirección interna, irresponsable y absoluta, es una triste muestra de lo que sería su gobierno real".[46] El enemigo estaba señalado, por lo menos mediante el juicio de los oradores. Veremos de inmediato que las acusaciones no tenían, en ese instante, un sentido persecutorio y un propósito de exclusión.

La lectura de los discursos electorales y las formas de organización y de reclutamiento, califican a la Unión Nacional con el signo de una fuerza política de carácter tradicional. Como el P.A.N., la Unión Nacional constituía un eficaz vehículo para comunicar oligarquías locales y gobiernos provinciales bajo la protección de una presidencia que no escatimaba recursos —la intervención federal, la clausura del Congreso, el estado de sitio— para hacer efectivo su poder y su influencia electoral. Pero mientras los viejos arreglos, que gestaban candidaturas, manipulaban una ideología funcional con la estructura política, la Unión Nacional reorientó, con un brusco golpe de timón, ese mensaje ideológico y contradijo el sistema electoral vigente mediante un proyecto reformista, que Sáenz Peña proclamó en su discurso-programa pronunciado en la plaza Retiro en el mes de agosto de 1909. Allí manifestó sus propósitos institucionales y los tradujo en un lenguaje que mucho recuerda la profesión de fe de un creyente. "Dejadme creer —dijo en aquella circunstancia— que soy pretexto para la fundación del partido orgánico y doctrinario que exige la grandeza argentina; dejadme la confianza de que acabaron los personalismos y volvemos a darnos a las ideas."[47]

Sáenz Peña regresó a Europa desde donde impuso la candidatura de Victorino de la Plaza para la vicepresidencia. A fin de año tuvo lugar la proclamación oficial. El resto de los cargos, en el orden nacional y en las provincias, se adjudicaron sin consultar a las asambleas o a las convenciones de las agrupaciones de distritos.[48] Tres meses después, en abril de 1910, las listas de la Unión Nacional se impusieron en todo el país sin atisbo alguno de resistencia electoral, pese a la participación del Partido Socialista (en la Capital) y de la fracción cívica-republicana que apoyó la candidatura de Udaondo. Los radicales permanecieron en la abstención.

Acallados los festejos del centenario, no decrecieron los signos inquietantes. El temor de una conspiración radical, presentida por los gobernantes, acompañó el regreso de Sáenz

Peña, ya electo presidente. Desembarcó en Buenos Aires de noche, sin pública acogida y fuertemente custodiado. De inmediato rompió la incomunicación y buscó entrevistarse con el personaje que despistaba los servicios de seguridad y evocaba las mayores amenazas: Hipólito Yrigoyen y Roque Sáenz Peña conversaron días antes que tuviera lugar la asunción del mando.

Yrigoyen rechazó la propuesta de integrar un gabinete de coalición en el próximo gobierno y mantuvo invariable su exigencia acerca de la modificación del registro y de la ley electoral, decisiones, ambas, que debían implementarse con intervenciones federales en todas las provincias para garantizar los nuevos comicios. Sáenz Peña no aceptó el temperamento intervencionista, pero ambos coincidieron en la necesidad impostergable de la reforma electoral.[49]

Juró el cargo de Presidente el 12 de Octubre de 1910. Ausente la legitimidad de origen, Sáenz Peña justificó el proceso electoral que lo llevó a la primera magistratura, magnificando la participación de votantes en la Capital Federal: "Son pocos, lo reconozco, pero nunca se vieron más ciudadanos". Casi una excusa, como él mismo lo reconoció, "que he necesitado hacer para fundar mi autoridad de gobernante, autoridad que procede de esa fuente democrática de imperfección universal, discutida eternamente bajo todos los sistemas representativos".[50]

Leyes imperfectas, discutidas e impugnadas. Los reformadores emprendían un plan que poco desmentiría el ritmo vertiginoso, o la velocidad de los cambios a los cuales estaba habituada la Argentina de ese entonces. Inmersos en una sociedad distinta, aquejados por la mala conciencia derivada de una política distante de los valores que hacía suyos la crítica moral, los nuevos gobernantes asumían la tarea de reparar una fórmula y un régimen. Buscaron un método: la reforma deliberada; quizá, definieron una meta: la conservación del poder y de su posición social, ambas cosas reconciliadas, esta vez, con una práctica institucional menos imperfecta o más coherente con los principios proclamados. En todo caso, se apresuraron a materializar las intenciones y emprendieron los estudios para reformar la ley electoral. Conocían estos menesteres; entendían de antecedentes y de legislación comparada y sabían que, desde hacía ya una década, el país había penetrado, a tientas y con frustraciones sucesivas, en un territorio donde la inocencia de los propósitos debía chocar, necesariamente, con la predicción estratégica acerca de los resultados.

NOTAS

1. Véase, por ejemplo, la clasificación que propone Barrington Moore de diversas experiencias políticas, mediante la combinación del nativismo y la xenofilia, (esto es: el anhelo de imitar los modos de vida de otra cultura), por una parte, y la jerarquía o disciplina *vis à vis* la igualdad y la libertad, por la otra. Nativismo más jerarquía y disciplina serían los rasgos distintivos de regímenes pseudoconservadores y fascistas. Esparta o, en su exasperado exceso, el nazismo serían regímenes que combinarían el nativismo con el igualitarismo. De la xenofilia adicionada al igualitarismo, daría testimonio el igualitarismo británico, imitador de la ideología de la Revolución Francesa. Curiosamente, el autor no presenta ningún ejemplo de un orden político que combinara la xenofilia con la jerarquía. *Mutatis mutandis*, admitiendo, claro está, el exceso de simplificación contenido en estos modelos descriptivos, la pretensión alberdiana podría incluirse dentro de esta categoría de análisis. Ver Barrington Moore Jr., *Poder Político y teoría social*, Barcelona, Anagrama, 1969.

2. A. Edwards, *La fronda aristocrática, Historia Política de Chile*, Santiago de Chile, ed. del Pacífico, 1959, p. 46. Sobre Diego Portales, aparte de las obras ya citadas, de J. L. Romero. *El pensamiento político de la derecha latinoamericana*, y de T. Halperín Donghi, *Hispanoamérica después de la independencia*; el lector puede consultar la narración biográfica, publicada en 1863, de B. Vicuña Mackena, *Introducción a los diez años de la administración Montt. D. Diego Portales,*, reeditada en Santiago de Chile, Ed. del Pacífico, IDEP, 1974, con una Introducción de C. Orrego Vicuña.

3. A esta pregunta respondía en 1913 Julio Monzó en un penetrante ensayo sobre las clases dirigentes argentinas. "... No se puede acusar sin injusticia a esas clases dirigentes de haber dado pruebas sino de bastante mediocre egoísmo. En realidad hicieron todo lo posible para destruirse, aun cuando sus individuos buscaran personalmente, en algunos casos, enriquecerse y gozar siempre máximamente del poder que usufructúan. Esa acción autodestructora de las clases gobernantes, constituye la historia del progreso argentino. Fueron ellas, esas clases, las que fomentando la instrucción pública y elevando por ese medio la mentalidad interior de las masas populares, desde el bajo nivel en que se encontraba a principios del siglo pasado hasta la relativa educación

general que hoy se observa en los grandes centros, demolían, en razón directa de sus esfuerzos en pro de la civilización y de la cultura, una de las causas de su encumbramiento. Ellas, aun las que por su acción progresista en el fomento de la prosperidad del país, llevando con los rieles, los caminos y los canales de riego, la riqueza, el trabajo y la vida a las tierras muertas y sepultadas en su inercia, rompían el aislamiento aldeano y transformaban las condiciones físicas que habían creado su poder. Ellas, por fin, las que dieron el preciso golpe de gracia a su propia hegemonía, abriendo ampliamente las puertas a la inmigración extranjera y descartando, con el repudio de toda tentativa de erguir barreras ante la acción reveladora del pensamiento europeo, la última hipótesis, sino de eternización, de prolongación de su imperio. El despotismo de las oligarquías argentinas, si lo hubo, fue pues, de la categoría de aquellos que muchos pensadores glorifican: despotismo ilustrado. A su sombra y bajo su protección misma, crecieron y medraron los factores de su desorganización, entre los cuales no tenía menor parte ese entrañable *idealismo* que ha distinguido siempre a las figuras magnas de los dirigentes de este país, esa aspiración —siempre latente— hacia ideales elevados, bebidos ávidamente en la fuente francesa o norteamericana. Idealismo que, lejos de repudiar francamente como utopía lo que era el evidente contraste de la conducta de los gobernantes, hacía que, aun los más tiránicos, pronunciaran siempre en todos los tonos las palabras: *democracia, federalismo*...". J. Monzó, "Las clases dirigentes" (Ensayo de un capítulo de sociología argentina) en *R.A.C.P.*, Año III, N° 34, 12-7-1913, p. 391 y s.

4. R. Rivarola, "Crónica" en *R.A.C.P.*, Año I, N° 5, p. 682 y s. La definición de Rivarola se la entiende mejor, sesenta años después, a la luz interpretativa que ofrecen algunos trabajos de historia política y de sociología comparada. No cabe duda que el P.A.N. tiene mucho que ver, a casi un siglo de distancia, con el viejo partido federalista de A. Hamilton en los Estados Unidos de fines del siglo XVIII; una organización nacional, en efecto, que representaba una madeja de vínculos entre notables de origen local, que no tenía como propósito básico —contra lo sostenido por Jefferson— movilizar al "common people". Véase, al respecto, W. N. Chambers, *Parties in a New Nation*, New York, Oxford University Press, 1963, y S. M. Lipset, *The First New Nation*, London, Heinemann, 1964.

5. Sobre la cuestión de la unificación de la deuda en 1901, consultar, H. J. Cucorose, "Historia Económica Financiera Argentina (1862-1930)", en Academia Nacional de la Historia, *Historia Argentina Contemporánea*, 1862-1930, vol. III, Historia Económica, sobre todo p. 82 y ss. La defensa del proyecto que hizo Pellegrini en el Senado Nacional puede consultarse en *Pellegrini 1846-1906, Obras*, vol. IV, pp. 389-418.

6. Texto de la renuncia citado por C. R. Melo, "La terminación del segundo período presidencial del Gral. Julio A. Roca y la elección de su sucesor", en *Los Partidos Políticos Argentinos*, p. 295.

7. Los textos de estas renuncias pueden consultarse, también, en C. R. Melo, *idem*, p. 295 y ss.

8. Discursos de C. Pellegrini y R. Sáenz Peña, el 14-10-1903, citados por C. R. Melo, *idem*, p. 299 y s.

9. Carta de Pellegrini a Cané (17-6-1904): "Recibimos la noticia de la designación de Figueroa Alcorta y nos alegramos. Creo que es lo mejor de todos los del P.A.N. que rodearon a Quintana. Según me informan, Quintana tenía a Figueroa Alcorta de candidato desde un principio y estaba dispuesto a sostenerlo en el momento oportuno. Figueroa Alcorta consolida su fórmula y no será un peligro para Quintana, ni un instrumento de Roca", citada por A. Rivero Astengo, "Ensayo Biográfico" en *Pellegrini, Obras*, vol. II, p. 607.

10. Ver, al respecto carta de Pellegrini a Cané (4-11-1904): "La acción política de Roca en los últimos tiempos ha concluido con todo vestigio de vida política activa, ha suprimido el gobierno representativo y la soberanía popular y ha reducido nuestro mecanismo institucional a una oligarquía de un presidente y catorce gobernadores, únicos grandes electores, que sólo pueden ser desalojados o dominados por la violencia o la amenaza de un levantamiento", citada por A. Rivero Astengo, *idem*, p. 625 y s. El levantamiento radical de febrero de 1905, planeado y ejecutado por H. Yrigoyen con apoyo en sectores de la oficialidad joven del ejército, arrojó un saldo de 20 muertos y 60 heridos en la Capital; 8 muertos y 10 heridos en la provincia de Bs. As., 12 muertos, y 29 heridos en la provincia de Santa Fe; y más de 100 víctimas entre muertos y heridos en la provincia de Córdoba. Datos que consigna R. Etchepareborda, *Tres revoluciones*, p. 247 y ss. Un mes después, Pellegrini le escribía a su hermano Ernesto que "aquello (se refiere a la situación política del país) no tiene alma nacional, todo es artificial, sin arraigo, sin cimientos, y la era de las revoluciones ni ha concluido ni concluirá mientras no se modifiquen radicalmente nuestros hábitos políticos y tengamos un gobierno verdaderamente representativo, cosa que yo no espero ya alcanzar a ver" (Carta del 9-3-1905, citada por A. Rivero Astengo, "Ensayo Biográfico", p. 646 y s.). Por fin, entre la crítica de la situación y el análisis de las causas que engendraban las revoluciones, Pellegrini le recomienda a Cané no "buscar puestos públicos, que sólo interesan al que los ocupa, sino organizar una verdadera faena política disciplinada y con un propósito fijo, es decir, un partido con bandera. Esta bandera está hoy clara y netamente indicada: el restablecimiento del gobierno representativo" (Carta del 18-4-1905, citada por A. Rivero Astengo, *idem*, p., 650).

11. Consultar aspectos de la campaña de 1906 en E. Ramos Mejía, *Mis memorias*, 1853-1935, p. 226 y ss.

12. Cuando Figueroa Alcorta integró su primer gabinete, Pellegrini le envió el siguiente telegrama a E. Ramos Mejía: "El Presidente te ofrece el Ministerio de Agricultura. He aceptado en tu nombre. Te espera sin demora. Pellegrini". Citado por E. Ramos Mejía, *idem*, p. 228.

13. C. Pellegrini, discurso en la Cámara de Diputados, sesión del 9-5-1906, citado por A. Rivero Astengo, "Ensayo Biográfico", p. 668.

14. Carta de E. Zeballos a R. Sáenz Peña, 26-1-1908, citada por N. T. Auza, "La Unión Patriótica...", p. 196. Similares comentarios, aunque con mayor distancia crítica, le sugiere la clausura del Congreso a Ramón J. Cárcano: "He aplaudido el decreto de Enero y cuanto más lo medito, más motivo y constitucional lo encuentro; pero me ha parecido un exceso la ocupación militar del Congreso y sin mayor necesidad" (Carta de R. J. Cárcano a M. Juárez Celman, 21-2-1908, citada por A. R. Astengo, *Juárez Celman*, p. 639). El entusiasmo de Zeballos y la preocupación de Cárcano por la intervención militar, deben entenderse en la perspectiva de los profundos cambios que modificaron la organización interna de lo Fuerzas Armadas, acentuando los rasgos de una mayor calidad profesional en los cuadros de la oficialidad superior (creación de la Escuela Superior de Guerra), y asegurando, asimismo, bases amplias de reclutamiento con la ley del servicio militar obligatorio, dictada en el año 1901, cuando promediaba la segunda presidencia de Roca. En el debate parlamentario se enfrentaron dos proyectos: el que pretendía mantener el *statu-quo* de un ejército reclutado sobre "el enganche voluntario" y el proyecto de minoría (que prestaba apoyo al P. Ejecutivo y que, al cabo, fue aprobado) que proponía la conscripción obligatoria. Consultar, D. Canton, "Notas sobre la Fuerzas Armadas", en *Los Fragmentos del Poder*, Bs. As., J. Álvarez, 1969, p. 367. El modelo francés y prusiano se impuso, pues, sobre el modelo anglosajón, con la consecuencia que, de los diez mil hombres que revistaban en el ejército hacia el fin del siglo, la dotación de soldados, en los años previos a la primera guerra mundial, creció hasta un número que oscilaba entre los 30 y los 35.000.

15. C. R. Melo, "Presidencia de José Figueroa Alcorta en Academia Nacional de la Historia, *Historia Argentina Contemporánea*, vol. 1, Segunda Sección, p. 120.

16. Sobre las entrevistas entre Figueroa Alcorta e Hipólito Yrigoyen, la fuente más importante es la carta de Figueroa Alcorta a Ramón J. Cárcano que este último dio a conocer en sus *Mis primeros ochenta años*, Bs. As., Ed. Pampa y cielo, 1965, sobre todo p. 304 y ss.

17. Una expresión cultural que se manifiesta a través de muchos autores, como por ejemplo, Ricardo Rojas (La Restauración Nacionalista), Juan Agustín García (Introducción a las ciencias sociales argentinas; La ciudad indiana), Carlos Octavio Bunge (Nuestra América), José María Ramos Mejía (Las multitudes argentinas), Lucas Ayarragaray (La anarquía y el caudillismo), Agustín Álvarez (Manual de patología política), Adolfo Saldías (Historia de la Confederación Argentina; Un siglo de instituciones), Ernesto Quesada (La época de Rosas), Juan B. Justo (La teoría científica de la historia y la política argentina; Teoría y práctica de la historia), José Ingenieros (Psicología genética; Principios de psicología biológica), Juan P. Ramos (Historia de la instrucción pú-

blica en la República Argentina) y los tantas veces citados Rivarola, Matienzo, etc. Ver al respecto José Luis Romero, *El desarrollo de las ideas en la sociedad argentina del siglo XX*, México-Buenos Aires, Fondo de Cultura Económica, 1965.

18. J. L. Romero, *idem*, p. 49.

19. Conf. R. Cortés Conde, "El boom argentino: ¿una oportunidad desperdiciada?", en *Los fragmentos del poder*, p. 225.

20. Conf. R. Cortés Conde y Ezequiel Gallo, *La formación de la Argentina moderna*, Bs. As., Paidós, 1967, pp. 34 y 53.

21. Conf. Gino Germani, *Estructura social de la Argentina, Análisis estadístico*, Bs. As., Raigal, 1955, cit. por R. Cortés Conde y F. Gallo, *La formación...*, p. 84. Los datos que aquí se consignan son insuficientes y sólo pretenden presentar una aproximada imagen de los procesos de cambio acaecidos.

22. Los argentinos, dice un autor del centenario, "no conocemos la miseria extrema que suele hacer estragos en los pueblos europeos. La vida es fácil. El bienestar económico tiene repercusión inmediata en la constitución fisiológica y en la autonomía moral, y así somos efectivamente, por lo general, fuertes de cuerpo y altivos de carácter" (L. Maupas, "El problema moral argentino", en *R.A.C.P.*, Año III, No. 30, p. 644). Según E. Quesada la Argentina reproduce en el siglo XX la marcha ascendente de los Estados Unidos en el siglo XIX, pero "con más advertencia y fortaleza porque se realiza en mejores condiciones" (E. Quesada, "La evolución social argentina", en *R.A.C.P.*, Año I, No. 11, p. 6.53 y s.).

23. N. Repetto, *Mi paso por la política. De Roca a Yrigoyen*, Bs. As., Santiago Rueda, 1956, p. 50.

24. Consultar al respecto, con cuadros y datos comparativos acerca de los conflictos sociales durante esos años, el Capítulo 3: "Los sectores populares; los obreros y los problemas sociales" de R. Cortés Conde, "Auge de la economía exportadora y vicisitudes del régimen conservador" en R. Cortés Conde y E. Gallo, *Argentina, la República Conservadora*, pp. 212-223.

25. Mensaje del Presidente Roca al Congreso Nacional, Mayo de 1903, citado por R. Cortés Conde, idem, p. 218.

26 R. Rivarola, "Crónica en *R.A.C.P.*, Año I, No. 3, p. 418 y s. La crónica continúa con la transcripción de un artículo de "La Stampa" de Turín (del 27-8-1910) cuyas reflexiones acerca del sistema burocrático, sobre todo si provenían del exterior, exasperaban la conciencia de los reformistas. Dice el artículo en cuestión entre otras cosas: "En los contactos con los poderes públicos, la propina es una institución: tiene un nombre solemne de resonancia griega, que abre de par en par todas las puertas. Se llama *coima*... Los rumores escandalosos se refieren a todos, desde quien desempeña cargos superiores, hasta el último inspector. Pero el escándalo no estalla nunca, porque si debiera comenzarse la depuración, es difícil prever si quedarían incólumes en número suficiente para hacer justicia... La impresión nítida de quien esto escribe

es, sin titubear, que en este país la coima corre siempre, sobre todo cuando hay algún gran negocio de estado", p. 419 y s.

27. P. Torello, "Gobierno republicano, representativo, federal, sin municipios autónomos", en *R.A.C.P.*, Año 11, No. 14, p. 149.

28. M. A. Cárcano, *Sáenz Peña, la revolución por los comicios*, p. 148.

29. Para la biografía de Sáenz Peña, consúltese M. A. Cárcano, *idem*, y la bibliografía citada en p. 173.

30. Ver al respecto, A. Dell'Oro Main "La vida ejemplar de Indalecio Gómez", en *Los Discursos de Indalecio Gómez*, vol. 1, p. 81 y ss.

31. El "estado mayor" de la campaña estaba integrado por Ricardo Lavalle (Presidente de la junta Ejecutiva), Vicente L. Casares (Vice 1º), Juan M. Garro (Vice 2º), José M. Rosa (Vice 3º), Benigno Rodríguez Jurado (Vice 4º) y Carlos y Jorge Lavalle Cobo (secretarios generales). Ver, *Unión Nacional Sáenz Peña. La campaña política de 1910*, Bs. As., vol. I, p. 330, donde sigue la nómina de los otros integrantes.

32. Discurso de Juan Balestra, 9-10-1909, en Unión *Nacional*, vol. I, p. 179.

33 Discurso de Ignacio María Gómez, 20-12-1909, en *Unión Nacional*, vol. I, p. 191.

34. Discurso de Roberto J. Bunge (Conferencia Política en la Ópera) en *Unión Nacional*, vol. 1, p. 48.

35. Discurso de Carlos A. Estrada, 27-1-1910, en *Unión Nacional*, vol. 1, p.247.

36. Discurso de Octavio Piñeiro Sorondo, 27-1-1910, en *Unión Nacional*, vol. 1, p. 242.

37. Discurso de Carlos Rodríguez Larreta, 30-12-1909, en *Unión Nacional*, vol. 1, p. 221 y s.

38. Discurso de Santiago Luro, 10-10-1909, en *Unión Nacional*, vol. 1, p. 166.

39. Discurso de José I. Llobet, 11- 1-1910, en *Unión Nacional*, vol. I, p. 165.

40. Discurso pronunciado el 10-10-1909, en *Unión Nacional*, vol. 1, sobre todo p. 172 y ss., con análisis estadísticos acerca de inmigración, comercio exterior y ferrocarriles.

41. Para el caso, las palabras del Cnel. Lisandro Olmos, el 27-1-1910: "Se condensó un día la nebulosa de las regiones australes del sur y en el proceso evolutivo secular de los cuerpos cósmicos que la componen, han venido aclarándose, hasta que la luz radiante de ese mundo de estrellas reflejó sobre el sol de la bandera de Caseros la luz meridiana y al amparo de ella y penetrando en los antros de obscuridad y barbarie, se dio el grito de Constitución en las márgenes del Paraná" (Unión Nacional, vol. I, p. 228 y s.).

42. Como por ejemplo, *La Nación*, que apoyó la candidatura de Udaondo y atacó con vigor a Sáenz Peña y al fraude que se avecinaba. Ver Miguel Ángel Cárcano, *Sáenz Peña, la revolución por los comicios*, p. 164.

43. Discurso de Sylla Monsegur, 27-1-1910, en *Unión Nacional*, vol. I, p. 250.

44. Discurso de Octavio Piñeiro Sorondo, 27-1-1910, en *Unión Nacional*, vol. 1, p. 243.

45. Discurso de Jacinto Cárdenas, 27-1-1910, en *Unión Nacional*, vol. I, p. 241.

46. Discurso de Carlos Basavilbaso, 27-1-1910, en *Unión Nacional*, vol. I, p. 235 y s.

47. Discurso programa de Roque Sáenz Peña, en *Unión Nacional*, vol. I, p. 88. Durante la campaña, quien mejor pareció aproximarse a esta idea de lo que debería ser un partido moderno fue Juan M. Garro, cuando sostuvo "la necesidad de los partidos en el Gobierno de los pueblos" reclamó "la liquidación de los viejos partidos cuyos miembros mutilados y dispersos nada ni nadie es capaz de articular y volver a la vida" y exigió, en su reemplazo, la "creación de un partido orgánico y permanente que gobierne con su programa en bien de todos cuando esté en el poder y fuera de él sirva de contrapeso al que lo desaloja" (Discurso de Juan M. Garro, 30-12-1909, en *Unión Nacional*, vol. 1, p. 208 y s.).

48. Ver M. A. Cárcano, *Sáenz Peña, la revolución por los comicios*, p. 161.

49. Sobre las entrevistas privadas entre Roque Sáenz Peña e Hipólito Yrigoyen consultar R. J. Cárcano, *Mis primeros ochenta años*, p. 288 y ss. Según recuerda R. J. Cárcano más adelante, Roque Sáenz Peña consideraba las conferencias de la calle Viamonte (el domicilio de M. Paz donde tuvieron lugar las entrevistas) como "la primera célula" de la reforma electoral. (R. J. Cárcano, *idem*, p. 296.) Ver también, con referencia a las actas que documentan las entrevistas, M. A. Cárcano, *Sáenz Peña, la revolución por los comicios*, p. 169 y ss.

50. "Discurso del Presidente Roque Sáenz Peña al tomar posesión del cargo" en *R.A.C.P.*, Año 1, Nº 2, 12-11-1910, p. 269 y s.

VIII

LAS LEYES ELECTORALES: DIÁLOGO ENTRE DOS REFORMADORES

La reforma política que preconiza Sáenz Peña se cristalizó en una ley electoral sancionada el 10 de febrero de 1912. Sobre el trasfondo de los debates, que tuvieron lugar en el Congreso Nacional, Indalecio Gómez, ministro del Interior, defendió la filosofía pública que impregnaba la reforma y la tradujo en instrumento jurídico.

Diez años atrás, sin embargo, la clase gobernante prestaba temprana atención a estos problemas. Joaquín V. González, en aquella circunstancia ministro del Interior de Roca, presentó en el Congreso un proyecto de ley electoral cuyo propósito general era similar al que sostenían Gómez y Sáenz Peña. Pero esta ley, sancionada el 19 de diciembre de 1902, tuvo corta vida: apenas reguló una elección nacional en 1904 y algunos comicios parciales. Los resultados alcanzados, por lo demás, no fueron espectaculares. En 1904 la victoria correspondió a Manuel Quintana; en 1916, Hipólito Yrigoyen y tras él la Unión Cívica Radical, ascendían a la primera magistratura. No obstante, la lectura de los debates parlamentarios permite observar rasgos comunes y diferencias significativas.

Joaquín V. González e I. Gómez discutían sobre el sufragio y las leyes electorales. A la reflexión en torno del problema del voto universal, de su obligatoriedad y de su secreto; de las fuerzas sociales y políticas que subyacían bajo las reglas institucionales, se sumaba una crítica meditación acerca del método más adecuado para distribuir cargos de autoridad gubernamental. La clase gobernante miraba hacia fuera, comparaba y procuraba trasladar a su territorio lo que otras naciones practicaban con éxito. Decíase que había que alcanzar la civilización política y ésta, para los reformadores, se presentaba como modelo deseable más allá de nuestras fronteras.

Significado y práctica de la legislación electoral hacia principios de siglo

¿Qué es una ley electoral? Son, según observa Rae,[1] instrumentos que, al hacer efectiva la representación política, gobiernan procesos que tienen dos características principales: traducir en forma de votos las preferencias electorales y volcar el número de sufragios en distribuciones de autoridad gubernamental (cargos ejecutivos y bancas parlamentarias). Desde este punto de vista, las leyes electorales constituyen instrumentos ordenados a responder ciertos interrogantes específicos: ¿cuántos y quiénes son los ciudadanos que pueden elegir y ser elegidos?; ¿cómo y en base a qué criterios —edad, sexo, riqueza, capacidad se discrimina el cuerpo electoral del resto de la población?; ¿los ciudadanos eligen entre personas individuales o entre partidos?; ¿el candidato o el partido que ha obtenido más votos que cualquier otro, gana directamente, o bien, la victoria se divide entre los opositores en proporción a su voto?; ¿cada distrito elige un legislador único, o bien, selecciona un número determinado de representantes?

En términos generales las leyes electorales están gobernadas por tres principios básicos: la pluralidad, la mayoría y la proporcionalidad. La *pluralidad* responde a la siguiente fórmula: $t_a>t_b$; $t_a>t_c$; $t_a>t_d$... $t_a>t_n$ (donde t = % de los votos que obtiene un partido); un sistema electoral a pluralidad de sufragios, otorga el o los cargos en discusión al candidato o partido que supera en número de votos a su competidor más próximo. La mayoría se expresa de este modo: $t=V/2 + 1$ (donde t = % de los votos que obtiene un partido y V = al total de votos emitidos en un distrito); un sistema electoral a mayoría de sufragios otorga el —o los— cargos en discusión al candidato o partido que hubiere conquistado la mayoría del total de votos *emitidos* en un distrito. El principio de *proporcionalidad,* corresponde a la proposición que sigue: Si S es la proporción de bancas atribuidas a un partido, la representación proporcional es el sistema donde S=t (t=% de los votos, que obtiene un partido).

Como puede observarse, los principios de pluralidad, mayoría y proporcionalidad están asociados con una unidad territorial —el *distrito* donde se elige— y dentro de dicha unidad con la modalidad de elección a las cuales aludíamos más arriba. Si el ciudadano elige un representante, estará ejerciendo un procedimiento *uninominal*; si, en cambio, elige muchos representantes (o una lista de representantes) utilizará un procedimiento *plurinominal.*

Según la interpretación histórica y constitucional, en la Argentina el distrito coincidía con el territorio de cada una de las catorce provincias y de la Capital Federal. El artículo 42 de la Constitución Nacional no ofrecía, en este sentido, mayores dudas al prescribir que la "Cámara de Diputados se compondrá de representantes elegidos directamente por el pueblo de las Provincias y de la Capital, que se consideran a este fin como distritos electorales de un solo Estado". Pero de inmediato el mismo artículo vinculaba la unidad territorial con un principio electoral: "....a simple pluralidad de sufragios" decía la Constitución, con lo cual, a primera vista, quedaba cerrado el camino para la aplicación de los principios de mayoría y proporcionalidad en la elección de diputados nacionales y de electores para presidente y vice.

La legislación que rigió las elecciones nacionales a partir de la presidencia de Urquiza permaneció fiel a la regla de la pluralidad y a la unidad territorial del distrito, combinándola con un procedimiento plurinominal. Según lo establecido por las leyes 140 (1857), 207 (1859), 75 (1863), 623 (1873) y 759 (1877) los ciudadanos votaban desde un distrito por una lista de candidatos: por lo tanto, la lista que obtenía el primer puesto en la carrera electoral arrastraba consigo la totalidad de las bancas o cargos de elector en disputa.[2] Tal como observamos en un capítulo anterior, la batalla consistía en una suerte de disputa de todo o nada, con el consiguiente bloqueo de las oportunidades para consagrar en cada distrito una representación minoritaria.

Cuando Joaquín V. González lanza en el 900 el proceso reformista que, por otro trazado institucional, culminará en 1912, las prácticas electorales en el mundo occidental ofrecían un panorama múltiple, con tendencias que comenzaban a diseñar un camino firme hacia el voto secreto y el sufragio universal. Son doce años fecundos en experiencia. Si hacemos a un lado a los Estados Unidos, sólo tres estados europeos: Suiza, Francia y Portugal, constituían repúblicas formales antes de 1914; el resto se ubicaba en una categoría de regímenes, con fronteras de democratización cambiantes según los casos, que recibían el título genérico de monarquías constitucionales.

No obstante la diversidad de regímenes, el conflicto por instaurar el sufragio universal se traducía en una marcha, en muchos casos irreversible, plagada por los resabios y sedimentos antiigualitarios legados de épocas anteriores. Los momentos legislativos se escalonan durante tres períodos. Antes del siglo hacen punta Francia en 1848-1852, Inglaterra en 1866 y Noruega en 1898. Entre el 900 y la Primera Guerra Mundial se suman Alemania en 1907, Suecia en 1909, Italia en 1912 y Dinamarca en 1915. Después, por fin, vendrán Holanda en 1917, Bélgica y Luxemburgo en 1919.

Sufragio universal, pues, que abría canales inéditos a la participación popular y arrinconaba en un pasado reciente las modalidades del voto *censitaire* que calificaban el derecho electoral del habitante según la riqueza o la capacidad cultural.

Si los hechos preanunciaban la democracia de masas, ¿de acuerdo con qué reglas electorales votaban europeos y norteamericanos? Dos principios se disputaban la primacía: la pluralidad y la mayoría. La representación proporcional constituía una excepción a la regla sólo practicada por Bélgica, pionera en este campo desde 1899, y Suecia que la había implantado en 1909. El gran movimiento a favor de la aplicación de este método electoral vendrá después de 1918 y arrastrará consigo a Holanda, Noruega, Dinamarca, Suiza, Alemania e Italia.[4] ¿Cuál era, entonces, la unidad territorial y cuántos representantes podían elegir los ciudadanos? La respuesta no merecía el beneficio de la duda: el sistema imperante era el uninominal que se ejercía desde un distrito chico (dado que se elegía un solo representante) al cual denominaremos *circunscripción* a los efectos de una mayor claridad expositiva.

El sufragio uninominal por circunscripciones era una típica herencia del régimen *censitaire* y estaba armado para dosificar en diferentes espacios la expresión electoral de un pueblo chico). Si en el orden nacional eran pocos los que votaban, ese núcleo de ciudadanos se distribuía, a su vez, en un conjunto de pequeños distritos, circunscripciones, que elegían un solo representante. El territorio así acotado era un espacio fértil para la expresión política del notable del lugar quien, de esta suerte, tejía una red de relaciones y recompensas con un electorado reducido. Predominaban los vínculos inmediatos y la relación cara a cara dentro de una clase social que monopolizaba el poder político. Aún después de implantado el sufragio universal, el sistema persistía. Las sociedades cambiaban, la población proletaria se concentraba en las ciudades, pero mientras la industrialización y la urbanización generaban nuevos espacios electorales, el viejo trazado de las circunscripciones aseguraba la representación conservadora por más que descendiera la población en los distritos rurales. Mientras se mantuviese esa geografía electoral, que protegía celosamente a las viejas circunscripciones rurales, el campo conservador equilibraba el peso de la ciudad liberal o socialista.

El sufragio uninominal se combinaba con la pluralidad y la mayoría según procedimientos distintos. El más conocido era el que se practicaba en Inglaterra, en los Estados Unidos, en los dominios blancos del Imperio Británico, en Suecia (hasta 1909) y en Dinamarca; sistema por lo demás simple: cada circunscripción votaba un representante al parlamento a simple pluralidad de sufragios. Más complicadas eran las operaciones electorales en el continente. Muchos países combinaban el escrutinio uninominal con el principio mayoritario. Con tal propósito, en naciones como Alemania, Italia, Suiza, Austria y Holanda, se convocaba a una segunda o tercera vuelta electoral si en la primera ronda ninguno de los candidatos hubiese atravesado el umbral de la mitad de los sufragios emitidos; la contienda quedaba entonces bloqueada entre los dos primeros.[5] Los franceses tenían un sistema menos rígido: convocaban a una segunda vuelta pero ésta permanecía abierta para más de dos candidatos no exigiéndose, por lo tanto, mayoría absoluta.

Las críticas frente al sistema uninominal provenían desde la izquierda o, en sentido amplio, desde los partidos de creación extraparlamentaria que pugnaban por traducir sus demandas de participación con más eficacia electoral. En Francia, la acción reformista de Jules Ferry logró imponer entre 1885 y 1889 el sufragio plurinominal, pese a lo cual el cambio, contra aquello que él esperaba, no favoreció a la izquierda sino a la derecha. No sería ésta la primera ni la última oportunidad donde las leyes electorales jugarían contra la apuesta de los gobernantes. Gambetta creía, en efecto, que el sistema uninominal —*"miroir brisé où la France à peine a reconnaitre son image"*— era un obstáculo de proporciones. Destruido el dique de contención, la marca de izquierda no logró, sin embargo, mayoría parlamentaria.[6]

El panorama electoral del mundo, que exploraban los reformadores argentinos, se cerraba con el capítulo consagrado al sufragio secreto. ¿Cómo votar: a viva voz o mediante un método que asegurase, a la vez, la identificación del elector y el carácter anónimo de su sufragio? La tradición del voto secreto estaba consagrada por la Revolución Francesa. La ley electoral de 1791, al establecer el secreto del sufragio, introducía en la elección para la Asamblea Legislativa el doble resguardo de la igualdad y de la protección jurídica del acto soberano por excelencia. No obstante la intencionalidad del legislador, hubo que aguardar muchas décadas, hasta bien entrado el siglo XIX, para que el voto secreto se abriese paso entre las costumbres. Los norteamericanos abrieron la brecha en muchos estados federales, Inglaterra lo consagró en 1872, Dinamarca en 1901; en Bélgica, en Suiza y en Suecia era práctica habitual, antes de la sanción del sufragio universal, durante el régimen *censitaire*; y recién en, 1913 los electores franceses penetraron en el *isoloir* (nuestro cuarto oscuro) munidos del sobre uniforme y común. En el resto de las naciones imperaba el voto oral y entre todas sobresalía, casi como caso arquetípico, el *Reich* alemán.[7]

Panorama complejo en un mundo que combinaba la tradición y el cambio. Éste fue el escenario externo que se desplegó ante Joaquín V. González e Indalecio Gómez; un universo, claro está, que revertía sobre nuestras fronteras y contrastaba, según ellos, con nuestra dramática realidad. En la Argentina se aplicaba el sistema de lista completa, a simple pluralidad de sufragios desde 15 distritos electorales. El voto secreto constituía una costumbre exótica y aunque la ley nunca había sancionado un régimen *censitaire,* el fraude y la manipulación electoral presentaban un rostro que repugnaba a un sector de la clase dirigente; algo practicado desde siempre y que, pese a ello, había que suprimir. ¿Hasta dónde llegaba el límite reformador de quienes hacían pública su autocrítica? Difícil respuesta que la reconstrucción de un diálogo pueda, quizás, aclarar.

Joaquín V. González: el sufragio uninominal por circunscripciones

Las reformas electorales de 1902 y 1912 fueron propuestas por el Poder Ejecutivo, discutidas y aprobadas por el Congreso Nacional. En 1902, Gómez no estaba en el Congreso, pero en 1911-12 Joaquín V. González ocupaba una banca en el Senado. Oportunidad única, pues, para la discusión y el debate.

Veamos en primer término el plan reformador propuesto por Joaquín V. González. Su diálogo con ambas cámaras tiene un sabor académico, un eco de docencia cívica que se desenvuelve en argumentaciones y temas recurrentes. Se ofrece a sí mismo ante el Congreso como testigo de una experiencia política y universitaria y advierte a los legisladores de la urgencia de la reforma porque el país todo está sacudido por una *contradicción entre el sistema social y el orden político.* He aquí la piedra de toque que sostiene su filosofía pública:

"Hemos llegado a convencernos igualmente que existe una profunda antinomia, una profunda contradicción, de que habla un filósofo político, entre la constitución social y la constitución política. Las fuerzas sociales que dan existencia real a nuestra cultura presente, no tienen una representación formal en la ley, en cuya virtud debe hacerse práctica, o deba traducirse en forma práctica por medio del mandato del legislador."[9]

La visión que tiene Joaquín V. González del orden político complementa la labor emprendida desde el 80. Un régimen oligárquico fundado en el fraude ha generado, sin embargo, cambios profundos en la sociedad argentina: "Cuarenta y cinco años, señor Presidente, llevamos de educación y de enseñanza popular, y no es posible suponer, aun con el criterio más pesimista, que ellos no hayan producido ningún resultado... el pueblo en general ha aumentado la suma general de su cultura en la proporción que suponen cuarenta y cinco años de enseñanza, y la ley electoral, que es la que mide la capacidad activa del pueblo argentino para el ejercicio de la vida cívica, permanece exactamente igual".[10]

La educación popular ha puesto en marcha un proceso de democratización. No es la base económica la que incide sobre la estructura política sino las nuevas formas de cultura incorporadas a un sistema tradicional. J. V. González aconseja una tarea de ajuste y de concesión. El conservador realista es aquel que acepta la realidad; si comprueba que ésta ha cambiado, no es labor ociosa para los argentinos recordar aquella observación de Macaulay en la Inglaterra de 1831: "...ha llegado el tiempo de hacer una gran concesión a la democracia de nuestra tierra, y la cuestión de saber si el cambio es en sí mismo malo o bueno, es una cuestión de importancia secundaria".[11]

¿Rendición ante lo inevitable? Probablemente sí, pero rendición que se adelanta a los acontecimientos y, en acto de previsión, combina la generosidad hacia los marginados con la paternal responsabilidad de quien tiene clara conciencia de controlar el poder y la ilustración. En el mundo moderno se impone "el espíritu democrático, ensanchando siempre, por esfuerzo propio y por vitalidad propia, el ejercicio del sufragio para el mayor número de hombres".[12] Por eso debe intervenir en el gobierno republicano el pueblo argentino "considerado en la totalidad de su capacidad moral, y no existe ningún fundamento en la Constitución para restringir el derecho de sufragio al que habiendo nacido en el territorio nacional, hubiere cumplido la edad mínima que determina la capacidad política".[13] Negativa rotunda, entonces, al sufragio *censitaire*,[14] reivindicación del sentido común de los analfabetos,[15] apertura hacia los postergados; todo ello, inserto en una concepción del orden que reclama, al mismo tiempo, un cambio y una permanencia de la tutela que, por trayectoria histórica y por servicio moral, deben prestar las élites gobernantes: "Es, por lo tanto, la responsabilidad de las clases dirigentes la que debemos mirar en el ejercicio de estos derechos, ya que a ellas, por selección natural, les corresponde esa especie de tutela sobre los que saben menos o pueden menos".[16]

Este tipo de actitud está en la raíz de lo que podríamos llamar una estrategia electoral de incorporación controlada. J. V. González propone una transacción entre la rigidez política del pasado y la incertidumbre de un porvenir cuyo ritmo de aceleración no parece decrecer. Hay que imaginar, por consiguiente, nuevos umbrales de incorporación para las fuerzas sociales emergentes y si son suficientemente flexibles, no hay por qué temer a las nuevas ideologías:

> "No nos debemos asustar ni alarmarnos de ninguna manera porque vengan a nuestro Congreso representantes de las teorías más extremas, o más extrañas del socialismo contemporáneo. ¿Por qué nos hemos de asustar? ¿Acaso no las conocemos nosotros, no somos también parte de este inmenso movimiento de progreso de la sociedad humana? ¿Acaso no formamos parte de la civilización más avanzada? Y tan no debemos alarmarnos, que es mucho más peligrosa la prescindencia de esos elementos que viven en la sociedad sin tener un eco en este recinto, que el no darles representación, oprimirlos en cierto modo por la fuerza de leyes ficticias."[17]

Lo que exige J. V. González es un cambio de orientación del centro de interés de la clase dirigente. La apertura hacia las ideologías más avanzadas de la época tiene en vista el resguardo de las instituciones; éstas, en definitiva, serán más sólidas incorporando los movimientos presentes en el mundo exterior al régimen que rechazando sus nuevas expresiones. Para afirmar este propósito, J. V. González diseña el trazado de un plan que se articula en torno de la racionalización del registro electoral, el sufragio voluntario y secreto y, por fin, el sistema uninominal.

Habíamos visto antes el papel decisivo que desempeñaba el registro electoral en los procesos de fraude y de control del sufragio. J. V. González reacciona contra esta práctica, recomendando la creación de un registro electoral permanente sobre la base de "comisiones inscriptoras constituidas por tres ciudadanos extraídos de una lista de veinte mayores contribuyentes en cada circunscripción, la que obrando con autoridad propia distribuirá el trabajo censal en divisiones inferiores territoriales, de manera que en tres días se realice a domicilio el empadronamiento electoral de la República, que ha de servir de base para las sucesivas renovaciones y depuraciones".[18]

La calidad del registro resulta, pues, de la responsabilidad de las clases altas; ellas deben velar por una inscripción sincera y leal. Joaquín V. González intuye que la reforma debe generarse desde dentro de la clase social que detenta el poder político. No hay en su propuesta ningún control externo que actúe sobre el registro con la salvedad, claro está, de una serie de garantías meticulosamente legisladas contra la influencia de los funcionarios públicos, inspiradas en las previsiones adoptadas por muchos países europeos.[19]

El ciudadano que tiene acceso al registro y al comicio lo hace mediante un acto voluntario. Según J. V. González, el voto obligatorio se perfila en un horizonte deseable pero las condiciones sociales, la extensión del territorio y la dispersión de la población constituyen aún una valla infranqueable que hace inefectiva la sanción penal. Conviene esperar. Sobre lo que no hay que aguardar, en cambio, es con respecto al secreto. En este punto la posición de J. V. González en el proyecto de ley es terminante: el secreto "es la única forma de asegurar la independencia del sufragante, la manifestación personal, íntima y exclusiva del ciudadano respecto del electo, y en cuyo instante rompe todo linaje de servidumbre o de dependencia para ser el intérprete primario de la voluntad popular".[20]

Todo este conjunto de previsiones se condensa en un sistema electoral cuya bondad es indiscutible: el sufragio uninominal por circunscripciones. J. V. González presta a este sistema una adhesión tan fervorosa que su palabra, posiblemente, habría hecho suya la sentencia escrita por Laski veinticinco años después: "*A state divided into equal electoral districts, each returning a single member to the legislative assambly, seems, therefore the general lesson of historic experience*".[21] La defensa del sistema uninominal se despliega en una exposición por la que desfilan autores y realidades externas; casi como si el legislador estuviese abrumado por la exigencia de adaptar lo universal a lo particular. El sistema uninominal —expresa— es un legado del mundo civilizado, ninguna dificultad puede ofrecer su legislación; menos cuando está avalado por los pueblos que conducen la civilización contemporánea, por los Estados Unidos, Inglaterra, Francia e Italia.[22] Y si esta afirmación resultase insuficiente, allí están, para más datos, la autoridad del teórico y la del hombre de estado: Summer Maine y Lord Russel, Gladstone burlándose de Hare que proponía un sistema alternativo; Tocqueville y Bryce, Benton y Orlando. No hagamos entonces, exclamará, obra de ideólogos y reconozcamos lo probado en otras latitudes; en aquellas leyes que favorecen una relación directa, inmediata y estrecha entre la voluntad del elector y el representante.[23]

El sistema uninominal es, para J. V. González, un retorno a la fuente misma del sufragio: fomenta la formación de centros regionales, distribuye el ejercicio de las fuerzas sociales, realiza en la forma más práctica la tendencia federativa, condensa la representación de los gremios por su acumulación espontánea en determinadas localidades, asegura la presencia de las minorías merced a los triunfos parciales en distintas circunscripciones de mayorías locales, favorece la formación de verdaderos hombres políticos y permite al ciudadano sin fortuna afrontar una campaña electoral, gracias al ámbito estrecho en que ésta se desenvuelve.[24]

Imposible enumerar más virtudes. ¿Adhesión íntima a la bondad de la ley que por su sola inteligencia obraría el milagro de reformar las costumbres? En parte sí, siempre y cuando estuviese presente una condición necesaria: el partido político. Joaquín V. González advierte y desea la efectiva organización de este nuevo protagonista, pues es la realidad que mejor representa la "cohesión natural e histórica de las opiniones, de las tendencias, de los intereses".[25] Sin la acción permanente del partido político, la reforma electoral carecería de sentido: "Nada importará que las provincias, que el territorio de la Nación, mejor dicho, se divida en circunscripciones uninominales grandes o pequeñas, o que elija de a uno o de a varios representantes a la vez, si no existe una acción directiva de las afinidades visibles, llamadas partidos de cualesquiera denominación, tendencia, carácter o idea".[26] Esta firme definición cierra de alguna manera el círculo de los argumentos. Tras las reformas institucionales se escondía una realidad de cuya revitalización dependía el éxito del régimen en cierne. El partido político, claro está, es un fenómeno de opinión y de organización. Hacia el novecientos los partidos modernos de masas, de encuadramiento permanente y dirección centralizada, constituían una realidad que emergía fuera del aparato parlamentario, más allá de los límites trazados por la vieja clase gobernante conservadora o liberal. Estos partidos, llamados de creación externa, de acuerdo con la tan manida pareja de conceptos expuesta por Duverger, se enfrentaban con los partidos de origen interno que aparecían como una prolongación electoral de los tradicionales grupos parlamentarios.[27] Mientras desde la frontera exterior los nuevos partidos incorporaban dentro de su estructura una red de fuerzas sociales organizadas —sindicatos y asociaciones mutuales en el caso de los partidos socialistas; o bien cooperativas, grupos de inspiración religiosa, gremios rurales y de clase media si se trataba de partidos católicos—, los viejos partidos de creación interna apoyaban la actividad legislativa de los notables mediante una organización laxa y descentralizada que giraba en torno de centros electorales de carácter local.

Despuntaba en el mundo la regla de la organización. Una realidad en cierta medida inédita, hija de la extensión del sufragio, que se interponía entre el ciudadano y las instituciones políticas como el agente privilegiado de la representación.[28] Los argentinos sabían desde hacía una larga década que esa realidad se desplegaba por el territorio nacional mediante la acción de un partido, en ese entonces revolucionario, que no subsistía gracias a los recursos del Estado y conservaba en determinados distritos su organización y su disciplina. En este sentido el radicalismo —sobre todo el que seguía a Hipólito

Irigoyen— era un partido de creación externa. Pero J. V. González no parece apremiado por esta circunstancia. Antes bien, su mayor preocupación consiste en generar un reordenamiento de la máquina gobernante que, hasta el momento, era eficaz agente del fraude y de la lista completa.

De allí su repudio al *comité* y a los mecanismos de mediación que distribuían candidaturas y acarreaban votos para las listas oficiales. Los agentes intermediarios —los llama elementos políticos o reclutadores— constituían un factor de distorsión que, al hacer más opaca la relación entre elector y representante, impide que aquél pueda "individualizar su voluntad y encauzarla por sus propios movimientos personales".[29] Esta idea de organización partidaria es poco receptiva a los mecanismos de centralización. Aun más: si el sufragio uninominal tiende a concentrar las energías locales en una relación electoral inmediata y si ésta, a su vez, favorece la designación de candidatos con natural arraigo en una circunscripción, el partido político debe prolongar, con toda lógica, este nuevo vínculo de representación.

Si la línea del argumento es correcta, el partido político deseable debería resultar de una asociación voluntaria de representantes locales cuya legitimidad derivaba de un drástico cambio en las relaciones electorales. En un primer umbral, en efecto, se anularían los agentes intermediarios; la circunscripción sería un recinto geográfico apto para generar una suerte de participación directa, sin aparatos organizativos que la desfiguren u obscurezcan. Los representantes naturales electos de este modo podrían forjar, en el segundo umbral, un nuevo vínculo asociativo que ya no reflejará una organización artificial —el viejo comité criollo— sino que articulará en su seno las opiniones y propósitos de legisladores munidos de un auténtico mandato. No es necesario avanzar mucho más por este tramo del discurso para percatarse que lo que González propone es, al fin de cuentas, un modelo de partido de creación interna distinto del prevalente en el país por obra de los gobiernos electores y similar, en sus grandes líneas, a los constituidos en Europa por las corrientes tradicionales de origen liberal o conservador. Joaquín V. González quería que la Nación fuese gobernada por notables cuya autoridad derivara de la legitimidad del comicio y del arraigo local. La suma de estas virtudes daría a luz un tipo de partido distinto del que se conocía, pero diferente, sin duda, de una organización nacional de creación externa con dirección centralizada.[30]

La reforma propuesta por el ministro del Interior de Roca puede ser vista como un sistema en el cual la relación ente las diferentes partes que lo integraban estaba imbricada de tal modo que una modificación en alguna de ellas debía incidir, necesariamente, sobre las otras.[31] El procedimiento uninominal, la racionalización del registro, el voto secreto y la idea subyacente del papel que debía desempeñar el partido político, alimentaban, desde distintas vertientes, la concepción de una filosofía pública. Desde este punto de vista, el destino de la reforma electoral de 1902 estuvo signado por una radical ambigüedad, porque en el Senado Nacional se hizo cuerpo una modificación que dio por tierra con el sufragio secreto e instauró el voto oral. Quien propuso este brusco cambio de rumbo fue Carlos Pellegrini, a la sazón senador por Buenos Aires y miembro informante del proyecto. Pellegrini no hesita en denunciar el fraude y la corrupción, pero aún se aferra a muchos mecanismos de control típicos del régimen roquista; un hombre, en suma, en gran medida contradictorio con el severo tribuno que cuatro años más tarde, meses antes de morir, impugnará en bloque la realidad política que se había gestado desde 1880.

"El voto secreto —dirá Pellegrini en el Senado— supone el voto consciente, y el voto consciente es el del hombre capaz de apreciar por quién va a votar, y el sufragio universal supone más a la inmensa masa de analfabetos, o de votos inconscientes, que no van en nombre de ideas o propósitos propios, sino en nombre de ideas, de simpatías, de arrastres de opinión que dividen a la masa en distintas fracciones y en distintas tendencias: de modo que el voto secreto, aplicado a las masas de nuestro país, sería, señor Presidente, una mistificación."[32]

Dura e indirecta réplica, pues, a la benevolente actitud de J. V. González hacia los analfabetos, que se completará con un retórico llamado al coraje cívico del elector para aventar influencias dañinas cuando hiciera efectivo su público sufragio.[33]

Muchos han sostenido que una de las reglas básicas del juego oligárquico consiste en el acuerdo y en la transacción: J. V. González se inclinó ante ella. La ley de reforma electoral Nº 4161 sancionó el voto oral.[34] Mutilada en uno de sus propósitos, reguló las elecciones de 1904 que tuvieron lugar en un territorio nacional dividido en 120 circunscripciones. El juicio sobre sus resultados vendrá diez años después y el fiscal acusador será I. Gómez.

Indalecio Gómez: la lista incompleta

Los argentinos votaron en 1904 mediante la ley propiciada por Joaquín V. González; también lo hicieron seis años después con un sistema electoral modificado en 1905 por Manuel Quintana que retrotraía las cosas al cauce tradicional de la lista completa. Electo Roque Sáenz Peña, entre los meses de diciembre de 1910 y agosto de 1911, el Congreso recibía dos proyectos de ley, uno sobre padrón electoral y otro sobre reforma del régimen electoral, que retomaban el hilo de los argumentos provisoriamente clausurados en 1902.

Entre ambas fechas pasaron muchas cosas. La más importante, para el centro de interés de este trabajo, es que las relaciones de poder dentro de la clase gobernante habían cambiado de manera irrevocable. Los cambios, sin embargo, no modifican la línea del argumento: los temas son los mismos pero los contenidos no. Antes bien, los argumentos esgrimidos por Indelecio Gómez apuntan, indirectamente, a refutar la laboriosa trama de ideas y proyectos que había enhebrado J. V. González; éste arrastra, ante la opinión del ministro de R. Sáenz Peña, la responsabilidad de un rotundo fracaso.

Las elecciones de 1904, sostendrá, no produjeron ningún cambio significativo. El sistema no alentó la participación electoral;[35] mantuvo inalterable el control sobre la oposición ya que ésta sólo pudo triunfar en tres circunscripciones del interior y en seis de la Capital;[36] excluyó, por consiguiente, a las minorías;[37] no impidió que los gobiernos electores en las provincias hicieran valer su influencia predominante y, lejos de ello, la concentró en el nivel local;[38] trazó en el territorio nacional una división artificial, propia de sociedades urbanas, o más pequeñas, sin mucho que ver con la extensión y la distancia del espacio argentino;[39] y en fin, pese a gozar el sufragio uninominal del patrocinio de algún prócer como Sarmiento con "su fe profunda aunque un tanto ingenua por la sabiduría de los hombres públicos de los Estados Unidos",[40] nada excusa para considerarlo un sistema decadente, producto a su término de caudillos subalternos que habrán desplazado en sucesivas elecciones, a la "gente distinguida".[41]

Ésta es la crítica que se proyecta sobre una teoría y una experiencia. ¿Para qué? Para proponer, a la postre, una filosofía pública poco contradictoria con la que años atrás había sustentado J. V. González. No es de extrañar, entonces, que una manifestación de optimismo acerca de la inmejorable posición de una Argentina instruida e igualitaria, impregne el plan de la reforma electoral.

> "¿Queremos decir que el pueblo argentino no tiene la educación ni la capacidad ni las condiciones económicas necesarias para ejercer con entereza sus derechos electorales? ... Puede decirse que, no como desheredados, sino en la condición de hombres que viven de un trabajo diario; es decir, lo que se llama jornaleros, no tenemos sino el treinta y dos por ciento, todo lo demás es gente que ocupa condiciones que demuestran estar bien. El sesenta por ciento de los ciudadanos goza de una posición económica desahogada. En cuanto a la educación, lo que se puede decir es lo siguiente: el analfabetismo en la masa del pueblo argentino, no llega al treinta por ciento. Un pueblo, señor presidente, en que el analfabetismo no llega al treinta por ciento, en que las condiciones cómodas de la vida son disfrutadas por el sesenta por ciento de la población, ¿es un país que no está en condiciones de ejercer los derechos de soberanía? ¡No, señor presidente!"[42]

Visión de una sociedad que se apresta a engarzar el último eslabón de una larga carrera hacia el progreso: ¿no es éste el servicio que le cabe realizar a un Congreso donde "se han formado las clases conservadoras del país" y en cuyo recinto ha residido "la voluntad, la energía para resistir a todos los embates de la anarquía, de la revolución, del desorden"?[43] ¿No es éste, en suma, un acto de previsión antes que un irreflexivo salto en el vacío?

Mismos interrogantes, similares respuestas de índole general. Pero cuando la traducción del argumento desciende al plano de los procedimientos prácticos, el plan estratégico del legislador tiene un trazado diferente. Esta vez no habrá sufragio uninominal, ni voto oral y voluntario, y la pureza del registro no dependerá del control que debería generarse dentro de la clase gobernante en su sector ilustrado y adinerado.

Para Indalecio Gómez el problema político básico que debía afrontar la reforma se resume en un juicio de reprobación moral: "Hay tres grandes males en el país desde el punto de vista electoral: la abstención de los ciudadanos, la maniobra fraudulenta en el comicio, la venalidad que hace perder la conciencia de ciudadano al elector. Y una cuarta dolencia constitucional, que es fuente, origen de todas las otras: que el pueblo no elige; quien elige es ese estado de cosas, ese mecanismo, esa máquina de que ya se ha hablado".[44]

Esta constelación de factores distorsionantes puede ser modificada merced a tres decisiones legislativas: la creación de un registro de empadronamiento *cualitativamente* diferente de los anteriores, la obligatoriedad y el secreto del voto; todo ello para dar con un procedimiento distante de la retórica del hombre excepcional que hace del coraje cívico un culto, y en todo caso más adecuado a la medida de un hombre común menos inclinado a la audacia o a la aspereza de un comportamiento heroico. ¿La supresión de la venalidad? Preguntará Gómez; no hay sino ésta: "Poner en manos del que se vende la facilidad de redimir su propia falta burlándose del comprador, dejando a éste en situación de no poder saber si el dinero que pagó por un voto tuvo o no el efecto que se propuso".[45]

El voto obligatorio previsto en el art. 6 del proyecto[46] está directamente vinculado con el padrón electoral elaborado sobre la base del Registro de Enrolamiento. Esta propuesta combina dos cosas: la sanción penal para quien no votase, salvo excepciones, y la presencia de un *control externo* sobre el tradicional registro. Este control lo realiza el ministerio que convoca a los ciudadanos para el servicio militar obligatorio. Es, pues, el Ministerio de Guerra el que empadrona e imprime las listas de electores.[47] El carácter automático de la inscripción se engarza con una nueva instancia de control que se localiza fuera de la maquinaria electoral.

La originalidad del método dio lugar a encontradas posiciones, aun cuando el propósito que se perseguía no parece esconder otras finalidades. Se trataba de transferir un mecanismo de control, que permanecía en manos del aparato de los grupos intraoligárquicos, a la esfera burocrática del Estado la cual, por definición, se situaría por encima de la influencia secreta o manifiesta.[48]

Si a ello se añaden las meticulosas previsiones que registra el art. 41 del proyecto para asegurar el secreto del sufragio (una cartilla para cerrar puertas, tapiar ventanas y construir así, desde la expresión de la ley, la imagen de lo que será el cuarto oscuro), el plan legislativo propuesto por Gómez parece como si quisiera arrinconar en un círculo de sanciones, carente de fisuras y resquicios, a los viejos pervertidores de la sinceridad del voto.

Recién después, una vez construida esta plataforma que amalgama dos condiciones necesarias, la obligatoriedad y el secreto, el legislador emprenderá la defensa de un sistema de distribución de preferencias electorales.

La "ley Sáenz Peña" está adosada, en la tradición popular, al procedimiento de la lista incompleta. El sistema es curioso. Combina dos principios, la pluralidad y la proporcionalidad, con un mecanismo plurinominal, estableciendo *a priori* la representación que le corresponde a la minoría. Es, sin duda, un sistema mixto cuya calificación teórica varía según los constitucionalistas[49] que, en todo caso, se resume en un procedimiento básico: el ciudadano puede elegir varios candidatos de acuerdo con la regla plurinominal del sufragio de lista; éste nunca puede votar a todos los que hayan de ser elegidos, con lo cual se otorga desde el vamos una distribución proporcional para las minorías, y ganan aquellos candidatos que han alcanzado más número de votos en función del principio de la pluralidad.

En el proyecto de ley (art. 44), la proporcionalidad asignada a cada elector para la elección de diputados nacionales se establecía de este modo: "Cuando se trate de elegir uno o dos, cada elector no podrá dar válidamente su voto sino a un número igual de candidatos. Si se eligieran más de dos cada elector sólo podrá votar por las dos terceras partes del número a elegir en la elección ocurrente, y en caso de resultar una fracción de ese número, por un candidato más".[50] Quedó, pues, consagrada la regla de los dos tercios que se mantuvo en la ley definitiva.

Éste es, en síntesis, el procedimiento de la lista incompleta. ¿Regla definitiva o aproximación posible, dentro del marco constitucional argentino, al modelo más perfeccionado de la representación proporcional? Todo indica que se trata de una solución intermedia, de un ensayo preparatorio, como señala el mensaje del Poder Ejecutivo, entre, por una parte, los sistemas proporcionales más avanzados y, por la otra, el obstáculo impuesto por la cláusula ya citada del art. 42 de la Constitución. Por lo demás, Gómez no escatima palabras para manifestar sus preferencias: "Si aquí hubiera algún representante de la representación proporcional, que me dijera: 'Señor ministro, usted es un hombre atrasado, porque pudiendo adoptar el sistema de la representación proporcional, adopta el de la lista incompleta', realmente no sabría qué contestar".[51]

La lista incompleta es, entonces, el único medio constitucional posible para garantizar la representación de las minorías. Ahora bien: ¿sólo el argumento constitucional corta de cuajo las posibilidades de practicar la representación proporcional o, en su defecto, otra realidad marca con una señal de peligro la tarea legislativa y advierte que no se debe marchar a tientas en terreno desconocido? I. Gómez ya había avanzado sobre territorio inexplorado al proponer el voto secreto y obligatorio.[52] Esta vez, sin embargo, se introducen nuevos factores de complicación porque la experiencia política le señala al reformador una meta y una comprobación. El propósito de la reforma es *incorporar* al elector ausente del comicio a una activa vida pública; la realidad contemporánea extranjera y argentina demuestra que este proceso no es factible sin la presencia del *partido político*. El enunciado de este problema hace retroceder el diálogo hasta los mismos interrogantes que acuciaban a J. V. González: incorporación, sí, ¿pero dentro de qué límites y de acuerdo con qué tipo de organización partidaria?

Los argumentos de Indalecio Gómez oscilan entre la crítica moral y el reconocimiento histórico de la labor realizada por las clases conservadoras —ya hemos visto su temor ante una posible exclusión de la gente distinguida en el Congreso— durante medio siglo de vida institucional. El mal es el gobierno elector; el remedio, la incorporación de los partidos que no forman parte de "la máquina [que] da el producto de todas las diputaciones". Hagamos, pues, prosigue el razonamiento, que el viejo régimen genere sólo una parte de este sistema de representación y admitamos que la otra quede reservada a los nuevos partidos. He aquí, en escorzo, una distribución de porciones de poder en el parlamento cuyas líneas se perfilan con más rigor cuando I. Gómez las cuantifica mediante un ejemplo: "Cuando [los nuevos partidos] hayan producido esa parte y venga aquí, a esta Cámara, ese número de diputados, y cuando en la renovación siguiente venga del mismo origen otro número igual de diputados, esos *cuarenta* o *cincuenta* congresales que existirán en este recinto en 1914, yo digo señores, que imprimirán a esta Cámara un espíritu tan diverso... digo señores, que atraerán para esta Cámara tal simpatía de sentimiento público, que este Congreso no podrá jamás ser tocado, sin que el pueblo diga: ¡Soy yo mismo el que ha sido tocado!".[53]

Cuarenta diputados en 1914; quizás cincuenta. Veremos más adelante que el cálculo tiene un sentido muy preciso. La Cámara de Diputados, en efecto, se renovaba por mitades cada dos años. La totalidad de los ciento veinte miembros que la integraban cambiaba por consiguiente en un lapso de cuatro años. Aplíquese la regla de los dos tercios a este procedimiento de renovaciones parciales y se advertirá que en el ánimo del legislador la porción asignada a los nuevos partidos corresponde al tercio de la minoría y no a la franja más amplia de los setenta u ochenta representantes de la mayoría. I. Gómez dirá que "no se entra en política sino con una esperanza de triunfo", admitirá que "es necesario darle al ciudadano la previsión y la esperanza del éxito"[54] pero, a la postre, la cuestión fundamental del debate bien podría reducirse a una suerte de hipotética asignación de espacios de poder parlamentario, porque ¿cuál sería la franja de representación donde se localizaría la previsión de la victoria para los nuevos partidos?; ¿la que correspondía a los dos tercios mayoritarios, o la que se reservaba para el tercio minoritario?

Esta perspectiva atendía a conservar la representación tradicional. La hipótesis que hacían suya los reformadores traducía un firme convencimiento, no exento de oportunismo. La garantía del comicio sincero hacía las veces de un umbral de admisión lo suficientemente eficaz para favorecer una incorporación progresiva apta para que se manifestara una nueva oposición legal. El gobierno, en cambio, obra de la mayoría, no era objeto de preocupaciones semejantes.

Gómez arriba al mismo punto terminal de J. V. González. La ley electoral traza márgenes institucionales. Si dentro de sus límites no se generan nuevas fórmulas de organización política, el andamiaje jurídico carecerá de sentido. ¿De dónde arrancar, pues, esta fuerza asociativa aletargada por el fraude o la abstención? J. V. González había diseñado una estrategia que iba desde la periferia al centro: el núcleo representativo estaba en la pequeña circunscripción; desde allí se podrían trazar, después, nuevos vínculos asociativos a escala nacional. Gómez se sitúa en el extremo opuesto. La autoridad representativa no deriva de la dispersión de opiniones, propia de un procedimiento centrífugo como el de las circunscripciones, sino de un sistema electoral que conduzca a la "concentración de fuerzas"[55], sobre la base de pocos distritos electorales —las catorce provincias y la Capital—, con el propósito de alentar la formación de partidos nacionales y populares.

Ambos calificativos han recorrido un largo trecho de nuestra historia contemporánea. El modo como Gómez representa un partido nacional y popular responde a una descripción de lo existente y a un juicio de probabilidad. Gómez dibuja el perfil de los partidos históricos, que han controlado el gobierno nacional y el de las provincias, para llegar a la conclusión de que no constituyen partidos nacionales; son, más bien, retazos insertos en un régimen de control electoral, sometidos a la dependencia —local o nacional— de los gobiernos establecidos. El partido es casi una ficción, sin autonomía organizativa que le otorgue vida propia, agravada todavía por la práctica del sufragio uninominal.[56] ¿Quién puede religar este vínculo nacional maltrecho, este mosaico de dirigentes locales carentes de representatividad?: *la sinceridad electoral.* "...hay también quien piensa que nuestra historia parece demostrar que existe en el pueblo argentino una especie de incapacidad ingénita, de infecundidad para formar partidos. No lo creo, señores. Creo que entre nosotros no se han formado partidos o los que se formaron fueron de vida precaria, porque no se puso la simiente en terreno fecundo. Sembraron la simiente del partido en las antesalas de los gobernantes, que son de estéril ladrillo; no la plantaron en el terreno del comicio, que es campo fecundo y lleno de vida. Es en el comicio donde deben formarse los partidos; si no se han formado allí, es porque no ha habido libertad. Veremos si se forman o no. Yo digo que se formarán."[57]

Parece redundante advertir que, de acuerdo con esta manera de ver las cosas, el partido es resultado y no causa del comicio. Gómez considera al partido como un proyecto, como una entidad aún inexistente. Es el comicio la causa productora de esta nueva realidad; es la voluntad del legislador la que alienta los cambios. La ley no sólo homologa lo ya organizado fuera de las fronteras del antiguo régimen; también viene a trazar un itinerario sobre un territorio desierto y asume que todo está por crearse: partidos, líderes y movilización. La perspectiva elude un análisis de los partidos reales, que ya actuaban en la Argentina de aquel entonces —el radicalismo, el socialismo, la Liga del Sur— y apuesta, en cambio, a favor del desarrollo espontáneo de nuevas fuerzas políticas sin nombre todavía ni liderazgo que las encarne.

Por este motivo, el partido político no representa un papel preciso en el pensamiento de Gómez. No se percibe la intención de privilegiar alguna forma concreta de estructura partidaria que vaya más allá de los parámetros que él mismo se ha fijado: la organización nacional y el apoyo popular nacido de la reforma electoral. Esta actitud, que soslaya un análisis sociológico del papel desempeñado por los partidos ya organizados en el país, contrasta con la nueva interpretación de los hechos que propone Joaquín V. González diez años después, cuando enfrenta a I. Gómez en el debate legislativo.[58]

Gómez no se aparta del análisis ético-institucional. J. V. González, en cambio, se aferra a su línea argumental —la contradicción entre estructura institucional y fuerzas sociales— e incorpora a su campo de observación las nuevas realidades, nacionales y extranjeras, que se habían gestado durante la primera década del siglo. González no abandona sus viejas preferencias; persiste en su defensa del sufragio uninominal, pero esta vez vincula la bondad del sistema que propone con la realidad de los partidos de creación externa. Se congratula de que "el partido radical y el partido socialista se hayan organizado sobre bases tan rígidas y principios tan definidos"; reconoce en la Liga del Sur, el partido santafesino fundado por Lisandro de la Torre en 1908, una "agrupación robustísima, llena de vida y de impulso, que ha dado más de un ejemplo de energía a la República, ofreciendo acaso el método de formación de un gran partido"; se entusiasma con el éxito del socialismo en Alemania y "en esas grandes, novedosas y brillantes sociedades constituidas en el lejano Oriente como la República Australiana y la Nueva Zelandia".[59]

La hipótesis que esgrime J. V. González se adelanta a los tiempos. Si diez años antes había reconocido la utilidad del sistema uninominal para generar un reordenamiento partidario de los grupos gobernantes, esta vez advertirá que, cualquiera sea el procedimiento electoral que se ponga en práctica, la cohesión y la solidez de los partidos deriva de otras causas: "se realiza por obra de su propia educación, por el vigor de su organización o la vitalidad de su programas".[60] Más allá de un estilo, propio del lenguaje parlamentario, la definición de lo que es un partido político en el sentido contemporáneo del término está allí presente. La novedad para 1912 es que cuando J. V. González diagrama su visión de las cosas, busca inspiración en la realidad partidaria que en la Argentina y en el mundo se había gestado fuera del aparato gubernamental.

El debate entre J. V. González e I. Gómez se cierra sobre muchas afirmaciones y algunos silencios significativos. Los argumentos del primero vuelven una y otra vez sobre ciertas hipótesis básicas que se engarzan con las lecciones de la política comparada. I. Gómez, en cambio, presta menos atención a estas cosas. "No he buscado inspiración en los libros —advierte en la Cámara de Diputados—. He procedido de una manera práctica al presentar al excelentísimo señor presidente las ideas que adquirí respecto de los medios de remediar este mal."[61] ¿Estaríamos frente a una original creación, ante una de esas circunstancias en las cuales el legislador acierta con un método inédito? Joaquín V. González creía a pie juntillas en el sistema electoral que practicaban la mayoría de los países europeos. No hay en el pensamiento de Gómez rastros de similar preocupación. ¿Fueron, entonces, la lista incompleta y el voto obligatorio instrumentos típicamente argentinos? Sin duda que no —ya lo hemos visto— en lo referente a la obligación de ejercer el sufragio. ¿Qué decir, no obstante, de la lista incompleta? Pocos indicios electorales había en el mundo de las naciones centrales, con la excepción de su práctica en algunos estados norteamericanos y suizos y, antes, en los burgos británicos. Pero, curiosamente, en otra nación periférica, descuidada ya por *démodé* por muchos actores y espectadores de la clase ilustrada argentina, la combinación de ambos procedimientos —obligatoriedad y lista incompleta— constituía un rasgo importante de una reforma electoral promulgada cinco años atrás, en 1907. La nación era España; el Reformador: Antonio Maura.

En el debate parlamentario, I. Gómez hace referencia una sola vez, sin escatimar elogios, al papel renovador del voto obligatorio en España y hasta da cifras de participación para justificar su aserto.[62] Después guarda silencio excepto en un momento en el Senado, cuando entabla un jugoso diálogo con Benito Villanueva. Antes, Joaquín V. González y otros diputados nacionales habían llamado la atención sobre la fuente española.[63] Pero, sin lugar a dudas, quien con más vigor enrostra a Gómez esa inspiración, junto con Luis Agote, es B. Villanueva.[64] Durante el intercambio de opiniones, Gómez se hace eco del reproche y afirma que en España lo mismo que en Alemania (país que despertaba la admiración de Villanueva) todos los partidos están representados en las Cortes por la acción de la lista incompleta. Villanueva lo interrumpe: "En España —discurre— no hay tantos partidos como en Alemania; son tres o cuatro que están representados por un sistema del encastillado, es decir, que el ministro del Interior hace arreglos...". Gómez corta de cuajo la descripción: "Ésa es —dice— historia antigua".[65]

No es tarea sencilla inducir alguna hipótesis explicativa de esta parcela del debate. Más cuando Hipólito Yrigoyen, al recordar una conversación privada con Roque Sáenz Peña, afirma que le aconsejó al presidente electo aplicar la lista incompleta tal como, en su oportunidad, se la practicó en Gran Bretaña.[66] Hay, pues, fuentes alternativas. De todos modos, es posible reconstruir alguna conexión de sentido entre el reformismo conservador argentino y el regeneracionismo español, también de estirpe conservadora, para echar alguna luz que mejor perfile el propósito y los límites de una empresa de democratización realizada por quienes controlan el poder.

Antonio Maura fue uno de los grandes protagonistas de la España política de principios de siglo. A él le correspondió, junto con otros, enhebrar la trama del movimiento regeneracionista que nace de la derrota de la guerra de Cuba, en 1898. Según R. Carr, "la historia política del período 1898-1923 puede considerarse como un intento prolongado por redimir el sistema parlamentario".[67] En 1906, Maura pugnaba por reconciliar las masas populares con la verdad del sufragio. "Delante de eso —afirmaba—, temerario había de ser quien creyera que podía proteger los intereses permanentes de las derechas con los recursos gubernamentales o con (...) la falsificación electoral."[68] El 8 de agosto de 1907, Maura hizo consagrar una ley para elección de diputados a Cortes, provinciales y concejales sobre la base del sufragio de varones de más de veinticinco años y el voto obligatorio (art. 2). La lista incompleta quedó consignada en el art. 21; allí se establecía lo mismo dispuesto por una ley anterior, dictada en 1890: "En los distritos en que deba elegirse un diputado, cada elector no podrá dar válidamente su voto más que a una persona; cuando se elijan más de uno, hasta cuatro, tendrá derecho a votar a uno menos del número de los que hayan de elegirse, a dos menos si se eligieran más de cuatro y a tres si se eligieran más de ocho".[69] Es evidente la similitud en la redacción de este artículo con el que originariamente figuraba en el proyecto de nuestra ley de reforma electoral. La política de Maura no se agotaba, por cierto, en el voto obligatorio y la lista incompleta, pues también daba curso a una reforma del gobierno municipal mediante la inserción en el sistema de representación clásica del sufragio corporativo. Pese a la importancia de este capítulo, es menester orientar el centro de interés hacia otro campo, en principio más fecundo para el análisis comparativo.

Desde territorios distantes, Maura y Gómez perseguían una finalidad semejante. Puede que entre el mallorquino de humilde origen y el aristocrático salteño existiese poca o ninguna comunicación. Pero ambos aparecen ligados por convicciones que la perspectiva, favorecida por la distancia de los acontecimientos, no hace más que acentuar. Católicos de rigurosa observancia moral, sentían una natural repugnancia por la falsedad, la ausencia de actitudes sinceras, la falta de correspondencia entre doctrina y práctica, lenguaje y realidad. Esta ética conservadora —audaz en el proyecto político, estratégica en su concreta instrumentación, prudente en el programa social de apoyo que lo acompaña— puede ser vista como una complicada operación que procura reconciliar un hecho inevitable de democratización con un puñado de valores cuyo predominio es menester conservar y hasta acrecentar. Es posible que esta serie de actos pueda sintetizarse en una fórmula de sencilla expresión y difícil realización: dada la presencia del principio democrático, encarnado en un pueblo cuyas expectativas de participación aumentan, hagamos de suerte que ese proceso legitime a las clases tradicionales renovadas por nuevos comportamientos sin caudillos ni pervertidores de la verdad electoral.

El problema que se les plantea a conservadores como A. Maura, I. Gómez o R. Sáenz Peña estriba en cómo trazar ese camino de legitimación bajo el supuesto que tamaña empresa exige combinar viejos sedimentos oligárquicos (y esto vale para el campo del pesimismo) con una confianza casi dogmática en la capacidad del ciudadano para cambiar espontáneamente gracias al sufragio obligatorio y al sistema de distribución de preferencias adoptado (y esto vale, naturalmente, para el campo del optimismo).[70] De aquí a consagrar el sagrado valor de la *ley* como instrumento de cambio, hay un trecho muy corto. Este optimismo obedece a fuentes ideológicas de diferente origen. Pero, en todo caso, parte de un principio teórico que hace excesivo hincapié en la autonomía de la esfera política como factor de estorbo o de progreso. El mal, dirán estos conservadores de uno y otro lado del Atlántico, no está en la sociedad sino en la política: removamos los factores que impiden una reacción espontánea en nuestro pueblo, manipulado por el caudillismo oligárquico, y tendremos un efecto renovador merced al cambio de composición del aparato gubernamental. El cambio es obra de la voluntad del legislador, que barre con la falsedad electoral opresora del cuerpo sano de la sociedad, más que resultado de la acción de fuerzas sociales en trance de incorporarse —o rechazar— al sistema de poder vigente.[71]

He aquí el meollo del argumento de un corto capítulo que los conservadores argentinos —reformistas o no— conjugarán durante cuatro años, entre 1912 y 1916. Lanzado el proceso de democratización fue necesario adaptarse a una nueva lógica y a ciertas reglas desconocidas, aun para aquellos que las habían gestado desde los reductos legislativos. Un proceso, por cierto, acotado mediante un plan estratégico que, para muchos, hacía figura de salto en el vacío.

NOTAS

1. Ver Douglas Rae, *The Political Consequences of Electoral Laws*, Yale University Press, 1967. Este párrafo y el siguiente traducen con ligeras modificaciones el marco conceptual de este excelente estudio.

2. Ver Mario Justo López, *Introducción a los Estudios Políticos*, vol. 2, Formas y Fuerzas Políticas, Bs. As., Kapelusz, 1971, p. 387.

3. Ver Raymond Fusilier, *Les Monarchies Parlamentaires*, Paris, Les Editions Ouvrières, 1960, p. 84 y Stein Rokkan, "Electoral Systems"; en *International Encyclopedia of the Social Sciences*, ed. por D. L. Sillis. The MacMillan Company & The Free Press, 1968, vol. 5, "Election", p. 8 y s.

4. Ver M. Duverger, *Institutions Politiques et Droit Constitutionnel*, p. 114, y C. J. Friedrich, *Organización Constitucional,* México, Fondo de Cultura Ecomómica, cap. XV.

5. Ver S. Rokkan, "Electoral Systems, p. 12, M. Duverger, *Institutions Politiques...*, p. 106 y G. Maranin, *L'Italie*, Paris, Librairie de Droit et de Jurisprudence, 1961, p. 132 y s.

6. Ver M. Prelot, *Institutions Politiques et Droit Constitutionnel*, Paris, Dalloz, 1961, p. 467.

7. Ver S. Rokkan, "Electoral Systems", p. 10.

8. J. V. González, Discurso en la Cámara de Diputados. Sesión en general del proyecto, sesión del 27 de noviembre de 1902 en J. V. González, *La reforma electoral argentina,* Buenos Aires, Imprenda Didot, 1902, p. 138.

9. J. V. González, Discurso en la Cámara de Diputados, Sesión del 22 de octubre de 1902 en J. V. González, *idem*, p. 21.

10. J. V. González, Discurso en la sesión del 22-X-1902, en J. V. González, *idem*, p. 39 y s.

11. J. V. González, Discurso en la sesión del 22-X-1902, en J. V. González, *idem*, p. 22.

12. J. V. González, Discurso en la sesión del 22-X-1902 en J. V. González, *idem*, p. 37.

13. J. V. González, Discurso en la sesión del 22-X-1902, en J. V. González, *idem*, p. 45.

14. J. V. González, Discurso en la sesión del 22-X-1902 y Mensaje del Poder Ejecutivo del 27 de agosto de 1902, en J. V. González, *idem*, pp. 48 y 148 respectivamente.

15. J. V. González, Discurso en la sesión del 22-X-1902 en J. V. González, *idem*, p. 46.

16. J. V. González, Discurso en la sesión del 22-X-1902 en J. V. González, *idem*, p. 48.

17. J. V. González, Discurso en la sesión del 22-X-1902 en J. V. González, *idem*, p. 134 y s.

18. Mensaje del Poder Ejecutivo del 27-8-1902 en J. V. González, *idem*, p. 162.

19. Mensaje del Poder Ejecutivo del 27-8-1902 en J. V. González, *idem*, p. 164.

20. Mensaje del Poder Ejecutivo del 27-8-1902 en J. V. González, *idem*, p. 150.

21. Ver Harold J. Laski, *A Grammar of Politics*, London, George Allen and Unwin Ltd., 1967, p. 318. La primera edición de esta obra de Laski es de junio de 1925.

22. J. V. González, Discurso en la sesión del 22-X-1902 en J. V. González, *La reforma electoral argentina*, pp. 56 y 25.

23. J. V. González, Discurso en la sesión del 22-X-1902 en J. V. González, *idem*, p. 97.

24. Discursos del 22-X-1902 y del 27-XI-1902 en J. V. González, *idem*, pp. 62, 98, 131, 133 y 136 respectivamente.

25. Mensaje del Poder Ejecutivo del 27-8-1902 en J. V. González, *idem*, p. 156.

26. Mensaje del Poder Ejecutivo del 27-8-1902 en J. V. González, *idem*, p. 156.

27. Ver M. Duverger, *Los partidos políticos*, México-Bs. As., Fondo de Cultura Económica, 1957, Introducción: El origen de los partidos. En el

mismo sentido consultar también J. La Palombara & M. Weiner, "The Origen and Development of Political Parties", en *Political Parties and Political Development*, ed. por J. La Palombara & M. Weiner, New Jersey, Princeton University Press, 1966, p. 9 y ss.

28. A modo de ejemplo conviene recordar que, hacia 1911, R. Michels escribía su estudio sobre las tendencias oligárquicas de la democracia moderna: un examen sociológico del comportamiento de los partidos socialistas en Alemania y en otros países, que seleccionaba, como centro de interés del análisis, el papel que desempeñaba la organización partidaria. Más allá de sus conclusiones, que no nos toca examinar aquí, parece innecesario subrayar que las evidencias empíricas del estudio corresponden al período que se extiende entre el fin del siglo y los comienzos del actual. Conf. M. Michels, *Los partidos políticos*, Bs. As. Amorrortu, 1969, 2 vols.

29. J. V. González., Discurso en la sesión del 27-XI1-902 en J. V. González, *La reforma electoral argentina*, p. 92.

30. Esta noción acerca del partido de notables con arraigo local fue expuesta en un estilo nada ambiguo por el miembro informante del proyecto en la Cámara de Diputados, Mariano de Vedia, el 13-X-1902: "Las Cámaras han de contar, en todo tiempo, con el concurso de los hombres notables, de los consulares de la República. Ese concurso no les ha de faltar; lo han de tener en la medida en que estos hombres lleguen a todos los parlamentos del mundo, que no son Congresos de sabios ni areópagos científicos sin embargo de requerir y obtener siempre el concurso de las cabezas superiores de su tiempo; pero esos hombres notables, esos consulares, en vez de ser muchas veces la obra de esfuerzos dialécticos y de mayorías artificiales de los comités, serán los candidatos de sus convecinos que muy honrados se considerarán al aproximarse a levantar sus nombres como bandera de civilización y de progreso". Ver discurso del miembro informante en la Cámara de Diputados sesión del 15-X-1902 en J. V. González, *idem*, p. 296.

31. Se entiende que la palabra sistema se la utiliza en este momento en el sentido estricto de uso habitual en las ciencias sociales, como conjunto en el cual la diferentes partes que lo componen están integradas de tal suerte que una modificación o cambio en alguna de ellas implica la modificación —total o parcial— del mismo.

32. Discurso del miembro informante en la Cámara de Senadores, sesión del 20-XII-1902, en J. V. González, *La reforma electoral argentina*, p. 327.

33. "Sé que me dirá que /el voto secreto/ es para resguardar a algún ciudadano que no tiene bastante independencia política para resistir a las influencias que pesarán sobre él. Pero, no podemos trastocar toda una legislación para dar un escudo a la cobardía cívica, a un ciudadano excepcional, que no tiene el coraje de sacrificar sus intereses a sus ideas o sus ideas a sus intereses, y que necesite aparentar una cosa y realizar otra." Discurso del miembro

informante en la Cámara de Senadores, sesión del 20-XII-1902, en J. V. González, *idem*, p. 328.

34. En el proyecto de ley, el art. 84, inc. 1° y 2° establecía que "El voto es secreto e inviolable y toda tentativa para descubrirlo será calificada de fraude electoral y sujeta a la penalidad de esta ley". Este voto "será depositado personalmente por el elector, en boletines de papel blanco doblados en cuatro, impresos o manuscritos, sin ningún signo externo que pueda distinguirlo". La ley sancionada por el Congreso, en cambio, legisló sobre el voto oral de acuerdo con esta redacción (art. 73, inc. 1°). "Cada elector presentará al presidente de la mesa su partida cívica, y dará el nombre o nombres de las personas por quien vote, de viva voz, o por escrito, o en boletín impreso. El presidente hará inscribir el nombre de los electos en el registro, a continuación del nombre del elector, y pondrá en la partida cívica, la anotación *votó* y la fecha."

35. I. Gómez, Discurso en el Senado, sesión del 2-2-1912, en *Los Discursos de Indalecio Gómez, Estadista, Diplomático, Parlamentario*, vol. II, 379. "En la Capital Federal, en 1904, los sufragantes fueron diez y nueve mil doscientos cincuenta y dos y en 1910 treinta mil. En la provincia de Bs. As. no hubo sino treinta y dos mil cuatrocientos y en 1910 treinta y tres mil. En Santa Fe tan sólo nueve mil trescientos dieciocho sufragantes concurrieron a los comicios de 1904 en cuanto que en 1910 concurrieron dieciocho mil doscientos sesenta y uno." El lector debe contrastar estas cifras con C. Melo, *Los Partidos Políticas Argentinos*, p. 172, R. Cortés Conde, "Auge de la economía exportadora y vicisitudes del régimen conservador" en E. Gallo y R. Cortés Conde, *Historia Argentina, La república conservadora*, p. 206. Melo señala, en efecto, que en las elecciones del 6-3-1904 para senador votaron en la Capital 28.000 ciudadanos; Cortés Conde da la cifra de 16.256 personas. Para diputados, 13-3-1904, Melo da una participación de 19.952 ciudadanos. Ver también la crítica pertinente del senador B. Villanueva en el debate sobre la Ley Electoral. Gómez, en efecto, no distingue a qué elección se refiere. En 1904 se votó en la Capital Federal en tres oportunidades para senador, electores de presidente y vice y diputados nacionales. Gómez hace referencia a la elección de diputados sin advertir que, como se votaba por la mitad de las bancas correspondientes al distrito, intervinieron en el comicio 11 circunscripciones y no 20, es decir, la mitad de los inscriptos. Discurso de B. Villanueva, Senado, sesión del 3-2-1912, en Diario de sesiones, Cámara de Senadores, 1911, vol. 2, p. 332 y s.

36. I. Gómez, Discurso en la Cámara de Diputados, sesión del 24-11-1911, en Los *discursos...*, p. 555 y ss. Melo, por su parte, *Los Partidos...*, p. 172, confirma este juicio aunque señala triunfos de la oposición en sólo dos circunscripciones del interior, en las provincias de Salta y Tucumán.

37. I. Gómez, Discurso en la Cámara de Diputados, sesión del 24-11-1911, en Los *discursos...*, p. 350 y s.

38. I. Gómez, Discurso en la Cámara de Diputados, sesión del 14-11-1911, en *idem*, p. 352 y s., y 359.

39. I. Gómez, Discurso en la Cámara de Senadores, sesión del 2-2-1912, en *idem*, p. 380 y s.

40. I. Gómez, Discurso en la Cámara de Diputados, sesión del 24-11-1911, en *idem*, p. 354.

41. I Gómez, Discurso en la Cámara de Senadores, sesión del 2-2-1912, en *idem*, p. 382.

42. I. Gómez, Discurso en la Cámara de Diputados, sesión del 5-6-1911, en *idem*, p. 287.

43. I. Gómez, Discurso en la Cámara de Diputados, sesión del 8- 11-1911, en *idem*, p. 338.

44. I. Gómez, Discurso en la Cámara de Diputados, sesión del 8-11-1911, en *idem*, p. 340.

45. I. Gómez, Discurso en la Cámara de Diputados, sesión del 8- 11-1911, en *idem*, p. 340.

46. El art. 6 del proyecto fue aprobado sin modificaciones; dice así: "Todo elector tiene el deber de votar en cuantas elecciones nacionales fueren convocadas en su distrito". El art. 7 por su parte, establece dos excepciones: los electores mayores de setenta años y los jueces y auxiliares que por disposición de la ley deben asistir a sus oficinas y tenerlas abiertas durante las horas de la elección.

47. Según consta en el art. 1°, inc, 1° del Proyecto sobre Padrón Electoral.

48. El control externo sobre el Registro es equiparable al concepto de *autonomía del poder electoral,* tema muy en boga en la época (recuérdese la carta de Figueroa Alcorta a Ramón J. Cárcano —*Mis primeros ochenta años*, p. 305— en la cual el ex presidente reconoce que durante su mandato tuvo que inclinarse ante la opinión favorable hacia el padrón militar, pese a su posición contraria) que aparece expuesto y resumido en 1916 por Carlos A. Becú en *La elección presidencial*, Bs., As., Ed. La Época. Becú sostiene que "hemos tenido la suerte de adquirir sin transiciones, por una feliz adaptación, un sitio sobresaliente entre los países que han reconocido al electorado los derechos que le sirven de definición... La República Argentina ha logrado, desde 1912, la *autonomía del poder electoral, mediante la adopción de su padrón fundado en un registro ajeno a la política* y merced a la erección de magistraturas exclusivas, encargadas de preparar y presidir el acto, computar y juzgar los votos, y proclamar el resultado", p. 32 y s. (la bastardilla es nuestra).

49. García Pelayo lo denomina "empírico o no proporcional" (*Derecho Constitucional Comparado*, Madrid, Revista de Occidente, 1951, p. 170). A. Posada, que sigue en esto a Orlando, lo califica como sistema de voto limitado (*Tratado de Derecho Político*, Madrid, 1916, vol. II, p. 476 y s.).

50. Así describe I. Gómez el sistema: "Una provincia a la que le corres-

ponde elegir tres diputados, en esa provincia los electores no pueden votar sino por dos. El partido A da cinco mil votos a sus diputados A y B, y el partido B da cuatro mil votos a sus diputados C y D. A la provincia le corresponde elegir tres diputados, he dicho, y la pluralidad corresponde a A, B y C, y de esa manera la totalidad del distrito está representado por dos diputados de una de las listas y por un diputado de otra de las listas a *pluralidad de votos*". Discurso pronunciado en la Cámara de Senadores, sesión del 2-2-1912, en *Los Discursos...*, p. 394 y s.

51. Continúa Gómez: "la Constitución no nos permite hoy otro modo de dar representación a las minorías; no podemos hacer más dentro de nuestra facultad legal de lo que ella nos acuerda, y puesto que dentro de la interpretación de la Constitución no tenemos más medios de dar representación a la minoría —representación segura, representación garantida, no esa representación accidental, fortuita, esporádica, que puede resultar de la circunscripción— desde que no tenemos otro medio, aceptemos ése, usemos y empleemos ése". Discurso en la cámara de Diputados, sesión del 24-11-1911, *idem*, p. 367.

52. Tema central sobre el que volveremos más adelante. En el debate sobre enrolamiento, Gómez no esconde sus dudas acerca de la realidad social y demográfica, aunque después, lo hemos visto, cubrirá con un manto de optimismo esta franca expresión de incertidumbre: "Señores diputados: ¿sabemos cuántos ciudadanos argentinos somos? ¿Quién puede darme la cifra exacta?... Cifras conjeturales; solamente cifras conjeturales. Quién dirá que somos menos de un millón; quién dirá que somos más de un millón. ¿Es posible, señores diputados, que en la República Argentina, país de inmigración, donde el elemento ciudadano tiene que afirmar y mantener las tradiciones y el carácter nacional, no sepamos cuántos ciudadanos somos, ni siquiera numéricamente?". Discurso en la Cámara de diputados sesión del 5-6-1911, *idem*, p. 284.

53. I. Gómez, Discurso en la Cámara de Diputados, sesión del 8-XI-1911, *idem*, p. 342.

54. I. Gómez, *idem*, p. 342 y s.

55. I. Gómez, Discurso en la Cámara de Senadores, sesión del 2-2-1912, *idem*, p. 391.

56. I. Gómez, Discurso en la Cámara de Diputados, sesión del 24-XI-1911, *idem*, p. 351.

57. I. Gómez, Discurso en la Cámara de Diputados, sesión del 8-XI-1911, *idem*, p. 343.

58. Esta manera de ver las cosas puede inducir al lector a comprobar un propósito deliberado de escamotear problemas y realidades vigentes. Sin embargo, los argumentos que esgrimen los partidarios de la lista incompleta en la Cámara de Diputados (ver Diario de Sesiones, Cámara de Diputados, Año 1911, Tomo III, sesiones de Prórroga) responden en gran medida, a la ambi-

güedad que trasuntan las palabras de Gómez. Hay, sin duda, legisladores convencidos de que la lista incompleta es el sistema más apto para alentar la organización de los partidos políticos como A. Mujica (sesión, 10-11-1911, p. 277 y ss.), M. Montes de Oca (aunque favorable a la representación proporcional, sesión 24-11-1911, p. 324), J. López Mañan (sesión 10-11-1911, p. 190 y ss) y M. Peña (sesión, 15-11-1911, p. 209). Pero frente a esta tendencia se alza Ramón J. Cárcano, uno de los hombres más cercanos a Gómez y a Sáenz Peña, que defiende la idea de un régimen político que actuaría eficazmente sin partidos y sin gobierno de partido. El diputado cordobés aboga, en efecto, por un sistema permanente de coalición en el Congreso que conduzca a la "reconcentración de fuerzas" porque "los estados en su aplicación electiva y externa, serán fracción, grupo, partido o coalición, según la intensidad de las fuerzas de asociación y cohesión, móviles y dominantes" sesión 8-11-1911, p. 161).

59. J. V. González, Discurso en la Cámara de Senadores, sesión del 2-2-1912, en Diario de Sesiones, Cámara de Senadores, 1911, vol. 2, p. 304 y ss.

60. J. V. González, *idem.*

61. I. Gómez, Discurso en la Cámara de Diputados, sesión del 8-XI-1911, en *Los discursos...*, p. 340.

62. Se pregunta Gómez: "El voto obligatorio ¿es realmente eficaz para este objeto? /se refiere a la abstención/. La experiencia de otros pueblos nos lo demuestra. España se encontraba antes del voto obligatorio con una abstención semejante a la nuestra, y después del voto obligatorio, las estadísticas muestran que un sesenta y setenta por ciento de ciudadanos concurren a los comicios". Interrumpe J. A. Roca (h): "¿Se ha derogado la ley, señor ministro?" Responde Gómez: "No le podría decir cuál es en este momento el estado de la cuestión en España. Entiendo que no". Cámara de Diputados, sesión del 29-XI-1911, *idem*, p. 2.71. Para un análisis de la participación electoral en España, aunque con datos incompletos para el período a que se refiere Gómez, consultar F. Murillo Ferrol, *Estudios de Sociología Política*, Madrid, Tecnos, 1963, pp. 69-76 y sobre todo el estudio de A. Posada, "El voto obligatorio" (*R.A.C.P.*, año 1, N° 10, p. 503 y ss.) donde el autor presenta un cuadro comparativo de la participación electoral en las elecciones españolas de 1905 y 1910 que recoge datos de 13 sobre 49 provincias. Posada estimaba que en España votaban entre el 70 y el 80 de los electores inscriptos. Este artículo se publicó el 12-7-1911. No es desacertado pensar que I. Gómez haya recurrido a esta fuente, pues los porcentajes que esgrime son similares.

63. J. V. González, Discurso en el Senado, sesión del 1-2-1912 en Diario de Sesiones, Cámara de Senadores, 1911, vol. 2, p. 295. En el debate en la Cámara de Diputados, muchos legisladores se hacen eco de las fuentes en que se inspira la lista incompleta. M. Avellaneda observa que se la practica en Uruguay, Brasil, Portugal y España (sesión, 6-11-1911 en Cámara de Diputa-

dos. Diario de Sesiones, p. 127). L. Ayarragaray apunta que la lista incompleta nace en España después de la restauración borbónica (sesión 10-11-1911, *idem*, p. 173). J. Costa y P. Lacasa confirman la observación de M. Avellaneda (sesiones, 17-11-1911 y 22-11-1911, *idem*, pp. 239 y 309 respectivamente). A. Mujica va más lejos y advierte que "...aunque pueda herirnos nuestro amor propio, es necesario confesar que en materia política nos parecemos más a España que a Inglaterra" (sesión, 20-11-1911, *idem*, p. 280).

64. Dice B. Villanueva: "El Señor Ministro decía que había estudiado de cerca todos los sistemas electorales durante su estadía en Europa y que se había decidido por la lista incompleta; pero el señor Ministro ha estado justamente en los países en que no podía estudiar la lista incompleta; otros sistemas, sí. Para estudiar la lista incompleta el señor Ministro tenía que haber ido a España, que es el único país en que ha estado en práctica últimamente la lista incompleta. De manera, pues, que el sistema de la lista incompleta no ha podido estudiarlo el señor Ministro en otra parte sino en España". Discurso en el Senado, sesión del 3-2-1912, en Diario de Sesiones, Cámara de Senadores, 1911, vol. 2, p. 337. Luis Agote, en cambio, trae a cuento un diálogo —real o fingido, tanto da— con un constitucionalista español que le relata su nostalgia del tiempo en que en España "...éramos mucho más felices porque no estábamos obligados a votar". Todo por culpa de una ley que "...tiene su origen en Maura, el jefe del partido conservador, que la estableció en tal forma que en España, desde ese día, hasta para morirse es necesario votar". (Sesión, 1-12-1912, en Diario de Sesiones, Cámara de Diputados, p. 521.)

65. Senado, Sesión del 3-2-1912, en *Los Discursos...*, p. 401. Villanueva habla de "encastillado". La palabra correcta es "encasillado". Error de imprenta o errada pronunciación del Senador, esta palabra, de uso frecuente en la España de aquel tiempo, describe según el Diccionario de la Academia, una lista de candidatos adeptos al gobierno, a quienes éste señalaba distrito para las elecciones de diputados.

66. Consultar al respecto el *Escrito de H. Yrigoyen a la Corte Suprema.* Dice Yrigoyen cuando recapitula su entrevista con R. Sáenz Peña: "Hícele presente entonces que no obstante ese raciocinio, creía que debía darse representación eleccionaria a las minorías, como una demostración de mayor cultura; buscando la mejor forma adaptable recordé que en Inglaterra, a través del tiempo, se había fijado las dos terceras partes para la mayoría y una tercera parte para la minoría lo que aceptó sin observación". Cit. por D. Cantón, *Elecciones y partidos políticos en la Argentina*, Bs. As., Siglo XXI, 1973, p. 96 y s. Es probable que Yrigoyen se haga eco de la ley electoral inglesa de 1867 a la que también se refiere I. Gómez en su defensa de la lista incompleta. Discurso en la Cámara de Diputados, sesión del 24-XI-1911, en *Los discursos...*, p. 362.

67. R. Carr, *España 1808-1939*, Barcelona. Ariel, 1968, p. 453.

68. A. Maura, D.S.C. 1941-1906, cit. por J. Romero Maura, Apéndice a la Sección 2° en R. Carr, *España...*, p. 468.

69. Cabe agregar que en España, como aquí, había distritos de tamaño diferente: uno de ocho diputados, uno de siete, uno de cinco, uno de cuatro, veintidós de tres y los demás de uno. Ver Enciclopedia Universal Ilustrada Europeo-Americana Espasa-Calpe, Tomo XXXV, Voz Minoría, p. 710. Consultar también, A. Posada, *El sufragio según las Teorías Filosóficas y las principales legislaciones*. Barcelona, Manuales Soler, sin fecha, p. 169. Por otra parte, el art. 29 de la ley autorizaba a proclamar diputados a todos aquellos que no tuvieran opositor en su distrito. En 1910 había 119 diputados en las Cortes por la aplicación de este artículo.

70. Problema que percibió Ortega pese a que sostuvo opiniones contradictorias sobre Maura en *Vieja y Nueva Política* (1914) y en *España invertebrada* (1921). A la muerte de Maura, en 1925, Ortega publicó en el diario *El Sol* una serie de artículos en los que rescata con más equilibrio lo esencial de la reforma. Allí apuntaba que la mayor preocupación de Maura consistía en promover los partidos en tanto "amplias agrupaciones organizadas y disciplinadas para la faena política. Pero estos partidos —proseguía— no se forman tampoco mágicamente. Es menester que millones de hombres se sientan forzados a intervenir de alguna manera en la vida pública; se interesen, se confíen, se apasionen, para poder extraer de ellos unos cientos de miles que se organicen en partidos vigorosos Fue éste el llamamiento a las masas neutras. Creyó que por un conjuro, con unas cuantas voces ungidas, iba la masa a dejar de serlo y tornarse potencia activa". *El Sol*, 19-XII-1925, en J. Ortega y Gasset, *Obras completas*, Tomo XI, Escritos Políticos II (1922-1933), Madrid, Revista de Occidente, 1969, p. 76 y s.

71. Ver en este mismo sentido las reflexiones de Adolfo Posada sobre el significado de la reforman "maurista" en *Evolución legislativa del régimen local en España. 1812-1909*. Madrid, 1910. Escribe Posada: "/la ley/ parece estimar que hay en nuestro pueblo, en la base, una naturaleza buena, un conjunto de energías dormidas, más bien, oprimidas y ahogadas por la acción férrea de una estructura sobrepuesta a modo de red, que impide todo movimiento: la red caciquil; parece estimar que, rota esa red, desbaratado el aparato de la oligarquía inmoral de caciques de todos los colores, aquellas energías resurgirán potentes, manifestándose lozanas y cambiando de un modo radical la orientación de la vida" (p. XIV).

IX

¿PLAN ESTRATÉGICO O SALTO EN EL VACÍO?

La ley de reforma electoral fue finalmente sancionada. El largo debate, pleno de perplejidades, no logró perfilar una real autonomía del Congreso, frente al Poder Ejecutivo. Roque Sáenz Peña e Indalecio Gómez presionaron sobre los legisladores de acuerdo con una pauta tradicional de predominio presidencial que se mantuvo pese a las eventuales oposiciones.[1] Día tras día, semana tras semana, los observadores computaban los votos que asegurarían el éxito.[2] Tarea, por cierto, a la cual no era ajena el diálogo insistente y la persuasión que se ejercía fuera del recinto donde tenían lugar los debates públicos. Aun así, había algunos que rompían ese recato, con un dejo de sorna reconocían lo inevitable o confiaban en la derrota del Poder Ejecutivo, después de un cuarto de siglo, en un proyecto de excepcional importancia.[3]

Nada torció la voluntad reformadora. No obstante, tras el convencimiento de la victoria, es posible diseñar el esbozo de un plan estratégico basado en el uso de todos los resguardos institucionales que el ordenamiento constitucional ponía a disposición de los reformistas. Resguardos institucionales, a los cuales I. Gómez ya había hecho referencia, que adquieren un significado más preciso a la luz del sistema de renovaciones parciales establecido por la Carta de 1853.

Los resguardos institucionales

Lo primero a tener presente es que la ley regulaba exclusivamente las elecciones de diputados nacionales, electores de presidente y vice, y electores de senadores para el distrito de la Capital. El Senado Nacional, que recogía la representación igualitaria de las 14 provincias quedaba, pues, fuera del circuito reformista; la Constitución, lo sabemos, imponía la elección indirecta por medio de las legislaturas provinciales. Éste fue, a ciencia cierta, el resguardo más efectivo porque las nuevas oposiciones sólo hicieron valer su peso electoral en el Senado, durante el período que transcurre entre 1912 y 1916, precisamente en aquel distrito donde no había legislatura y sí designación de electores de acuerdo con la ley nacional de elecciones. La Capital Federal eligió en 1912 a José C. Crotto por la Unión Cívica Radical y en 1913 a Enrique del Valle Iberlucea por el Partido Socialista. El resto del Senado, hasta 1916, permaneció bajo el control tradicional.

¿Qué ocurrió, en cambio, con el método de elección propuesto para los electores de presidente y para los diputados nacionales? Habíamos visto que en el proyecto de ley se establecía el sistema de la lista incompleta en el art. 44; pero lo curioso del caso es que allí el Poder Ejecutivo discriminaba el modo de elección para los diputados del procedimiento aplicable para designar los electores de presidente y vice. Mientras para los primeros se consagraba el principio de los dos tercios, la elección de electores conservaba el método tradicional, es decir, la lista completa. El texto del proyecto es claro al respecto y dice así: "En las elecciones de senadores por la Capital y de presidente y vicepresidente de la Nación cada elector primario votará por el número de electores calificados que corresponda al distrito".

La Comisión de Asuntos Constitucionales de la Cámara de Diputados celebró "innumerables sesiones" en presencia de I. Gómez, pero no elaboró un despacho en mayoría con respecto al sistema electoral[4]; se contentó con suprimir el art. 44, mientras J. Fonrouge, solo y en disidencia, insistió en la sanción del mismo. Como alternativa, N. Calvo y H. Varela presentaron un proyecto de sufragio uninominal por circunscripciones que, con ligeras variantes, reproducía la ley de 1902.

Al término del debate, en general se generó un complicado cambio de opiniones de carácter reglamentario que concluyó con un peculiar método de decisión: los diputados se pronunciaron a favor o en contra de la lista incompleta por votación nominal, lo que dio como resultado 49 votos afirmativos y 32 negativos.[5] No se votó, en rigor, por ningún despacho concreto. Posteriormente, Fonrouge introdujo un nuevo artículo, en reemplazo del anterior del proyecto, que extendía el procedimiento de la lista incompleta para la elección de los electores de presidente y vice. No hay ninguna razón expresada en público que avalara esta nueva redacción ni tampoco indicios que hagan suponer un cambio de estrategia.[6] Lo cierto es que la lista incompleta fue aprobada durante la discusión en particular, con el agregado de un cuadro donde se establecía taxativamente la proporción que cada ciudadano debía votar sobre el número total de diputados correspondiente a los diferentes distritos.[7]

Este primer intento de proponer un sistema mixto, que combinase dos procedimientos electorales, fue descartado. Las consecuencias de esta hipotética indecisión se verán más adelante. En todo caso los legisladores habían transpuesto un segundo resguardo institucional.

Otras defensas hacían referencia al carácter universal y obligatorio del sufragio. El sufragio calificado había sido apoyado por quienes respondieron a sendas encuestas propiciadas por R. Rivarola desde la *Revista Argentina de Ciencias Políticas* y por el diario *La Nación*. Rivarola marcaba su preocupación ante la insensibilidad del gobierno que no prestaba suficiente atención "a las opiniones desinteresadas de hombres en general sustraídos a los estímulos de la política [en quienes] ha predominado el dictamen de la calificación del voto como esencial para el mejoramiento de las costumbres electorales".[8]

Este clima exterior alertó en alguna medida a los legisladores. Fonrouge había explicado, previamente, cómo la ley no alentaba la participación de los analfabetos al eximirlos de la responsabilidad de incurrir en las sanciones pecuniarias aplicables a todo elector que, sin causa legítima, dejase de emitir su voto.[9] Pero cuando se discute el carácter universal del sufragio, fueron pocos los legisladores que manifestaron los riesgos de tal decisión, salvo alguna voz solitaria como la de D. Zambrano que obtuvo la adhesión de M. Avellaneda.[10]

Los temores se presentaron después, en otro momento del debate, y estuvieron a punto de hacer naufragar el proyecto reformista cuando la Cámara de Diputados desechó todos los artículos referidos al voto obligatorio por 34 a 32 votos. Es posible que haya sido ésta la sesión en la cual se esgrimieron los argumentos más contundentes a favor de un programa que reforzara los rasgos de prudencia de un conservadorismo electoral en exceso optimista. Así y todo, la voluntad del Ejecutivo se impuso luego de un traspié que no podía aceptar. Curiosamente, el Senado, donde se hizo más fuerte la resistencia a la lista incompleta, enmendó la plana a la cámara baja y por 13 votos contra 6 reimplantó todos los artículos atinentes al sufragio obligatorio. Por fin, esta tesitura prevaleció en Diputados y fue aceptada por una mayoría de 40 votos. El sufragio universal y obligatorio era ley definitiva de la Nación.

Ley definitiva que dejaba de lado sin precauciones evidentes los resguardos clásicos de uso habitual, en la Argentina y en el mundo, por el reformismo conservador de nuestro centenario. ¿Dónde encontrar la punta de una línea estratégica? ¿Cómo entender una conciencia reformista cuya transparencia no alentaba la búsqueda de segundas intenciones?

Volvamos a dos temas caros a I. Gómez: el optimismo de la victoria y el papel del tercio previsto en la lista incompleta en tanto *umbral de admisión* para las oposiciones en ciernes.

El modo como I. Gómez se representó la incorporación de las minorías a través del tercio, fue un presupuesto estratégico compartido por los legisladores favorables a la lista incompleta y por aquellos proclives al sistema tradicional o al sufragio uninominal. Todos parecen enlazados por un convencimiento que contagia los discursos y las palabras. Nadie dudaba que la mayoría pudiera recaer en algún sector no perteneciente a los grupos gobernantes, ni que la reforma electoral tuviera la virtualidad suficiente para modificar una relación de fuerzas —los dos tercios para "los viejos", el tercio restante para "los nuevos"— inscripta, según la opinión predominante, en la naturaleza de las cosas.

Algunos legisladores, como M. Avellaneda, no admitían,

siquiera, que una minoría fuera capaz de arrancarle una franja de legisladores al conservadorismo bonaerense mediante una artificial legislación: "Como miembro del partido conservador de la provincia de Buenos Aires —expresaba en la Cámara de Diputados— tampoco puedo consentir que en forma arbitraria, caprichosa, antojadiza, se venga a cercenarle una tercera parte de la representación que legítimamente le corresponde ante el Congreso".[11]

Otros, como J. Costa, J. López Mañan, J. M. Olmedo y J. A. Roca (h) coincidían en que I. Gómez "estableció ya que existen catorce oficialismos que se toman ellos los dos tercios"[12]; que, por lo tanto, "la parte ancha de la lista quedará en manos de los partidos gobernantes"[13]; o, en suma, concebían la lista incompleta como "una especie de división de condominio que atribuye a las situaciones que gobiernan la República la parte de la mayoría y a las oposiciones la parte de la minoría".[14]

He aquí definido, por la voz de los actores, el umbral de admisión. El tercio se constituía de este modo en un vehículo de incorporación de las viejas y nuevas oposiciones transfiguradas, para bien de la retórica parlamentaria, en minorías legítimas y participantes.

Por otra parte, el tercio de la lista incompleta no concordaba con la suma aritmética de diputados en el Congreso. Debía aplicarse en sucesivas renovaciones, por obra de la renovación por mitades de la Cámara de Diputados cada dos años, y se combinaba, por consiguiente, con la lista completa y en algunos casos con el sufragio uninominal por distritos. (Véase Cuadro N° 1.)

La cantidad de diputados correspondiente a cada distrito permite desglosar los diferentes sistemas electorales practicables en 1912, 1914 y 1916. Si la Cámara de Diputados se hubiera renovado en su totalidad, la lista incompleta habría sido un procedimiento aplicable en los quince distritos. La renovación parcial, en cambio, modificaba de raíz esta hipótesis. En rigor había tres conjuntos de distritos: uno, que incluía las provincias más populosas y la Capital, votaba de acuerdo con la lista incompleta; otro lo hacía con el método tradicional de la lista completa ya que, en ellos se sufragaba por dos representantes indivisos; en un tercer conjunto, en fin, el voto se emitía mediante una suerte de sufragio uninominal por distrito pues cada una de estas provincias elegía un solo diputado. En 1912 había siete distritos en el primer conjunto y cuatro en el segundo y en el tercero. En 1914 la distribución fue de ocho, cuatro y uno; en 1916, de siete y de cuatro en los dos restantes.

Cuadro Nº 1

Diputados que corresponden a cada renovación parcial por distrito*

Distrito	Total de Diputados	Renovaciones parciales 1912	1914	1916
Cap. Fed.	20	11	10	11
Bs. As.	28	14	13	15
Catamarca	3	1	2	1
Córdoba	11	7	3	8
Corrientes	7	3	5	4
Entre Ríos	9	2	8	1
Jujuy	2	1	2	1
La Rioja	2	1	no elige	2
Mendoza	4	1	3	1
Salta	4	2	2	2
San Juan	3	2	1	2
San Luis	3	3	no elige	3
Santa Fe	12	6	7	6
Sgo. del Estero	5	3	2	3
Tucumán	7	2	5	2
TOTAL	120	59	63	62

Fuentes: Memoria del Ministerio del Interior 1915-1916, T. 1. D. Cantón, "Materiales para el estudio de la sociología política en la Argentina", Bs. As., 1968. T. l.

* Se incluyen los diputados que se eligen para llenar vacantes y completar el período correspondiente.

Esta distribución dejaba en manos de la lista incompleta la clave del resultado electoral. Los distritos donde se la aplicaba reunían en total 47 diputados en 1912 (33 para la mayoría y 14 para la minoría); 54 en 1914 (39 y 15) y 50 en 1916 (35 y 15). Pero quedaba siempre un número de diputados de reserva, que oscilaba entre 12 y 9, por los cuales se sufragaba de acuerdo con métodos tradicionales en provincias que luego manifestarán una notable estabilidad con respecto al apoyo hacia las agrupaciones conservadoras. No nos adelantemos, sin embargo, a los resultados y emprendamos, antes de contrastar el proyecto con la realidad, una última exploración acerca de las predicciones electorales.

Las minorías tenían ya nombre y apellido: eran los nuevos partidos; nunca los grupos instalados en el poder. Los defensores del proyecto y sus opositores, coincidieron en este punto. Desplegado el mapa institucional sobre el cual se asentaba la estrategia, salvados sin excesiva atención algunos resguardos que hubieran merecido un interés más atento, los actores conservaron un optimismo persistente. Bertrand de Jouvenel asignaba hace algún tiempo al juicio político el carácter de un argumento que se anticipa a los acontecimientos.[15] Es una operación en su esencia diferente del procedimiento judicial donde el juez dictamina en función de antecedentes que ya son historia. En todo juicio político hay predicción o, por lo menos, conjetura: apuesta asentada sobre datos en mayor o menor medida convincentes que se extiende sobre un incierto futuro. ¿Cuál fue la dosis de incertidumbre que se injertó en las predicciones de los reformistas del centenario? Difícil saberlo pero, en todo caso, los testimonios anticipatorios estuvieron presentes y ninguno se apartó del paradigma trazado por Gómez.

Julio Costa, opositor decidido de la lista incompleta, tuvo el cuidado de realizar un análisis aritmético —cuadro y estadísticas a la mano— de las posibilidades con que contaban las minorías; admitió, sin tapujos, que el fracaso estaba a la vista: "Nunca llegarán, afirmó, a controlar el tercio aritmético".[16] Desde la bancada oficialista J. Fonrouge fue más preciso. Hacia el término del debate, el miembro informante de la Comisión de Asuntos Constitucionales calculaba que, una vez efectuadas las renovaciones parciales de 1912 y 1914, habría en la cámara baja alrededor de 32 diputados representando a las minorías[17]; predicción coincidente sin duda con su convencimiento, antes expresado, de que los únicos partidos actuantes eran los de oposición: ellos, por consiguiente, debían "propender a la formación de las grandes minorías".[18]

Juegos anticipatorios, cifras probables, confianza en los resultados. El debate se cerraba. Tres meses después el pueblo votaba.

La prueba electoral

En abril de 1912 tuvieron lugar las primeras elecciones legislativas, reguladas por la nueva ley, con la participación de radicales y socialistas. Roque Sáenz Peña había celebrado un año atrás el retorno a la legalidad del Partido Radical que "desde hace muchos años, nadie lo ignora, se ha conservado alejado de las urnas en actitud de protesta".[19]

Días antes del acto electoral, el presidente asumía el papel de consejero, como un magistrado distante que no tomaba parte en la contienda. Parecía convencido de muchas cosas: de la muerte de la venalidad, de "la elaboración intensa que venciendo tinieblas y abriendo horizontes, hase venido operando con la conscripción y con la escuela", de su irrevocable decisión de no tomar partido, del poder que había declinado "aspirando a gobernar y no a mandar". El defecto que su voluntad venía a subsanar mediante la ley, no radicaba "en que los partidos apoyen a los gobiernos, sino en que los gobiernos derroten a los partidos con los vastos elementos de la administración". Por eso, continuaba, "la representación no puede ser la expresión de los gobernadores, sino la de los partidos libremente manifestada". No hay en su mensaje lugar alguno para el escepticismo; todo parecía preparado para que las elecciones fuesen, por fin, el medio privilegiado para "la instrumentación de las ideas". En esta visión se resumía su consejo. Sáenz Peña no escatimó palabras para subrayar ese papel y escribió al término de su mensaje: "Quiera mi país escuchar la palabra y el consejo de su primer mandatario. Quiera votar".[20]

El 7 de abril votaron los argentinos mayores de dieciocho años alcanzando un nivel de participación electoral menos espectacular de lo que muchos suponían, al menos en lo que se refiere a la composición del Registro. En la Capital Federal, por ejemplo, los 70.255 inscriptos de 1910 aumentaron a 126.303 y los votos efectivos de 39.636 a 106.157. En este distrito, los partidos tradicionales buscaron adaptarse a la nueva ley electoral organizando lo que bien podrían denominarse "listas de apoyo". La clásica división histórica se expresó en las listas de la Unión Nacional y de la Unión Cívica; junto con ellas se presentaron 13 listas más, aparte de las correspondientes a la U.C.R. y al Partido Socialista; su función consistía en apoyar candidatos que figuraban en primer término, tanto en las listas de la Unión Cívica como en las de la Unión Nacional, a fin de acumular para ellos un contingente de votos suplementarios. Método curioso que indicaba cómo todavía los partidos rígidos y disciplinados no ocupaban la totalidad de la escena. Hasta el Partido Socialista dispuso de este sistema de apoyo personificado en la candidatura de Alfredo Palacios.[21]

La noche del comicio, antes de que se conocieran los resultados, los partidos tradicionales festejaron anticipadamente la victoria. Los testigos coinciden en sus recuerdos. Escribe N. Repetto:

> "[La elección] significó una derrota aplastante para los candidatos de la vieja oligarquía que esperaban confiados el triunfo y lo celebraron poco después de terminado el comicio atronando el aire con bombas de extraordinario poder. La oligarquía había computado como votos seguros, todos los emitidos por aquellos ciudadanos que antes de dirigirse al comicio habían pasado por el comité a recoger la boleta de voto, los diez pesos que se entregaban como precio de éste y a reclamar el vehículo que debía transportarlos a la respectiva mesa receptora."[22]

Más cáustico, Federico Pinedo recuerda el clima que imperaba en la casa de su padre, fiel sáenzpeñista y hombre de la Unión Nacional:

> "En la Capital el triunfo correspondió a los radicales, lo que resultó, para algunos, inesperado. Como una demostración de la sorpresa

que el hecho produjo entre las fuerzas tradicionales, puedo recordar el episodio bastante cómico de que la noche misma de las elecciones llegó a casa de mi padre un amigo personal de Don Benito Villanueva, viejo político que figuraba esa vez como candidato a senador de la 'Unión Nacional', trayendo de la dirección de ese partido un dato preciso: 'Benito le ha ganado a Beazley (candidato 'Cívico') por 10.000 votos'. La profecía, fundada en el cómputo de los votos pagados y que se suponía 'adquiridos' resultó más o menos exacta; pero lo que no se previó fue que radicales o socialistas, que no se consideraban rivales peligrosos, pudieran aventajar a 'nacionales' y 'cívicos'. Fue un resultado del voto secreto que ponía fin a la práctica de la compra directa de sufragios."[23]

Habían perdido. Pero apenas en dos distritos (la Capital y Santa Fe), aquellos, precisamente, donde de modo directo el presidente ejerció su autoridad. En el resto de las provincias los medios para garantizar el sufragio se limitaron al momento electoral, "y es esto muy poca cosa —anotaba un observador— como seguridad del voto libre de toda presión o influencia oficialista".[24] Los nuevos partidos que se presentaron fueron tres: la U.C.R., el Partido Socialista y la Liga del Sur. Los resultados no fueron amenazantes, lo cual permitió que se mantuvieran las predicciones de los legisladores, pese al desconcierto de los viejos caudillos de la Capital. Se incorporaron 15 diputados nuevos, una cifra que no se constituía en vigoroso desafío ante los 43 pertenecientes a las agrupaciones tradicionales.

Algo, sin embargo, había cambiado. El sistema de la compra de votos perdía su razón de ser en algunos distritos claves; la autonomía electoral del ciudadano, protegido por el secreto del cuarto oscuro, se abría camino y apoyaba a los recién llegados. Sáenz Peña reconoció el nuevo fenómeno que comenzaba a gestarse, insistió con los consejos dirigidos a sus viejos amigos y señaló algunas pautas interpretativas. "Lo que ha faltado a los partidos vencidos —dijo en el Mensaje al Congreso del 7 de junio de 1912— ... no es orientación, es disciplina; no es el rumbo, sino la organización [porque] la lucha en orden disperso no es táctica recomendable en la política." Signo de advertencia, discreto llamado de atención que, pese al rigor del análisis, no sugería preocupaciones mayores. El presidente trasuntaba la actitud de quien pisa sobre seguro y confirmaba "su confianza en el sentimiento conservador y reposado de la sociedad que me honro en presidir".[25]

Cuadro N° 2
Partidos tradicionales y partidos nuevos en las elecciones de 1912

		Partidos Nuevos		
Distrito	Partidos Tradicionales	U.C.R.	P.S.	L. del S.
Capital Federal *	1	7	2	-
Buenos Aires	14	-	-	-
Catamarca	1	-	-	-
Córdoba	7	-	-	-
Corrientes	3	-	-	-
Entre Ríos	1	1	-	-
Jujuy	1	-	-	-
La Rioja	1	-	-	-
Mendoza	1	-	-	
Salta	2	-	-	-
San Juan	2	-	-	-
San Luis	1	-	-	-
Santa Fe	1	4	-	1
Sgo. del Estero	3	-	-	-
Tucumán	2	-	-	-
TOTAL	43	12	2	1

*La Capital eligió 11 Diputados, pero 1 no se incorporó.
Fuente: Idem. Cuadro N° 1.

Mientras tanto los resultados en provincias, para elegir gobernadores y representantes en las legislaturas, no modificaron la tendencia favorable al conservadorismo. En 1912, el radicalismo disputó la batalla electoral en Salta, Córdoba y Tucumán. En las tres provincias fue derrotado por los candidatos conservadores Patrón Costas (Salta), Ramón J. Cárcano (Córdoba) y Ernesto Padilla (Tucumán).[26]

Estas elecciones en provincias son significativas por la percepción constatable en algunos dirigentes conservadores del contraste que se presentaba entre, por un lado, una estrategia de carácter local —típica del estilo político característico del antiguo régimen— y, por el otro, una estrategia nacional organizada en torno de un partido más amplio y de un liderazgo que desbordaba las fronteras de las provincias. Ramón J. Cárcano, reformista victorioso en Córdoba, no ocultaba su asombro ante la novedad:

> "Córdoba —recuerda en sus Memorias— es la primera provincia que elegirá su gobernador bajo la nueva ley... Hipólito Yrigoyen, caudillo nacional avasallador de extraordinarios resortes de influencia sobre los hombres, se traslada a Córdoba, encabeza y dirige personalmente su partido. Es también la primera vez que concurre al comicio con la seguridad de hallar libertad en las urnas. De todas las provincias acuden grupos radicales a colaborar en los trabajos electorales. Es un reclutamiento general, novedoso y sorpresivo. Puede crear una opinión artificial y transitoria y varía el verdadero sentimiento local. Disponen además de mucho dinero. Se han verificado colectas secretas en Buenos Aires y algunas provincias y reunido un caudal. Multiplican las donaciones, los trenes expresos, automóviles, comilonas y promesas fantásticas. La propaganda radical ofrece desde la primera hora un carácter nuevo. No se habla de candidato a gobernador. No se menciona en los discursos, carteles ni forma alguna de propaganda. No aparece para nada. Sólo existe un nombre y un hombre: Yrigoyen."[27]

Al año siguiente, los signos de preocupación no decrecieron. Las complicaciones se concentraron, una vez más, en la Capital Federal, donde en el mes de marzo tuvieron lugar dos elecciones complementarias para elegir un senador y tres diputados nacionales. Esta vez la victoria correspondió al Partido Socialista que obtuvo una votación cercana a los 50.000 sufragios aventajando holgadamente a la U.C.R. Eclipse, pues, de las agrupaciones tradicionales y ascenso vertiginoso de lo que en ese entonces podía ser visto como un partido de izquierda. No obstante, los desplantes de los derrotados, las dudas de los observadores y algún antecedente situado nueve años atrás, en la circunscripción de La Boca, permiten suponer un cambio de orientación en las filas conservadoras. Cuando desde el campo radical se interpretaron los resultados, la reacción fue contundente. El Senador Crotto sostuvo en la Cámara la tesis de una "siniestra conjura" entre socialistas y conservadores, a la que no era ajeno I. Gómez, para traspasar votos al partido de J. B. Justo y perjudicar al radicalismo.[28] Otros testigos, menos comprometidos, registraban la jactancia de los caudillos conservadores cuando éstos afirmaban haber prestado sus votos a los socialistas porque consideraban más temible al radicalismo, organizado en todo el país, que a sus ocasionales aliados cuya presencia sólo evocaba un limitado arraigo local.[29]

¿Resignación anticipada de quien elige el camino del mal menor? Admitamos la certeza de las presunciones: un año después de la promulgación de la ley, los confiados protagonistas comenzaban a percibir amenazas. Veían la Capital como un distrito que se perdía de modo definitivo y ante semejante hecho seleccionaban al enemigo principal. Había, pues, adversarios con cierto grado de peligrosidad, a los cuales convenía contrarrestar con estratagemas electorales.

No fue ése, por cierto, el espíritu que impregnó el último Mensaje al Congreso de Roque Sáenz Peña. Poco tienen que ver sus palabras con la imagen de un hombre que sufría amenazas no previstas. Según el presidente la Nación alcanzaba su plenitud: "Los ciudadanos votan, las rentas crecen sin mermas ni filtraciones, el comercio exterior marca cifras no alcanzadas en la historia de nuestra economía...". Introito necesario para hacer visible el contraste con las naciones más avanzadas y proyectar el ejemplo hacia fuera, ya que, en materia de participación electoral, el país se situaba "en igual rango que Francia, pero en puesto superior a Italia y España, a Suiza y a los Estados Unidos". El éxito estaba, pues, al alcance de la mano. ¿Para qué hacerse eco de las inquietudes que despertaba el triunfo de los partidos extremos en la Capital? "No todos los conservadores —proseguía Sáenz Peña— participan de las mismas aprensiones y yo debo deciros que tampoco las comparto. Desde luego se trata de partidos que operan dentro del orden y de la libertad, con sus doctrinas y con sus banderas, amparados por la constitución. Por el hecho de votar no son partidos revolucionarios... Desde antes de ocupar la presidencia yo vengo recomendando la formación de los partidos orgánicos e impersonales: han triunfado los primeros que acertaron con la disciplina partidaria."[30]

Éste sería su último mensaje al Congreso Nacional. Una enfermedad lo fue destruyendo desde el comienzo de su presidencia. Hacia el mes de septiembre de 1913, Sáenz Peña solicitó dos meses de licencia, la que se prorrogó hasta su muerte. Se extinguía su vida, mientras alentaba la reforma electoral, disponía cambios decorativos en la Casa Rosada, buscaba apartarse con ansiedad del estrecho límite del despacho oficial para tomar aire en Palermo, recogerse en alguna quinta de San Isidro o en una estancia de la provincia. Había gobernado como una suerte de monarca republicano, distante de las contiendas, cuya preocupación dominante fueron los problemas institucionales correlativa con la poca importancia concedida a la gestión cotidiana de los asuntos públicos. Estériles en la labor legislativa de fondo, poco ocupados, pese a las buenas intenciones, por la administración de las cosas, los sucesivos gabinetes acompañaron a un hombre que no pretendió ser el conductor de un gobierno, dispuesto a dar batalla para conservar el poder, sino el fundador de un nuevo régimen político. Sáenz Peña eligió ese camino convencido, quizá, que la reforma emprendida no modificaría de raíz los fundamentos del orden.

Casi no tuvo tiempo para desmenuzar otros resultados electorales. Los pedidos de licencia se repitieron ante un Senado que no le dispensó benevolencia ni comprensión. Muchos de sus viejos colegas lo observaron con acritud, como una figura macilenta incapacitada para afrontar la carga de la presidencia. Entre debates que poco evocaban el rigor de los que habían solicitado su atención dos años atrás, el Congreso rechazaba los pedidos de licencia y modificaba de inmediato su decisión. Durante aquellos meses comenzaba a gestarse un drástico cambio de enfoque en las filas oficialistas. Es probable que Sáenz Peña no alcanzara a percibirlos ni a entenderlos. Murió el 9 de agosto de 1914.[31]

Con él partía no sólo el optimismo de sus creencias sino, también, toda una época en la cual se arraigaron sobre suelo firme esas convicciones y a la que Sáenz Peña, como la clase dirigente argentina, prestó una voluntaria y tenaz solidaridad. En agosto de aquel año los ejércitos europeos se movilizaron y marcharon confiados a la guerra, cantando con flores en los fusiles como quien emprende una civilizada competencia deportiva. Luego vendrán las matanzas, la desolación de las trincheras y al término de las batallas la revolución que nacía entre los escombros de la derrota

Durante 1914, la Argentina política estaba atravesada, sin embargo, por preocupaciones menos apocalípticas. Al fin de cuentas la guerra recién comenzaba y se desarrollaba en un espacio geográfico todavía distante. En todo caso los temores que se hicieron carne en los meses de marzo y abril no mejoraron el clima de incertidumbre dentro del conservadorismo. Por segunda vez, después de sancionada la ley, los argentinos concurrieron a las urnas para renovar la Cámara de Diputados.

Los resultados acentuaron vigorosamente la tendencia que ya se insinuara en 1912. Los partidos nuevos obtuvieron la mayoría y la minoría en la Capital Federal y en Santa Fe; la mayoría en Entre Ríos, que por el procedimiento de las elecciones parciales elegía, esta vez, ocho diputados, y avanzaron vigorosamente sobre otras provincias, conquistando la minoría en Buenos Aires, Córdoba, Corrientes y Mendoza.[32]

Treinta diputados para los partidos nuevos; treinta y tres para las agrupaciones tradicionales. La brecha se acortaba peligrosamente. La oposición comenzaba a desplegares desde el centro capitalino y santafecino hacia la periferia de las provincias. Mientras esta línea de fuerzas penetraba en todo el territorio nacional las predicciones demostraban una inconsistencia de más en más evidente. ¿Dónde quedaban los juegos aritméticos de 1911 frente a los datos de la realidad electoral?

Julio Costa había apostado, convencido de la incapacidad de las minorías para controlar el tercio. J. Fonrouge, más prudente, formulaba la cifra de treinta y dos legisladores opositores. En rigor la prueba de los hechos fue más contundente; lo suficiente para expurgar viejas ilusiones y descubrir nuevos fantasmas. La suma de los diputados obtenidos por los partidos

Cuadro N° 3
Partidos tradicionales y partidos nuevos en las elecciones de 1914

Distrito	Partidos Tradicionales	Partidos Nuevos		
		U.C.R.	P.S.	L. del S.
Capital Federal	-	3	7	-
Buenos Aires	9	4	-	-
Catamarca	2	-	-	-
Córdoba	2	1	-	-
Corrientes	4	1	-	-
Entre Ríos	2	6	-	-
Jujuy	2	-	-	-
La Rioja	No elige	-	-	-
Mendoza	2	1	-	-
Salta	2	-	-	-
San Juan	1	-	-	-
San Luis	No elige	-	-	-
Santa Fe	-	5	-	2
Sgo. del Estero	2	-	-	-
Tucumán	5	-	-	-
TOTAL	33	21	7	2

Fuente: Idem Cuadro N° 1.

nuevos entre 1912 y 1914, superaba con holgura las conjeturas, trepaba hacia el tercio aritmético y aun lo desbordaba sin mayores apremios: en total cuarenta y siete diputados nuevos, de los cuales treinta y tres pertenecían a la U.C.R., once al socialismo y tres a la Liga del Sur. ¿No había llegado el momento de abrir un nuevo acto con otros protagonistas dispuestos a presentar batalla desde el poder? ¿O acaso el desafío exigía algo todavía más complicado?: la adaptación a un escenario, la representación de un argumento, exacto en sus presupuestos teóricos, aunque incierto en la manera de asumirlos por ignorancia y ausencia de tradición. Como suele ocurrir en política, el tiempo cobraba una dimensión diferente; los plazos se acortaban, el ritmo de la contienda se aceleraba por obra de las disposiciones constitucionales y en el horizonte próximo se perfilaba la incógnita de la sucesión presidencial.

El partido político ausente

Había, pues, que avanzar durante dos años decisivos. ¿Cómo hacerlo? La lectura de los acontecimientos permite observar varios movimientos estratégicos que se entrecruzaron y dieron lugar a la indecisión o al conflicto dentro de las filas conservadoras. En gran medida, las respuestas que se ensayaron obedecían a la necesidad —ya expresada por muchos protagonistas— de cambiar y adecuarse al nuevo cuadro electoral. Difícil tarea a cuyo término los factores de resistencia y los sedimentos tradicionales terminarán por prevalecer, pese al convencimiento de muchos reformistas y al desarrollo de nuevos liderazgos que agotarán, en estrecho tramo, su pretensión de renovar comportamientos políticos.

En 1914, los nuevos partidos ganaban y volcaban su aparato organizativo a la competencia pacífica. Algunos se perfilaban como partidos nacionales; otros, como agrupaciones locales de fuerte disciplina. Pero más allá de su peculiar carácter, estos partidos ingresaban a la acción pública para poner en tela de juicio todo un sistema de mantenimiento oligárquico que no atinaba a ponerse en marcha.

Había, en rigor, en la sociedad un nuevo esquema de organización y reclutamiento, relativamente vinculado con la red de caudillos que sostenía el aparato tradicional y, a la vez, distante de los viejos propósitos y de los antiguos arreglos. Los nuevos partidos *mediaban,* entre el pueblo elector y el Estado, proponían liderazgos fuertes, abarcaban con su propia estructura la extensión del territorio, hacían presente su organización en ciudades o en provincias y aunque en muchos casos no hicieran del programa electoral una cuestión decisiva (el radicalismo, pese a ciertas corrientes internas, hizo del cumplimiento leal de la constitución su única bandera programática), los comités y los centros electorales, las convenciones y los congresos partidarios, emergían como centros de poder frente al régimen establecido.

La consecuencia de este movimiento que, por vez primera, veía cercana la posibilidad de controlar el orden institucional, era evidente: los nuevos partidos proponían un nuevo tipo de amalgama política, fusionaban los grupos regionales (en ciudades o provincias) en estructuras nacionales y en el caso del radicalismo avanzaban sobre estos rasgos de carácter organizativo, para condensar expectativas populares en un nuevo caudillo cuya presencia hacía presentir, en los hombres más lúcidos del reformismo conservador, la derrota o, por lo menos, el temor frente a un factor ignorado.

Se manifestaba un liderazgo popular; algo en su esencia distinto de la reivindicación de autoridad de los fundadores del régimen del 80, para quienes el problema del *orden* pasaba por encima de todos los argumentos. ¿Habían comprendido la lección los viejos grupos que durante más de treinta años edificaron ese orden nacional? En rigor, la práctica había sido exitosa. Allí estaba en pie el viejo sistema, mucho más sofisticado de lo que pueda sugerir una crítica superficial. En la base una red caciquil, adherida a los cargos de control electoral, que manipulaba el sufragio; más arriba, los cargos institucionales de provincia —gobernadores y legislaturas— que se imbricaban con las decisiones nacionales en ambas Cámaras, sobre todo en el Senado; en el vértice de esta jerarquía de rangos: el poder presidencial, desdoblado en su papel de gran elector, dispuesto a negociar el proceso sucesorio con los gobernadores cuya influencia dependía de la magnitud de los bloques de electores y, por lo tanto, de cada provincia. La intervención federal y el estado de sitio reforzaban, según circunstancias ordinarias o extraordinarias, las modalidades de esta fórmula de dominación nacional.

Sin embargo, aun cuando en las últimas décadas se había reforzado el predominio nacional, los viejos residuos federales permanecían en pie en todo aquello vinculado con el manejo del sufragio y con el control electoral. Todo esto acentuaba, al cabo, el perfil de las viejas agrupaciones conservadoras: fuerte arraigo local; organizaciones embrionarias y cambiantes que, a la postre, dependían de las posiciones de poder institucional; una suerte de federación jerárquica de bloques de electores bajo el amparo presidencial que concedía una franja de autonomía a los grupos provinciales en la medida en que éstos, *a posteriori,* fueran parte leal del sistema de negociaciones.[33]

Así, en 1914, el viejo orden no encontraba su rumbo tradicional, quizá porque faltaba el timonel. Roque Sáenz Peña había quebrado el ordenamiento en su nervio más sensible, ¿qué hacer sin un presidente a quien repugnaba el papel consagrado de gran elector? Antes de su muerte, el presidente había insistido en sus ideas básicas: el cambio era inevitable y convenía organizar partidos. Sus palabras no modificaban las preocupaciones de J. V. González y completaban, sin contradecirla, la teoría de I. Gómez que afincaba su optimismo en las respuestas espontáneas derivadas de la participación electoral obligatoria. Hasta ese momento, todo parecía dispuesto para abrir el último acto. Y, curiosamente, los actores apenas habían intervenido en los ensayos preliminares. Sáenz Peña había sido definitivamente reemplazado por Victorino de la Plaza. Indalecio Gómez dejaba el ministerio del Interior. Los gobernadores y los senadores permanecían en sus puestos, aferrados a la forma de comportamiento que desde siempre habían experimentado. La marcha electoral abría las puertas a nuevos liderazgos que, sin pertenecer al radicalismo o al socialismo, tampoco hacían causa común con la tradición oligárquica. Se diseñaba de este modo un cuadro de elementos condicionantes. Sólo faltaba poner en marcha una operación que reuniera en torno de ella las puntas de líneas tan diversas. Hacia el fin del año 1914, en un hotel de Buenos Aires, se fundó un nuevo partido político. Mientras tanto el presidente en ciernes cambiaba el estilo de sus mensajes, y sus palabras evocaban un concepto de la acción política bien alejado de la retórica sáenzpeñista.

Meses antes que Victorino de la Plaza asumiera la primera magistratura, el observador tiene la impresión de asistir a un retorno a las fuentes. En mayo de 1914, el vicepresidente en ejercicio se mostraba preocupado por el destino de los grupos conservadores y recomendaba "investigar si existe algo en la ley electoral que pueda haber motivado la disgregación o la desaparición de los partidos tradicionales [...] a alguna tendencia en sus cláusulas o en su espíritu que elimine la posibilidad de la subsistencia de aquéllos, o la de sustentar con éxito en las urnas la representación de sus elementos en las cámaras legislativas".[34] Un año después, ya presidente, exponía las mismas preocupaciones: "...por aventurado que parezca afirmarlo, no puede desconocerse que ese retraimiento [el de los partidos tradicionales] produce una innegable perturbación en el desarrollo de la contienda presidencial".[35]

El nuevo presidente se resistía a jugar un papel pasivo. Defendía una hipotética intervención en la lucha electoral con ejemplos a la mano (Estados Unidos e Inglaterra) y pese a entender, como justa y necesaria, la abstención "en cualquier sentido que pudiera influir en el ejercicio de la libertad individual", consideraba inconveniente confundir la prescindencia con la indiferencia.[36]

Tras estos mensajes se escondía una intención. De la Plaza parecía dispuesto a impulsar la formación de un partido conservador. Dentro de los límites estrechos del tiempo electoral, ésta parecía ser su idea más firme. ¿Pero de qué partido se trataba? Y sobre todo: ¿con qué propósitos de organización y de liderazgo? He aquí el meollo de un conflicto que atravesará el año 1915, alcanzará su pico hacia abril de 1916 y se prolongará hasta el momento en que se constituyeron las Juntas de Electores. Casi de manera simultánea se trazaron tres tipos de orientación con respecto a este crucial problema: los menos, permanecieron fieles al viejo estilo que prestaba exclusiva confianza a las agrupaciones provinciales; el núcleo mayoritario, en cambio, se escindió en dos concepciones antagónicas y mientras unos sostuvieron la necesidad de edificar un partido nuevo, con disciplina interna, perfil programático y liderazgo, otros prefirieron avanzar sobre un sendero intermedio a cuyo término visualizaban, sí, un partido nacional, pero dependiente de posiciones de poder ya adquiridas en las situaciones provinciales y, por ende, sometido a la intensa influencia de aquellos gobernadores que creían controlar los bloques de electores más importantes. Las orientaciones, a riesgo de caer en simplificaciones excesivas, se encarnaron en dirigentes que durante un largo año pugnaron por imponerse: ¿Por qué no evocar a través de hombres como Lisandro de la Torre y Marcelino Ugarte el duro trajín que aparejó el choque entre la renovación y la tradición?

Hacia fines de 1914 se constituyó en Buenos Aires el Partido Demócrata Progresista (P.D.P.). El partido nacía como una respuesta. Para unos significaba un acto negativo que intentaba bloquear el camino de la victoria a la Unión Cívica Radical.[37] Para otros, la Democracia Progresista tenía un propósito más ambicioso: reunir en torno suyo los trozos dispersos del antiguo régimen para reorientarlos de manera drástica hacia un reformismo cuyos orígenes había que rastrearlos más allá de las fronteras de la clase gobernante tradicional. Ésta fue la idea-fuerza de un hombre como Lisandro de la Torre y aun, habría que añadir, la ilusión presentida por Gómez y J. V. González, que formaron parte de la Junta Directiva Provisional del P.D.P.

De la Torre había recibido su bautismo político en el Parque y en Rosario, durante los años revolucionarios que transcurrieron entre el 90 y el 93. Radical de origen, su trayectoria se engarza con la figura de Leandro Alem, con una admiración nunca desmentida hacia Aristóbulo del Valle y un viejo encono con Hipólito Yrigoyen. De la Torre rompió con el líder radical cuando éste decidió abstenerse en las elecciones presidenciales de 1898; fue promotor apasionado de la política de las "paralelas" al lado de Bernardo de Irigoyen, R. Sáenz Peña e I. Gómez; más tarde se retiró de la actividad política. Poco tiempo atrás habían muerto Alem y Del Valle. De la Torre reaparecerá años después en la misma región donde hizo sus primeros pasos. Esta vez será para fundar una nueva agrupación, de carácter local, que le permitirá acceder a una banca legislativa en las elecciones nacionales de 1912. El nuevo partido llevaba por nombre la Liga del Sur.

La Liga puede ser vista como un movimiento de protesta del sur de la provincia de Santa Fe contra el predominio de la región norteña: un clivaje regional, casi arquetipo en la historiografía nacional, que fragmentaba la provincia en tres zonas políticas según fuese el mayor o menor predominio de los sectores medios y el impacto relativo de la inmigración masiva. El movimiento de protesta del sur de la provincia que, según E. Gallo, "concentraba el 62% del capital provincial, que estaba en el apogeo de su expansión sobre la base del sistema de arrendamiento y que contaba con un crecido aporte de inmigrantes extranjeros (39.7% de la población)", se traducía en un aparato político con fuerte apoyo electoral (en 1912 la Liga obtuvo en el sur de la provincia el 42.4% de los sufragios), que proponía nuevas reformas en el sistema institucional.[38]

En aquel momento De la Torre estaba subyugado por el gobierno local de los Estados Unidos; lector de Tocqueville, admirador de Sarmiento, ¿por qué no encontrar la raíz de los males argentinos en la centralización creciente que aquejaba a los gobiernos provinciales? La centralización —deducía— engendraba la oligarquía. La Liga del Sur respondía con un programa —presentado como petición de reformas ante la Legislatura de Santa Fe— que reclamaba el régimen comunal autónomo mediante la elección del intendente municipal, la concesión del voto a los extranjeros, el equilibrio de representación entre las distintas regiones, la calificación de los electores dentro de la categoría de contribuyentes, la supresión de los departamentos administrativos, el establecimiento de la policía local, la justicia de paz electiva, la incorporación del registro civil a las funciones municipales y la organización de consejos escolares electivos y autónomos en cada comuna.[39] Proyecto de reformas, pues, que se expresaba a través de un "partido de ideas y de libre discusión", que afirmaba "la existencia en Santa Fe de un pueblo, integrado y solidario, que desarrolla una complicada función económica, con órganos perfectos desde los de dirección técnica hasta los de obra manual".[40] Fuerte impronta ideológica que no desdeñaba los intereses económicos como substrato del apoyo político: De la Torre diagramaba un partido que trascendía el marco local, y tomaba como punto de referencia el sistema político nacional cuando, desde su banca de diputado, defendía un proyecto de régimen municipal en las provincias destinado a disminuir el poder de los gobernadores.

De la Torre carecía de apoyos tradicionales; era diputado por la minoría de la provincia de Santa Fe; no controlaba ninguna situación provincial y menos estaba en condiciones para manejar un bloque de electores. Desde este sitio, en sí mismo poco poderoso, De la Torre sostenía que la política debía canalizarse a través de una nueva estructura de mediación, de un partido autónomo con órganos propios, dispuesto a obtener consenso popular. La Liga del Sur podía ser, entonces, el medio apto para lograr ese objetivo: sólo bastaba ampliar su espacio de acción, nacionalizando su ideología y su programa. Un núcleo pequeño y vigoroso destinado a crecer a medida que conquistaba adhesiones en otros distritos.

Frente a este proyecto, la provincia de Buenos Aires representaba la contrapartida más clara. Allí también residía una pretensión de liderazgo: la de Marcelino Ugarte. La visión política de Ugarte había madurado sobre el suelo del viejo régimen. Conviene rastrear su origen a través del complicado sistema de sucesión que rigió en la provincia de Buenos Aires después de la crisis del 90. La inteligencia práctica de Carlos Pellegrini hizo jugar al conservadorismo autonomista un papel de bisagra que le permitió abrir los cargos ejecutivos a las dos facciones participantes de la Unión Cívica. Escindido el primitivo partido revolucionario entre mitristas y radicales moderados bajo la conducción de Bernardo de Irigoyen, Pellegrini colocó a su agrupación entre ambas márgenes y pactó acuerdos electorales con unos y otros. En 1894 apoyó a G. Udaondo (mitrista) y en 1898 desplazó sus preferencias hacia Bernardo de Irigoyen. El gobernador radical nombró a Marcelino Ugarte ministro de Hacienda. Entonces comenzó su carrera ascendente. Ugarte promovió los Partidos Unidos, una organización de control electoral construida sobre una red de caudillos provenientes del tronco radical bernardista y del autonomismo de Pellegrini; fue gobernador entre 1902 y 1906; jugó un rol decisivo en la Convención de Notables de 1904; prestó su adhesión a Quintana; influyó en la política nacional hasta que Figueroa Alcorta inició la tarea de desmantelar las posiciones roquistas, lo cual no fue óbice para que fuera electo senador al término de su mandato en 1906. Ugarte ocupará su banca durante casi ocho años, para retornar al cargo de gobernador de la provincia en 1914, pese a la opinión contraria de Sáenz Peña y Gómez, quienes, sin embargo, no intervinieron en el acto electoral.[41]

Ugarte fue el blanco preferido del reformismo moralizante del centenario. R. Rivarola describió a los Partidos

Unidos, o Conservador como se lo denominó más adelante, como "el nombre que se había dado a sí mismo el ejército de funcionarios y empleados públicos provinciales y municipales, que ejecutaban los designios del gobierno o de un jefe común para simular elecciones".[42] Contrafigura de la reparación moral, merecedor de la más cruda reprobación ética, Ugarte desafiaba a los reformadores plantado sobre los cimientos de una posición de poder construida pacientemente durante dos décadas y de una eficiencia nunca desmentida en el ejercicio del gobierno. Más aún, si esa posición de poder no engarzaba los resortes de un distrito de poca monta, sino que volcaba el peso de la provincia con el mayor número de representantes en la Cámara de Diputados y en el Colegio Electoral. Desde este poderoso distrito, Ugarte desplazará una estrategia que habrá de chocar con la que proclamaba Lisandro de la Torre: ambos pretendieron controlar un espacio de fuerzas mientras el tiempo imponía su ley y acortaba, sin remedio, los plazos electorales.

El Partido Demócrata Progresista nació gracias a la iniciativa de Mariano Demaría (padre), un viejo seguidor de Aristóbulo del Valle. Indalecio Gómez, Joaquín V. González, Lisandro de la Torre y Alejandro Carbó tuvieron a su cargo la redacción del primer manifiesto. Imposible mayores auspicios reformistas. Fueron invitadas todas las agrupaciones provinciales. El diario *La Nación*, contra lo sostenido por *La Prensa*, acompañaba la iniciativa y aconsejaba evitar postergaciones para definir cuanto antes la candidatura presidencial. Días después surgieron los primeros escollos: *La Nación* confesaba su desorientación porque el viejo partido mitrista, la Unión Cívica de G. Udaondo, expresaba su reticencia para incorporarse al nuevo partido.[43] Casi de manera simultánea, los conservadores de Buenos Aires eludían, también, un pronunciamiento definitivo. El 14 de diciembre de 1914 se designó la Junta Directiva Provisional integrada, entre otros, por De la Torre (presidente), C. Ibarguren, I. Gómez, N. Quirno Costa, Joaquín V. González, José M. Rosa, A. Carbó, Gral. José F. Uriburu, C. Rodríguez Larreta, Julio A. Roca (h), M. Demaría (padre), Brígido Terán y Benito Villanueva. La mesa directiva quedó en manos de De la Torre flanqueado por dos vicepresidentes: J. Ramón Vidal, senador por Corrientes y Carlos Ibarguren.[44] La pretendida amalgama de fuerzas de signo opuesto estaba ya presente en el triunvirato directivo.

El disenso se prolongará durante todo el año 1915. No fue, por cierto, un año halagüeño en la lucha por el control electoral de las provincias. El radicalismo había avanzado sobre Santa Fe y Entre Ríos. Ahora le llegaba el turno a Córdoba donde la fórmula radical integrada por Loza-Borda se impuso sobre el partido demócrata de Cárcano y Julio A. Roca (h) que, en la ocasión, llevaba como candidatos a Cafferata-Igarzábal.[45] Aquellos conflictos señalaban una ruptura del consenso que debía sostener la complicada tarea de fundar un partido: no había, en rigor, acuerdo programático, acuerdo con respecto a la organización, ni, lo cual es más grave, reconocimiento explícito de un liderazgo. Las marchas y contramarchas que tenían lugar en la democracia progresista se desplazaban entre el Congreso y la Convención partidaria, para hacer crisis en el momento decisivo de la designación de candidatos presidenciales.

Lisandro de la Torre amenazó con la renuncia a su banca cuando se negoció la candidatura de A. Carbó para presidir la Cámara de Diputados. Posteriormente, se constituyó un bloque parlamentario, presidido por J. Ramón Vidal, que cristalizó la división con respecto al partido. ¿Dónde estaba el poder: en la nueva organización o en las bancas ocupadas por los representantes de las situaciones provinciales? El interrogante acuciaba a los órganos de opinión, desconcertaba a los observadores, y favorecería, más adelante, el brumoso papel de los mediadores —tal por ejemplo, Julio A. Roca (h)— que, al pretender soldar dos campos distantes, concluyó con duros enfrentamientos personales.[46]

En rigor, el bloque parlamentario tenía la finalidad implícita de promover la candidatura presidencial de Ugarte, pese a la intervención de De la Plaza que impuso un doble veto para neutralizar, a la postre, las dos candidaturas emergentes —la de Ugarte y la de De la Torre— sin ofrecer, en cambio, ninguna fórmula de transacción.[47]

Hacia el fin del año, en vísperas de Navidad, el Partido Demócrata Progresista convocó a su Convención Nacional y eligió la fórmula Lisandro de la Torre-Benito Villanueva; ante la renuncia de este último a la candidatura de vicepresidente, la Convención nombró a A. Carbó. Cuando se proclamó la fórmula, Ugarte hizo llegar una nota del Partido Conservador en la cual reconocía que "la clausura de las negociaciones iniciadas por el Partido Demócrata Progresista para llegar a un acuerdo político, con el Partido Conservador, que permitiera resolver el problema presidencial, no ha sido óbice suficiente para que el último, decidido a agotar todos los medios tendientes a realizar el referido acuerdo, aventure un esfuerzo más en este sentido... Cuando el Dr. Roca —proseguía la nota—, en representación de los doctores Lisandro de la Torre, Benito Villanueva e Indalecio Gómez, propuso al Partido Conservador un acuerdo para concurrir a la lucha presidencial, sobre la base de las candidaturas de los doctores Bermejo o Drago, la dirección de este último contestó que prefería una solución de partido y que, por lo tanto, no debía pensarse en candidatos notoriamente vinculados a fuerzas tradicionalmente adversarias, de aquellas cuyo concurso se solicitaba". La nota concluía, sin embargo, con una propuesta: "Relacionados estos antecedentes que fijan y explican la actitud de los representantes del Partido Conservador y deseando dar una prueba más de nuestro sincero anhelo de llegar a un avenimiento, presento a la consideración de esa Convención Electoral, para el primer término de la fórmula presidencial, las candidaturas de los ciudadanos Ángel D. Rojas, Benito Villanueva, Valentín Virasoro, Luis Güemes, Adolfo E. Dávila, Joaquín V. González y Manuel M. de Iriondo. Cualquiera de estos nombres que fuese aceptado sería completado con un candidato a la Vicepresidencia, designado por la Convención del Partido Conservador".[48]

La nota trasuntaba actitudes que enlazaban una supuesta negociación. El núcleo fiel de la democracia progresista seguía adelante con una fórmula unificada; los bonaerenses ofrecían transacciones sobre la base de candidatos independientes, protegidos por el resguardo de un vicepresidente leal al bloque electoral de la provincia. La brecha entre uno y otro sector se ahondaba a medida que hombres como Villanueva abandonaban la democracia progresista.[49]

Acaso la división encubriera, tras los enfrentamientos personales y la intolerancia de los dirigentes, un conflicto más profundo que no sólo planteaba la disyuntiva partido moderno versus agrupaciones tradicionales, sino que tocaba muy de cerca dos visiones antagónicas de la realidad. La gente del bloque conservador obedecía a reglas de práctica política probadas a través del tiempo. Entendía la realidad como un reconocimiento progresivo: a tientas y por aproximaciones sucesivas, con la certeza de que no quedaba mucho inédito por descubrir. La política consistía en la reproducción cíclica de procedimientos probados. Los hombres llegados desde la Liga del Sur introdujeron en el campo de fuerzas una visión racionalista de la acción política, un programa ordenado, una anticipación de lo que debía ser para hacer así, más evidente, el contraste con el desorden establecido.

Racionalidad que no necesariamente suponía una mayor democratización en el sentido de la prioridad otorgada a los valores de igualdad. La Liga del Sur, por ejemplo, no adhería al principio del sufragio universal. Pero mientras en la provincia de Buenos Aires se proclamaba el sufragio universal y se lo negaba en los hechos, los hombres de Santa Fe querían reconciliar la realidad con el plan de reformas y proclamaban la virtud del voto censitario. Vale la pena recordar un capítulo de la "Petición de Reformas" de la Liga del Sur, donde se compara precisamente, uno y otro modelo de gobierno municipal: "El primer atributo del régimen que prestigiamos —advierte la Petición— es el de la policía comunal; en las municipalidades de Buenos Aires existe la policía de tipo militar, subordinada al poder ejecutivo. El segundo atributo de una municipalidad es el de encerrar un vecindario de pequeña extensión urbana o rural; en Buenos Aires, las municipalidades abarcan toda el área de los partidos que alcanzan, a menudo, a centenares de leguas cuadradas. El tercer atributo es el de la calificación de los electores dentro de la categoría de contribuyentes; en Buenos Aires, las municipalidades se eligen por sufragio universal".[50]

No es de extrañar, entonces, que la plataforma del P.D.P., publicada por *La Nación* el 11 de septiembre de 1915, reprodujera con fiel exactitud esta manera de comprender la política, adecuándola, claro está, a los imperativos de la ley Sáenz Peña. "Es curioso —subraya Cortés Conde— que dentro de una marea librecambista general, de la que no escapaban ni el socialismo proletario ni el radicalismo, la plataforma demócrata progresista fuera la única con un programa económico basado en la protección a la industria nacional, el desarrollo de la Marina Mercante y la organización del comercio de exportación bajo el control del Estado".[1]

Con este sustrato ideológico, De la Torre emprendió la campaña electoral. En los hechos fue la única. El bloque conservador aguardaba. Los socialistas cubrían una pequeña parcela del espacio nacional. Los radicales también esperaban con distintos propósitos: a Yrigoyen le bastaba una elección en provincias para que su presencia, junto con la de los candidatos radicales en Santa Fe, Córdoba, o Entre Ríos, marcara en el partido esa impronta nacional perseguida por los conservadores entre errores y equívocos. De la Torre justificó su candidatura en el teatro Coliseo el 27 de diciembre: "Los hechos han impuesto al partido la necesidad de proclamar una fórmula netamente partidista y la convención ha creído ver en mi persona un exponente de las tendencias democráticas que responden al estado actual de evolución política del pueblo argentino y que tienen el auspicio de la opinión pública".[52]

Dos meses después, en Córdoba, explicó el sentido de su origen político y criticó severamente la estrategia que expresaba la U.C.R.: "Los que fuimos radicales en 1890 y en 1893, los que asistimos con el corazón dolorido a la disolución del partido después de la muerte de Alem; los que negamos nuestro concurso varios años después a una silenciosa reorganización cuya finalidad efectiva era la revuelta; los que más adelante, desde 1912 hasta hoy, venimos sosteniendo que a pesar de los comicios victoriosos y del crecer incesante de los exitistas que forman bajo las flamantes banderas, eso no constituye un partido penetrado de principios democráticos, tenemos el derecho de señalar esta nueva decepción de la expectativa pública y partidista como la justificación de nuestra conducta y la prueba lapidaria de nuestros juicios. ¿Puede llamarse partido a aquel que elude la proclamación de sus candidatos o la realiza en las vísperas de las elecciones?".[53]

Por fin, en San Luis, De la Torre formuló la opción electoral: "La mala política personal y facciosa está vencida, señores, y el 2 de abril (1916) el pueblo hará efectiva su opción libre, entre los dos únicos partidos nacionales que disputan la presidencia de la república: el partido demócrata progresista... y el partido radical sin programa, sin candidatos, sin gobierno democrático y en estado de crisis".[54]

Pese al vigor de la proclama, el meollo del problema que rondaba a los demócratas progresistas tenía mucho que ver con la última afirmación: ¿era la agrupación que presidía De la Torre, un partido nacional, o bien, los desgarramientos internos habían recortado la figura del líder santafecino, predicador que marchaba con una, para él, incomprensible soledad?

La derrota

El 1° de enero de 1916, *La Prensa* sostenía en su página editorial que el P.D.P. había perturbado las fuerzas conservadoras y recordaba, de modo sugestivo, que como en el 90 "el partido situacionista defiende su posición contra la protesta cívica del parque, pero no con las armas sino en los comicios en donde mide sus fuerzas la revolución representada por el radicalismo pacífico".[55] Mientras De la Torre desarrollaba su campaña electoral y Marcelino Ugarte delegaba su cargo en el vicegobernador, Peralta Alvear, para dedicarse por entero a la batalla presidencial, el presidente De la Plaza hacía públicos llamados a favor del acuerdo y con pesadumbre observaba "una relativa languidez, inexplicable, en el ambiente político de la capital y de las provincias". ¿Acuerdo o diáspora?: el presidente podía condolerse de la falta "de calor y entusiasmo en el pueblo entero",[56] pero, mientras tanto, el centro de atracción de un partido nacional como la U.C.R., combinado con el conflicto conservador, generaba una fragmentación en las agrupaciones de provincias, algunos de cuyos caudillos presentían la derrota y buscaban el amparo radical.

Curioso fenómeno que acentuaba el desconcierto: hacia 1911, muchos radicales habían abandonado el tronco intransigente y actuaban en las agrupaciones conservadoras. Ahora se producía el movimiento inverso. La U.C.R. era foco de atracción y no de dispersión. En Mendoza, la división entre el Partido Popular y la Concentración Cívica que respondía a Emilio Civit, culminó con el apoyo de esta última al radicalismo. Las viejas agrupaciones cívicas del norte se volcaron también hacia el partido de Yrigoyen. En Córdoba, grupos locales como el partido democrático social de Río Cuarto se plegaron a la marea ascendente.[57] La incorporación venía madurando desde hacía casi tres años. Señala Félix Luna que "en Corrientes se le incorporaron entre 1914 y 1915, dos núcleos del Partido Liberal. A fines de 1913, un nutrido grupo autonomista que acaudillaba Juan P. Costa ingresó en la misma forma. En Santa Fe, el partido Constitucional se volcó al radicalismo en su mayor parte, antes de la elección de 1914... En Santiago del Estero se disuelve a fines de 1914 la 'Concentración Popular', cuyos elementos se trasladan en su mayoría al radicalismo. En la Capital Federal y en Buenos Aires, poco antes de 1916 se disolvió la Unión Cívica... esta medida fue propuesta por Honorio Pueyrredón y redundó en provecho del radicalismo, que atrajo a muchos cívicos con el tácito consentimiento de Udaondo, viejo pontífice de la agrupación. También en la Capital Federal dos pequeños grupos —el partido Constitucional y la Unión Demócrata Cristiana— apoyaron oficialmente al radicalismo en las elecciones presidenciales".[58]

Recién hacia el mes de marzo de 1916 el radicalismo dejaba de lado su mutismo y proclamaba la fórmula H. Irigoyen-Pelagio Luna. En el campo conservador, durante los meses previos al 2 de abril —fecha de la elección presidencial—, cobraba forma una teoría cuya verificación práctica consolidaría la derrota. Habíamos visto en capítulos anteriores que el papel de las Juntas de Electores no se correspondía con los atributos que le asignaba el texto constitucional. No existía autonomía de los electores durante la elección de segundo grado, sino, más bien, dependencia de los bloques de electores con respecto a los pactos previamente establecidos entre presidentes y gobernadores. Quebrado el acuerdo que hubo de sostener al P.D.P., los grupos conservadores hicieron acto de reserva, confiando que las elecciones primarias no decidirían por sí mismas la victoria o la derrota. Quedaba una segunda instancia que postergaba el último acto hasta el 12 de junio, momento en el cual debía constituirse el Colegio Electoral.

Sin embargo, días antes del 2 de abril, V. De la Plaza censuraba "la combinación tendiente a que la elección de electores se haga sin mandato imperativo... Pienso —agregaba— que jamás se propuso un procedimiento más incorrecto y poco leal para con la opinión pública [ya que] por medio de la elección sin mandato quedaría substituida la voluntad nacional por la de trescientas personas".[59]

¿Contradicción estratégica? ¿Restos de una ilusión que todavía alentaba esperanzas para un acuerdo de último momento? ¿O, acaso, postrer jugada para bloquear una hipotética mayoría en las Juntas y radicar, por vez primera en la historia nacional, la elección presidencial en el Congreso? No faltaban argumentos constitucionales para avalar esta última hipótesis, ni consideraciones prácticas frente a una Asamblea Legislativa que contaba con una abrumadora mayoría conservadora. Lo cierto es que el 2 de abril un número de ciudadanos, que en los distritos más importantes no superó el 9,1% de la población total y el 30,2% del conjunto de habitantes masculinos mayores de dieciocho años, concurrió a las urnas para elegir presidente y vice.[60]

Los resultados iniciales no fueron tan desalentadores. El radicalismo ganaba en la Capital Federal, Entre Ríos, Córdoba, Tucumán y Mendoza y obtenía la minoría en Buenos Aires, Corrientes, Santiago del Estero, San Juan, La Rioja, Catamarca, Salta y Jujuy. Éstas son las cifras que figuraban en la *Memoria del Ministerio del Interior.* En total: 127 electores. La misma *Memoria* consigna 64 electores para el P.D.P. distribuidos en Corrientes, San Luis, Catamarca y Salta (mayoría) y Santa Fe, Entre Ríos, Córdoba y Tucumán (minoría). Bajo el rótulo de "Conservadores" la *Memoria* registra 76 electores que correspondían a Buenos Aires, Santiago del Estero, San Juan, La Rioja y Jujuy (mayoría) y Mendoza y San Luis (minoría).[61] Por fin, las divisiones que aquejaban al radicalismo en Santa Fe, dieron el triunfo a los Radicales Disidentes que arrastraron consigo los 19 electores de la mayoría.[62] Los socialistas, por su parte, controlaron los 14 electores de la minoría de la Capital Federal.

El radicalismo no había alcanzado la mayoría de 151 electores, hasta que una sorpresa de último momento le permitió aumentar la distancia con respecto a sus seguidores. Dieciocho días después del 2 de abril, la Junta Electoral de Santiago del Estero comunicaba al Ministro del Interior que, contrariamente a lo registrado por los primeros cómputos, el radicalismo había superado a la Unión Democrática, inscripta bajo el rótulo de "Conservadores", por la exigua cifra de 12 votos (15.102 contra 15.090). Se trataba de una urna observada en la localidad de Díaspa, aprobada a último momento y que, naturalmente, despertó enconadas protestas desde las filas ugartistas.[63] Este cambio de último momento elevó el número de electores radicales a 133.

Faltaban exactamente 18 electores para que el radicalismo alcanzara la mayoría. Durante el mes de mayo, esta circunstancia alentó las últimas esperanzas para pactar fórmulas en el Colegio Electoral. Frente al bloque del radicalismo, quedaban cuatro sectores: los conservadores, los demócratas progresistas, los radicales disidentes y los socialistas. En teoría este conjunto representaba 167 electores de los cuales 78 estaban munidos del mandato expreso de votar por una fórmula (los demócratas progresistas y los socialistas) mientras los 89 restantes (conservadores y radicales disidentes) actuaban sin mandato imperativo.

Las tramitaciones recrudecieron. Tal como sugerían los primeros aprestos, los mediadores entre facciones dispersas pretendieron retrotraer el funcionamiento del Colegio Electoral hacia comportamientos y estilos que no condecían con la práctica del régimen presidencial en la Argentina. Nunca las Juntas de Electores habían obrado como recinto de negociaciones. Muchas décadas atrás esta circunstancia podía satisfacer las expectativas conservadoras de Hamilton o de Alberdi. Mas si hasta la Argentina oligárquica había desechado este procedimiento electoral: ¿cómo conducir en medio de una institución carente de autoridad, actos negociadores para reparar la imagen de un partido que no se logró fundar?[64] Apenas pretendían transar sobre alguna candidatura extrapartidaria poco más de la mitad de los electores divididos en campos heterogéneos. A su lado se alzaba, en cambio, un bloque homogéneo dispuesto a ratificar, por la mediación formal de un orden jurídico, la voluntad substantiva de una parte del electorado.

Los negociadores volvieron sobre personas cuyas cualidades ya habían sido juzgadas en reuniones y conciliábulos. Dirigentes que, sin pertenecer al campo conservador ni al bando demócrata progresista (allí estaban, para más datos, los nombres de Bermejo y Drago), pudieran recibir la adhesión de ambos contendientes. Aun así, subsistía la necesidad de atraer a los socialistas y, sobre todo, a los radicales disidentes. Por fin se le ofreció la candidatura a un dirigente de filiación radical —el doctor Uballes— con la esperanza de rozar, acaso, los fatídicos 151 electores. Las expectativas perduraron hasta la noche del 9 de junio, cuando la convención de los radicales disidentes de Santa Fe resolvió cortar de cuajo los cabildeos al pronunciarse, casi por unanimidad, a favor de la fórmula Hipólito Yrigoyen-Pelagio Luna.[65]

La decisión de los radicales disidentes otorgaba la mayoría a H. Yrigoyen. Faltaban horas para que se reuniera el Colegio Electoral. En las vísperas, las fuerzas conservadoras se reunieron en un teatro en la galería Güemes y dieron forma definitiva a la división que había madurado durante un largo año. El cónclave dio mandato a los electores que respondieran a esa tendencia de votar por Ángel D. Rojas para presidente y por Juan E. Serú para vice: dos hombres del país de Cuyo; uno sanjuanino, el otro mendocino, que no contaban con chance alguna en la elección de segundo grado. Este último acto sólo sirvió para medir la relación de fuerzas entre los bloques de electores. El P.D.P. sufrió una amputación de electores que retornaron al territorio de sus lealtades básicas. Tan sólo mantuvieron su fidelidad las mayorías de San Luis y Catamarca y las minorías de Tucumán y de Santa Fe: 28 electores de los cuales 20 sufragaron por De la Torre y 8 por A. Carbó. La fórmula Rojas-Serú obtuvo 104 votos. Hipólito Yrigoyen fue elegido presidente con una mayoría de 152 electores. Pese a todo, el viejo régimen terminaba sus días con la mesura impuesta por la disciplina institucional a la que eran tan afectos los reformadores. En aquel 12 de junio de 1916, las instituciones se constituían en mediadoras de un cambio político de insospechadas consecuencias. (Véase Cuadro N° 4.)

Después vendrán las explicaciones. De la Torre analizó la campaña y expuso los motivos que lo condujeron al fracaso, en sendas cartas dirigidas a M. Aldao, R. Patrón Costas y M. Demaría. El análisis no escatimó recriminaciones. Hasta la intervención de De la Plaza —escribía De la Torre— "hubo sinceridad, y afirmo que los hombres que dirigían los partidos provinciales estaban convencidos de la necesidad de una evolución del concepto democrático". Reconocía en Ugarte un poderoso adversario, pero la censura más severa fue, sin duda, la que recibió el presidente: "Más despreciable mil veces me parece la de Plaza, el coya hipócrita y traidor por naturaleza que movido por rencores seniles, ha atizado todas las intrigas oculto detrás de Vidal y de Castañeda Vega" (este último, jefe del Partido Provincial de Santiago del Estero y sobrino político de De la Plaza). De la Torre recordaba con minucia los arreglos hechos a su espalda, las influencias de Ugarte y Vidal, los consejos de Roca (h) para que aceptara "el mendrugo que me tiraban".[66] Observaba dos mundos distantes, el de la ética y el de la corrupción, que se correspondían con ideologías incompatibles: "Uds. son conservadores, clericales, armamentistas, antiobreristas, latifundistas, etc., etc. y nosotros somos demócratas progresistas, de un colorido casi radical-socialista: vaya Ud. a fusionar eso".[67]

¿Es posible, a partir de estas afirmaciones, ubicar a De la Torre como la figura más representativa de una línea de derecha que se entrecruzó con las tendencias tradicionales y fracasó en su empresa? Parece difícil sostener este argumento. No parece muy claro que De la Torre estuviese dispuesto a organizar un partido que lo llevase, en 1916, a la victoria y al control de la presidencia. Sostuvo que había aceptado la candidatura "con la gran aspiración de disciplinar y fortalecer al P.D.P. en la lucha, para que más adelante, bajo el gobierno radical, pudiera ser un gran partido de oposición constitucional capaz de fiscalizar los actos gubernativos y de llegar algún día al poder".[68] ¿Cómo no advertir, entonces, la distancia creciente entre De la Torre y los hombres del viejo régimen?: uno, próximo a J. B. Justo y a los socialistas, empeñado en edificar un partido de oposición, ideológico y programático, con disciplina interna, más proclive a la acción de control que a la tarea de ejercer gobierno; los otros, obrando desde las posiciones de poder adquiridas, comprometidos con los gobiernos provinciales,

Cuadro N° 4

Resultados del escrutinio presidencial *

Distritos	Representación	Electores votantes	Para Presidente: H. Yrigoyen	Angel D. Rojas	Lisandro de la Torre	Juan B. Justo	Alejandro Carbó	Para vicepresidente: Pelagio B. Luna	Juan R. Serú	Alejandro Carbó	Nicolás Repetto	Carlos Ibarguren	Julio A. Roca (h)
Capital	44	44	30	–	–	14	–	30	–	–	14	–	–
Buenos Aires	60	60	20	40	–	–	–	20	40	–	–	–	–
Catamarca	10	10	3	–	7	–	–	3	–	7	–	–	–
Córdoba	26	25	18	7	–	–	–	18	7	–	–	–	–
Corrientes	18	18	6	12	–	–	–	6	12	–	–	–	–
Entre Ríos	22	22	15	7	–	–	–	15	7	–	–	–	–
Jujuy	8	8	2	6	–	–	–	2	6	–	–	–	–
La Rioja	18	8	2	6	–	–	–	2	6	–	–	–	–
Mendoza	12	12	8	4	–	–	–	8	3	–	–	–	1
Salta	12	12	4	8	–	–	–	4	8	–	–	–	–
San Juan	10	10	3	7	–	–	–	3	7	–	–	–	–
San Luis	10	10	–	3	7	–	–	–	3	7	–	–	–
Santa Fe	28	27	19	–	–	–	8	19	–	–	–	8	–
Sgo. del Estero	14	14	10	4	–	–	–	10	4	–	–	–	–
Tucumán	18	18	12	–	6	–	–	12	–	6	–	–	–
TOTALES	300	298	152	104	20	14	8	152	103	20	14	8	1

* Reproducción del cuadro que figura en Jorge A. Mitre, "Presidencia de Victorino de la Plaza", en Academia Nacional de la Historia, *Historia Argentina Contemporánea, 1862-1930,* Vol. I, Segunda Sección, p. 238.

instalados en el Senado Nacional, dispuestos a una negociación episódica para no perder la presidencia.

El viejo régimen no acertó con lo que buscaba. Probablemente, tampoco lo había entendido. De la Torre intuía, por lo menos, en qué consistiría el medio privilegiado de la actividad política en ciernes, pese a su rigidez negociadora frente a hipotéticos candidatos de probado reformismo como Joaquín V. González.

¿Combinaciones imposibles? ¿Exceso por reunir en una sola madeja todos los hilos políticos que se apartaban del radicalismo? Desde la perspectiva del presente, parece claro que la serie de tratativas conducirían al fracaso. Desde la perspectiva del actor, las cosas son mucho más complicadas. Es cierto que la reconstrucción analítica del pasado permite distinguir tendencias coherentes y tipos de comportamiento, aun cuando lo acontecido retorne hacia nosotros desde un territorio brumoso, con opacos contornos y límites cambiantes. ¿Cómo no entender la perplejidad o la incapacidad para ponerse de acuerdo, cuando los reformistas habían quedado aislados de la presidencia, con pocos apoyos en el Senado y casi sin ninguna situación provincial?

Todo régimen político tiene una lógica implícita. La clave del sistema oligárquico residía en el control, subordinado a la presidencia, de los cargos ejecutivos en las provincias. Roque Sáenz Peña alentó la reforma, desde arriba; cuando sobrevino su muerte los hombres que lo acompañaron perdieron los resortes de la presidencia. I. Gómez en el ministerio del Interior es el hombre del éxito que arranca energías reformadoras a un cuerpo inerte o, por lo menos, desganado. Vuelto al llano, su figura es casi fantasmal y su esfuerzo se esteriliza. A la postre, éste era el resguardo institucional más importante: mantener una presidencia adicta al plan de reformas, no necesariamente dispuesta a intervenir —Sáenz Peña se negó a ello de manera explícita—, pero tampoco empecinada en una acción de vetos por imponer preferencias más concordantes con los viejos arreglos de un presidente elector que con el estilo correspondiente a un nuevo contexto institucional. Sáenz Peña pudo legar nuevas reglas de juego, pero no tuvo tiempo para favorecer —o, al menos, amparar con la prescindencia— el desarrollo de un nuevo programa conservador. De la Plaza se encontró ante una situación inédita que escapaba a su control. Cuando quiso reconstituir el nervio central del régimen, personificado en su esfuerzo para recrear la figura de gran elector, llegó tarde, porque poco valían las imposiciones presidenciales en un espacio de fuerza acotado por nuevos partidos y por líderes presentes en el campo conservador gracias a la ley electoral. La lucha entre facciones conservadoras tenía sentido cuando no se perdía el control de la sucesión global, sin adversarios externos que compitieran por el poder presidencial. Entonces, bien valía la espera o las estratagemas de último momento. Ahora, en cambio, el espacio estaba inevitablemente recortado, pues la competencia se planteaba entre fuerzas organizadas y no entre individuos que encabezaban facciones cambiantes.

Ante este cúmulo de desencuentros, no es extraño que las cálculos de I. Gómez al defender la ley resuenen, a cinco años vista, con el eco de una conjetura fallida. Si, por ejemplo, se hubiese aplicado el procedimiento de la lista completa para la elección del Colegio Electoral, los resultados habrían arrojado un empate de 136 electores entre radicales, por un lado, y conservadores y demo-progresistas, por el otro; los radicales disidentes habrían mantenido el fiel de la balanza con la totalidad de los 28 electores correspondientes a Santa Fe. No se habría alcanzado, en la práctica, ninguna ventaja con respecto a la lista incompleta ya que esta última arrojó, también, un cuasi empate de 133 votos para los radicales y 134 para la suma de conservadores y demo-progresistas.

Los resguardos estaban en otra parte: en una presidencia identificada con el proceso y, sobre todo, en el partido presentido por las ilusiones de los reformadores que no vio la luz. Otros resguardos, menos significativos, permanecieron en pie: un Senado sin fuerte presencia radical y una Cámara de Diputados donde, por el sistema de renovaciones periódicas, la U.C.R. obtuvo, en 1916, 26 representantes que adicionados a los 21 elegidos en 1914 no le otorgaba, por cierto, una mayoría propia.

De la Torre terminaba su carta a M. Aldao con un tono sombrío: "...ahora, como todo el país, estoy a la expectativa. Nadie sabe lo que nos deparará el destino. Nadie sabe si la democracia y la libertad han dado un gran paso adelante o si se abre una época sombría de inquietudes y de retroceso. Allá veremos".[69] Cinco años atrás Julio A. Roca (h) había sostenido en la Cámara de Diputados que la discusión sobre la ley electoral remedaba "el último latido de un agonizante... el último latido —añadía— de la lista completa agonizante".[70] Las palabras evocan, una vez más, la predicción expresada por alguien convencido que, en aquella circunstancia, no perimía un sistema oligárquico sino, apenas, un procedimiento electoral. La clase gobernante marchaba hacia el ocaso no tanto por el hastío de poder de los que mandaban, cuanto por el excesivo optimismo de quienes nunca, en aquel debate, previeron la derrota.

¿Ocaso irremediable? No es conveniente adelantar la marcha de la historia para sostener, desde una colina privilegiada por la teoría, el carácter inevitable de los acontecimientos. Los reformadores creyeron legislar con la ayuda de la vieja virtud como medida óptima de las cosas. Otros hombres provenientes de los nuevos partidos, menos proclives al exclusivo juicio moral, afirmaron que "si se asiste a una nueva era política en el país, es precisamente porque han aparecido fuerzas sociales nuevas, materiales, y no porque hayan aparecido virtudes nuevas; es porque hay una nueva clase social, numerosa y pujante, que se impone a la atención de los poderes públicos, y porque es más cómodo hacer una nueva ley de elecciones que reprimir una huelga general cada seis meses".[71]

¿Regreso de las amenazas condicionantes de un optimismo superficial? Queda en pie el interrogante que durante seis años hostigó a la clase gobernante. Los que hicieron acto de fe reformista creyeron en la reconciliación del poder con la virtud. Cuando vieron que las cosas marchaban en sentido contrario, se ensimismaron en el silencio, como I. Gómez, o se embarcaron en una febril actividad de rescate, imaginando transacciones imposibles, como Julio A. Roca (h). Los nombres de los fundadores permanecían, pues, en la escena. Su padre —el viejo General Roca— había muerto en 1914. Tuvo tiempo para asistir a los primeros actos, los del optimismo ascendente, que culminaron con la sanción de la ley. Pero no se hacía ilusiones. En 1913 compartía sus impresiones sobre el momento político con Mariano y Joaquín de Vedia, "como quien reflexiona en voz alta": "Todos los Gobiernos del país —decía— han sido Gobiernos electores, desde Urquiza en adelante, con más o menos desenfado en los procedimientos, pero de todas maneras, electores. Unos han dirigido, sencillamente, y otros han maniobrado y ésa es la diferencia esencial. Pero sólo la estupidez o la perversidad han podido creer que algunos de los que hemos gobernado así usábamos de la influencia oficial, de los recursos del mando, para favorecer a éste y contrariar las ambiciones de este otro. No, lo que hubo es que todos los que gobernaron, todos los que tuvieron conciencia de la fragilidad de los elementos puestos en sus manos, y el sentimiento de sus responsabilidades, se aplicaron constantemente, en continua lucha, a defender estas dos cosas esenciales, siempre en peligro: el principio de la autoridad y la unión nacional, contra las fuerzas latentes, pero siempre en acecho de la rebelión, de la anarquía, de la disolución. Porque no conviene forjarse ilusiones sobre la solidez de nuestra organización, ni de la unidad nacional... La anarquía no es planta que desaparezca en el espacio de medio siglo, ni de un siglo, en sociedades mal cimentadas como la nuestra. Vean ustedes lo que ocurre en Méjico: allí ha resurgido con todos sus caracteres de violencia, en cuanto cayó el Gobierno fuerte que la sofrenó durante treinta años. Y aquí puede suceder lo mismo. El localismo y sus republiquetas están siempre ahí. Ésta es la conciencia que hizo necesario a los Gobiernos el hacerse electores, para robustecer el Estado, para dar unidad a los poderes del Estado, fuerza efectiva al principio de autoridad. Ya veremos en qué se convierte el sufragio libre, cuando la violencia vuelva a amagar. Los líricos, los ingenuos, los que no conocen el país, ni han vivido su vida, ni saben lo que contiene, claro está que no han podido pensar en todo eso."[72]

Extensa reflexión que retoma uno de los principios unificadores del régimen: el *espacio* y el *orden*. ¿Final sin esperanzas? ¿Dónde quedaba el rumbo de los hechos que habrían de sucederse? Viejo "seguidor de la naturaleza como si se tratara de cosas físicas —escribía E. Wilde, también en el crepúsculo de su vida—, Roca examina bien adónde se dirige la corriente de los hechos inevitables; ve si el río trae o no camalotes y procede en consecuencia".[73] Valga el examen como justificación de una voluntad que materializó una cierta concepción del orden.

Conductor de los hechos inevitables, aferrado a la naturaleza de las cosas, ahora la realidad que representa su discurso tiene la apariencia de un universo cristalizado que no puede ni debe cambiar. Y si estas páginas se abrieron con la palabra del guerrero victorioso, fundador de una unidad política, esta vez se cierran con la meditación del vencido que no acierta a comprender la necesidad de un régimen de reemplazo, que desprecia a los reformadores con ironía benevolente y que anuncia, desde el sitial de una visión pesimista, inéditas y posibles frustraciones.

NOTAS

1. Ver al respecto, J. N. González Calderón; "Del sufragio" en *R.A.C.P.*, Año II, N° 23, 12-8-1912, p. 570.

2. En noviembre de 1911 escribe R. Rivarola: "A principios del mes, según cómputo de persona muy informada, no pasaban de doce los diputados dispuestos a votar por la lista incompleta... A fin de mes, se computaban cincuenta votos por la lista incompleta". *R.A.C.P.*, "Crónica", Año II, N° 14, 12-11-1911, p. 220.

3. La ironía de L. Arrayagaray en la sesión del 10-11-1911 exime de comentarios: "Yo creo que un diputado argentino resistiría a una insinuación de Cleopatra, pero no sé si podría resistir a una insinuación del presidente". En Diario de Sesiones, Cámara de Diputados. Año 1911, Tomo III, p. 175. Lejos de seductoras analogías, las palabras de J. Costa son también reveladoras: "La mejor demostración que inicia este gobierno... estaría hecha si después de más de un cuarto de siglo, fuera derrotado el Poder Ejecutivo una vez en el parlamento". En Diario de Sesiones, Cámara de Diputados, Sesión del 17-11-1911, p. 239.

4. Integraban esta Comisión J. Fonrouge, M. Avellaneda, N. A. Calvo, C. Conforti y H. Ferrer.

5. Estrecho margen que se hace aun más evidente en el Senado, donde la votación arrojó 10 votos a favor de la lista incompleta y 9 en contra.

6. Hay una opinión que permite rastrear algún indicio y es la del diputado Ferrer cuando sostuvo, erróneamente, que el proyecto de ley no contem-

plaba el modo de elección de los electores. Fonrouge se manifestó de acuerdo con esta observación. Ver Diario de Sesiones, Cámara de Diputados, sesión 10-11-1911, p. 171. No se entiende el error de ambos legisladores cuando la primera parte del art. 44 reproduce casi textualmente el art. 4 de la Ley 4.578, dictada durante la presidencia de Quintana, que reimplantaba la lista completa. Este artículo dice así: "Cada elector votará por el número de diputados o de electores calificados que corresponda al distrito (Consultar Registro Nacional, 1905, T. II, 2°, p. 969.)".

7. El art. 56 de la ley dice así: "A los efectos del artículo anterior, los electores podrán votar por los candidatos a elegirse de acuerdo con lo establecido en el cuadro siguiente:

Cuando	se	elija	1	podrá	votarse	hasta	por	1
”	”	”	2	”	”	”	”	2
”	”	”	3	”	”	”	”	2
”	”	”	5	”	”	”	”	3
”	”	”	5	”	”	”	”	4
”	”	”	6	”	”	”	”	4
”	”	”	7	”	”	”	”	5
”	”	”	8	”	”	”	”	6
”	”	”	9	”	”	”	”	6
”	”	”	10	”	”	”	”	7
”	”	”	11	”	”	”	”	8
”	”	”	12	”	”	”	”	8
”	”	”	13	”	”	”	”	9
”	”	”	14	”	”	”	”	10
”	”	”	15	”	”	”	”	10
”	”	”	16	”	”	”	”	11
”	”	”	17	”	”	”	”	12
”	”	”	18	”	”	”	”	12

De acuerdo con lo establecido en el precedente cuadro, el Poder Ejecutivo de la Nación fijará en las convocatorias el número de diputados que corresponda votar a cada elector".

8 R. Rivarola, "Crónica", en *R.A.C.P.*, Año II, N° 13, 12-10-1911, pág. 84. Ambas encuestas son de 1911. La que propicia Rivarola tiene un número de respuestas mayor que la de *La Nación*. Consultar un análisis sobre este asunto, en D. Cantón, "La primera encuesta política argentina (1911)", en *Revista Latinoamericana de sociología*, Vol. IV, marzo 1968, N° 1, p. 90 y ss.

9. Intervención de J. Fonrouge en la sesión del 6-11-1911 en Diario de Sesiones, Cámara de Diputados, p. 116.

10. Discurso de D. Zambrano, en la sesión del 27-11-1911, *idem*, p. 350 y ss.

11. Discurso en la sesión del 6-11-1911, *idem*, p. 130.

12. Discurso de J. Costa en la sesión del 17-11-1911, *idem*, p. 241.

13. Discurso de J. López Mañan en la sesión del 10-11-1911, *idem*, p. 190 y ss. Lo mismo sostiene J. M. Olmedo en la sesión del 15-12-1911, *idem*, p. 603.

14. Discurso de J. A. Roca (h) en la sesión del 24-11-1911, *idem*, p. 332.

15. Ver B. de Jouvenel, *De la politique pure*, Paris, Calman-Lévy, 1963, p. 216 y ss.

16. Discurso de J. Costa en la sesión del 1-12-1911 en Diario de Sesiones, Cámara de Diputados, p. 537.

17. Discurso de J. Fonrouge en la sesión del 15-12-1911, *idem*, p. 607.

18. Discurso de J. Fonrouge en la sesión del 6-11-1911, *idem*, p. 123.

19. Mensaje inaugural del Presidente R. Sáenz Peña, 12-5-1911, en *R.A.C.P.*, Año I, Nº 9, p. 473.

20. Todas las citas en "Manifiesto del Presidente al Pueblo de la República", publicado en *R.A.C.P.*, Año II, Nº 18, pp. 757-758.

21. Hubo en la Capital 13 listas de apoyo con diferentes denominaciones (Unión Universitaria, El Día del Civismo, Unión Comercial, Partido Liberal Moderado, Agrupaciones Católicas, Unión Israelita Argentina, Club Independiente, Unión Patriótica, Comisión Patriótica Universitaria, Comité Liberal Independiente, Liga Democrática M. Moreno, Defensa Rural y Unión Comunal). Las listas se confeccionaron para apoyar las candidaturas de E. Zeballos (que encabezaba la lista de diputados de la Unión Nacional), L. M. Drago (al frente de la lista de diputados de la Unión Cívica), A. Palacios (integrante de la lista de diputados del Partido Socialista), B. Villanueva y E. Beazley (candidatos, ambos, a senadores por la Unión Nacional y la Unión Cívica, respectivamente). Estos datos me fueron proporcionados por J. Tulchin, en ese entonces profesor en la Universidad de Yale, con quien mantuve un provechoso diálogo durante los primeros tramos de este estudio.

22. Nicolás Repetto, *Mi paso por la política. De Roca a Yrigoyen*, p. 120.

23. F. Pinedo, *En tiempos de la República*, p. 15.

24. R. Rivarola, "Crónica", en *R.A.C.P.*, Año II, Nº 20, p. 212. La provincia de Santa Fe fue intervenida por el Poder Ejecutivo, durante el receso parlamentario que transcurrió entre septiembre de 1910 y mayo de 1911. En el Mensaje al Congreso del 12-5-1911, Sáenz Peña afirmó que la misión y el esfuerzo de la intervención ha de aplicarse para que el futuro pronunciamiento electoral de Santa Fe "forme escuela y sea un ejemplo en las luchas venideras" (ver *R.A.C.P.*, Año I, Nº 9, p. 459). La provincia renovó sus autoridades ejecutivas días antes de las elecciones para legisladores nacionales. El radicalismo concurrió a los comicios y aunque no se aplicó la ley recientemente dictada, por tratarse de elecciones provinciales, se puso en vi-

gencia el padrón militar que debía regir en las nacionales. Ganó la fórmula radical integrada por Menchaca-Caballero. (Ver al respecto R. Cortés Conde, "Auge de la economía exportadora y vicisitudes del régimen conservador, 1890-1910", pp. 226-228.)

25. Todas las citas en "Mensaje del Presidente de la Nación en la sesión de apertura del Congreso el 7 de junio de 1912" en *R.A.C.P.*, Año II, Nº 22, pp. 514-518.

26. Ver al respecto, Miguel de la Rosa, "Crónica de Tucumán" en, *R.A.C.P.*, Año III, Nº 31. p. 97 y s. (para las elecciones en Tucumán del 1-2-1912) y J. M. Zalazar, "Un partido de principios" en *R.A.C.P.*, Año III, Nº 28, p. 455 y s. (para los comicios en Córdoba del 17-11-1912).

27. Ramón J. Cárcano, *Mis primeros ochenta años*, p. 319. Esta reflexión de Cárcano debe vincularse con la percepción que de seguro tuvieron las fuerzas conservadoras del acelerado aumento del voto radical en Córdoba durante el año 1912 (13.000 el 7 de abril, 20.500 el 1º de septiembre y 36.000 el 17 de noviembre).

28. Confr. F. Pinedo, *En tiempos de la República*, p. 18 y s., también N. Repetto, *Mi paso por la política*, p. 130.

29. Ver R. Wilmart, "Las elecciones de marzo-abril en la capital. Las elecciones anteriores. Enseñanzas y proyecciones", en *R.A.C.P.*, Año III, Nº 32, p. 119. Ver también R. Rivarola, "Resultado de las elecciones de Marzo" en *idem*; p. 200. Sobre el estado de ánimo que primaba en las filas radicales, valgan como muestras las palabras de José Luis Cantilo, uno de los dirigentes más importantes del partido en aquel entonces: "...La única estratagema eficaz fue la de robustecer al socialismo incondicionalmente en las elecciones de la Capital. Torpe e inexplicable prostitución de la cual no es posible ocuparse sin un varonil movimiento de repudio..." (J. L Cantilo, "Ideales políticos" en *R.A.C.P.*, Año V, Nº 58, p. 338). El antecedente obligado acerca de eventuales apoyos del conservadorismo al socialismo es la elección de 1904 en la Capital, cuando en la circunscripción de la Boca los caudillos mitristas volcaron su paquete de sufragios a favor de Alfredo Palacios. Ver al respecto, Juan Carlos Torre, "La primera victoria electoral socialista" en *Todo es Historia*, Año VI, Nº 76, septiembre 1973, p. 42 y ss., donde el autor defiende con éxito la hipótesis del traspaso de los votos mitristas hacia el candidato socialista.

30. Todas las citas en "Mensaje del presidente de la Nación en la apertura del Congreso Nacional de 1913", en *R.A.C.P.*, Año III, Nº 33, pp. 336-340.

31. Sobre todo este proceso consultar las sucesivas "Crónicas", de R. Rivarola en *R.A.C.P.*, Año I, Nº 3, p. 418; Año I, Nº 12, p. 948; Año II, Nº 18, p. 745 y ss., Año III, Nº 25, p. 86. Carlos Ibarguren *La historia que he vivido*, pp. 237-257, Ezequiel Ramos Mexía, *Mis memorias*, 1853-1935, p. 397 y ss.

32. Meses después, el 7 de junio, las elecciones para Gobernador y Vice en la provincia de Entre Ríos, confirmaron el apoyo obtenido por el radica-

lismo con la victoria de la fórmula Miguel Laurencena-Luis L. Etchevere. Ver C. R. Altinier, "El primer gobierno radical de Entre Ríos" en *Todo es Historia*, Año VII, N° 77, octubre 1973.

33. Sobre la relación entre inestabilidad organizativa, indisciplina interna y cuestiones fundamentales que acapararon la atención de las agrupaciones tradicionales, ver Francisco Orione, "Los partidos políticos en teoría y en la práctica argentina", en *R.A.C.P.*, Año IV, N° 43, 12-4-1914.

34. "Mensaje del Vicepresidente de la Nación Dr. Victorino de la Plaza, en la apertura de las sesiones del Congreso Nacional el 27 de mayo de 1914" en *R.A.C.P.*, Año IV, N° 45, 12-6-1914, p. 336. A continuación De la Plaza describe la situación electoral: "No puede negarse que después de la aplicación de la nueva ley, desapareció un partido importante que estaba engranado con las tendencias del autonomista nacional; a la vez que los restos de otro, relacionado con el antiguo nacionalista vio reducir sus filas; mientras que al mismo tiempo que esa eliminación y disgregación de fuerzas militantes se producía, las nuevas agrupaciones extremas de más o menos lejana aparición en la lucha electoral, adquirieron una sorprendente consistencia". Las observaciones de De la Plaza cayeron, por supuesto, en un terreno previamente abonado. Los peligros de la "partidocracia" inherentes a la ley Sáenz Peña ya habían sido denunciados por publicistas conservadores. Ver en este sentido Albertano Quiroga, "La ley electoral de la Nación", en *R.A.C.P.*, Año IV, N° 44, 12-1-1914.

35. "Mensaje del Presidente de la Nación, Dr. Victorino de la Plaza, al inaugurar el período de sesiones del Congreso, el 10-5-1915", en *R.A.C.P.*, Año V, N° 57, 12-6-1915. p. 299 y s.

36. *Idem*, p. 300 y s. Sobre la necesidad de que el Jefe de Estado intervenga y promueva un partido de gobierno consultar las críticas dirigidas a Sáenz Peña por Osvaldo Saavedra, "Democracia y sufragio", en *R.A.C.P.*, Año IV, N° 46, 12-7-1914.

37. Desde ya ésta es la impresión que se recoge en medios del radicalismo (ver, por ejemplo, Víctor E. Rivarola, "El partido radical y la juventud", en *R.A.C.P.*, Año V, N° 58, 12-7-1915). Y lo mismo cabe decir de la reacción de la prensa opositara a R. Sáenz Peña. Para el diario *La Prensa* el P.D.P. es un remedo del sistema oligárquico: "...su método de propaganda es análogo al de los gobiernos; busca federar partidos provinciales que no consultan a sus afiliados como el partido gubernista de Córdoba", *La Prensa* 6-1-1915.

38. E. Gallo (h). "Santa Fe en la segunda mitad del siglo XX", en *Los fragmentos del poder*, p. 270.

39. Ver al respecto E. Thedy, "Índole y propósitos de la Liga del Sur", en *R.A.C.P.*, Año I, 12-10-1910.

40. "Manifiesto de la Liga del Sur", en *R.A.C.P.*, Año I, N° 2, 12-11-1910, p. 296.

41. En la sesión de Diputados del 28-2-1913, J. M. Fonrouge sostuvo

ante I. Gómez que Marcelino Ugarte soportaba el veto de R. Sáenz Peña. Gómez negó terminantemente esta afirmación.

42. R. Rivarola, "El presidente Sáenz Peña y la moralidad política argentina", p. 37.

43. Ver *La Nación*, del 9-1-1915.

44. Ver C. Ibarguren, *La historia que he vivido*, p. 282 y s.

45. Ver L. Velasco, "Córdoba: consagración de la fórmula radical", en *R.A.C.P.*, Año VI, N° 65, 12-2-1916.

46. Confr. *La Nación*, 27-4-1915, R. Rivarola, "El bloque parlamentario", en *R.A.C.P.*, Año V, N° 58, 12-7-1915. Julio A. Roca (h) presidía el Comité Nacional del P.D.P. en reemplazo de De la Torre. En las postrimerías de la campaña se convino realizar un acto en San Luis. Roca promete ir y a último momento desiste. De la Torre cambia violentas palabras y ambos rompen relaciones. La actitud de Roca está vinculada con el proceso a que dio lugar la aprobación de su flamante diploma de senador por Córdoba gracias al apoyo que le prestó Ugarte. Ver C. Ibarguren, *La historia que he vivido*, p. 291 y L. Velasco, "La elección de senador - Crónica de Córdoba", en *R.A.C.P.*, Año VI, N° 66, 12-3-1916.

47. Confr. R. Rivarola, "La presidencia futura", en *R.A.C.P.*, Año V, N° 62, 12-11-1915.

48. La "nota" está publicada por José Arce, *Marcelino Ugarte 1855-1929*, Bs. As., 1959, p. 44 y ss.

49. Confr. C. Ibarguren, *La historia que he vivido*, p. 290. Uno de los últimos testimonios de F. Pinedo retoma este intríngulis entre personas, valores e intereses, sin escatimar juicios. A más de medio siglo de distancia Pinedo recuerda que "por amistad personal estuve con algunos en la convención que eligió la fórmula De la Torre presidente para el año 16... Se proclamó a De la Torre y a Benito Villanueva, que era el non plus ultra de la oligarquía y del dinero... No había escrúpulo por parte de Lisandro de la Torre de aceptar de vice a Benito, pero Benito Villanueva, que era un hombre experimentado, dijo: 'Pero dígame una cosa, cómo puede pretender De la Torre ser presidente contra De la Plaza, el presidente, contra Ugarte, el Jefe de la Pcia. de Bs. As., y contra los radicales; esto no es serio, esto no anda', y no aceptó la candidatura; y entonces la reemplazaron con Carbó, que era un hombre muy estimable, de ahí, de Entre Ríos... Julio Costa dijo: 'Es la gran presidencia para el próximo período, si no se le revientan las caderas'". Entrevista de F. Pinedo, *Proyecto Historia Oral*, C.I.S.I.T.D.T., p. 7.

50. En E. Thedy, "Índole y propósitos de la Liga del Sur", p. 82.

51. R. Cortés Conde, "Auge de la economía exportadora y vicisitudes del régimen conservador", p. 230.

52. L. de la Torre, *Escritos y Discursos*, Bs. As., Colegio Libre de Estudios Superiores, 1946, vol. I, p. 28.

53. L. de la Torre, *idem*, p. 52 y s.

54. L. de la Torre, *idem*, p. 57 y s.

55. *La Prensa* del 1-1-1916.

56. "Manifiesto del Presidente de la Nación Dr. Victorino de la Plaza, Marzo 1916" en *R.A.C.P.*, Año VI, N° 67, 12-4-1916.

57. Confr. Pelagio B. Luna, "El radicalismo en las provincias" en *R.A.C.P.*, Año V, N° 58, 12-7-1915; L Velasco, "Córdoba, una incorporación sugestiva", en *R.A.C.P.*, Año V, N° 62, 12-11-1915.

58. F. Luna, *Yrigoyen*, p. 184.

59. "Manifiesto del Presidente de la Nación. Marzo 1916". p. 7.

60. Confr. R. Cortés Conde, "Auge de la economía exportadora y vicisitudes del régimen conservador", p. 232. Los porcentajes corresponden a los distritos de Capital, Buenos Aires, Santa Fe y Córdoba.

61. Ver *Memoria del Ministerio de Interior, 1915-1916*, vol. I, p. 587.

62. La división del radicalismo en Santa Fe se gestó durante la gobernación de Menchaca e hizo crisis en las elecciones de gobernador, el 6-2-1916. Se presentaron tres fórmulas: radicales oficiales (Mosca-Mendieta); radicales disidentes (Lehmann-Elizalde); demócratas-progresistas (Thedy-F. M. Zuviría). Los radicales oficiales obtuvieron 16 electores, los radicales disidentes 30 y los demócratas-progresistas 14. Los radicales disidentes alcanzaron la mayoría necesaria (31 electores) gracias al apoyo de los demo-progresistas. Ver al respecto, R. Villarroel, "Santa Fe: las fórmulas gubernativas y los partidas actuales"; "Santa Fe: causas y resultados de la actual campaña"; "Santa Fe: los radicales disidentes y el partido radical"; las tres notas en *R.A.C.P.*, Año VI, N° 65, 66 y 67, respectivamente.

63. La Comunicación de la Junta Electoral de Santiago del Estero está en la Memoria del Ministerio del Interior ya citada, p. 629 y s. El súbito cambio electoral en Santiago del Estero queda confirmado por la rectificación que figura en la Memoria del Ministerio. La reacción en los medios ugartistas que calificaron todo el asunto de maniobra puede leerse en J. Arce, *Ugarte 1885-1929*, p. 52 y 54.

64. Imagen, por cierto, que De la Plaza defendió hasta último momento, aunque esgrimiendo el argumento de que las dos fuerzas tradicionales (la nacionalista o mitrista y la autonomista-nacional) deberían seguir ejerciendo "separadamente cada una su acción" dado "que estas tendencias y principios políticos deben ser tan durables como la constitución misma". Política comparada de por medio, el presidente añadió que "los partidos demócrata y republicano de los Estados Unidos representan y mantienen análogas tendencias". La cita viene a cuento porque es representativa del esfuerzo por embretar la realidad dentro de un esquema tradicional bipartidista que, en aquel momento, ya no tenía en la Argentina razón de ser. Ver "Mensaje del Presidente de la Nación, Dr. Victorino de la Plaza, en la apertura de las sesiones del Congreso Nacional el 30-5-1916", en *R.A.C.P.*, Año VI, N° 69, 12-6-1916, p. 283.

65. Conf. R. Rivarola, "Respuesta al manifiesto del presidente", en *R.A.C.P.*, Año VI, Nº 67. 12-4-1916 y "La futura presidencia. Estado de la cuestión", en *R.A.C.P.*, Año VI, Nº 68, 12-5-1916. Ver también Mario A. Rivarola, "Solución de la cuestión presidencial" en *R.A.C.P.*, Año VI, Nº 69, 12-6-1916. M. Rivarola defiende la hipótesis de que "todas las agrupaciones designadas bajo la denominación común de partidos conservadores, fracasaron antes en su empeño de reunirse, porque cada una creyó tener peso suficiente para exigir que el candidato fuera tomado de su seno" (P. 278). Un virtual equilibrio entre fuerzas que culminó en el empate y el veto recíproco.

66. Carta a M. Aldao, 10-8-1916 en L. de la Torre, *Escritos y Discursos*, Vol. I, p. 76 y ss.

67. Carta a M. Demaría, 21-1-1921 en L. de la Torre, *idem*, p. 148.

68. Carta a M. Aldao, L. de la Torre, *idem*, p. 80.

69. Carta a M. Aldao, L. de la Torre, *idem*, p. 83.

70. Discurso en la sesión del 24-11-1911, en Diario de Sesiones, Cámara de Diputados, p. 335.

71. Discurso de J. B. Justo en la Cámara de Diputados, mayo de 1912, cit. por N. Repetto, *Mi paso por la política*, p 125.

72. J. de Vedia, *Como los vi yo*, "Semblanza de Roca", Bs. As., M. Gleizer, 1922, p. 60 y ss.

73. Carta de E. Wilde a G. Correa, 23-7-1907, cit. por A. R. Astengo, *Juárez Celman*, p. 502.

APÉNDICE

ESQUEMA DE LOS GRUPOS POLÍTICOS 1854-1910*

* Este esquema no es original. Debe consultarse, para completar la imagen y mejorar lo que corresponda, E. J. Hardoy, "1862-1966. Esquema de la evolución de las fuerzas político conservadoras" en *Historia de las Fuerzas Políticas Conservadoras en la Argentina*, Bs. As., El Cronista Comercial, enero 18 - febrero 26, 1971 y J. R. Vanossi, *Historia Electoral Argentina*, Bs. As., Cooperadora de Derecho y Ciencias Sociales, 1976.

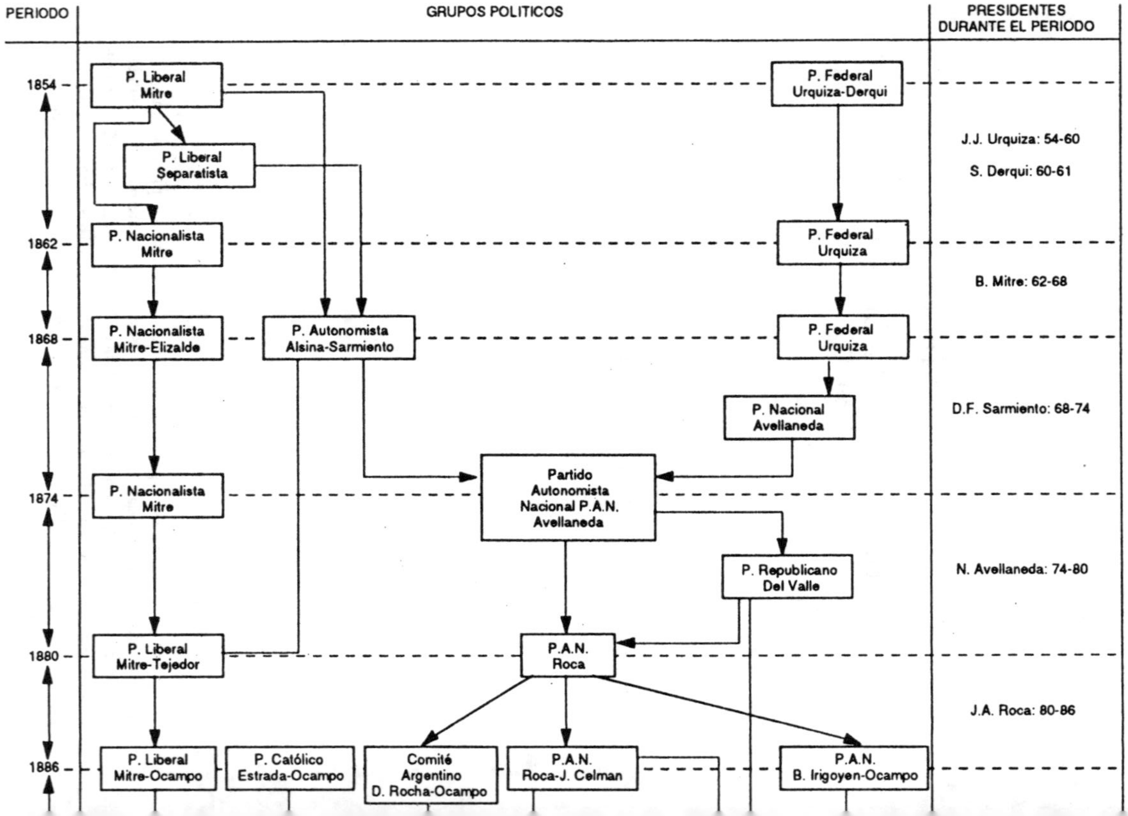

PERIODO
GRUPOS POLITICOS
PRESIDENTES DURANTE EL PERIODO
1854
1862
1868
1874
1880
1886
P. Liberal Mitre
P. Liberal Separatista
P. Nacionalista Mitre
P. Nacionalista Mitre-Elizalde
P. Autonomista Alsina-Sarmiento
P. Nacionalista Mitre
P. Liberal Mitre-Tejedor
P. Liberal Mitre-Ocampo
P. Católico Estrada-Ocampo
Comité Argentino D. Rocha-Ocampo
P.A.N. Roca-J. Celman
P.A.N. B. Irigoyen-Ocampo
P. Federal Urquiza-Derqui
P. Federal Urquiza
P. Federal Urquiza
P. Nacional Avellaneda
Partido Autonomista Nacional P.A.N. Avellaneda
P. Republicano Del Valle
P.A.N. Roca
J.J. Urquiza: 54-60
S. Derqui: 60-61
B. Mitre: 62-68
D.F. Sarmiento: 68-74
N. Avellaneda: 74-80
J.A. Roca: 80-86

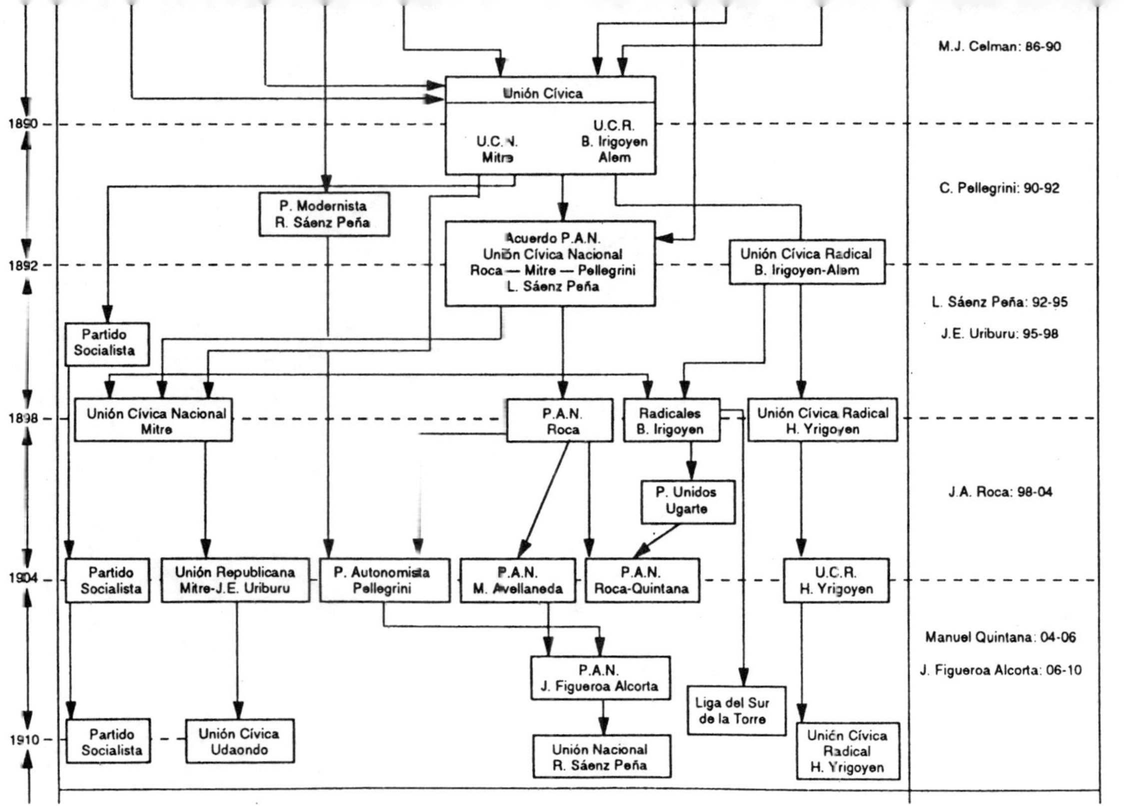
M.J. Celman: 86-90
C. Pellegrini: 90-92
L. Sáenz Peña: 92-95
J.E. Uriburu: 95-98
J.A. Roca: 98-04
Manuel Quintana: 04-06
J. Figueroa Alcorta: 06-10
1890
1892
1898
1904
1910
Unión Cívica
U.C.N. Mitre
U.C.R. B. Irigoyen Alem
P. Modernista R. Sáenz Peña
Acuerdo P.A.N. Unión Cívica Nacional Roca — Mitre — Pellegrini L. Sáenz Peña
Unión Cívica Radical B. Irigoyen-Alem
Partido Socialista
Unión Cívica Nacional Mitre
P.A.N. Roca
Radicales B. Irigoyen
Unión Cívica Radical H. Yrigoyen
P. Unidos Ugarte
Partido Socialista
Unión Republicana Mitre-J.E. Uriburu
P. Autonomista Pellegrini
P.A.N. M. Avellaneda
P.A.N. Roca-Quintana
U.C.R. H. Yrigoyen
P.A.N. J. Figueroa Alcorta
Liga del Sur de la Torre
Partido Socialista
Unión Cívica Udaondo
Unión Nacional R. Sáenz Peña
Unión Cívica Radical H. Yrigoyen

ÍNDICE

Segunda parte

RASGOS INSTITUCIONALES DE UN RÉGIMEN

Tercera parte

LA REFORMA POLÍTICA DE 1912

Esta edición de 3.000 ejemplares
se terminó de imprimir en
Encuadernación Araoz S.R.L.,
Avda. San Martín 1265, Ramos Mejía, Bs. As.,
en el mes de abril de 2005.